Étoiles mourantes

J'AI LU

Bibliographie Ayerdhal

La Bohême et l'ivraie
Demain, une oasis, Grand Prix de l'Imaginaire, 1993
Le Chant du Drille
Cybione
L'Histrion, J'ai lu, n° 3526
Polytan
Balade choreïale, J'ai lu, n° 3731
Sexomorphoses, J'ai lu, n° 3821
Genèses, J'ai lu, n° 4279
Parleur ou les chroniques d'un rêve enclavé
J'ai lu, n° 4617, Prix Ozone, 1997
Mytale, J'ai lu, n° 4641
Consciences virtuelles
La Quête de la dignité pour les personnes handicapées mentales

Bibliographie Jean-Claude Dunyach

Autoportrait (recueil de nouvelles)
Denoël, Présence du Futur

Le Jeu des sabliers (Roman)
Tome 1 : Le temple de chair, Fleuve Noir Anticipation
Tome 2 : Le temple d'os, Fleuve Noir Anticipation

Étoiles mortes (Roman)
Tome 1 : Nivôse, Fleuve Noir Anticipation
Tome 2 : Aigue-Marine, Fleuve Noir Anticipation
Tome 3 : Voleurs de Silence, Fleuve Noir Anticipation

Roll over, Amundsen (Roman)
Fleuve Noir Anticipation

La Guerre des cercles (Roman)
Fleuve Noir Anticipation

Ayerdhal
Jean-Claude Dunyach

Étoiles mourantes

millénaires

Pour Véro Frénay,
qui conjugue le monde
à la première personne
et à l'indicatif présent
du verbe donner.
Six à sept milliards de baisers
et plus.

PROLOGUE

L'AnimalVille jaillit du néant et se laissa dériver au milieu de la mer d'étoiles.

C'était une Ville si vieille qu'elle en oubliait de compter. Elle était déjà âgée lors de la découverte de l'Humanité ; ses plus anciens souvenirs dataient d'avant la déchirure, même s'il lui était difficile aujourd'hui de remonter aussi loin dans le labyrinthe de ses pensées. Son esprit partait en lambeaux et cela l'effrayait bien plus que le durcissement de ses chairs et la perte de sensibilité de ses quartiers périphériques, dont les rues desséchées se fendillaient de rides. La mort s'attaquait d'abord à la mémoire. Un jour, ceux de son espèce la découvriraient dans un repli de l'espace profond, les rues crevassées de plaies béantes, les dômes crevés. Elle ne répondrait ni aux signaux ni aux caresses, elle ne saurait plus rien.

Avant d'avoir consumé toute sa mémoire, il lui restait à achever l'ouvrage qu'elle avait entrepris des millénaires plus tôt, quand elle se souvenait encore d'œuvres réalisées collectivement, avec tout le Troupeau. Un projet qui était né le jour où elle avait découvert une race de singes malingres commençant lentement à peupler la troisième planète d'un obscur système solaire.

Elle qui oubliait tant se souvenait avec précision de cet instant d'illumination. Tandis qu'elle planait dans le ciel crépusculaire, teintée de pourpre par les rayons de l'étoile locale, elle avait vu de grands feux s'allumer. Les tribus les plus avancées savaient faire naître une étincelle en heurtant des silex. *Ils avaient créé leur propre soleil pour combattre la nuit.* Fascinée, la Ville était restée de longues heures à les regarder vaincre l'obscurité à coups de brûlures.

Lors de ce premier contact, elle avait compris que l'être humain possédait deux trésors qui manquaient à son espèce : la capacité de conceptualiser l'inexprimable, et des mains avec un pouce opposable pour construire des outils qui les rendaient plus grands qu'eux-mêmes.

Une *idée* avait germé. Dans son esprit ou dans celui du troupeau, cela n'avait aucune importance. L'idée était devenue plan, le plan stratégies, et les stratégies avaient fini par représenter bien plus qu'un simple jeu : une façon de revivre, le désir de se prolonger.

Parce qu'ils avaient permis cela, les humains avaient une première fois sauvé les Villes de l'extinction.

L'AnimalVille était un disque de chair de près de vingt kilomètres de diamètre, hérissé de dômes irréguliers sur sa face supérieure. Dressé en son centre, au bord d'une place en demi-lune, un Beffroi pointait vers les étoiles lointaines sa haute silhouette sertie de cartilages jaunis qui l'empêchaient de s'affaisser. Un réseau d'artères profondément creusées dans la masse rayonnait vers les bords, tandis que des ruelles au tracé erratique se perdaient entre les parois violacées des édifices. La chevelure de filaments située à la circonférence était rabattue sous le ventre. Les plis réguliers, d'un brun presque noir, évoquaient une mer figée.

Autour d'elle régnait le vide. Elle avait choisi d'émerger un peu à l'écart du système planétaire occupé par la branche humaine des Mécanistes, dont le soleil n'était qu'un point de lumière pâle sur le vide du ciel. Titlan, la planète principale, était sans cesse entourée d'une nuée d'appareils de guerre, reconnaissables à leurs formes lourdes et aux nombreuses excroissances des pods d'armement. Même s'ils détectaient sa présence – et la Ville se savait trop vaste et trop massive pour échapper aux radars longue portée –, ils leur faudrait du temps pour la rejoindre. Elle serait repartie avant qu'ils ne se décident à l'aborder.

Les humains n'étaient pas la première espèce étrangère avec laquelle les AnimauxVilles avaient des contacts. Elle-même avait autrefois accueilli une colonie d'êtres insectoïdes, à la durée de vie si courte qu'on ne pouvait s'attacher à aucun d'entre eux. Mais elle avait aimé le ballet des formes lumineuses qui hantaient ses couloirs, jusqu'au plus intime de sa chair. Des grappes d'œufs multicolores, tous différents, pendaient de ses voûtes comme des lustres de gélatine. Après l'éclosion, les larves se hâtaient de piller les cadavres de fraîche date afin de décorer leur corps avec les restes. Puis elles passaient les dernières heures de leur existence à tournoyer les unes au milieu des autres, des paires d'ailes excédentaires accrochées à leur corps annelé comme autant de trophées. Lorsqu'elles s'accouplaient, avec une frénésie désespérée qui excluait tout rituel d'approche, leurs corps composites tombaient en morceaux. Les adultes mouraient nus au milieu des débris de leur splendeur qui, déjà, ne leur appartenaient plus.

Ils ne l'avaient jamais touchée, n'avaient jamais cherché à communiquer avec elle. La lumière qu'ils émettaient brûlait leurs maigres réserves énergétiques et ils mouraient telles des étoiles filantes, en grésillant. La beauté ainsi créée était à leur image : éphémère, inutile.

Après eux, il y avait eu du silence, beaucoup de silence. Et l'odeur de sa propre solitude, un peu rance mais néanmoins sucrée. Pas vraiment désagréable. Jusqu'à ce qu'un humain déchire ses voiles et la caresse. Jusqu'à ce qu'un dialogue fragile s'instaure.

L'armada de vaisseaux Mécanistes était en train de manœuvrer dans sa direction. Ils l'avaient repérée plus vite que prévu, signe que l'état d'alerte maximum était désormais établi en permanence autour de Titlan. La Ville déploya sa corolle afin d'écouter l'univers. Elle sentit le tissu de l'espace vibrer sourdement autour d'elle. Dans un recoin éloigné de l'espace profond, au sein d'un amas déstructuré, une étoile binaire était en train d'entamer son ultime métamorphose. L'un des astres siamois avait entrepris de dévorer sa jumelle et sa boulimie ne pouvait plus s'interrompre. Il se goinfrerait jusqu'à l'explosion. Les AnimauxVilles le savaient depuis longtemps – peu de phénomènes cosmiques leur échappaient –, mais la supernova qui s'annonçait était d'un type tout à fait particulier. C'était aussi la dernière à laquelle la Ville aurait l'occasion d'assister. Elle n'aurait bientôt plus d'autre choix que de la rejoindre pour surveiller le déroulement des opérations. Jusqu'à leur terme.

Avant de surgir dans le système mécaniste, elle avait voyagé jusqu'à l'extrémité du Ban, un endroit où tous ses semblables refusaient depuis longtemps de se rendre. Cette répugnance était une source d'inquiétude supplémentaire, la preuve que son espèce avait renoncé à lutter contre la fatalité. Arrivée au bord de la déchirure, à l'endroit précis où le maillage multidimensionnel de l'espace cessait brutalement d'exister, la Ville avait eu envie de continuer. L'univers n'aurait jamais dû avoir de fin... Les échos engendrés par sa topologie froissée créaient l'illusion d'immensité, mais la Ville savait que celle-ci n'était qu'une apparence. Un caprice né des propriétés du temps et de la gravité, qui courbaient localement l'espace-temps et agissaient comme une lentille pour donner au firmament sa profondeur.

Immobile à l'emplacement de l'ultime Aleph, sur la maille la plus lointaine vers laquelle les AnimauxVilles pouvaient *échanger*, elle avait senti les vagues d'espace mutilé se replier autour d'elle pour la contraindre à s'en aller. Elle avait lutté aussi longtemps qu'elle l'avait pu, armée du souvenir précis de ce qu'était l'univers *avant*. Puis elle s'était effacée d'un coup, dans un échange douloureux qui avait fait vibrer son Beffroi. Et, de sauts en sauts, sa trajectoire l'avait menée à proximité de Titlan et de ses défenses impénétrables.

Dans une poignée de minutes, les vaisseaux de guerre seraient à portée de contact. Mais l'événement qu'elle attendait ne s'était pas encore produit. Puis, au moment même où elle se préparait à partir, frustrée, elle *l'entendit*.

Une vibration stridente déchira l'espace et la Ville fut crucifiée d'un millier d'aiguillons. Le Ban lui-même frémit; les dissonances n'étaient pas assez fortes pour affecter l'harmonie fondamentale de l'univers, mais elles pouvaient engendrer un dysfonctionnement local. Impossible de savoir d'où venait la perturbation. La Ville décida d'attendre jusqu'au tout dernier moment et d'ignorer les questions de plus en plus pressantes des croiseurs mécanistes.

Elle déploya avec peine sa couronne de filaments – une attitude qui déclenchait chez les humains une terreur irraisonnée – et tendit son Beffroi vers l'espace profond. La source du bruit se rapprochait. Ses dômes se plissèrent d'excitation quand elle comprit qu'elle aurait, pour la première fois, la chance d'apercevoir le dernier-né de l'ingénierie mécaniste, le projet le plus secret qu'un peuple paranoïaque et techniquement très avancé pouvait concevoir.

Le tissu de l'espace se déchira et l'engin qu'attendait la Ville se matérialisa dans une gerbe de vibrations discordantes, de l'autre côté de l'Aleph. Il était noir comme un morceau de ciel sans étoiles, hérissé de dards et d'une taille monstrueuse. La Ville sentit les remous engendrés par son passage jusqu'au plus profond de sa chair. Son excitation se teinta d'une pointe d'amertume.

Au cours de son interminable existence, elle avait contemplé une infinité d'artefacts engendrés par toutes sortes de créatures éphémères. Certains l'avaient émue, d'autres étaient grotesques et la plupart lui étaient incompréhensibles. Mais le Zéro Plus, ainsi que le baptisaient ses concepteurs, était capable de labourer la trame de la réalité mathématique sous-jacente jusqu'à ce qu'elle hurle. Il était conçu pour déchirer, pour détruire jusqu'aux fondements mêmes de l'harmonie du Ban. En mutilant à jamais l'univers.

La Ville ressentait intuitivement les concepts mathématiques qui avaient conduit à matérialiser le Zéro Plus. Par petites touches, savamment dosées, elle avait aidé certains humains à inventer toute une panoplie d'équations pour se forger leur propre définition de la grille fréquentielle du Ban. Elle n'espérait pas qu'ils en perçoivent ses harmoniques; les hommes étaient sourds à l'univers et leurs pauvres sens se laissaient trop facilement abuser par les mirages de l'espace-temps. Ils ignoraient que l'espace avait une odeur de renfermé, pareille à celle d'une prison. Ils n'en distinguaient pas les limites infranchissables. Même leurs infinis avaient quelque chose de dérisoire.

Elle avait essayé de leur expliquer. Mais les ingénieurs mécanistes n'écoutaient pas leurs sensations; ils expérimentaient, et ils étaient patients. Ils méprisaient les théoriciens, mais ils utilisaient leurs équations comme des leviers pour écarter les obstacles. Et ils comprenaient les métaux d'une façon qu'aucune Ville ne pouvait approcher.

En levant pour eux le voile sur certains aspects de *l'échange*, elle avait transgressé beaucoup plus qu'un tabou: le voyage instantané était un privilège d'AnimalVille. Durant des siècles, elle avait pesé chaque révélation, tissé une trame de savoirs truffée de déchirures et de vides qu'ils complétaient avec leur perception de l'univers et les intuitions qu'elle engendrait. C'était elle qui avait mis en branle le projet mécaniste, elle qui était à l'origine de la monstruosité triomphante qui se précipitait à présent vers elle de toute sa vitesse. Pour la chasser, en attendant de pouvoir prendre sa place.

Le Zéro Plus ne perdit pas de temps en pourparlers. Il infléchit sa courbe et piqua droit vers la Ville. Celle-ci reçut de plein fouet les vagues d'énergie qui accompagnaient sa trajectoire. Elle pivota sur son axe et se laissa dériver jusqu'à l'Aleph en repliant ses filaments pour offrir une cible plus réduite. Puis elle mobilisa ses forces et *s'échangea* avec un autre Aleph, tandis que le vaisseau noir lâchait ses premiers faisceaux d'énergie.

Elle s'enfuit à travers le Ban, poursuivie par la vision du scorpion au dard orgueilleusement dressé, prêt à frapper tous ceux qui croiseraient son chemin. L'avenir des AnimauxVilles et de l'Humanité se jouerait dans les prochains jours et elle, la doyenne des Villes, n'avait aucun moyen de revenir en arrière.

Première partie

Les rameaux

Le mécanisme

CHAPITRE 1

Le mécanisme

Les animaux ne l'avaient pas encore senti. Certains dormaient dans les branches des arbres géants, d'autres paressaient au bord de l'étang, et le gros mâle veillait sur son harem depuis le rocher plat. Derrière les buissons d'épineux, Tecamac avança d'un pas et s'immobilisa. Il était à la limite de portance de la brise nocturne, le pas suivant emporterait son odeur jusqu'aux naseaux des deux femelles allaitant leurs petits.

Une longue minute, Tecamac profita de la *limite*. Il aimait cette sensation électrique d'être juste en deçà, d'être prêt, d'être à la merci d'une infime modification des conditions. Il suffisait que la terre au nord de l'étang relâche un soupçon d'humidité supplémentaire et la brise se gonflerait d'un souffle, coucherait davantage les hautes herbes et le prendrait par le travers, exhalant son fumet sur toute la meute.

– Tu es trop près, reprocha le com. Surveille tes données. C'est une brise thermique, elle dépend de l'hygrométrie et celle-ci est instable.

– Je sais, répondit-il. Je suis volontairement trop près.

Il avait parlé à voix basse, par réflexe – un de ces réflexes dont il ne parvenait pas à se débarrasser –, mais il eût pu crier : phoniquement, le carbex de l'armure était étanche. Les animaux n'avaient aucun moyen de percevoir ce qui se produisait à l'intérieur, ils pouvaient seulement en flairer l'ozone ou l'exsudat de filtration. De ses milliards de pores, l'armure respirait et transpirait, échangeant en permanence les atomes dont elle avait besoin pour entretenir l'organisme de Tecamac, contre les molécules déstructurées dont elle le nettoyait. Pour lui, elle traitait et retraitait les squames, la sueur, l'urine et les matières fécales. Par son propre fonctionnement, elle ionisait son environnement, générant le bleuté et l'odeur caractéristiques de l'ozone.

L'armure, *son* armure, il la sentait vibrer de la même excitation que lui. Mais à quelle autre émotion eût-elle réagi ? Elle qui ne connaissait d'émotions que les siennes. Elle qui portait son nom.

– Quelle espèce d'avantage crois-tu tirer de ce handicap ? reprit le com sur un ton posé.

Cette fois, il ne s'agissait pas d'un reproche, juste une question méritant une réponse plus rationnelle que l'aveu d'une griserie fantastique. Tecamac eut l'impression de réciter :

– Un mètre, c'est une demi-seconde de gagnée. Là, en ce moment, cette demi-seconde ne me sert à rien, mais une autre fois, ailleurs, je pourrais en avoir besoin. Ai-je tort, Maître ?

À l'entendement du Maître, il ne s'agissait pas d'avoir tort ou raison. Le Maître n'avait aucun doute sur la justesse d'une logique qu'il avait enseignée, il s'assurait que l'enthousiasme de son disciple ne perdait pas cette logique de vue.

– Un avantage se mesure en pourcentage, énonça le com. Si tu augmentes les risques en même temps que les atouts, la probabilité de réussite décroît.

Le Maître était un théoricien de l'entropie probabiliste : plus les facteurs de réussite sont importants, plus le risque est réducteur de la probabilité générale de succès, puisque, non content d'influer sur le résultat global de l'opération, le risque intervient sur chaque facteur de réussite. Tecamac préférait penser qu'une seule chance, même sur un million, était celle qu'il fallait saisir, et il savait que le vieux Maître partageait son opinion, du moins préférait-il, dans l'action, opter pour l'occasion à prendre, fût-elle plus improbable que la conjoncture calculée. Pourtant, ils faisaient semblant, tous les deux, d'enseigner et d'apprendre les comportements raisonnables. C'était une complicité que leurs armures avaient rendue incontournable, tant il leur était impossible de se cacher des affinités qu'elles connaissaient intimement.

Il se souvient de toi comme du garçon qu'il fut et qui a si mal vécu l'adolescence dont on l'a privée. Il a souffert le martyr de n'avoir pas su mériter une armure vierge, et celle qu'on lui a confiée fut un calvaire odieux. Il m'envie, il t'envie, mais il ne te jalouse pas. Il veut que tu réalises les rêves qu'il a entretenus pour ne pas devenir fou.

Un jour, quelques mois en arrière (cela avait moins d'un an), Tecamac avait enfilé l'armure comme on enfile une combinaison de travail, une combinaison un peu plus évoluée que les autres, qu'on énergise une fois pour toutes et qu'on ne quittera plus jamais. Il avait endossé l'armure à laquelle rêvaient tous ses compagnons d'enfance, mais lui avait d'autres rêves et ces rêves avaient toujours su devoir passer par une armure vierge. Les autres garçons pouvaient fantasmer, ils pouvaient batailler, trimer, fanfaronner, bûcher encore et se dépasser vingt fois par jour, ils avaient le même destin que les garçons de toutes les générations : hériter d'une armure grouillante des fantômes de dix, vingt ou cent Mécanistes. D'ailleurs, la plupart n'ambitionnaient que de se glisser dans une *belle* armure, une dont le primanyme évoquait l'héroïsme et brillait de toute sa lignée, une magnifique liste d'oubliés au bas de laquelle on n'inscrirait jamais leur nom, puisqu'ils allaient le perdre. Tecamac en avait même connu qui espéraient la mort de Chetelpec pour se glisser dans l'armure de tant d'exploits anonymes. Lui avait reçu la seule armure vierge de sa génération et Maître Chetelpec pour formateur.

La première semaine, l'armure était restée vierge ; en tout cas, elle n'avait pas été plus que le partenaire mystérieux d'un jeu aux règles si tortueuses qu'elles lui semblaient ne jamais pouvoir être maîtrisées, mais la compréhension des plus simples d'entre elles était venue trop vite pour que le jeu ne devînt pas fascinant malgré la douleur des implants. Ensuite, il avait fallu apprendre à user de la greffe larynguale et des fréquences subvocales, apprendre les raccourcis qui codaient plusieurs ordres simultanément, apprendre à commander la plus formidable machine de la création Mécaniste, une machine rétive qui ne pardonnait rien et qui devait, elle, apprendre à user du système humain prétendant la piloter, ne fût-ce que pour le maintenir en fonction. Puis, un matin, le trentième, il avait fallu apprendre à communiquer avec la machine, parce que la machine s'essayait à communiquer, à transcrire en intellection cette personnalité dont elle se gavait depuis que Tecamac avait verrouillé l'armure.

D'abord, cela n'avait été que des sensations, mais pas celles que la machine exerçaient sur les sens de l'adolescent pour lui permettre d'appréhender le milieu dans lequel il évoluait pendant ses exercices. Ces sensations-là ressemblaient à des démonstrations de nature spectaculaire, comme si l'armure passait en revue la gamme d'un instrument nouveau. Ensuite, la machine avait testé différentes configurations, liant les sensations à des émotions, et affiné les émotions jusqu'à retrouver les nuances exactes de la seule palette dont elle disposait, étalonnée par la personnalité de Tecamac. Enfin, elle s'était déguisée en conscience exogène et elle avait *parlé*, ainsi que les rêves parlent, sans mots vraiment prononcés, en stimulant tous les sens, et cela avait été comme si Tecamac se parlait à lui-même. Plus tard, bien plus tard, quand l'armure TECAMAC avait exprimé ce qu'elle percevait de l'armure CHETELPEC, l'adolescent avait touché son privilège de bien plus que des doigts. Lui n'entendait qu'une voix, homogène, qui lui ressemblait à s'en oublier ; tous les autres, presque tous les autres Mécanistes, évoluaient dans un corps étranger à l'*âme* confuse. Des décennies durant, Maître Chetelpec avait vécu une véritable guerre contre les éons de son armure.

Tecamac avait beaucoup de respect pour les douleurs qu'il ne connaissait pas.

– Je compte seize et j'y vais, dit-il pour son Maître.

Chetelpec remplissait son office de mentor avec application, avec bien plus d'application qu'on ne l'avait et qu'il ne se serait cru capable. Ce n'était pas tant qu'il était lui-même soumis à un contrôle de tous les instants – les Censeurs lui laissaient une liberté douloureusement totale –, mais plutôt que la charge de précepteur d'un primanyme lui conférait une responsabilité qu'il ne voulait pas railler. Et il ne s'agissait pas de la formation de Tecamac, cela, il l'eût assumé les yeux fermés. Non. En lui confiant le porteur d'une nouvelle lignée, on lui avait offert la possibilité de contribuer à une tranche d'avenir qui impliquait toutes les lignées.

On lui avait accordé un an quand il en eût fallu cinq, mais il avait toujours su compresser le temps pour gagner sur la magnitude apparente des objectifs hors d'atteinte, et le garçon était exactement le matériau qu'une armure vierge méritait.

Depuis plus de dix mois, il observait l'adolescent, seconde après seconde, de toute l'expérience que lui conféraient quinze années d'enseignement et vingt-cinq de missions au service des Comices. Chetelpec avait espionné et *agi* dans toutes les communautés. Il avait effleuré la chair des murs de cent AnimauxVilles, il avait foulé la terre ou le pavé des chemins de mille mondes. Il avait filé un Passeur et pillé un cimetière secret des Originels. Il avait affronté un Organique en combat singulier et il l'avait vaincu. Il avait connu l'amour d'une Connectée et joui de la greffe neurale lui prolongeant les reins. Et il avait formé tellement des siens ! Personne mieux que Chetelpec ne pouvait prétendre connaître la psychologie humaine et savoir ce qui se produisait dans le crâne d'un adolescent découvrant l'armure dans laquelle il allait passer son existence. Pourtant, d'une certaine façon, Tecamac continuait à lui échapper.

L'enfant n'était pas seulement insaisissable, il était inattendu, toujours. Il suffisait de croire que sa patience était illimitée pour qu'il se mît à trépigner. Il suffisait de s'assurer de son impatience pour qu'il affichât le plus contrôlé des sang-froid. Il se vexait d'un compliment ou souriait à l'injure, mais il ne s'agissait ni de narcissisme, ni de bravade. Il obéissait sans discuter et il refusait l'ordre sans discussion possible, et ses oui comme ses non n'obéissaient à aucune logique. Chetelpec comprenait pourquoi les Censeurs avaient tant peiné à décider de la réalité de son *talent* – la décision avait été prise à contrecœur et parce qu'ils n'avaient pas d'alternative. Il comprenait aussi que les *talents* étaient si rares qu'ils leur étaient forcément étrangers. Lui, en tout cas, avait admis que les aberrations de comportement de l'adolescent n'étaient que le reflet de sa capacité à endosser une armure vierge.

Et puis, il aimait le garçon, viscéralement.

Sous bien des angles, Tecamac était, en talentueux, ce que Chetelpec avait été, ou ce qu'il avait rêvé d'être, parce que l'absence de talent lui avait interdit bien des courages. L'ironie étant que, après l'avoir frustré de comportements rebelles, sa pusillanimité lui offrait une pâte vierge qu'il pouvait modeler à sa guise, une pâte déjà rebelle qu'il savait devoir ne pas briser pour qu'elle lève, tel qu'il eût dû se dresser.

Bien sûr, on ne lui avait pas donné ce matériau brut – surtout *ce* matériau – par ignorance ou par négligence. Les Comices connaissaient le vieux Maître aussi intimement qu'il était possible, tellement, en fait, qu'ils pouvaient compter sur ses trop nombreuses années de rébellion larvée, et l'âge et la sagesse qui allaient avec. Chetelpec était le Maître idéal pour un disciple indocile et tempétueux. Il le comprenait, il l'anticipait, il le canalisait sans lui ôter ce dont on l'avait privé, lui, s'il s'était trouvé des Chetelpec quand il avait été adolescent. Or, les Comices avaient besoin de Tecamac tel que Chetelpec le façonnait.

C'était apaisant d'être enfin en résonance avec son univers.

Dans la sphère de contrôle de sa station-bulle, le précepteur vérifia une dernière fois les occurrences de son élève, rapidement mais avec minutie. Un simple coup d'œil sur le monitor suffisait à s'assurer que toutes convergeaient vers une résolution positive de son équation de combat.

Positions, postures, masses, capacités des cibles.

Trajectoires, obstacles, points d'appui, champs de replis, configurations du terrain.

Luminosité, hygrométrie, vitesse du vent, pression atmosphérique, polarisation magnétique.

Rigidité, résistance, épaisseur, démultiplication vitesse puissance, taux d'amortissement impacts, programmations réflexes, verrouillage de survie, conditions minimales d'*évasion*.

L'adolescent comptait "quatorze", Chetelpec ne l'arrêta pas.

Pourtant il eût dû essayer (sans illusions sur le comportement du garçon). Tecamac avait abaissé ses niveaux de sécurité au plus bas et tellement réduit ses facteurs d'assistance qu'il eût pu affronter les lions à mains nues sans prendre beaucoup plus de risques. Quand il atteignit « seize », Chetelpec avait un doigt au-dessus du gros bouton rouge pouvant court-circuiter les programmations de l'armure et la plonger instantanément en *évasion*. Deux pensées contradictoires tournaient dans son esprit.

Au premier plan, il souhaitait que son disciple échoue, pour apprendre à la dure ce que signifiait *configuration minimale adaptée de sécurité*. À l'arrière-plan, il espérait qu'il s'en sorte sans le secours de l'*évasion*, s'offrant une nouvelle occasion de mépris pour les édificateurs de configurations minimales adaptées de sécurité.

L'armure gonflée à douze pour cent au-dessus de son volume initial, Tecamac s'élança coudes au corps, mains tendues rythmant ses foulées à hauteur des hanches, droit sur le rocher plat. Les deux femelles offertes allongées à la gourmandise de leurs lionceaux dressèrent instantanément la tête, les harfangs cessèrent de hululer, les vampires s'égaillèrent en désordre au-dessus de l'étang, le roi des félins, ses princesses et vassaux tremblèrent de la même contraction musculaire, leurs pupilles oblongues fouillant le soir de la savane pour accrocher la forme humanoïde, noire sur noir, qui perturbait leur quiétude.

Sur la rétine gauche de l'adolescent défilaient les données techniques projetées par l'armure ; son cerveau les percevait, mais lui ne les voyait pas. Sur sa rétine droite s'inscrivaient la configuration physique de l'armure et ses recommandations; il ne les visualisait pas davantage, mais il en avait une conscience aiguë. Son attention se concentrait sur sa charge et l'immédiateté de l'action.

Du même bond, il survola les deux lionnes et leurs petits. Les petits ne s'arrêtèrent de téter que lorsque les lionnes leur retirèrent les mamelles, se redressant nerveusement bien après que Tecamac les eut dépassées. Il ne chercha pas à vérifier qu'elles optaient pour la garde de leur progéniture: il avait étudié les lions (il avait étudié tous les prédateurs) ; les femelles se camperaient sur leurs pattes antérieures, oreilles couchées, babines retroussées, gueules feulantes, elles ne s'éloigneraient pas d'un mètre des lionceaux, pas tant que d'autres pouvaient se charger de l'intrus. Tecamac ne s'intéressait qu'aux cinquante mètres de berge qu'il lui restait à parcourir, qu'il parcourait.

Sur sa droite, dans les arbres, deux lions s'interrogeaient sur sa santé mentale, les yeux suivant sa course suicidaire, le museau indolent. Seules les femelles remuèrent sur les branches, trois d'entre elles les abandonnant pour se poster entre les racines géantes. Devant lui, un jeune mâle secoua sa crinière naissante, la gueule béante d'une parodie de grondement ; il avait peur, il hésitait. Tecamac l'écarta d'un revers du gant gauche, poing fermé, démultiplication insignifiante, le frappant au cou et l'envoyant bouler jusque dans l'eau.

Il entendit le rugissement du gros mâle dressé sur son rocher, puis les quatre femelles gravides, qui étaient encore sur sa trajectoire, décidèrent de s'interposer ou, du moins, d'intercepter le mets plus rare que comestible qui leur fonçait dessus. Elles avaient l'habitude de chasser en groupe, de se relayer pour affaiblir une proie et de l'abattre ensemble. Elles s'écartèrent les unes des autres, têtes basses, échines ramassées sur leur formidable musculature postérieure, les moustaches fébriles.

À huit mètres d'elles, Tecamac usa de sa greffe larynguale pour donner un ordre subvocal à l'armure, un chapelet sec et bref de symboles codés qui signifiait : « Accélération constante 1.4 à 2.1, compensateur gravifique à 0,6 g, réduction du volume extérieur de 10 %. »

Sans que ses jambes fournissent le moindre effort supplémentaire, sa course s'accéléra uniformément de cinquante-six à quatre-vingt-quatre kilomètres heure, ses foulées s'allongèrent de deux mètres et l'armure se rétracta d'un dixième de son volume, n'offrant plus aux lionnes qu'une silhouette d'un mètre soixante-dix de hauteur par quatre-vingts centimètres de largeur d'épaules, qui leur fondit littéralement dessus, les transperça en s'élevant au-dessus d'elles et les dépassa, indemne, malgré le bond que deux d'entre elles effectuèrent, pour se percuter crocs contre crocs, sonnées et incrédules.

Tecamac ne ralentit pas. Il donna l'impulsion à quatre mètres du rocher et franchit du même saut la hauteur et la distance qui le séparaient du chef de meute. Le lion se dressa sur ses postérieurs et le cueillit, de face, pour l'enrouler dans ses griffes, contre son poitrail, et le basculer sur la pierre encore tiède de la canicule diurne.

La sphère de contrôle restituait la progression de l'adolescent par trois monitors, sous trois angles différents surveillés par des caméras flottantes, et une reconstitution holographique développée à partir des prises de vues multiples. La sphère ne se contentait pas de restituer, elle analysait (aussi bien les données enregistrées par les capteurs flottants que les informations inhérentes à l'armure de Tecamac) et elle calculait, nanoseconde après nanoseconde, le champ des possibles. Techniquement, ses analyses et synthèses étaient irréprochables, mais leur utilité se limitait à l'étude *après coup* des alternatives. Chetelpec avait pour habitude de les considérer comme des engrenages majeurs de son action pédagogique, mais criait haut et fort qu'il ne servait à rien de savoir, une ou deux secondes après, que l'on eût pu, une ou deux nanosecondes avant, éviter le pire. Il se méfiait donc du champ des possibles et n'accordait, en principe, qu'une oreille distraite aux chiffres annoncés par le vocodeur de la sphère. Cette fois, les chiffres l'énervaient tellement qu'il avait éteint le vocodeur.

Quand le lion, après avoir enserré Tecamac avec ses antérieurs, les griffes labourant le carbex de l'armure à son plus faible taux de résistance, s'était laissé tomber de tout son poids sur lui, le vieux Maître avait, dans la même seconde, ordonné à son index d'enfoncer le bouton d'évasion puis contrecarré l'impulsion nerveuse d'une crispation musculaire. D'une part, il lui semblait juste que le désir de sensations du garçon fût satisfait, surtout dans la douleur. D'autre part, la position arrondie dans laquelle celui-ci bascula supposait une intention précise, qui se vérifia aussitôt.

Les gants de Tecamac s'accrochèrent à la crinière de l'animal, ses jambes se détendirent dès que son dos heurta le rocher. Le lion, propulsé par les bottes de carbex, fit un demi-tour complet au-dessus de l'adolescent et retomba sur l'échine, le cou subissant une torsion qui ne dut pas être loin de briser la colonne vertébrale. Mais les félins sont souples et celui-là était puissant, il ne marqua ni la douleur, ni la surprise, se dégageant d'un seul coup de reins pour ne laisser qu'une poignée de poils à son adversaire.

Chetelpec nota que, quelle que fût la vivacité avec laquelle l'adolescent se redressa, le lion fut sur ses pattes avant lui, puis sur lui avant qu'il n'eût le temps de bien se camper sur ses jambes. Un coup d'œil au monitor de contrôle suffit à vérifier que Tecamac avait ramené ses facteurs de démultiplication à zéro.

– Si tu veux vraiment l'affronter à la loyale, cracha Chetelpec dans le micro, il faut enlever l'armure !

Le garçon n'était pas dans la posture idéale pour répondre : il venait d'encaisser deux cent cinquante kilos de viande bien vivante en pleine poitrine et roulait sur lui-même pour échapper aux mâchoires qui claquaient très près de sa tête. Au taux de résistance minimal que développait l'armure, carbex ou pas, si les crocs se refermaient sur le visage ou la gorge de l'adolescent, les os et les cartilages exploseraient.

Le Maître n'eut pas le loisir d'actionner l'*évasion*, son disciple s'arrêta brutalement de rouler, frappa simultanément des deux poings le museau du lion et profita de ce répit pour se relever. L'animal revenait déjà à la charge, zébrant deux fois l'armure de ses griffes à hauteur d'estomac, l'entamant de quelques millimètres sans la transpercer vraiment, elle qui pouvait se reconstituer aussi vite qu'elle était déchirée.

Tu es aussi imprudent que lui, tu vas finir par le perdre.

Chetelpec ne se contenta pas d'ignorer l'exhortation de son armure, il écarta définitivement la main du bouton d'*évasion*. Entre elle et lui, il y avait quarante-cinq années de contentieux passionnel et autant de pactes rompus. Ils étaient ce qu'aucun Mécaniste ne pouvait comprendre, faute de le concevoir : des ennemis trop intimes pour s'entendre une fois, ne serait-ce que sur leur aversion. Ils se détestaient sans faille et se méprisaient jusque dans leurs qualités respectives, et ils alimentaient leur haine de chaque moment où ils devaient collaborer. L'armure avait appris à patienter, comme elle l'avait fait cinquante et une fois en attendant la mort des cinquante et un Chetelpec ayant succédé à son primanyme, parce qu'elle les avait tous abhorrés, elle qui était l'éon du grand, du seul Chetelpec, celui qu'elle avait aimé à la folie tant il s'aimait à la folie. Depuis six siècles, l'armure s'était murée dans la personnalité narcissique de son premier porteur et exécrait, humiliait, malmenait ceux qui l'endossaient. Tous étaient morts jeunes, paranoïaques au dernier degré, vidés de force et d'énergie, desséchés. Pas celui-là.

Les décennies passant, Chetelpec avait appris à vivre avec l'armure, à la fois dedans et à côté. Il en usait, il en dépendait, mais il ne prenait rien d'elle et il ne lui donnait rien. Il ignorait ses conseils, il ne lui exprimait aucune opinion. Pour lui, elle n'était qu'un outil doué d'une intellection virtuelle. L'outil était fonctionnel. La parodie de conscience était boguée et superflue.

Chaque coup de patte provoquerait une auréole bleue sur sa peau, chaque labour des griffes laisserait un sillon rouge dans sa chair. Ce ne serait que des marques, mais Tecamac savait à chaque choc qu'il conserverait une semaine les traces de ce qu'aucun Mécaniste n'osait plus endurer, la preuve par l'absurde qu'il avait mérité l'armure, *cette* Armure, puisqu'il pouvait se priver du meilleur de ses atouts.

Il subissait encore beaucoup, mais il avait pris la mesure du lion. Ses ruées ne l'atteignaient plus de plein fouet, ses griffes n'entamaient plus le carbex que superficiellement, ses crocs continuaient à claquer dans le vide. L'adolescent décida que riposter d'atémis désordonnés et ridicules ne suffisait plus, il lui fallait amener l'animal à douter par une série d'attaques portées. Quand celui-ci se rua à nouveau sur lui, visant la gorge, Tecamac se baissa et projeta tout le poids de son corps vers l'avant, percutant les premières côtes avec l'épaule droite, enserrant les flancs de la bête à pleins bras et se redressant violemment sous elle pour la balancer sur la roche. Puis il lui asséna deux coups de pied au garrot, pirouetta tête la première au-dessus d'elle et doubla ses coups de l'autre botte.

Le roi des animaux s'écarta avec un respect étonné, hésita une seconde, se souvint de sa noblesse, la transforma en fureur lésée, gronda et repartit à l'assaut, aveuglément. Cette fois, Tecamac évita la charge en se déhanchant sur le côté, intercepta le lion de biais, les deux bras passés sous ses antérieurs, les deux mains cherchant à se joindre sur la nuque de l'animal, ce qu'elles ne parvinrent pas à réaliser, mais la prise était suffisamment solide pour interdire au félin de s'en extraire. Il était là, debout sur ses postérieurs, se débattant de toute sa musculature dans l'étau de carbex, la colonne creusée à se rompre, le rugissement muet. Tecamac le plaqua encore davantage contre lui, faucha les deux pattes d'un seul balayage et tira violemment, lui faisant percuter le rocher de l'arrière-train. Ensuite il recula, pied par pied, suant ses dernières forces sous la charge, pour l'amener jusqu'au bord du rocher et le balancer par-dessus.

Dans un bruit mat, le lion tomba sur l'échine. Il se redressa affolé, s'ébroua mollement et tourna la gueule vers le rocher. Son crâne se baissa dès qu'il aperçut Tecamac. Il se ramassa un peu sur ses pattes et s'éloigna vers les arbres, la queue entre les jambes. Ce qui ne l'empêcha pas de gronder à l'encontre des mâles qui s'y trouvaient et d'en expulser celui qui occupait la plus belle branche.

– Suis-je censé tirer un enseignement de ce combat inégal, Maître ? demanda Tecamac au com. Je veux dire : à part le fait que nous prenons vraiment peu de risques.

CHAPITRE 2

Le mécanisme

Hualpa ne se contentait pas de superviser le ragréage du vaisseau, il en était l'architecte absolu et il deviendrait le coordonnateur de sa future mission. Le vaisseau, lui, n'était pas seulement l'astronef qui emporterait le génie mécaniste vers la supernova, il était l'instrument qui mettrait un terme à l'hégémonie des AnimauxVilles, la preuve qu'aucun monopole n'est définitif quelles que soient les limites de l'univers. Le vaisseau s'appelait le Zéro Plus, Hualpa en était l'Ingénieur, ils se ressemblaient tous deux comme l'armure et l'homme se ressemblent, bien au-delà de leur période de collaboration. Le vaisseau survivrait à Hualpa, en tant qu'éon, le sien, et le sien seul, parce que le Zéro Plus était l'œuvre de toute une éternité, l'armure unique qui protégerait tous les Mécanistes.

Pourtant, dans le berceau même de sa satisfaction, Hualpa enrageait. Il construisait un astronef incapable d'atteindre son objectif par ses propres moyens, une machine à dépouiller les AnimauxVilles dont la mise en place dépendait du bon vouloir de ces mêmes AnimauxVilles. Lui, l'Ingénieur, avait dû quémander l'obligeance du Troupeau ! Et, pendant qu'il garantissait aux Comices la proximité de cette indépendance dont la communauté rêvait depuis des siècles, son porte-parole attendait dans un corridor de chairs humides qu'une Ville dictât ses conditions.

Ah ! Comme il avait été peu coûteux d'acheter la science du Charon ! Comme il avait été facile de négocier la logistique du Réseau ! Au Charon, il avait suffi de promettre ce qu'il croyait être l'immortalité. Au Réseau, il avait suffi d'offrir la mémoire de quelques armures malades. On s'était assis à la même table, on avait bu la lie de la même coupe et on avait parlé d'intérêts entre responsables intéressés. S'il l'avait fallu, oui : s'il l'avait fallu, Hualpa eût accepté l'offrande d'un Organique en échange de n'importe quel marché de dupes, et trahi, bien sûr, ainsi qu'il seyait. Mais présenter une requête à un AnimalVille, se répandre en grimaces, implorer en singeant l'étiquette de formules ineptes de politesse, s'humilier...

Hualpa ne parvenait même plus à s'étourdir de travail, il poussait son armure jusqu'à s'évanouir en elle, s'en remettant aux éons qui l'habitaient pour que, à chaque reprise de conscience, le travail abattu sans lui le submergeât. Alors, quelques heures, il pouvait se débattre avec ses seuls problèmes techniques et oublier, un peu, sa honte et sa frustration.

En orbite à vingt-six minutes de Titlan par le puits gravitationnel, l'astronef était en phase de réassemblage, pratiquement livré à lui-même, en tout cas libre de corriger ses erreurs et, depuis longtemps, seul capable de gérer son optimisation. Mais il commettait peu d'erreurs, du moins aucune qui prolongeât de plus d'un centième de seconde l'évaluation de son délai de travail, et les modifications qu'il apportait à son programme d'optimisation n'excédaient pas le pourcent calculé par ses concepteurs. Ses compétences, néanmoins, se limitaient aux compétences des milliards de processeurs liges l'assistant dans sa régénération, depuis l'acheminement des matériaux jusqu'à la maintenance robotique. Deux cents Mécanistes géraient les défaillances cybernétiques, trente surveillaient la culture des nanones et leur progression sur et dans le carbex constituant la carapace du vaisseau, Hualpa contrôlait le tout. Les meilleurs des deux cent trente techniciens et chercheurs qui œuvraient sous ses ordres à la redestination de l'astronef composeraient l'ossature de son équipage. Ils en seraient le bras *pensant* par opposition au bras armé des soixante-dix Voltigeurs assurant la sécurité de la mission.

– Monsieur ?

– Je vous écoute, Iztoatl.

Derrière la paroi transparente du centre de contrôle, Hualpa contemplait les tentacules de la station qui s'étiraient jusqu'au voile énergétique baignant le Zéro Plus. Les tentacules ondoyaient d'une chorégraphie indolente, distribuant les matériaux et les machines, expulsant ou happant les robots sans jamais interrompre leur ballet magnifiquement coordonné. De temps en temps, suivant la configuration qu'ils adoptaient, ils piégeaient la lumière solaire réfléchie par Titlan et dessinaient d'étranges entrelacs luminescents qui circulaient entre eux jusqu'à se perdre dans l'irisation du voile énergétique. Chaque fois qu'il avait à se concentrer, Hualpa se laissait fasciner par ce spectacle et n'en détachait le regard que lorsqu'il était certain d'avoir l'esprit libre de tout parasite. Il ne s'était pas retourné lorsque son assistant l'avait interpellé. Il n'avait pas besoin de le faire.

– Le Consul est dans le puits, il sera là d'ici vingt minutes.

– Xuyinco ? Dans le puits ? J'espère que vous plaisantez, Iztoatl ! (Hualpa pivota sur lui-même.) Je n'ose imaginer quel genre de catastrophe pousserait Xuyinco à molester conjointement son agora – et son acrophobie !

– Je crains de ne pas plaisanter, Monsieur. Le Consul ne s'est pas fait enregistrer sous son nom, mais un de nos hommes l'a reconnu et m'en a aussitôt prévenu. Comme vous, j'ai douté. Il ne peut toutefois pas s'agir d'une erreur : notre homme a travaillé cinq ans pour les Comices, il a souvent approché le Consul.

Quarante-trois générations d'Iztoatl avaient assisté trente-deux générations de Hualpa, puis les Organiques avaient mis un terme aux deux lignées lors du même affrontement. Hualpa supposait que, à leur entendement, les Organiques n'avaient fait que se défendre. Il n'en restait pas moins que, si l'on avait pu sauver le quarante-troisième Iztoatl, son armure avait été détruite, et lui-même n'avait survécu qu'un an après sa transplantation dans une armure vierge. Le trente-deuxième Hualpa, lui, avait succombé avant son armure, mais l'inestimable éon de celle-ci avait partiellement pu être sauvé et instillé dans une armure toute neuve. D'une certaine façon, depuis deux décennies, cela faisait d'Iztoatl^{44} et Hualpa^{33} les deux premiers Premiers de Lignée sans primanymes, et eux qui, enfants, s'étaient étripés pour être les meilleurs de leur génération, avaient partagé la même frustration. Leurs ego maltraités s'étaient d'abord rapprochés, puis ils avaient noué une relation quasi amicale sans jamais se défaire de l'étiquette hiérarchique. Entre eux, le protocole était un respect excluant toute convenance.

– Et il est seul, c'est cela ? (Hualpa n'attendit pas la confirmation de son assistant.) Je n'aime pas ça, Iztoatl. Je n'aime vraiment pas ça ! Politiquement, Xuyinco est sur le déclin. Sans la supernova, les Comices l'auraient démissionné avec pertes et fracas et il sautera dès que nous aurons accompli notre mission. Je le vois mal accepter une nouvelle décoration et retourner s'ennuyer dans son université.

– Pardonnez ma franchise, mais votre appui ne lui serait pas d'une grande utilité, Monsieur. Votre popularité est comparable à l'aversion des Comices à votre égard. Le Consul est bien placé pour le savoir.

– Les Comices sont censés émaner du peuple, justement. Que ce ne soit pas le cas et que mon opinion à ce propos m'attire leur inimitié n'altère en rien ma notoriété. Dans quelques mois, celle-ci va encore s'accroître, en flèche, tandis que je disposerai de l'outil qui contrôlera les déplacements dans toute la galaxie. Les Comices ont déjà prévu de me court-circuiter, de m'acheter ou de m'éliminer. Certains envisagent même que je prenne le relais de Xuyinco, pour mieux me museler. Vous le savez, Iztoatl, j'ai d'autres projets, d'autres ambitions, et vous connaissez mon mépris pour tous ces magouilleurs de l'ombre. Je ne conforterai ni le pouvoir des Comices, ni celui du Consul. Il n'empêche qu'en venant me voir dans un très relatif incognito, Xuyinco me met dans une situation embarrassante.

Dans l'entourage du Zéro Plus, Hualpa ne doutait pas que les Comices possédassent au moins un informateur qui ne manquerait pas de leur remettre un rapport éloquent sur la visite du Consul. Il ne doutait pas davantage de l'effet que celle-ci provoquerait dans la fourmilière politicienne.

– Souhaitez-vous que j'informe le Consul de votre absence ou de votre indisponibilité ? demanda Iztoatl.

Sur le visage de Hualpa, le carbex réduit à l'état de pellicule frémit d'un sourire presque railleur : Xuyinco aussi possédait au moins un informateur parmi l'équipage du Zéro Plus.

– Je ne crois pas qu'il soit très avisé de vexer un Consul, dit-il, même s'il est sur le déclin quand nous sommes en pleine ascension. Je vais le recevoir ici. Vous, vous serez dans votre bureau, Iztoatl, et nos coms resteront ouverts. Bien entendu, vous enregistrerez la conversation.

– Je le ferai, Monsieur, mais, si nous avons à en user, le Consul aura beau jeu de crier que l'enregistrement est un montage.

– Il y a des millions de façons d'utiliser un enregistrement, Iztoatl, même s'il s'agit d'un montage, et, en politique, l'important c'est de pouvoir montrer sa bonne foi, pas *d'être* de bonne foi.

En quatre siècles et dix occupants, l'armure XUYINCO avait connu tous les postes clefs de l'administration Mécaniste, depuis la préfecture de Nezcal, son premier rôle social, jusqu'à la fonction qu'elle occupait aujourd'hui à la tête de l'exécutif, et qu'elle n'entendait pas lâcher. Plus exactement, XUYINCO œuvrait pour que la situation de Consul devienne un legs armorial, qu'elle s'attache à son primanyme comme celle d'Ingénieur l'était à HUALPA, de facto. Sur le milliard de Mécanistes mâles, moins de mille s'étaient vu attribuer la fonction en même temps que l'armure, parce que moins d'une Armure sur un million possédait d'irremplaçables compétences ou, comme IZTOATL, l'appui d'une compétence irremplaçable. Dans tous les postes que ses bagages organiques avaient occupés, XUYINCO avait démontré, par l'assistance qu'elle leur avait portée, qu'il n'existait pas de meilleur administrateur qu'elle, ainsi que d'autres avaient prouvé qu'ils étaient les meilleurs Armuriers ou les meilleurs Voltigeurs. Bien sûr, en matière politique, la compétence n'avait que peu de poids face à l'avidité politicienne, et les Comices étaient voraces.

Le système était vieux, figé et inefficace. Le pouvoir législatif des Comices s'auto-entretenait et n'était plus capable d'aucun discernement, si ce n'était de reconnaître les vrais visionnaires comme autant d'ennemis mortels. La seule vocation des Comices était de profiter éperdument des privilèges outranciers dont ils jouissaient le temps de leurs mandats. Ils avaient consacré toute une vie à gravir des échelons, ils n'entendaient pas se refuser la retraite paradisiaque que leur offrait le sommet. Et si l'un d'entre eux faisait mine de s'intéresser aux problèmes de fond, s'il émettait la plus timide idée novatrice, s'il suggérait qu'existât un avenir, ses pairs lui rappelaient les sacro-saints dogmes et la constitution qui les avait verrouillés depuis mille ans. Puis, si l'audacieux insistait, s'il invoquait l'esprit contre la lettre, l'Assemblée des Comices s'en remettait aux Armuriers, à moins que, tout aussi officieusement, ceux-ci intervinssent d'eux-mêmes, en champions toutes catégories de la mort naturelle. Le lobby des Armuriers, comme on ne disait pas, parce que seules les Armures et quelques Armures seulement en appréhendaient la réalité. Xuyinco^{10} excepté.

Le dixième Xuyinco, à l'image de son primanyme, voyait loin, voyait vaste, et son acuité était aussi fine que celle de l'armure. En outre, il avait presque plus d'ambition que ses éons, que *son* éon, puisque le magma conceptuel, né de Xuyinco^{1} et riche de neuf héritiers, ne constituait qu'une entité. Il se moquait des Comices et même des Armuriers. Il avait une vision à l'échelle de la galaxie qui englobait bien plus que les Mécanistes.

– À votre avis, interrogea-t-il Hualpa, à quoi va servir votre Zéro Plus ?

Ce n'était pas sa première question. Après qu'Iztoatl l'eut introduit dans le bureau de l'Ingénieur et après les hypocrisies d'usage, il s'était installé dans un fauteuil en demandant :

« Dans la mesure où ma démarche nuira considérablement à vos relations avec les Comices, comment comptez-vous vous amender auprès d'eux ? »

Le voile de carbex de Hualpa s'était étiré du coin gauche de sa lèvre inférieure jusqu'à sa pommette. Il s'était assis en face de Xuyinco.

« Notre conversation est enregistrée, avait-il répondu.

– Bien. »

Xuyinco possédait une mallette ; il l'avait ouverte, en avait extrait un hologistreur et l'avait posé sur la table entre eux.

« Si vous permettez, je vais moi aussi enregistrer. À défaut de me fournir un moyen de pression, cela me permettra de me défendre avec les mêmes stupides arguments que mes éventuels accusateurs. »

Pour la seconde fois, Hualpa avait été tenté de ricaner. La seconde question était alors tombée comme un couperet, et son tranchant ne tenait pas que de la formulation, pas dans la bouche du Consul. À quoi donc servirait son Zéro Plus, une fois mis en place ? L'Ingénieur ressassa l'interrogation jusqu'à décider de lui donner la réponse officielle.

– À détourner à notre profit le monopole du déplacement instantané dont jouissent seuls les AnimauxVilles. Au-delà, bien sûr, il s'agit de déstabiliser le Troupeau, d'écraser les Organiques grâce à notre flotte interstellaire et de rassembler le reste de l'humanité sous notre seule coupe... Vous m'arrêtez si je me trompe...

– Vous vous trompez... ou vous mentez, ce qui revient à peu près au même.

Hualpa attendait une interruption cassante. Il ne s'attendait pas à ce qu'elle tombât aussi rapidement.

– Je mens ? engagea-t-il, amusé.

– Graciez-moi au moins du discours que tiennent les Comices à leurs électeurs. Parlez-moi des fameux transuraniens que nous allons générer tels que les Connectés en ont émis l'hypothèse. Dites-moi quelle énergie quasi gratuite ils représentent pour notre future flotte enfin libérée des contraintes du Ban. Faites-moi rêver avec la prochaine génération d'armures qui découlera de l'utilisation de cette énergie. Expliquez-moi comment, en se déployant, le Zéro Plus perturbera la supernova, la transformant en pulsar que nous pourrons utiliser pour maîtriser le Ban, en isoler des secteurs, en priver les AnimauxVilles. Suggérez-moi que, avec une telle puissance, nous n'aurons aucun mal à venir à bout des Organiques. Mais, par pitié, n'essayez pas de me faire croire que ces enfantillages sont l'objet du Zéro Plus, ni qu'ils sont seulement réalisables.

Hualpa secoua la tête.

– Pourtant ils se réaliseront dès que le Zéro Plus sera déployé, affirma-t-il. Que vous en doutiez ou pas.

– Tss tss ! Soyons sérieux, Hualpa. Le Zéro Plus va nous ouvrir le Ban, oui, mais le Ban a des règles physiques auxquelles nous serons astreints. Nous pourrons expédier des milliers d'astronefs et des millions de Voltigeurs dans l'espace des Organiques, oui, mais cela ne signifie pas que nous les vaincrons. Nous pourrons fermer notre secteur galactique à n'importe quel envahisseur, oui, mais…

– J'ai compris la démonstration. Le Zéro Plus n'est qu'une étape.

Xuyinco soupira :

– Si vous voulez. Dans ce cas, cela nous ramène à ma question initiale. À quoi sert cette étape ?

Sous le gel parfaitement transparent les protégeant, l'Ingénieur ouvrit des yeux effarés.

– En général, s'irrita-t-il, une étape conduit au but qu'on s'est fixé… ces enfantillages, comme vous dites. Que puis-je vous dire de plus, Xuyinco ? Que nous deviendrons la première puissance galactique grâce au Zéro Plus ?

– Ah ! triompha le Consul. Ça, c'est intéressant ! Car même si l'on exclut les moyens pour y parvenir, qui est ce Nous et comment va-t-il exprimer cette puissance ?

– Nous les Mécanistes, évidemment !

– Évidemment… Vous trouvez que tous les Mécanistes dansent sur la même chorégraphie, Hualpa ? Vous estimez vraiment que nous gigotons partout sur un pied d'égalité ? Expliquez-moi alors pourquoi vous prônez la participation des femmes aux Comices ! Expliquez-moi pourquoi vous prétendez que les proportions par collège à ces mêmes Comices ne sont pas représentatives de l'ensemble de la population. Sincèrement, je crains de ne pas saisir. Envisageriez-vous un Nous à deux vitesses ?

Hualpa n'aimait pas être pris en défaut, particulièrement lorsqu'il n'était pas sûr de voir où son interlocuteur voulait en venir. Comme souvent, en pareille occasion, il espéra l'assistance de l'armure et celle-ci la lui offrit :

Il parle pour l'enregistrement. Il nous pousse à formuler nous-mêmes ce qui servira de base à son argumentation. Si nous le suivons sur ce terrain, nous serons alors aussi coupables que lui de ce qui sera finalement dit. Si nous ne jouons pas le jeu, nous courons le risque qu'il se contente de banalités ou qu'il se serve d'un moyen de pression.

Hualpa se découvrit curieux de savoir si et avec quoi le Consul pensait le tenir.

– Dialectique que tout cela, laissa-t-il tomber. Les Comices sont renouvelés par cinquièmes tous les deux ans et aucun des sortants ne peut être réélu par son collège. Alors, même s'ils ne sont qu'un reflet déformé de notre société, personne ne peut les accuser d'avoir une volonté oligarchique. (Il changea de ton, se faisant plus ironique:) Si vous me parliez de vos propres intentions, Xuyinco ? Que motive cette visite impromptue, par exemple ?

Le Consul hocha deux fois la tête. XUYINCO venait de l'alerter:

Il a percé ta stratégie. Bouscule-le sur ses convictions.

– L'organisation structurelle des Comices cache une évidence qui, je l'espérais, ne vous avait pas échappé, se lança Xuyinco. Notre société se développe autour d'un système de castes parfaitement pyramidal qui n'a pas évolué d'un iota depuis la dispersion. Tout en bas, il y a trois classes *officieuses* de femmes qui représentent cinquante-quatre pour cent de notre population, mais elles n'ont ni Armures, ni voix aux Comices. N'ont accès aux Comices que neuf collèges dont huit disposent chacun de cinq voix et les Armuriers de la quarante et unième. Les collèges sont ainsi faits que cinq pour cent des Mécanistes contrôlent vingt et une voix, donc le pouvoir, et que la seule voix des Armuriers arbitre tous les conflits de castes, alors que, assistants compris, ils ne sont que deux cents pour deux milliards d'individus.

– Notre Constitution n'a rien de démocrate, elle ne vise... pardonnez-moi l'expression... qu'à la fonctionnalité. Si les Comices ne sont pas socialement équilibrés, ils sont en tout cas proportionnels à l'intérêt que chaque collège accorde à la politique. Moins de la moitié des techniciens se déplacent lorsqu'il s'agit de choisir leurs représentants. Je n'ai pas fait le calcul, mais je suis persuadé qu'avec cinq voix, ils ont le pouvoir qu'ils méritent. Par contre, vous savez comme moi que dix pour cent des femmes revendiquent l'accès aux Comices. Qu'on leur donne cinq pour cent des sièges.

– Elles revendiquent aussi des armures...

– Mais qu'on leur donne, nom d'un Éon ! Que craignez-vous ?

Qu'elles fassent de meilleurs fonctionnaires que vos technocrates ? Qu'elles survivent un peu mieux que vos Voltigeurs en affrontant les Organiques ? Il y a dix ans que les Comices rêvent que je devienne un tout petit peu moins indispensable pour se débarrasser de mes hérésies, mais aucun ne m'a demandé pourquoi je soutenais les revendications féminines. Regardez les Connectés ou les Organiques, Xuyinco, et prenez conscience du potentiel dont nous nous privons par simple souci phallocrate !

Sans bouger plus que les mains, le Consul applaudit, quatre fois.

– J'en ai toujours eu conscience, mais je vous rappelle que le pouvoir législatif est une prérogative des Comices. Ma fonction consiste seulement à faire appliquer leurs lois. D'autre part, à titre indicatif, je vous rappelle que ces lois ne peuvent pas outrepasser les articles délimitant notre Constitution. N'êtes-vous pas fasciné d'ailleurs par le fait qu'aucun d'entre eux n'ait prévu que cette Constitution puisse être amendée ou modifiée ?

– Il n'est en tout cas précisé nulle part que les femmes ne peuvent accéder aux Comices, ni endosser d'Armure.

Il est mûr, se manifesta XUYINCO.

– Si, embraya le Consul, c'est subtil, mais c'est précisé. Voyez-vous, la Constitution stipule, d'une part, que seul un Mécaniste peut siéger aux Comices et, d'autre part, que l'armure est le signe distinctif de l'appartenance à la société Mécaniste.

– Nous en revenons à mon cheval de bataille, s'énerva Hualpa. Qu'on leur donne des armures.

– Le hic, mon ami, c'est que la Constitution confie l'affectation des armures aux Censeurs, lesquels sont désignés pour un tiers par les Comices, pour un autre par le Consul et, pour le troisième, par les Armuriers en personne. Si vous ajoutez à cela que les Armuriers arbitrent les Comices qui élisent le Consul sur recommandation des Censeurs, vous obtenez un magnifique verrouillage misogyne.

L'Ingénieur ouvrit les deux mains en signe d'incompréhension.

– Pourquoi serait-ce nécessairement un verrou ?

– Demandez aux Armuriers. (Xuyinco fit mine de n'avoir rien à ajouter et reprit après quelques secondes, à l'instant où Hualpa ouvrait la bouche pour parler:) Pendant que vous y êtes, demandez-leur pourquoi il arrive aux armures de se détraquer, pourquoi certaines d'entre elles, à certains moments, ne sont plus capables de protéger efficacement certains d'entre nous.

L'Ingénieur resta dix secondes la bouche béante, interdit. Quand il la referma, Xuyinco poursuivit:

– C'est vous qui avez négocié les nanones avec les Connectés, n'est-ce pas ? C'était bien normal puisque vous étiez le seul à pouvoir maîtriser les nanotechnologies... comme il y a vingt ans. Enfin, ce n'est pas tout à fait exact, il y a vingt ans, vous étiez réellement le seul, mais les Armuriers ont disposé de deux décennies pour...

– Attendez! Vous insinuez trop sans rien développer! Vous reviendrez sur les nanones après. Pour l'instant, je voudrais comprendre cette histoire d'armures qui se détraquent.

– Je n'ai pourtant pas changé de sujet. Il y a vingt ans, missionnés par les Armuriers auprès du Réseau, HUALPA et IZTOATL ont échangé une armure vierge contre une culture de nanones. Pour les Connectés, il s'agissait de tester les capacités mémoire du carbex armorial. Sur la recommandation de votre prédécesseur, les Armuriers désiraient expérimenter les nanotechnologies dans la conception d'une nouvelle génération d'armures. Version officielle: au retour, les Organiques vous auraient interceptés, pillant votre astronef tandis qu'il transitait par un AnimalVille neutre. Résultat officieux de l'enquête: pour une raison inconnue, HUALPA et IZTOATL se sont entretués à l'approche de Titlan, détruisant leur vaisseau et sa minuscule cargaison. Aucune mention n'est faite de l'équipage de l'astronef. Le Maître et les six Voltigeurs ayant conduit l'enquête sont décédés de mort naturelle ou accidentelle dans l'année qui a suivi, ils avaient entre trente-deux et cinquante-six ans, quatre fois ont été incriminés des défauts dans la cicatrisation du carbex. Iztoatl[43], qui avait survécu à IZTOATL, a succombé à sa schizophrénie dans une nouvelle armure.

« Je dois vous dire que notre histoire est pleine de catatonies et de dysfonctionnements du carbex. Il y en a exactement autant que d'empêcheurs de tourner en rond. Pour finir, après vingt ans de tâtonnements et d'échecs, les Armuriers ont réalisé leur première armure à l'aide de moyens nanotechniques qu'ils ne sont pas censés posséder.

Hualpa resta silencieux. Xuyinco se leva, mais il resta entre le fauteuil et la table.

– Depuis onze mois, ajouta-t-il, cette armure s'appelle TECAMAC. Dans une semaine au plus, les Comices vous confieront son jeune primanyme pour en faire l'un des deux sacrifiés du Projet Zéro Plus, vous n'aurez aucune peine à vérifier que son carbex est d'un genre tout à fait nouveau. Concernant mes autres... assertions, vous n'aurez qu'à recouper un ou deux millions d'informations, toutes parfaitement disponibles à votre échelon de sécurité dans la médiathèque centrale. Et, si vous tenez vraiment à savoir ce qui s'est produit entre IZTOATL et HUALPA, il vous suffit de fouiller l'antémémoire de votre armure.

L'Ingénieur hésitait entre deux indignations :

– Je connais mon éon par cœur, commença-t-il...

– Non, on ne connaît jamais un éon, même shunté comme l'est le vôtre. Une vie entière ne suffirait pas à en faire le tour. De toute façon, je ne vous parle pas de l'éon, qui n'est qu'une fonction de l'antémémoire, mais bien de celle-ci, dans son intégralité, à ce point indispensable au Réseau que les Connectés nous en ont offert les nanotechnologies. C'est peut-être auprès d'eux que vous trouverez les réponses techniques qui vous feront défaut.

–... d'autre part, poursuivit Hualpa comme s'il n'avait pas été interrompu, les armures que j'attends pour finaliser le Projet Zéro Plus sont des matériaux vierges, sinon morts. Il n'a jamais été question de sacrifier qui que ce soit.

– Sans éon ou sans vie, deux armures ne vous serviraient à rien. Et ce n'est pas moi qui le dis, ce sont vos propres calculs ! Je sais que vous avez demandé des personnalités virtuelles greffées sur des éons récemment libérés, mais ce n'est pas ce que vous obtiendrez : les Armuriers sont incapables de faire fonctionner une armure dans ces conditions. Rassurez-vous, Tecamac et son précepteur seront volontaires.

Le Consul fit un pas de côté, contournant la table en direction de Hualpa, et se baissa pour ramasser l'hologistreur.

Maintenant, se manifesta HUALPA.

– Je ne sais toujours pas pourquoi vous avez emprunté le puits, dit l'Ingénieur.

– Oh si ! rit Xuyinco. Vous souhaitez seulement me l'entendre énoncer.

Cela se passa très vite. Le Consul acheva de plier les jambes, tendit les deux mains vers l'hologistreur et pivota brusquement, attrapant les bras de Hualpa.

À l'instant où les mains de celui-là se refermèrent sur ses poignets, un dixième de seconde avant qu'il ne réagît, l'Ingénieur sentit son carbex se raidir et sa nuque ployer sous le poids de ce qui se déversa dans son encéphale. Les sensations d'alourdissement et d'inondation étaient factices, engendrées par le manque de références de son système nerveux couplé au processeur armorial, mais l'intrusion était bien réelle.

XUYINCO parlait à HUALPA.

Le Zéro Plus peut changer profondément notre société. Le contrôle du déplacement dans le Ban est un pouvoir qui vaut celui des armures. Si nous le laissons aux Armuriers, nous acceptons de figer le Mécanisme pour des millénaires dans la structure de castes qu'ils ont instaurée et qu'ils souhaitent étendre à tous les rameaux humains. Ils sont déjà presque intouchables, ils le deviendront avec l'asservissement du Ban. C'est à cela que sert réellement votre jouet. En quelque sorte, les vaisseaux de type Zéro Plus se substitueront aux AnimauxVilles pour voyager partout dans l'univers. Il sera alors très facile d'enfermer les Organiques dans un recoin de l'espace, dont les Armuriers auront seuls les clefs et qui deviendra, outre un parc d'attractions dans lequel ils enverront les méritants casser du monstre, un immense champ d'expérience pour tester l'introduction des symbiotes dans de nouvelles entités armoriales.

En examinant attentivement les personæ des Originels, vous leur trouverez plus qu'une similitude avec nos éons. Les deux concepts reflètent le même désir d'immortalité et la même volonté d'interdire le changement, donc le progrès. D'un côté, il s'agit d'êtres désincarnés, de l'autre d'incarnations déshumanisées, tous deux sont étonnamment complémentaires mais pareillement stériles. Il semble aujourd'hui que nos maîtres Armuriers, car il faut les appeler par leurs noms, envisagent de les fertiliser avec les symbiotes Organiques pour s'offrir l'éternité. Nous devrons alors les appeler dieux, des dieux qui ne seront pas à notre image. Et vous qui tolérez déjà si mal l'hégémonie des AnimauxVilles, comment vivrez-vous l'autorité de ces marionnettistes-là ?

Il n'y a pas de vaccin contre la mégalomanie, je n'ai donc rien à vous offrir. Si j'ai emprunté le puits, c'est pour vous demander, une fois le Zéro Plus déployé, d'en conserver seul la maîtrise et d'être le contre-pouvoir aux Armuriers. Revendiquez l'exécution de la mission jusqu'au bout, ne vous laissez pas dépouiller de la moindre parcelle de la gloire qui doit vous revenir. Vous en avez besoin pour la suite.

Depuis Titlan, je peux être votre porte-parole et votre bras. Nous partageons suffisamment d'idées pour que cela me soit tolérable et nous sommes suffisamment différents pour ne pas scléroser l'avenir Mécaniste. De toute manière, les Armuriers seront toujours présents pour arbitrer des Comices qui prendront peut-être enfin leurs responsabilités. Maintenant, je ne peux garantir qu'une chose : si vous devez survivre au Projet Zéro Plus, ce sera par vos propres moyens, envers et contre tous, et à la surprise générale. Quelle que soit la voie que vous choisirez d'emprunter. J'espère être clair.

Le Consul lâcha l'Ingénieur. Il ne l'avait pas tenu plus de deux secondes. À haute voix, pour les deux enregistrements, il articula :

– Huit Comices vont être renouvelés deux mois après votre retour. Comme un seul des sortants fait partie des rares qui me sont encore favorables, je suis venu vous demander de faire campagne dans le collège des Ingénieurs et d'appuyer dans chaque collège la candidature de personnalités partageant nos convictions. Si vous emportez les huit sièges, ce qui est fort probable tenant compte de l'effet Zéro Plus, je devrais conserver mon poste deux années supplémentaires. Je vous promets alors que nous créerons un schisme tel que même les Armuriers auront du mal à empêcher les femmes d'entrer aux Comices.

Pendant que Xuyinco, posément, ramassait l'hologistreur, le fourrait dans sa mallette et traversait le bureau, Hualpa ne trouva aucune réplique à lui donner. Il se sentait complètement dépassé. Par réflexe, quand le Consul fut à la porte, l'Ingénieur répéta mot pour mot ce que HUALPA lui soufflait :

– Pourquoi me battrais-je pour vous plutôt que pour moi-même, Xuyinco, alors que les Comices sont tout à fait prêts à me donner votre place ?

Xuyinco ne se retourna pas, il s'arrêta seulement le temps d'une phrase :

– Parce que les Comices élisent le Consul sur recommandation des Censeurs et que vous n'obtiendrez jamais celle-ci. À vous revoir, Hualpa !

CHAPITRE 3

Le mécanisme

Aucune des cinq cents cités de Titlan ne valait qu'on s'attachât à ses structures cristallines ou métalliques, aucune ne méritait qu'on évoquât ses rues et ses places, ses couloirs et ses ascenseurs comme autre chose que des voies de circulation, aucune n'était capable d'inspirer la moindre nostalgie, excepté Nezcal, la plus vaste, la plus belle et la seule qui fût davantage qu'une machine à abriter des Mécanistes. Et, pour ce qu'en avait vu Tecamac, elle n'avait pas non plus de rivale sur les deux planètes que Titlan avait ensemencées. Parfois, il se demandait si la splendeur de Nezcal et de Titlan ne tenait pas à cette adolescence qu'il y avait passé, lui qui était né dans une ville encore en construction d'un monde à peine habitable, la seconde ville du troisième monde, probablement un devenir, assurément un chantier.

Deux mille cinq cents mètres de hauteur, douze kilomètres carrés à sa base, cinq millions d'habitants dans un même édifice, Nezcal était une pyramide tronquée qui pouvait encore croître de mille mètres et multiplier sa population par dix sans supprimer un seul de ses deux cent cinquante jardins. Tecamac était amoureux des jardins, plus encore que du parc – la biosphère, comme l'appelait Maître Chetelpec – occupant la moitié de la base. Il les connaissait tous, presque intimement, leur ayant consacré chacune de ses heures de loisir depuis quatre ans. À l'extérieur, il ne ressentait pas la même affinité avec la nature. Au naturel, la nature lui paraissait confuse, brouillonne, incapable de ne pas gâcher la splendeur d'un lieu ou d'un paysage avec une forme mal finie, une odeur déplacée ou l'alliance dysharmonique de couleurs approximatives. Les jardins, eux, avaient été composés soigneusement et, jour après jour, ils continuaient à l'être avec la même recherche de la perfection, le même souci d'efficacité artistique. Les troncs des arbres étaient façonnés, les branches ciselées, les tonalités saisonnières de leurs feuilles, fleurs, bourgeons et fruits étaient étudiées pour que tous, ensemble ou séparément, constituent un tableau irréprochable, sous n'importe quel angle. Les jardins étaient l'œuvre des Geishas.

Depuis deux mois, Tecamac délaissait un peu les jardins, au profit des Geishas, *d'une* Geisha. Elle s'appelait Zezlu et elle avait dix ans de plus que lui, peut-être onze, ou douze, mais pas plus. Pour une femme, elle était grande et plutôt musclée; néanmoins, sans être indiscutablement belle, elle dégageait un charme auquel aucun garçon raisonnable n'était capable de résister. Tecamac l'avait rencontrée dans un jardin, il avait instantanément fondu. Elle, elle avait été surprise qu'un primanyme tout neuf s'intéressât aux compositions paysagères. Par la suite, il l'avait revue chaque fois que sa formation lui laissait quelques heures, dans les jardins souvent, dans le parc parfois. Lui s'était efforcé de la connaître, elle de le choquer ou, en tout cas, de le bousculer dans ses certitudes.

Elle parlait d'inégalité des sexes, elle idolâtrait l'Ingénieur Hualpa, elle méprisait les credo armoriaux, elle rêvait d'entrer aux Comices et elle militait, autant qu'on lui permettait de le faire, parmi les Intendes et les Geishas, parmi les Maternes et les adolescentes qu'elles avaient en charge. Cela lui valait des brimades et des vexations, des inimitiés tenaces et des accrochages quelquefois violents. Cela lui avait même coûté une magnifique balafre sur chaque sein, de nombreuses ecchymoses et une hémorragie interne, parce que, aussi forte était-elle pour une femme, elle n'avait pas pu se défaire des quinze matrones qui avaient dévasté son studio après l'avoir rouée de coups.

« Elles n'étaient pas de Nezcal, avait-elle expliqué. Bien sûr, je ne connais pas tout le monde, mais je suis persuadée qu'on les a fait venir d'une autre ville. Tu sais que les Fonctionnaires ont refusé d'enregistrer ma plainte ? Ils m'ont même fait comprendre que je m'en tirais à bon compte et qu'il était préférable que je me fasse discrète parce que ce ne serait pas toujours le cas. Plus tard, je me suis aperçue que j'étais loin d'être la première à recevoir ce type d'avertissement et j'ai rencontré des filles qui en avaient reçu plusieurs, certaines ont été torturées ou mutilées, d'autres ont disparu, tout simplement.

– Et tu continues ?

– Qu'est-ce que tu crois ? Nous nous sommes organisées. Aujourd'hui nous habitons toutes le même quartier et nous assurons nous-mêmes notre protection. La semaine dernière, après que notre délégation a été expulsée des Comices, deux groupes de casseuses sont revenues mettre au pas plusieurs d'entre nous. Nous les attendions. Elles ont passé un sale moment. »

Tecamac n'avait pas d'opinion sur les activités politiques de Zezlu. Il concevait qu'elle puisse revendiquer l'entrée des femmes aux Comices, par souci d'équité, mais il n'était pas certain de comprendre son désir d'occuper des fonctions masculines. À l'évidence, aucune femme n'avait les moyens intellectuels de se lancer dans la recherche scientifique et aucune non plus n'avait les capacités physiques pour se battre ainsi que le faisaient les Voltigeurs. D'autre part, si elles excellaient dans les arts, l'éducation des enfants et les travaux d'intendance, il était clair que l'administration et la technique échappaient à leurs compétences. En outre, puisque dans sa quête absolue d'efficacité, l'évolution biologique était parvenue à sexuer catégoriquement l'humanité, il ne voyait pas pourquoi des femmes ou des hommes devraient forcer leur nature pour accomplir les tâches incombant aux qualités de l'autre sexe. Bien sûr, il n'exprimait plus son point de vue, puisque, la seule fois où il l'avait fait, Zezlu l'avait incendié et menacé de ne plus le revoir.

Zezlu habitait au sixième étage du dix-septième niveau à l'angle sud-est de Nezcal, dans un quartier de femmes, comme il se devait. Tout en passerelles, en ruelles étroites et en allées biscornues, c'était un quartier labyrinthique qu'il était difficile de traverser sans assistance informatique. Tecamac adorait s'y perdre et finalement s'en remettre à l'armure pour le conduire où il le désirait, mais plus il le parcourait, moins l'armure avait l'occasion de le guider et, petit à petit, le charme de l'égarement se transformait en un agréable sentiment de possession. Au fil des années, parce qu'il la sillonnait en tous sens, l'adolescent avait l'impression que Nezcal tout entière lui appartenait.

Ce soir-là, il arriva par le dix-huitième niveau, par les sas de maintenance le séparant du dix-septième et les volées de marches descendant jusqu'à la plus haute passerelle. Ensuite, de ponts en allées, d'escaliers en couloirs, il passa d'un bâtiment à l'autre pour rejoindre l'étage de Zezlu à quelques pas de sa porte. Il frappa, elle lui ouvrit. Elle l'attendait. Depuis une semaine, elle l'accueillait comme si elle n'espérait que lui. Il en éprouvait à chaque fois une émotion incontrôlable, qui ne faisait qu'accroître sa maladresse et son embarras.

Il avait fait l'amour à d'autres femmes. Une Geisha l'avait dépucelé six jours après qu'il avait enfilé l'armure et, depuis, il avait connu l'intimité de deux autres Geishas, mais forniquer ne lui avait laissé pour souvenir qu'une jouissance aussi intense que dérisoire. Avec Zezlu, quand elle le recevrait en elle, il savait qu'il allait découvrir le plaisir de deux corps qui s'offrent. Et ce devait être cela, l'amour, même s'il ne se sentait pas capable d'aimer Zezlu au-delà du désir qu'elle lui inspirait.

Comme les jours précédents, alors qu'il s'était promis de la prendre dans ses bras dès qu'elle lui ouvrirait, il resta sur le pas de la porte, intimidé, jusqu'à ce qu'elle lui fît signe d'entrer. Puis il traversa le studio derrière elle et prit place à ses côtés, sur la terrasse, les deux coudes appuyés sur la rambarde, le regard cherchant à fuir dans la pénombre synthétique qui couvrait le jardin, dix-huit mètres en dessous. Elle, elle se tenait de côté, face à lui, très près de lui ; elle l'observait, et ses yeux, qu'il cherchait à éviter, souriaient.

– Qu'est-ce qu'on fait, maintenant ? demanda-t-elle. Tu me racontes un nouvel exploit auquel je ferai semblant de m'intéresser ? Ou tu fais semblant de t'intéresser à mes histoires de féministe ?

Elle avait le don de le mettre mal à l'aise, il avait celui d'être embarrassé. Si elle n'y mettait pas un terme, le jeu pouvait durer des heures.

– Nous sommes vraiment conçus pour ne pas nous entendre, reprit-elle, et pourtant ! Je suis sûre que tu comprends un peu de ce que je dis et que tu ne pourras plus jamais regarder les femmes comme des objets. Quant à moi, ta sensibilité finira bien par me convaincre que les hommes ne sont pas mes ennemis.

– Pourquoi serions-nous tes ennemis ?

Zezlu rit.

– Ah ! Tecamac ! Ta naïveté est touchante. Il y a tant de choses que tu ne sais pas et que tu ne peux même pas concevoir.

– Je ne demande qu'à apprendre.

– Bien sûr, bien sûr. (Elle fit un pas en avant, un seul, et tout son corps fut contre le sien.) Apprendre, oui, mais comprendre… Peux-tu comprendre que l'odeur et le contact de ton armure me sont répugnants ?

Elle posa une main sur son ventre, pressa un peu et la fit glisser sur tout son torse. Tecamac était paralysé.

– Peux-tu comprendre que malgré notre éducation très ciblée, il ne soit pas facile de fantasmer sur une effigie de carbex ? Et je ne te parle pas que de sexe ! Le sexe, j'avais onze ans et les seins qui pointaient à peine, lorsqu'on m'a appris à le faire surgir de cette matière écœurante. (Elle continuait à le caresser, une main sur ses reins, l'autre sur sa cuisse gauche et entre ses cuisses.) Il suffit de se frotter un peu et de frotter aux bons endroits.

Elle passa derrière lui, se colla à lui, les mains sur sa poitrine, les hanches frémissantes, et commença à ondoyer. À ses oreilles, elle disait :

– Vous vous nommez les Mécanistes et vous nous englobez dans votre définition du genre, mais aucune femme n'en a jamais fait partie. Les uns pour les autres, nous sommes étrangers, par le corps, par l'esprit et par la manière de vivre. Nous vous sommes même tellement étrangères que vous nous avez réduites à l'esclavage et que vous n'en avez pas conscience, ou si peu que nous pourrions être des animaux domestiques. Vous grandissez entre vous, vous vivez entre vous, et nous de même, et nos chemins ne se croisent que pour perpétuer l'espèce ou pour quelques minutes d'un plaisir rarement partagé.

Il voulut se retourner, elle le serra plus fort pour l'en empêcher et, sans interrompre son mouvement du bassin, continua à susurrer :

– Vous êtes une armée de couillards, Tecamac. Les Maternes vous élèvent, les Intendes vous nourrissent et nous autres, Geishas, nous assurons votre repos de guerriers stupides et bornés.

Deux secondes, elle s'écarta de quelques centimètres, le temps de retrousser sa jupe sur sa taille. Puis, de nouveau, elle se plaqua contre lui, le contraignant d'une pression du genou dans les jarrets à plier légèrement les jambes, et recommença à se frotter sur ses fesses. Sous sa jupe, elle n'avait rien porté, il le sentait à travers le carbex, à travers la pellicule infime dont le carbex baignait sa peau. Il sentait aussi la brûlure tiède à son propre pubis, qui gonflait l'armure et qui réarrangeait les molécules du carbex pour se frayer un passage.

– Vos armures vous protègent de toute révolte, murmurait Zezlu, alors nous ne pouvons que saboter. Dans vos beaux enfants mâles, les Maternes peuvent instiller le doute, la fragilité ou le goût des jardins. Dans vos journées spartiates, les Intendes peuvent introduire le confort et vous apprendre le luxe. (Elle parlait toujours aussi clairement, mais, en s'accélérant, son souffle commençait à hacher ses phrases.) Et nous, nous pouvons trafiquer vos plaisirs jusqu'à vous rendre dingues en pervertissant vos credo Mécanistes.

Elle lui redonna un petit coup de genou dans les jarrets et pesa d'une paume entre ses omoplates pour le ployer davantage. Il se retrouva menton sur les mains, les mains sur la balustrade, les jambes à moitié pliées, le bassin pointant vers l'arrière et, malgré son érection maintenant totale, il prit conscience du ridicule de sa position quand elle passa sa jambe gauche par-dessus sa hanche, l'attrapa par la taille de dix doigts fermes et accrut l'amplitude de ses mouvements contre son fessier. Pour la première fois de sa vie, il éprouva la honte, mais il n'osa pas relever la tête pour vérifier qu'aucune Geisha ne l'apercevait des terrasses environnantes. Il n'osa même pas résister à Zezlu et s'efforça de se laisser aller lorsqu'elle glissa une main sous son ventre et la referma sur la protubérance oblongue du carbex.

– Je sens ta honte, Tecamac. Maintenant tu as une… petite idée de ce que j'éprouve en… me frottant contre… ton armure puante.

Elle montait et elle descendait lentement, pesant avec obstination sur son clitoris, comme pour laisser sa marque dans le carbex. Elle haletait aussi, avec la même lenteur, et elle lui massait la verge d'un va-et-vient parfaitement contrôlé. Tecamac sentit alors la première goutte de désir remonter son phallus, telle une prémonition, et le carbex se fendit, permettant au sexe de se libérer de ses sensations artificielles pour chercher seul son plaisir. Les doigts de Zezlu se refermèrent sur le gland enfin mis à nu et se firent fébriles, tandis qu'elle accélérait ses mouvements de bassin et que sa gorge n'aspirait plus l'air qu'en plaintes douces et saccadées.

Il la laissa gémir jusqu'à ce que ses cuisses, par à-coups, cessent de lui battre les hanches, et il se retourna enfin, l'enserra par la taille, la souleva comme si elle n'avait rien pesé et la porta à l'intérieur. En marchant, il passa ses bras dans son dos, ses mains sur ses épaules et appuya à peine pour enfourner son sexe en elle. Il traversa ainsi le studio jusqu'à l'estrade supportant le lit et se plia afin de tomber avec elle sur les draps. Elle cria presque instantanément un plaisir qu'il prolongea de grands mouvements du bassin, puis elle bascula sur le côté et roula sur lui, reprenant le contrôle de leurs ébats, l'obligeant au calme et à la patience, le forçant à subir l'orgasme qu'elle voulait lui donner.

– Doucement, l'amadoua-t-elle. Le plaisir ne se prend pas, il se savoure.

Elle s'agenouilla, cala ses mollets contre ses cuisses et, du même mouvement, fit passer sa jupe et son chemisier par-dessus sa tête. Alors il se redressa et la plaqua contre lui, écrasant ses seins contre le carbex. Elle faillit le repousser violemment, mais le carbex s'ouvrit à son contact et sa peau le pénétra pour toucher la peau de Tecamac.

– Tu... bredouilla-t-elle... tu...

Il ne semblait pas être moins surpris qu'elle, et l'armure continuait à s'ouvrir sur tout le ventre, et plus il la serrait contre lui pour sentir le satin de sa peau, plus l'armure s'ouvrait, se déformait, aspirait la Geisha vers le guerrier et se refermait derrière elle, jusqu'à l'englober tout à fait.

Zezlu n'avait eu que le temps de s'étonner. Dès que ses tétons avaient touché la poitrine, la *vraie* poitrine de Tecamac, le carbex s'était déchiré sous elle et l'avait épousée, se plaquant autour de ses reins comme pour s'insinuer en elle. Dans son dos, l'humidité de l'armure avait cédé la place aux mains de l'adolescent. Elle avait senti ses doigts glisser sur sa peau, la tâter à pleine chair et la tirer vers lui qui se rallongeait. Elle avait senti les muscles se dessiner sur ses bras, puis sur ses cuisses, et elle s'était coulée contre elles pour le couvrir complètement, ainsi que le carbex la couvrait, des pieds à la tête, la moulant à lui.

Une minute, deux minutes, elle avait eu l'impression d'étouffer et elle avait appelé l'air de halètements terrorisés. Puis l'oppression s'était dissipée, remplacée par le flux de son sang dans les veines, par la perception de toutes ses terminaisons nerveuses et par une tiédeur lénifiante qui montait de son sexe jusqu'à son cerveau. Elle avait mis sa bouche sur la bouche de Tecamac, elle avait entrelacé leurs langues et mêlé leurs salives, et elle avait explosé, une première fois, une seconde avant lui.

Elle explosa dix fois encore, ou cent fois, ou une seule vraiment. Dans ce qui lui arrivait, l'orgasme n'était pas un aboutissement. Elle ne le recherchait même pas. Elle se contentait de boire Tecamac et de mêler leurs eaux. Elle n'était que désir et le désir était une fin en soi, et une spirale qui n'en finissait pas de se replier sur elle-même, dans un tore qui enflait à chaque boucle.

Elle atteignit la démence, elle s'éleva au-delà et accepta la mort qui devait en découler, mais qui ne vint pas. L'épuisement lui était interdit, comme la liberté de mouvement. Les mouvements, les ondulations, les massages étaient l'œuvre de l'armure et l'énergie que le désir de Zezlu consommait était fournie par l'armure.

Zezlu comprit qu'elle ne faisait pas l'amour avec Tecamac, mais que TECAMAC faisait l'amour avec eux deux. Elle en conçut la pire des humiliations et pria pour que celle-ci ne s'achevât jamais.

Tecamac ne pouvait pas simplement jouir de ce que l'armure réalisait. Immédiatement, dès qu'il avait senti les seins de Zezlu avec sa propre chair, il avait compris sa chance : TECAMAC n'était pas *une* armure, TECAMAC était *l'armure.* Il s'était laissé prendre dans les délices qu'elle lui proposait, il avait plongé aussi loin qu'elle l'avait emmené dans la sensualité de la Geisha, il s'était immergé dans l'écho de ses propres sensations, mais il n'avait pas perdu de vue qu'aucun Mécaniste n'avait éprouvé ce que lui éprouvait, du moins à sa connaissance.

D'une certaine façon, cela ne le surprenait pas. Il y avait en lui tant de germes oniriques, tant de chimères, tant de fantasmes, que la personnalité armoriale, issue de la sienne, ne pouvait que transcender ses facteurs conceptuels. Il avait conscience aussi que, en s'ouvrant à un tiers – une femme, de surcroît –, TECAMAC violait un tabou, et que lui-même outrepassait un interdit que personne n'avait songé à formuler tant cette transgression était aberrante. Sans comprendre réellement comment, il devina que cela donnait raison aux idées de Zezlu. Maître Chetelpec n'affirmait-il pas que les non-dits étaient les pires mensonges ?

Pourtant, plus que cette découverte, l'adolescent fut fasciné par ce qu'il considéra comme une révélation. Il pouvait aimer Zezlu. Oh ! pas comme il aimerait cette fleur après laquelle voguaient ses rêves ! Mais il aimait Zezlu de tout ce qu'ils partageaient et de tout ce qui les opposait. Il lui sembla alors que l'amour était à la fois plus simple et plus important que ce que le Mécanisme prétendait, qu'il était en tout cas différent de la vocation Mécaniste. Sans parler de son expérience, il lui faudrait s'ouvrir de cette autre découverte à Maître Chetelpec. Le Maître seul pouvait l'aider à réfléchir un concept philosophique aussi nouveau. Le Maître, et peut-être Zezlu. Les femmes étaient bien plus férues de philosophie que les hommes.

Je vais la relâcher. Elle ne sera pas capable d'aligner cinq phrases sensées d'affilée. Tant qu'elle est en moi, je peux maintenir ses flux énergétiques en équilibre, mais dès que son cerveau devra reprendre le contrôle de son organisme, elle tombera d'épuisement. Ne t'inquiète pas. Après dix heures de sommeil, elle sera biologiquement en meilleur état qu'elle n'a jamais été.

L'inquiétude de Tecamac n'avait fait que pointer à la surface de son esprit. L'armure y avait répondu avant qu'elle n'émergeât vraiment. Qu'il était paisible d'avoir un ami qui fût si proche de soi !

Ils avaient pris le temps de se dire au revoir, de promettre que ce serait pour bientôt, et celui d'un baiser que l'armure avait adouci en rétractant quelques centimètres carrés de carbex. Zezlu s'était endormie. Tecamac l'avait observée une minute et avait quitté le studio.

Il n'avait pas l'intention de rentrer, pas tout de suite. Il avait trop à penser et pas le courage de s'atteler à la réflexion. Il descendit d'un étage, franchit une passerelle, traversa un couloir, emprunta une autre passerelle puis une troisième et une longue volée de marches. Il erra un peu au hasard et décida qu'il avait besoin d'un jardin. Ses pas le ramenèrent vers celui qui s'étendait au pied de la terrasse de Zezlu. L'aube était à deux heures de lui, il s'allongea sur la pelouse rase et ferma les yeux. Il eût pu s'endormir, il sommeilla, bercé d'un silence de quelques fractions de décibels : le purificateur d'air.

Un bruit le tira de sa somnolence, un bruit de verre, presque un fracas. Puis il y eut un cri, suraigu, croissant, qui stoppa net après un autre bruit, très mat, presque mou, celui d'un corps s'écrasant sur la margelle de la fontaine, là, à six mètres de lui.

Tecamac bondit. Il savait avant de voir la marionnette fracassée sur la pierre.

Zezlu.

Morte à en haïr la vie.

Il faillit tomber à genoux devant elle et se vider de larmes qui ne venaient pas. Il faillit hurler son nom. Il faillit s'effondrer, mais il y eut un autre bruit de verre, discret celui-ci, et un autre fracas, et d'autres cris.

Cette fois aussi, il sut avant de réagir. Quelqu'un mettait un terme au mouvement féministe de Nezcal. Ce quelqu'un avait une armure, il l'aperçut à travers une fenêtre du deuxième étage. L'adolescent mitrailla la sienne d'ordres subvocaux.

Il devait y avoir trop de hurlements, trop d'agonies, l'assassin, *les* assassins jaillirent de l'allée au premier étage et franchirent directement le garde-fou de la passerelle pour atterrir sur l'esplanade au moment où Tecamac l'atteignait lui aussi, s'arrêtant de justesse alors qu'il visait l'escalier.

Ils étaient six. Six Voltigeurs pour une poignée de femmes ! Ils n'hésitèrent qu'une seconde : ils avaient à fuir avant que la police n'intervînt. Ils s'élancèrent en négligeant Tecamac. D'un bond, l'adolescent se cala sur leur trajectoire et se ramassa sur ses jambes. Maintenant, ils ne pouvaient plus l'ignorer. L'un d'eux stoppa sa course, les autres l'imitèrent.

– Laisse tomber, petit, dit celui qui s'était arrêté le premier. Ce ne sont pas tes affaires.

La configuration de combat de TECAMAC offrait une apparence vaguement humanoïde et négrescente de trois mètres de haut par un mètre cinquante de largeur. Le carbex gonflé à sa résistance maximale ne dessinait plus le moindre trait sur son visage. Certes, l'armure présentait des caractéristiques la différenciant de n'importe laquelle de ses semblables, mais que seul Maître Chetelpec connaissait. Et Maître Chetelpec ne se compromettrait jamais avec un groupe de lâches. Le sobriquet « petit » était un aveu, celui d'une préparation minutieuse qui avait connu la relation de l'adolescent avec Zezlu.

– Tu n'es pas de taille, reprit le Voltigeur. Fous le camp !

Ils s'attendaient à te trouver sur leur chemin. Ils ont reçu des ordres pour te mettre hors d'état sans t'abîmer. Celui qui parle est un Maître, les autres sont ses élèves… ce n'est sûrement pas leur première sortie, mais si nous cassons le précepteur, les disciples ne sauront pas s'organiser.

Jusque dans l'expression de la haine, l'armure partageait son état d'esprit. Tecamac lui adressa une pensée de connivence. Il y était question de remerciement et de meurtre, d'un sextuple meurtre. Lui qui n'avait jamais tué, ne fût-ce qu'un lion sur son rocher, n'avait aucune idée de ce qu'il fallait réaliser pour occire un Mécaniste dans son armure. Il avait juste besoin de le faire. TECAMAC lui effleura les tympans :

Pour nous, c'est facile. Frappe, je m'occupe du reste.

Le Maître s'était remis à marcher vers lui, doucement, pour ne pas *l'effrayer*, et ses élèves suivaient, deux l'encadrant. L'adolescent revint à une posture moins agressive, il se redressa un peu et donna l'impression de se décontracter. Quand ils furent à huit mètres de lui, il donna une impulsion à tout son corps et l'armure passa d'un bref état de repos à celui de missile.

Il percuta le Maître de plein fouet et frappa à hauteur de la carotide, doigts tendus, de bas en haut, et sa main pénétra dans le carbex, creva le carbex, s'enfonçant dans la gorge, déchirant le palais pour se refermer sur l'humidité molle du cerveau, qu'elle écrasa avant de resurgir aussi vite qu'elle était entrée, souillée de sang et de cervelle. Tecamac pivotait sur sa jambe droite, le pied gauche fouettant le visage d'un Voltigeur, son talon pénétrant à son tour le carbex de l'adversaire incrédule, écrasant les cartilages, cassant l'os et fichant leurs éclats dans un autre cerveau déjà mort.

Le mouvement de l'adolescent ne s'arrêta pas, ne ralentit même pas. Quand le pied gauche s'ancra au sol, ses deux poings serrés se succédèrent dans deux poitrines et deux cœurs explosèrent tels deux ballons de baudruche. Le corps du Maître ne touchait pas encore le sol; il ne l'atteignit pas avant que la main droite de Tecamac arrachât les viscères du quatrième élève et les laissât pendants entre deux lèvres de carbex, il le fit juste lorsque les cervicales du cinquième craquèrent entre ses paumes.

Il y avait des Geishas sur les balcons et sur les passerelles, il y avait des bruits de course dans les allées et dans les couloirs, il y avait des souffles suspendus et des vivats contenus. Il y avait aussi des dégoûts qui surpassaient le soulagement vengeur, mais Tecamac ne vit rien, n'entendit rien. Il retourna à la fontaine dans le jardin.

Ce fut là, agenouillé, le crâne de Zezlu sur les cuisses, que les Voltigeurs du service de police le trouvèrent. Ils étaient quatre, ils avaient laissé le gros de leur groupe auprès des cadavres de l'esplanade, afin d'éloigner les badauds, pendant que d'autres prenaient les dépositions dans les bâtiments.

Entre ses jambes, l'armure avait ouvert une plaie de carbex et les cheveux de Zezlu baignaient ses cuisses d'une dernière caresse. Du sang s'écoulait d'une blessure sous l'oreille et collait quelques cheveux à son aine. Quand l'un des policiers parla, le carbex se referma et emprisonna un peu de Zezlu dans sa chair.

– Tu es en état d'arrestation, dit le flic. Relève-toi et suis-nous.

Tecamac ne releva que la tête, l'aérogel sur ses yeux ne cachait rien de sa soif de mort.

– Et vous faites quoi, si je ne veux pas vous suivre ?

Il allait les suivre, il ne souhaitait pas devenir plus criminel qu'on ne le considérerait déjà, mais il devait leur faire comprendre qu'il ne le ferait que de sa seule initiative, qu'il n'existait plus d'autorité nulle part capable de le contraindre.

Il reposa délicatement la tête de la Geisha sur l'herbe tendre et se dressa face aux policiers. Puis il tendit le bras droit, et le carbex autour de celui-ci – uniquement celui-ci – gonfla de vingt fois son volume et s'allongea jusqu'à toucher le Voltigeur qui lui avait donné l'ordre. Un doigt, un seul, tendu comme un avertissement, passa à travers le carbex du policier et, tant il était entré violemment, bleuit son épaule sur dix centimètres carrés.

– Six, dix, mille, c'est pareil. Tu comprends ? (L'armure du Voltigeur n'avait pas esquissé la moindre contraction, elle était autant ébahie que son porteur.) Je te suis.

CHAPITRE 4

Le mécanisme

En approche de la station orbitale qui avait abrité son ragréage, le Zéro Plus revenait de son ultime parcours d'essai, une boucle d'un milliard de kilomètres à une vitesse ayant culminé si près de celle de la lumière qu'au moins douze de ses ingénieurs s'étaient pris à rêver de défier la physique einsteinienne, une boucle à peine interrompue par deux immersions dans le Ban. Il n'avait pas *échangé,* il avait transduit, comme seuls savaient le faire les AnimauxVilles, en se glissant dans une maille qui reliait deux nœuds très proches. Les nœuds étaient vraiment très proches, à peine un demi-parsec, et l'astronef avait consommé la totalité de son produit fissile en réalisant l'aller-retour. Il avait même failli ne pas arriver et ne pas revenir, mais cela n'avait pas de rapport avec l'énergie mise en œuvre, ni avec les équations utilisées par le calculateur. C'était comme si une force avait dévié le vaisseau, comme si la maille s'était déformée dès son intrusion et avait tenté de l'expulser ailleurs qu'au point visé, dans une direction qui n'était pas déterminable et qu'il ne pouvait pas atteindre.

Ce n'était pas le premier incident. Depuis que le Zéro Plus testait ses nouvelles capacités, chacune des six plongées dans le Ban avait connu semblable avatar, chaque fois plus violent, et si, à la demande de l'Ingénieur Hualpa, personne n'avait mentionné les incidents en dehors du poste de commandement, il était clair pour chacun que la théorie d'Iztoatl imputant le phénomène à la supernova manquait de conviction et de données tangibles. Pourtant, l'Assistant n'en démordait pas et l'Ingénieur lui accordait une pleine et arbitraire confiance.

Les yeux rivés sur l'écran restituant l'image de la station que l'astronef approchait, Hualpa essayait de se vider l'esprit. L'hypothèse de son assistant ne l'intéressait pas, pas plus qu'il n'avait d'opinion sur son fondement scientifique. Par contre, l'intuition qu'il avait de son authenticité, comme la réminiscence qu'Iztoatl avait invoquée pour justifier sa conjecture, le ramenaient à des considérations qu'il eût préféré écarter, du moins tant que le Zéro Plus était dans la zone d'influence des Comices.

Dans la médiathèque de Titlan, l'Ingénieur Hualpa avait trouvé près de dix millions de confirmations des assertions du Consul sous forme de morts certes naturelles mais tout à fait inattendues, sinon anormales. Des causes de décès qui se devaient d'être anecdotiques, tant elles étaient théoriquement rares ou improbables, se révélaient des phénomènes statistiquement signifiants que personne n'avait jamais étudiés. Des dysfonctionnements armoriaux, réputés exceptionnels ou impensables, s'avéraient, toutes proportions gardées, presque banals. Des dizaines de propositions ou d'idées politiques nouvelles apparaissaient sporadiquement, comme des ritournelles, et disparaissaient, faute de propagateurs, après une maladie rarissime ou une panne qui n'arrive jamais. Parmi elles, le ou les sièges féminins aux Comices, dont aucun éon ne se souvenait vraiment, sinon comme d'une lubie lancinante que le bon sens désagrégeait cycliquement.

De l'antémémoire de son armure, il n'avait rien appris qui confirmât le combat entre HUALPA et IZTOATL. Il avait seulement vérifié que des secteurs entiers en étaient non pas effacés mais plombés, et que les rares bribes de personnalités Hualpa^n auxquelles il avait accès ne concernaient que leurs compétences scientifiques, à l'exception de son prédécesseur immédiat dont il n'avait aucune trace. À l'inverse, l'éon de son assistant ne se constituait que de la personnalité d'Iztoatl[43], moins les souvenirs de ses cinq dernières années de vie, comme si la démence qui l'avait emporté était à l'origine d'une amnésie sélective en laquelle aucun d'eux ne pouvait plus croire… pas depuis qu'ils avaient examiné l'armure du garçon, en tout cas.

Ce n'était pas que le carbex dont elle se constituait vérifiait globalement les affirmations de Xuyinco, mais parce qu'il ne leur avait été permis de le tester que sous le contrôle d'un Armurier et parce que cet Armurier, Sletloc, avait décrété qu'il accompagnait le Zéro Plus vers la supernova.

Hualpa se sentit dépossédé de sa mission. Un Armurier à bord ! Un Armurier qui se prétendait seul capable de maîtriser le garçon, ou, plutôt, l'armure du garçon et la myriade de nanones grouillant dans son carbex. Parce que, à l'image du Zéro Plus, TECAMAC était une usine de guerre fourmillant d'ouvriers spécialisés qu'organisait en gestalt une intelligence artificielle.

« Nous n'avons pas pu faire mieux en si peu de temps », affirmait Sletloc.

Ils avaient disposé de vingt ans !

« La machine est imparfaite, mais elle remplira aisément sa mission. »

Imparfaite, la machine avait massacré six Voltigeurs en une seconde. De quelle mission devait-elle encore s'acquitter ? Il ne pouvait pas seulement s'agir d'épauler le Zéro Plus dans la maîtrise de la supernova. L'armure seule, vide, eût suffi.

« Il est regrettable de devoir sacrifier le garçon. Toutefois, je doute, et les Censeurs avec moi, que ses tendances asociales puissent mieux contribuer au devenir du Mécanisme. Il a goûté au meurtre et il n'en éprouve aucun remords. La sanction est le bannissement. Celui que nous lui offrons est inespéré. »

Ils l'avaient piégé et ils avaient décidé de le faire depuis plus d'un an. Tout avait été calculé, jusqu'au rachat d'une faute provoquée, débarrassant, au passage, le Mécanisme de ses revendications féministes. En écho des paroles du Consul, Hualpa y voyait un avertissement : la supernova n'était pas seulement l'occasion de faire le ménage autour de Titlan. Avant de débarrasser l'univers de la morgue des AnimauxVilles et des Organiques, bien avant d'asservir les Connectés et les Originels, les Armuriers entreprenaient de nettoyer le Mécanisme de ses impuretés, et lui, l'Ingénieur qui avait rendu cette hégémonie possible, était la plus visible des souillures.

Xuyinco avait eu raison : la présence de Sletloc était bien le signe que la mission du Zéro Plus lui échappait. Hualpa força son regard à suivre le ballet des tentacules de la station, se concentrant sur les arabesques que dessinaient certains d'entre eux pour accrocher leurs ventouses sur le vaisseau, le lover entre leurs bras et le tracter jusqu'à l'appontement.

– Propulsion nulle, annonçait Iztoatl dans son dos. Correction d'assiette achevée. Arrimage dans vingt secondes.

Hualpa ne se retourna pas, ne réagit pas. Les annonces d'Iztoatl lors des manœuvres *à risque* étaient aussi inutiles que leurs présences dans le poste de commandement. Le pilotage de l'ordinateur du Zéro Plus était irréprochable et ne pouvait de toute façon pas être remis en cause, pas plus que la chorégraphie orchestrée par le calculateur de la station. Si un dysfonctionnement se produisait, il se produirait sans qu'aucun Mécaniste puisse le prévenir ou intervenir.

Simultanément, huit tentacules enlacèrent l'astronef – cela se fit sans heurt et dans un silence absolu – et l'attirèrent vers la saignée barrant la sphère de radoub.

– Contact moins une minute, signala Iztoatl. Approche parfaite.

« Approche parfaite », se répéta Hualpa.

Que pouvait bien signifier cette perfection dans l'esprit de son assistant ? Qu'il pouvait être satisfait de leur travail lorsqu'ils avaient conçu le Zéro Plus ? Qu'il était fier du Mécanisme ayant conduit à cette précision ? Ou qu'il y avait toujours quelque chose de miraculeux dans une manœuvre mille fois répétée se déroulant sans anicroche ?

Troisième possibilité… Il ne croit pas à la perfection.

« Absurde ! » retourna l'Ingénieur à son armure.

Il avait répliqué avec violence. HUALPA s'adressa à lui sur un mode d'apaisement :

Inepte, bien sûr, mais pas illogique. Si tu admets qu'il existe une perfection, il te faut admettre l'existence d'une perfection de signe inverse… l'incident parfait comme pendant au déroulement parfait. D'une certaine façon, il est préférable de penser qu'une petite erreur de calcul croisera une légère faille, les deux pouvant alors se corriger.

Instantanément, l'Ingénieur s'engouffra dans la brèche :

« Poussé à l'extrême, le raisonnement induit que le calculateur finira par commettre volontairement les erreurs… »

Paranoïa.

Depuis la rencontre avec Xuyinco, c'était la huitième fois que l'armure bloquait une discussion avec le mot «paranoïa». Du moins, Hualpa se bloquait-il. Ce qui n'empêchait pas l'idée de se creuser un chemin dans son esprit, parallèlement à une autre idée qu'il qualifiait lui-même de mégalomane.

Prendre en charge le destin du Mécanisme parce que le Consul avait éveillé sa suspicion à l'encontre des Armuriers qui, eux, contrôlaient le Mécanisme depuis toujours... lui qui avait voué sa vie au Mécanisme et en éprouvait la plus satisfaisante fierté, lui qui n'avait aucune ambition pour le Mécanisme, sinon celle des Armuriers.

«Peut-être que moi aussi je ne crois pas à la perfection.»

C'est parce que tu n'en as aucune représentation mentale et que tu la classes dans le domaine de l'utopie. Commence par la définir, elle deviendra d'elle-même un projet.

Hualpa craignait que ce projet ne soit différent du Mécanisme, mais il redoutait davantage encore qu'il lui ressemble à les confondre.

Tecamac avait suivi l'approche du Zéro Plus avec le même émerveillement qu'il avait ressenti en le visitant la première fois. Pour lui, le Zéro Plus évoquait un animal mythique qui fendait l'espace d'un vol presque fluide, ni oiseau ni poisson, le fruit d'un métissage harmonieux entre une baleine et une chauve-souris. Il rêvait de le chevaucher, il l'avait investi comme Jonas, en hôte devenu maître des lieux.

«Parcours-le de fond en comble, avait exigé l'Armurier Sletloc, apprends-le. Ne te fie à aucun plan, ne te fie même pas à ton armure. Je veux que tu le connaisses mieux que quiconque, je veux que tu puisses y débusquer n'importe qui ou t'y embusquer sans laisser à personne la plus petite chance de te dénicher.»

Tecamac n'était pas sûr d'avoir une opinion sur l'Armurier, mais il savait que celui-ci avait le droit de vie et de mort sur lui, et il avait senti que son pouvoir s'étendait à bien plus que lui, à bien plus que le vaisseau et ceux qu'il emporterait vers la supernova. Sletloc l'avait sorti de prison après une seule nuit, comme on prend une pomme sur l'étal, et il l'avait conduit directement à l'Ingénieur Hualpa.

« J'ai racheté ta vie aux Comices, avait-il dit. Tu ne passeras devant aucun tribunal, tu ne seras ni désArmé ni exilé sur un monde en terraformation, mais tu n'as plus ni liberté, ni libre arbitre. Tu appartiens au Mécanisme dans ce qu'il a de plus absolu et tu lui sacrifieras ton existence. Hualpa pilote le Zéro Plus mais c'est auprès de moi que tu prendras tes ordres. »

Aucune allusion au sextuple meurtre, aucune question, aucune menace. Sletloc dictait, mais l'adolescent n'avait saisi que l'importance de son rôle, le meilleur rôle, celui qui passait par le don de soi. Il avait du mal à croire qu'on lui apportât ses rêves sur un plateau et qu'il dût cette aubaine à la mort de Zezlu. Non pas à la mort de Zezlu – l'idée était même insupportable – mais à celle de six assassins, qu'il tuerait encore s'il devait le refaire.

– Tu rêvasses encore, reprocha Maître Chetelpec.

Le Maître était derrière lui. Tecamac inclina la tête, comme pris en faute, mais sa voix était ferme lorsqu'il se tourna vers lui :

– Je ne peux et je ne veux pas contenir mes rêves, Maître... ni mes souvenirs.

– Je ne te le demande pas. Je te reproche seulement de ne pas le cacher.

L'adolescent haussa les épaules. Chetelpec eut un geste d'agacement.

– Tu es à l'âge où on peut se moquer de sa propre vie et commettre les pires impairs par conviction... par conviction ou sur un coup de tête, mais les deux justifications sont une seule et même excuse : celle de l'inconséquence et du nombrilisme. Tes convictions reposent sur l'ignorance ou, à tout le moins, le manque de recul, et tes coups de tête ne servent qu'à satisfaire ta conscience de toi sur un mode émotionnel. Ni l'un ni l'autre n'ont le moindre sens dans la durée.

Tecamac ouvrit la bouche pour se rebiffer.

– Laisse-moi finir ! tonna Chetelpec. La durée, ce n'est pas t'extasier maintenant devant la mission qu'on te confie, c'est la conduire à terme. Alors, après avoir frémi à chacune de ses étapes, tu pourras jouir de son accomplissement. Pour l'instant, tu te contentes de profiter de l'excitation qu'elle te procure pour te masturber l'ego, et tu es prêt à en sacrifier la réalisation sur la seule foi de ton auto-apitoiement.

– Ce que je ressens ne nuira pas à la mission.

– Tu ne sais déjà rien en ce qui concerne la maîtrise que tu peux avoir d'elle et de toi, et tu ignores tout de l'interprétation que les autres feront de ta façon d'être. Il est possible que l'Ingénieur Hualpa se contrefiche de tes états d'âme et probable qu'il se borne à en user. Mais Sletloc, et tous les Armuriers derrière lui, connaissent le risque qu'ils prennent en sollicitant ton romantisme. S'ils viennent à douter de toi, ils t'élimineront de l'équation. Ils ont besoin de toi en équilibre sur un fil monomoléculaire, pas en chute libre. Alors rêvasse, si tu veux, mais que ça ne se voit pas. Tu peux comprendre ça ?

Tecamac hocha la tête, deux fois.

– Je comprends.

– Bien.

– Mais je n'admets pas.

Le Maître ne put retenir un sourire, alors il en profita pour pousser plus loin la leçon :

– Jamais les Censeurs ne t'auraient confié cette armure si tu avais été capable d'admettre les indéfectibles. Le refus des tabous, le mépris des principes, l'envie de bousculer la chose établie, et même l'individualisme sont des qualités indispensables aux primanymes, parce qu'il faut de très fortes personnalités pour constituer les éons des armures. Tu en devines la raison ?

L'adolescent hésita :

– Pour que les armures soient fiables ? Pour qu'on puisse compter sur elles ? Pour que... je ne sais pas, pour qu'elles soient le meilleur complément possible de ceux qui les endosseront ensuite, quels qu'ils soient ?

– Ça, ce sont des justifications, mon garçon, pas des raisons. (Chelpec soupira, puis il s'exprima avec beaucoup d'amertume :) Un éon est un moule. Sa première fonction est de s'assurer que les successeurs de son primanyme ne développeront pas leur propre personnalité ou, à défaut, que l'armure pourra la canaliser.

Une fois de plus, Tecamac comprit son heureuse fortune : son armure lui ressemblait parce qu'il en avait façonné la conscience, mais combien de Mécanistes avaient fini par ressembler à leur armure parce que c'était elle qui les avait façonnés ? Il osa une question qui eût été impensable quelques semaines plus tôt :

– Vous souffrez de votre armure, Maître ?

– Et elle souffre de moi. (Il y avait une intonation revancharde dans la voix de Chetelpec.) Mais là n'est pas mon propos. Si tu veux ne rester que ce que tu es, Tecamac, il va te falloir apprendre à composer avec le milieu dans lequel tu évolues. Sinon celui-ci te changera ou te détruira. Et si tu ne veux pas qu'on te dresse, il faut te domestiquer toi-même. Dis-toi bien que si tu as appris à interpréter les ordres, c'est uniquement qu'on t'a permis de le faire, parce que, étant seul à posséder tes compétences, il serait inepte qu'une directive les limite, sous prétexte qu'elle est vitale pour les autres. Il en est de même pour les interdits, que tu transgresses avec la conviction qu'il suffit de ne pas se faire prendre. C'est vrai et ce le sera encore davantage avec Sletloc et Hualpa, mais ce qu'on tolère de ta part, dans l'unique but de te rendre encore plus performant, n'est valable que pour toi et ne pourra jamais excéder certaines limites.

– Un fil monomoléculaire, j'ai saisi, Maître.

De nouveau, Chetelpec s'impatienta :

– Je ne te demande pas de *saisir* ! Je veux que la seule évocation d'un interdit t'amène à réfléchir aux moyens de le bafouer. Je veux qu'à la fin de l'énoncé de chaque ordre tu puisses en démontrer la stupidité. Je veux que, en toutes choses, tu respectes l'esprit et jamais la lettre. Et je veux que tu prouves à ceux qui attendent quelque chose de toi que leurs espoirs sont étroits et mesquins !

« Ils t'ont choisi parce que tu étais le meilleur outil pour les aider à réaliser leur projet le plus ambitieux. Être le meilleur, c'est toujours un pis-aller. Va plus loin. Donne-leur plus que ce qu'ils désirent. Donne-leur ce dont le Mécanisme a besoin. La seule chose à laquelle tu n'aies pas droit, c'est de les décevoir. Dans ces conditions, et dans ces conditions seulement, un jour, tu pourras rêver à voix haute.

Quand le maître acheva sa tirade, le disciple était bouche bée. Il se sentait incapable, aujourd'hui, de tirer le moindre enseignement de ce qu'il venait d'entendre. Il comprenait juste que Chetelpec l'avait fait dépositaire de quelque chose qui les dépassait tous deux et que cette chose, qui hanterait désormais toutes ces réflexions, lui interdisait la médiocrité.

Doit-on aussi transgresser cet interdit? ironisa TECAMAC, mais l'armure ne semblait pas moins étourdie que lui.

L'armure du vieux maître, elle, ne souffla rien à son compagnon. Elle comprenait que celui-ci ne cherchait qu'à prolonger la vie de l'adolescent au-delà des limites dont les Comices, les Censeurs et les Armuriers avaient décidé. Elle comprenait le procédé et les motivations, et, pour une fois – était-ce parce que la personnalité du garçon lui rappelait celle de son propre primanyme, ou parce que les émotions de Chetelpec finissaient par déteindre sur elle ? –, elle comprenait l'offrande. Cela ne l'empêcherait pas de les dénoncer tous deux, ainsi qu'elle l'avait toujours fait.

La fédération originelle

CHAPITRE 1

La fédération originelle

Le tableau était posé sur un cube de verre opaque, éclairé par une couronne de projecteurs d'un blanc aveuglant. Janos Koriana, Charon en titre des vingt-huit mondes regroupés en fédération autour de Vieille Terre, fit avancer son fauteuil roulant jusqu'à ce que les roues métalliques soient bloquées contre le socle. Dans son dos, la silhouette astrale du Passeur des Morts se fondit dans les ombres de la pièce avec une discrétion née d'une longue habitude.

– Le dernier diptyque du maître de Flémalle ayant survécu à l'exode, lança le vieillard sans se retourner. Le seul primitif flamand encore intact, en fait. Unique, mais sans aucune valeur, puisque je suis le seul à aimer ce style et que je serai bientôt mort.

– Votre personæ aura les mêmes goûts que vous, Charon.

– Épargnez-moi ces foutaises !

Les voyants du fauteuil passèrent du vert à l'ambre et la pompe à oxygène de la chambre forte chuinta. Une dose minime de neuroleptiques circula dans les capillaires implantés à la base du cou maigre, tavelé, tandis que les projecteurs viraient lentement vers un bleu apaisant.

En silence, Gadjio le Passeur s'approcha du tableau. La crypte où l'avait conduit le Charon était l'une des pièces les mieux gardées de la planète, deux kilomètres et seize niveaux de sécurité en dessous du palais présidentiel. Les prérogatives étendues liées à sa charge lui auraient permis de franchir les douze premières portes ; ce qu'il avait appris de son client, à son insu, lui aurait ouvert la treizième. Un guerrier mécaniste surentraîné aurait pu triompher des deux suivantes, à condition de bénéficier de l'armement adéquat et de renoncer à tout espoir de ressortir vivant. La seizième était hors de portée de n'importe qui.

D'un point de vue mathématique, l'endroit où ils se tenaient n'existait pas. Ce n'était qu'une instabilité maintenue artificiellement en équilibre au cœur du réacteur à fusion qui alimentait le palais en énergie. La seizième porte, clef du dispositif de protection, était accordée aux battements de cœur du Charon et leurs existences étaient liées.

Pour la franchir, Gadjio avait dû se dépouiller de sa chair et fondre son corps astral dans l'enveloppe racornie du vieillard, un souvenir dont il aurait du mal à se débarrasser. La liaison empathique avec Notre Mère des Os, l'AnimalVille qui partageait sa vie depuis bientôt trente ans, s'était brutalement interrompue lorsque Koriana avait refermé le sas matriciel. Si celui-ci devait mourir avant la fin de l'entretien, les murs d'énergie qui les séparaient du chaos cesseraient aussitôt d'exister. Gadjio serait instantanément dissous dans le néant qu'il avait passé sa vie à combattre.

Mais le risque méritait d'être pris. C'était là, dans ce cube fragile ballotté au sein d'un tourbillon de forces impénétrables, que le Charon conservait l'essence de sa personnalité et de son pouvoir, les fétiches de toute une vie. Comme il fallait s'y attendre, la pièce était à peu près vide.

La toux rauque du vieillard arracha le Passeur à ses réflexions. Après tant de mois perdus à tâtonner dans le labyrinthe de la vie de son client, il en avait enfin atteint le cœur desséché. C'était l'heure des secrets. Il s'approcha du fauteuil autant que les systèmes de sécurité le lui permettaient et attendit.

– Vous n'avez même pas regardé mon tableau. (La voix du Charon sonnait comme une accusation désespérée.) Si vous l'aviez aimé, j'aurais pu vous en faire don. Transmettre un peu de mes passions. Survivre.

– J'en serais honoré.

– Ha ! (Le vieillard eut un reniflement dédaigneux qui provoqua une nouvelle arrivée d'oxygène.) Il finirait dans un recoin d'un de vos temples, à peine éclairé par la lueur des cierges. Et pourtant...

Du bout de l'index, il suivit le contour des personnages. Une femme, vêtue d'une robe verte aux nombreux plis était assise face à un homme agenouillé dans une posture inconfortable, à même le sol dallé. Par la fenêtre ouverte, on apercevait un paysage à la perspective tordue, hérissé d'arbres nains. Une lumière étrange, qui semblait émaner de chaque recoin du tableau, éclairait la scène. L'ensemble avait quelque chose d'éternel et de profondément dérangeant, comme un accouplement d'insectes emprisonnés dans de la résine.

Au-dessus de leur tête, de l'autre côté de la barrière de roche qui les séparait de la surface, quatre millions de vivants et dix fois plus de défunts attendaient le résultat de cette entrevue pour entamer les préparatifs de la cérémonie mortuaire. Et Gadjio ne savait toujours pas ce que son client avait en tête.

– Ils avaient trouvé le moyen d'emprisonner Dieu, murmura le vieil homme, dans un souffle. À cette époque, une peinture n'avait aucune valeur si elle ne contenait pas une parcelle de la divinité ; alors ils mélangeaient de l'œuf à leurs pigments pour que la lumière ne puisse pas s'échapper du tableau. Toute une vie de recherche pour atteindre ce but : capturer l'essence du monde sur une toile et la laisser derrière soi en mourant.

– Une superbe métaphore, Charon. La personæ qui vous prolongera sera votre chef-d'œuvre. L'essence de votre être, la lumière intérieure qui vous anime sera conservée…

– Non ! tonna le vieillard. Vous ne comprenez rien !

Un tressautement convulsif secoua les maigres épaules aux muscles fondus. Un peu de bave sanguinolente coula sur le menton flétri. Le fauteuil se déforma pour former une coque impénétrable autour du corps de Janos Koriana, tandis que la voix impersonnelle des systèmes de sécurité enjoignait à Gadjio de reculer. Il s'exécuta avec promptitude et attendit que la crise s'achève.

Depuis déjà huit mois, le Charon refusait de mourir. Il avait gouverné les vingt-huit mondes d'une poigne de fer pendant près de cent quarante ans, poussé par une ambition d'autant plus dévorante qu'elle était parfaitement désintéressée. Il n'aimait pas le pouvoir, il avait juste appris à s'en servir pour réaliser ses visions, avec l'obstination et l'intensité qu'il mettait dans toute chose. Depuis qu'il avait décrété que la guerre était inefficace, la paix régnait ; une paix rigoureuse et exacte qui ne laissait guère de place à l'imagination. Il était le marionnettiste suprême, le grand horloger. Chaque planète de la Fédération originelle portait l'empreinte de ses doigts ou courbait sous sa poigne.

À présent, ses propres cellules se rebellaient contre lui et le dévoraient de l'intérieur.

Gadjio avait été la troisième personne à l'apprendre et la seule à qui on avait permis de conserver cette information dans sa mémoire. Les autres, tous les autres, avaient eu leurs souvenirs effacés chaque jour, jusqu'au moment où la maladie du Charon avait été impossible à dissimuler. Durant cette période, Gadjio avait entrepris ce qui devait être sa tâche suprême et le couronnement de sa carrière : aider le Charon à accoucher de sa personæ.

Et le résultat s'avérait parfaitement décevant.

La mort, comme le répétait souvent Gadjio à ses riches clients, était le sort que réservait l'univers à toute chose, y compris à lui-même. La survie, sous n'importe quelle forme, était la réponse de l'intelligence à l'entropie. Beaucoup d'hommes trouvaient plus facile de partir en sachant qu'ils laissaient derrière eux une copie simplifiée d'eux-mêmes, immuable, immortelle et bavarde. Ainsi étaient nées les Personæ.

Au début, elles n'étaient rien d'autre qu'une intelligence artificielle couplée à un hologramme animé, enrichie d'un ensemble soigneusement sélectionné de souvenirs du défunt et d'une forme primaire de personnalité basée sur les traits principaux de son caractère. Puis la technologie s'était améliorée. Des cristaux-mémoires d'arséniure de gallium permettaient de stocker l'équivalent de deux siècles de vie dans une urne de cinquante centimètres cubes, en laissant juste assez de place pour les cendres et les débris d'os. Même si leur autonomie diminuait au fur et à mesure qu'elles s'éloignaient de leur tombe, même si les plus anciennes avaient tendance à radoter, les personæ représentaient l'ultime pied de nez à la face de la Mort. Rares étaient ceux qui refusaient de se l'offrir. Dans les vingt-huit mondes de la Fédération, seul dix pour cent de la population possédait une demeure de chair. Les autres n'étaient que des fantômes.

Chaque moribond avait son Passeur attitré qui l'aidait à accoucher d'une âme de substitution avant de disparaître. C'était un art difficile, qui relevait autant de la psychologie que de la dissection – qui réclamait un mélange subtil de cruauté et de compassion. Gadjio possédait toutes ces qualités en abondance, avec en plus la faculté indispensable d'écouter sans entendre, de consoler sans rien ressentir. Son indifférence, soigneusement cultivée, était un atout de plus. Depuis que Notre Mère des Os l'avait choisi comme partenaire, toutes les âmes qu'il mettait au monde appartenaient aux familles régnantes des vingt-huit planètes.

Le plus souvent, leurs personæ étaient constituées d'une part de mensonge, d'un gros morceau de rêve et de beaucoup d'obstination, mais nul ne pouvait s'en rendre compte. L'étiquette voulait en effet que ceux qui avaient connu intimement le disparu l'effacent de leur mémoire afin de lui permettre de renaître sous la forme qu'il avait lui-même choisie.

Gadjio, lui, n'oubliait rien; c'était sa prérogative de Passeur. Dans les traits à peine esquissés de l'âme-enfant en train de jouer interminablement à la marelle, il retrouvait le visage ravagé de l'aïeule qui avait déchiré les draps de ses ongles lorsque la maladie l'avait emportée. Il savait lire au-delà des apparences, il était le cercueil plombé dans lequel ses clients enfermaient leurs honteux secrets. Pour cette raison, on l'évitait jusqu'au dernier moment. Avant de recevoir l'ordre impératif de rejoindre le palais présidentiel, il n'avait approché Janos Koriana qu'une seule fois, cinq ans plus tôt. Pour signer le contrat qui le rendait légalement dépositaire de son âme.

Avec un grincement, la coque du fauteuil se fendit à la façon d'une chrysalide et le visage du Charon surgit en pleine lumière. Il avait les yeux clos mais respirait normalement, aidé par les pompes dissimulées dans le dossier. Une fois de plus, Gadjio fut frappé par sa maigreur. Sa peau jaunâtre l'enveloppait comme un réseau serré de bandelettes; son crâne nu, étiré en hauteur à la façon des anciens

Égyptiens, arborait déjà le rictus empli de dents qui serait sa dernière expression.

En face de lui, les couleurs du tableau avaient conservé une jeunesse intemporelle, malgré leur ancienneté. Tout était représenté avec un tel niveau de finesse que le moindre objet prenait vie sous le regard. La peinture donnait l'impression d'enfermer un morceau de la réalité dans son cadre, au point que Gadjio se sentit un instant expulsé du monde, mis à l'écart de la vie véritable, celle des personnages figés d'une histoire arrachée au temps.

– Vous comprenez, maintenant ? murmura le vieillard. J'ai appris à me regarder dedans et à haïr ce que je voyais.

Il n'avait toujours pas ouvert les yeux. Gadjio contempla les personnages figés dans leur adoration, à la fois fragiles et hors d'atteinte. *Emprisonner Dieu ?* C'était ça, la réponse qu'il était venu chercher ? Il se composa un visage impassible et détourna la tête. Les projecteurs l'aveuglèrent.

– J'ai décidé que ce tableau ne me survivrait pas, déclara Koriana. Je n'aime pas perdre… Non, c'est inexact, perdre ne me dérange pas quand c'est moi qui fixe les enjeux et qui choisis les règles.

– Ça n'a pas dû vous arriver souvent. Je me trompe ?

– Je suis au-dessus de ce genre de flagorneries, mon pauvre Gadjio. J'ai joué avec les vies de milliards de gens qui ont participé au jeu parce que je l'avais décidé ainsi. La victoire ne signifiait pas grand-chose pour moi, pourtant j'ai gagné. À présent, ma mort joue contre moi et je suis en train de perdre. Quelqu'un triche !

Le vieillard s'interrompit pour cracher. Une coupelle d'acier immaculée jaillit du fauteuil et intercepta le jet de salive, avant de se replier dans le bloc d'analyse avec un cliquetis discret.

– Ne vous laissez pas abuser, Passeur : même si mon corps est mal en point, j'ai toujours la force de me battre. Il ne me manque qu'un adversaire.

« Regardez une dernière fois mon tableau, ordonna-t-il d'une voix redevenue coupante. Quand nous ressortirons, il n'existera plus qu'à l'état de souvenir. Ça vous choque ?

Gadjio secoua doucement la tête. Sa silhouette désincarnée était d'un gris terne que les pinceaux de lumière saupoudraient par endroits de poussière d'or. Sur son visage à peine esquissé les émotions s'affichaient brièvement, sans laisser de trace. Il avait appris à se contrôler. Sous sa forme astrale, les ondulations de son corps reflétaient trop facilement son trouble.

– Je n'aime pas le gaspillage, dit-il d'une voix neutre.

– Il n'y en aura pas.

Obéissant à un ordre subvocalisé, un trancheur monomoléculaire se déplia hors de l'accoudoir. Koriana le guida d'une main étonnamment ferme. Lorsque le filament translucide se posa sur la toile, un nuage de poussière brune en jaillit.

– Le vernis, Passeur. La fine pellicule de convenances qui recouvre nos désirs. J'ai perdu le mien depuis longtemps, privilège de l'âge et du rang. J'étais un dictateur prudent, j'ai découvert l'impatience en vieillissant. Il n'est jamais trop tard pour apprendre...

Il retira le trancheur et contempla le rectangle de peinture dénudé. Les couleurs étaient aussi fraîches que lorsque l'artiste les avait étalées avec dévotion, quinze siècles plus tôt. Le tableau semblait avoir rajeuni.

– C'est ainsi que nous allons bâtir ma personæ: couche après couche, en remontant jusqu'au cœur. Pour l'apparence extérieure, vous choisirez les images que vous voudrez dans mon iconographie personnelle. Depuis que je suis né, mon image ne m'appartient plus.

Avec soin, il élimina le vernis sur toute la surface du tableau, puis ordonna au fauteuil de reculer un peu. Les projecteurs se réduisirent à de fins pinceaux qui soulignèrent les modelés raffinés des personnages. La toile était devenue un instant d'éternité, un éclat détaché du temps.

Fasciné, Gadjio ne pouvait détacher ses yeux de la fenêtre ouverte par le tableau. Il aurait aimé plonger à travers la mince surface de couleurs, crever la toile et se retrouver à l'intérieur. La toux rauque du vieillard l'en arracha. Avec mélancolie, il regagna l'espace sans limites de sa réalité étriquée.

– Il y a tant d'épaisseurs, murmura Koriana pour lui-même, tout un équilibre de matières que je vais détruire, dans l'ordre exact où il a été créé. J'ai analysé ce tableau tant de fois que je le connais aussi bien que mon propre cerveau.

Le trancheur se tendit, gratta un peu de vert. Les plis de la robe s'estompèrent. Puis il remonta vers le visage de la femme et, avec une infinie patience, arracha la longue torsade de cheveux qui lui tombait sur l'épaule.

Le silence était à peine troublé par les chuintements du vaporisateur d'oxygène. Chaque fois que le trancheur se posait sur la toile, une éruption de poudre jaillissait de la surface érodée. Le menton de Koriana se trouva bientôt barbouillé de couleurs. Elles adhéraient à la salive qui coulait des commissures de ses lèvres, saupoudraient les replis desséchés de son cou. *Il a l'air d'un Pharaon qu'on embaume,* réalisa Gadjio, *mais c'est lui qui maquille son propre cadavre. Il n'a pas besoin de moi.*

Le vieillard avait relevé la tête et le contemplait. Ses yeux légèrement exorbités luisaient sous l'action des drogues régénératrices dont son corps était envahi. Il tendit le doigt dans sa direction et l'enfonça dans son torse immatériel. L'image astrale de Gadjio se déforma sous l'intrusion de cette chair étrangère. C'était un acte intime et terrifiant, tellement hors normes que le Passeur ne sut l'interpréter et demeura la bouche ouverte, incapable de réagir. Koriana referma le poing à l'emplacement approximatif de son cœur et serra.

– Il faut se débarrasser des détails, Passeur, ce sont eux qui nous encombrent. Je veux que ma personæ soit réduite à l'essentiel.

Il retira sa main et s'essuya le menton d'un revers.

– Montrez-moi que vous avez compris, ordonna-t-il. Le trancheur se commande de la voix, il acceptera vos ordres. Effacez tout ce qui n'est pas nécessaire, je vous surveillerai.

– Je suis ici pour vous reconstruire, Charon. Jouer les vandales ne fait pas partie de mes attributions.

– Même si c'est le prix à payer pour devenir le dépositaire de mon âme ?

D'un geste irrité, Koriana pressa le trancheur contre la toile, si fort qu'une odeur de brûlé s'en éleva. Une longue saignée traversa la scène jusqu'à la cheminée de pierre qui occupait tout le côté droit. Le feu qui y brûlait depuis un millénaire s'étouffa sous la cendre arrachée au tableau et finit par mourir. Puis ce fut le tour des poutres du plafond, des meubles de bois peint, de la cruche à eau. Le vieillard travaillait à grands traits, avec une rage parfaitement contrôlée. Les couches transparentes de glacis disparurent les premières, suivies des fonds opaques, ornés d'un lacis de traits noirs. Gadjio ne put se retenir plus longtemps :

– Immobilisation ! Repli ! Annulation ! *Stoppez-moi ce foutu scalpel !*

Imperturbable, le trancheur continuait son œuvre de destruction. Gadjio fit la seule chose qui lui restait à faire : il tourna le dos au tableau et s'absorba dans la contemplation du mur d'acier poli qui les séparait du chaos.

– Interruption, murmura le vieillard après de longues secondes.

– Vous aviez dit qu'il réagirait à ma voix, lança Gadjio sans se retourner.

– J'ai menti...

– C'est cette image de vous que vous voulez léguer au monde ?

– Est-ce que c'est important, Passeur ? Retournez-vous !

Gadjio fit lentement demi-tour. Du tableau ne subsistait qu'un ovale intact qui englobait la jeune femme et le meuble sur lequel elle était assise. Ainsi dépouillée, elle flottait au milieu du vide, le crâne dénudé, et contemplait le décor absent.

– Si je l'épargnais, dit Koriana en martelant chaque mot, elle demeurerait ici jusqu'à la fin des temps, identique à elle-même, réduite à sa plus simple expression. Voici la personæ que vous vouliez m'offrir : une image imbécile perdue au milieu du néant, sans même un miroir pour la prévenir de ce qui l'attend. Je ne veux pas mourir, Passeur. Pas moi !

– Au nom de la Mère qui nous regarde, je ne peux pas vous guérir ! Personne ne le peut.

– Je sais... Croyez-vous que nous serions ici, sinon ?

Il pointa le trancheur vers la jeune femme et arracha son visage à petits coups, en commençant par les yeux.

– Ce que je fais est horrible. Je n'ai pas l'excuse de croire que c'est nécessaire et cela ne m'amuse même plus. Je suis au-delà de bien des choses, à présent.

– Alors, pourquoi ?

Le vieillard, tout entier à sa tâche, n'écoutait plus. Il avait commencé à éventrer le torse vêtu de vert.

Sous l'épaisseur de peinture, un nouveau personnage émergea, un peu plus net à chaque aller et retour de l'ustensile qui le débarrassait de sa gangue. C'était une petite fille, modèle réduit de la femme sans tête, dont la frimousse arborait une expression à la fois innocente et espiègle. Gadjio sentit son cœur se serrer. Il détourna la tête et fit appel à toute sa volonté pour se recomposer un visage impassible.

Au milieu de la toile dévastée, l'enfant souriait, inconsciente de la souffrance qu'elle provoquait. Koriana l'exhuma méticuleusement puis replia le vibreur.

– On appelle cela un repenti, Passeur. Ce sont les fantômes des tableaux, les voies que l'artiste a refusé de suivre. Alors on les barbouille, on les recouvre. Chaque chef-d'œuvre a les siens.

« Mais je ne vous apprends rien, n'est-ce pas ?

– Ma fille est morte il y a quatre ans, Charon.

– Et vous n'avez pas pu la sauver non plus… (Le vieillard secoua la tête.) Comment supportez-vous cet échec ? Vous parlez à sa personæ en la suppliant de vous pardonner ?

Gadjio déglutit et prononça d'une voix blanche :

– Elle était trop jeune pour en avoir une. Elle n'avait même pas dix ans quand la maladie me l'a prise.

Koriana hocha doucement la tête. Pour la première fois depuis que celui-ci l'avait entraîné dans le labyrinthe de miroirs déformants de sa personnalité, Gadjio découvrait chez lui un sentiment authentique, une faille de même nature que la sienne. Mais, là où il souffrait pour sa fille, le vieillard souffrait pour lui-même. Il n'avait aucun amour défunt pour lui tenir compagnie et l'aider à se préparer à sa propre absence. Malgré la douleur qui faisait vaciller sa silhouette translucide, le Passeur sentit la compassion l'envahir. Ses réflexes professionnels étaient intacts.

Avec un bruit sec, le vibreur jaillit hors du fauteuil.

– Nous avons tous les deux un compte à régler avec la mort, déclara le vieillard. Je vous ai bien choisi…

Sans prévenir, il lança le vibreur à l'attaque. Gadjio poussa un cri, une fraction de seconde trop tard. L'enfant mourut sous ses yeux dans un jaillissement de poussière couleur chair. Un nuage de particules dansa dans la lumière des projecteurs; la toux rauque du vieillard les dispersa.

Lorsque Gadjio réussit à relever la tête, la toile était redevenue vierge.

– À présent, déclara Koriana, nous allons parler de ma mort. En parler vraiment, sans mensonges, sans promesse de personæ !

« Voici ce que je veux: vous fabriquerez pour moi une de vos poupées animées et babillantes, aussi proche de la vie que la technologie vous le permettra. Je vous laisse le soin de régler les détails. Puis je lui offrirai mon âme, officiellement comme il se doit. Elle prendra ma place, le monde m'oubliera et je pourrai mourir. La différence…

« La différence, c'est que vous m'oublierez aussi, Passeur. Je veux, non j'exige, que votre mémoire soit lavée de ces cinq dernières années. Je ne veux rien abandonner derrière moi. Rien !

– Je refuse.

Gadjio réalisa que les mots avaient franchi ses lèvres avant même qu'il ait pris le temps de les formuler. C'était une réaction viscérale, instinctive. La situation venait brutalement de basculer; ce qui n'était qu'un rituel devenait une exécution. La sienne et celle de… *Oh, Sainte Mère, pas elle !*

– Vous croyez avoir les moyens de vous opposer à moi ? dit doucement le vieillard. Je regrette, Passeur, mais mes dispositions sont prises. Vous mourrez avec moi, ou avant moi.

« Pour l'instant, votre chair est gardée en otage dans un coin du palais. Si vous acceptez les termes du marché, je vous offre une cure de rajeunissement comme vous n'avez jamais osé en rêver: vous gagnerez près d'un demi-siècle en échange des années de mémoire que nous vous enlèverons.

« Si vous refusez, je quitterai seul cette pièce et je vous y abandonnerai. Vous n'avez pas plus de chance de vous en échapper que de reconstituer mon tableau.

Il fit reculer le fauteuil et tourna le dos à la toile blanche, sur laquelle les projecteurs demeuraient braqués dans une débauche de lumière inutile.

– Dépêchez-vous, Passeur, je n'ai plus beaucoup de temps à vous consacrer.

– Qui s'occupera de votre personæ si je refuse ? lui lança Gadjio avec l'énergie du désespoir. Vous mourrez définitivement, à jamais. C'est bien ce que vous voulez ?

– Avez-vous vraiment autre chose à m'offrir ?

Le ton de ces mots impliquait un renoncement absolu, un désespoir à la mesure de l'homme qu'avait été Janos Koriana. Gadjio sut qu'il n'avait aucune chance de le fléchir. Il aurait fallu entreprendre la création de sa personæ beaucoup plus tôt, à l'époque où le vieillard se croyait encore immortel.

Ce fut l'instinct de survie, plus que la raison, qui poussa le Passeur à murmurer :

– Je vous suis…

De l'autre côté du sas, deux gardes les attendaient, étourdisseurs au poing. Gadjio se déplia hors du corps du Charon, par-derrière afin de lui épargner la vue de sa nudité, et se laissa guider à travers l'itinéraire de sécurité, l'esprit en déroute. La dernière vision qu'il emporta fut celle du garde en train de débarbouiller le maquillage de clown du vieillard avec un carré de tissu blanc.

Il regagna la surface à la nuit tombée. Dans le ciel piqueté de taches de rouille, les symboles multicolores des canaux d'information parlaient de la mort d'une étoile.

Malgré l'heure tardive, les rues de Supérieure étaient envahies de silhouettes translucides qui se déplaçaient en parfaite harmonie. Lorsque les vivants se retiraient pour dormir, les personæ prenaient leur place, à peine dérangées par le passage des rares véhicules de nettoyage automatisés. Les cristaux-mémoires ne dormaient jamais. Leurs bavardages peuplaient la pénombre et couvraient jusqu'au murmure de la mer. Depuis la naissance des personæ, le monde avait cessé d'être silencieux.

Gadjio traversa le quadrillage des voies entourant le Palais, dont les angles sévères contrastaient douloureusement avec les rondeurs de sa Ville de chair personnelle. Ironiquement, son statut de Passeur le protégeait de la foule des défunts. Les personnalités artificielles l'avaient volontairement oublié. À son approche, elles se dissolvaient avec grâce et se reformaient dans son sillage, longtemps après son passage. Les yeux baissés, perdu dans ses pensées, il marchait au milieu des morts à la façon d'un brise-lames.

Les bâtiments s'interrompaient au bord de l'étroite langue de sable que la nuit saupoudrait de cendres. Un vaste terrain de jeux débordait sur la plage. Deux enfants jouaient à se poursuivre dans le labyrinthe sonore, leurs corps astraux illuminés de l'intérieur par l'excitation de la course. Gadjio s'immobilisa pour les observer, le cœur serré. Il n'était pas rare qu'on laisse les enfants sous forme astrale veiller plus tard que les autres ; leurs corps, enfermés dans un sarcophage de survie, avaient moins besoin de sommeil. Ils y gagnaient une maturité étrange, une façon d'étirer le temps de chaque jour qui rendait leur regard sans âge.

Le Passeur écouta leurs cris rendus indéchiffrables par les murailles sonores du terrain de jeu. Dans sa mémoire, il voyait disparaître le visage de l'enfant du tableau et y superposait celui du Charon, barbouillé de couleurs volées. Il attendit, pour se remettre en marche, que la toile de son esprit soit redevenue blanche.

Au même moment, sur chacun des vingt-huit mondes originels qui constituaient la première aire de peuplement de l'humanité, se déroulaient des scènes du même genre. Dans les rues envahies de silhouettes spectrales, les rares passants de chair adoptaient l'allure de Gadjio et, comme lui, ne regardaient personne. Avec l'empathie nécessaire à sa fonction, il pouvait sentir l'univers déployé tout autour de lui, empli de lieux identiques et de scènes mille fois répétées. Mais il n'existait nulle part de solitude semblable à la sienne.

Lorsqu'il atteignit Notre Mère des Os, l'AnimalVille mortuaire avait chassé ses derniers visiteurs. Les personæ, à la différence des fantômes, ne s'attardaient pas entre les tombes. Le crépuscule dissolvait leurs silhouettes immatérielles et rendait aux rues leur pureté de neige. Le vent de la mer s'était levé; les effluves salés dispersaient les bouffées d'encens qui montaient des ostensoirs géants. Des cierges perpétuels tremblotaient dans leurs niches, à l'entrée de l'unique voie d'accès.

Gadjio se glissa entre les ancres de bronze qui amarraient la Ville près de la plage et s'avança vers un escalier de chair pâle, à la rampe d'ivoire polie par des milliers de mains. Les Cerbères mécaniques qui gardaient les trésors des tombeaux flairèrent longuement son odeur astrale avant de consentir à le laisser passer. Au sommet du Beffroi reconverti en minaret, un projecteur de lumière noire balayait les dômes nacrés de la Ville et leur arrachait des éclats luisants là où les cartilages étaient à nu.

Les yeux emplis de larmes immatérielles, Gadjio s'enfonça dans les ruelles désertes, jusqu'au temple principal. Derrière le maître-autel, les draperies de chair s'écartèrent pour lui permettre de se glisser dans la crypte. Il descendit l'escalier circulaire, dont l'existence n'était connue que de deux ou trois officiants triés sur le volet, et gagna la salle du cœur sanglant de Notre Mère.

À cet endroit, l'épiderme de la Ville albinos était si fin, si transparent, que l'on distinguait l'amas des vaisseaux sanguins qui affleuraient sur les murs. Ils étaient tellement sensibles et fragiles que le moindre choc provoquait des hématomes qui mettaient des semaines à disparaître. Gadjio n'y pénétrait que sous sa forme astrale; c'était là qu'il avait l'habitude de discuter avec la Mère des choses les plus graves.

– Koriana est au courant pour Marine, dit-il d'un trait.

– On parle de moi ?

La vieille blessure menaça une fois de plus de le déchirer. Il aurait suffi qu'il pivote, qu'il fouille des yeux la pièce à la recherche de la propriétaire de cette voix pour que le charme s'évanouisse. Il baissa la tête mais ne se retourna pas. Depuis quatre ans, il ne regardait plus jamais derrière lui.

– Tu devrais être endormie, poussin.

– Je suis en train de parler dans mon sommeil. Qu'est-ce qui se passe, papa ?

– Je l'ai laissée veiller, dit une voix qui effleura son crâne à la façon d'une caresse. Elle a l'âge de t'attendre.

Notre Mère des Os ne dormait jamais. À la nuit tombée, les officiants désertaient ses dômes incrustés d'icônes et d'ex-voto, la laissant seule. Les heures silencieuses qui précédaient l'aube lui appartenaient. Elle s'enfonçait dans les couloirs de sa mémoire, fouillait dans les tiroirs bien rangés qui contenaient ses souvenirs et ceux des âmes dont elle avait assuré le passage. Ou alors, elle jouait avec Marine.

Marine, qui était morte aux yeux des hommes quatre ans plus tôt ; Marine, fille de Gadjio et d'une femme au nom perdu qui lui avait fait don de ses ovules avant de disparaître. Le cadeau était empoisonné. À huit ans, la petite avait appris que son système nerveux était en train de s'effondrer et que son enfance se préparait à basculer dans l'horreur.

La maladie lui avait donné un teint éclatant, une précocité qui ne demandait qu'à s'épanouir et des yeux un peu plus brillants que la moyenne. Lorsque le diagnostic était tombé de la bouche indifférente d'une imprimante, le Passeur avait refusé d'y croire. Mais les premiers ganglions étaient apparus sous ses aisselles et elle avait commencé à souffrir.

Tout le crédit dont disposait Gadjio avait servi à payer les médecins les plus réputés des vingt-huit mondes. Puis, lorsque cela s'était révélé insuffisant, il avait demandé l'aide de Notre Mère des Os. Pour sauver Marine, qui avait joué dans ses couloirs de chair translucide et qui savait faire vibrer ses murs en leur parlant, l'AnimalVille aurait accepté n'importe quelle transgression. Pour l'amour de son Passeur, auquel elle était liée par un lien qui ne pouvait être brisé, elle avait choisi de commettre une trahison inconcevable.

Au mépris de toutes les règles, Gadjio l'avait accompagnée durant un voyage mortuaire, caché dans un cercueil de plomb équipé d'un système de survie. La cargaison de cadavres avait été transférée dans le cimetière de l'espace profond, dont l'emplacement était le secret le plus précieux des AnimauxVilles.

C'était une poche d'espace à l'écart des routes du Ban, dans laquelle les marées entropiques rassemblaient les objets égarés. Ce que l'on y jetait y restait à jamais englouti. Les corps, les épaves, les secrets s'empilaient sur une épaisseur de plusieurs kilomètres à la façon d'une planète miniature. La gravité était trop faible pour retenir les chairs en décomposition que le lent vent stellaire balayait, en même temps que les cheveux et le fard granuleux qui servait à sceller les paupières.

Gadjio y était resté deux mois dans la seule compagnie des morts. Vêtu d'un scaphandre dont il fallait changer la réserve d'air toutes les quatre heures, il avait creusé un puits dans la couche d'os durcis par le froid pour exhumer les défunts dont le nom ne figurait pas dans les archives. Il avait traversé toutes les strates de la mort, jusqu'à des squelettes écrasés, aux formes répugnantes. Puis il leur avait patiemment arraché les bijoux et les métaux rares dont ils s'étaient bardés afin de se protéger de l'au-delà. Gadjio le Passeur était devenu pilleur de tombes. Cela aurait suffi à le condamner à une mort ignominieuse sur n'importe lequel des vingt-huit mondes. À aucun moment, alors qu'il accomplissait son travail de charognard, il n'y accorda la moindre pensée.

L'avant-dernier jour, les galeries de fortune étayées de fémurs s'écroulèrent sur lui alors qu'il rampait au plus profond des entrailles du cimetière. Enterré sous les morts, il se fraya un passage jusqu'à l'espace libre, en hurlant sans discontinuer. La pluie d'osselets qui rebondissait sur son scaphandre, à la façon d'un cœur affolé, le rendit presque sourd. Mais, lorsqu'il atteignit le vide, il n'avait pas lâché le rang de perles inestimables arraché au cou décharné d'une momie.

Lorsqu'il rejoignit en rampant Notre Mère des Os, elle le lava, le décrassa des souillures qu'il s'était lui-même infligé. Puis elle lui annonça que ses cales étaient pleines mais Gadjio n'était déjà plus en état de l'entendre. Recroquevillé comme un nouveau-né, il avait plongé dans ses cauchemars comme dans un boyau empli d'araignées.

Il mit près d'une semaine à en sortir.

La Ville veilla sur lui pendant tout le voyage de retour, jusqu'à ce qu'il soit de nouveau capable de fermer les yeux sans se mettre à hurler. Lorsqu'il menaçait de s'écorcher le visage à coups d'ongles, elle ouvrait un puits de chair sous ses reins et l'engloutissait lentement, savamment, jusqu'à ce qu'il soit assez lucide pour s'en arracher de lui-même. Quand ils se posèrent près de la mer, Gadjio avait appris comment renaître, et pourquoi.

Il avait ramené suffisamment de richesses pour acheter n'importe quel médicament, soudoyer n'importe quel médecin. Mais aucun traitement n'avait fonctionné. Et Marine, peu à peu, avait lâché prise.

Gadjio l'avait accompagnée dans sa chute. Pour sauver les apparences, il s'était retiré du monde en compagnie de Notre Mère des Os et n'acceptait plus de contrats de Passage. Si quelqu'un l'avait vu à cette époque-là, il ne l'aurait pas reconnu : il avait maigri jusqu'à l'effacement, il s'était préparé à partir.

La Ville le suivit aussi longtemps qu'elle le put. Lorsque Marine ne fut plus capable de respirer sans aide, Gadjio décida de coudre sa bouche à celle de sa fille pour partager leur souffle tant que cela était encore possible. Notre Mère s'y opposa. Elle ne chercha pas à convaincre le Passeur, elle se contenta de l'endormir en envoyant du gaz somnifère par les orifices des encensoirs. Quand il se réveilla, quarante-huit heures plus tard, le corps de Marine avait disparu à jamais et Notre Mère avait accompli l'ultime transgression.

Elle avait recueilli l'essence de Marine et lui avait offert l'hospitalité de sa propre chair.

Durant les semaines qui suivirent, Gadjio crut devenir fou. La voix de sa fille jaillissait des murs à n'importe quel moment, son rire rebondissait sur les autels déserts tandis qu'il cherchait désespérément un endroit où se perdre. Puis, au fur et à mesure que la personnalité de sa fille renaissait, qu'elle apprenait les limites de son nouveau domaine, les manifestations se disciplinèrent. Notre Mère se décida à avouer à son Passeur ce qu'elle avait tenté. Ce jour-là, Gadjio la battit jusqu'à ce que ses murs saignent, puis il mêla ses larmes aux ruisselets de sang presque incolore qui le lavaient de sa souffrance.

Lorsqu'il se releva, l'image de sa fille lui apparut pour la dernière fois. Réincarnée dans une Ville de plus de vingt kilomètres carrés, elle n'aurait plus jamais le pouvoir de projeter une image humaine. Pourtant, elle fut capable de trouver les mots, ou alors Notre Mère les lui souffla. Elle allait vivre, de cela elle était sûre. Et rien d'autre n'importait vraiment.

Trois mois plus tard, Gadjio était sorti de sa retraite. Ceux qui prirent conscience de sa maigreur l'attribuèrent à une expérience religieuse particulièrement éprouvante. Il ne chercha pas à les détromper et sa réputation s'accrut.

Il ne regarda plus jamais derrière son épaule. C'était un prix à payer particulièrement dérisoire : le fantôme de Marine avait recommencé à rire. Au fond de lui-même, il savait qu'elle était morte, que ce qui subsistait d'elle n'était que la recréation interdite d'une âme. Les jours où sa lucidité devenait impossible à faire taire, il hurlait contre Notre Mère comme un possédé. Puis, le besoin qu'il avait de sa fille le poussait à nouveau à faire comme si…

Il enferma ce secret au plus profond de sa mémoire, avec le souvenir de ses crimes passés, et se replongea dans le monde mesquin des testaments et des dernières volontés. La carapace de compassion qu'il portait comme une armure le rendait intouchable.

Jusqu'à ce que Koriana la fasse voler en éclats.

– Le Charon sait, pour Marine, murmura-t-il à l'adresse de la voix dans sa tête. Ne me demande pas comment…

– Raconte-moi, dit Notre Mère.

Pendant qu'il parlait, à mots hachés, l'épiderme de la Ville se creusa pour l'avaler. Gadjio retrouva la sensation familière de pénétration, la douceur étrange et insidieuse de la marée qui l'engloutissait de l'intérieur. Notre Mère avait franchi ses barrières et se nourrissait de ses souvenirs. C'était là leur pacte : la vie de Gadjio ne lui appartenait plus en propre. Il avait accepté de la partager en échange de l'aide qu'elle lui avait apportée.

Le rituel, entamé lors du retour de leur expédition, devint peu à peu quelque chose de plus intense, de plus profond, lorsque Marine se joignit à eux. La Ville l'entraînait de plus en plus loin, ne s'impatientait jamais de ses pudeurs ni de ses refus. Le jour où il comprit que cela ne lui avait jamais vraiment déplu, il renvoya ses deux maîtresses avec les cadeaux de rigueur et se déclara officiellement chaste. La réputation d'austérité qu'il acquit à cette occasion accrut encore son chiffre d'affaires.

La voix pensive de Notre Mère le tira de sa transe. Il s'ébroua, sans tenter de s'arracher aux lèvres de chair qui montaient jusqu'à sa poitrine. Privé de corps, il recevait des sensations à travers elle, découvrait le mystère des murs caressés par le vent nocturne et la joie secrète des muqueuses qu'il avait autrefois humidifiées de ses larmes.

– Tu peux toujours accepter le marché de Koriana, murmura la Ville. Je conserverai tes souvenirs dans un coin de ma mémoire et je te les rendrai après sa mort. Intacts.

Gadjio sentait dans son dos la présence silencieuse de sa fille. Elle attendait sa réponse.

– Pourras-tu me rendre l'amour de Marine ?

La Ville ne répondit pas. Gadjio secoua la tête :

– Depuis que je l'ai (il se reprit), que je vous ai, je suis devenu fragile. Ces failles qui me remplissent, tu ne pourrais pas me les rendre. Et puis…

Les mots manquaient.

– Tu as peur, lâcha Notre Mère dans un souffle. Je n'ai jamais rien oublié de toi. Jamais !

– Et comment le saurai-je ? Tu pourras me les rendre, mais ils ne seront plus à moi.

Au moment où il les prononça, Gadjio sentit que ses paroles étaient injustes. Il sut aussi qu'elles devaient être dites. L'angoisse qu'elles exprimaient était si profondément enracinée en lui qu'il était inutile de la nier. Il n'imaginait pas de vivre en sachant que son âme avait été décalquée.

– Koriana devrait être déjà mort, murmura Notre Mère. Il l'est, d'une certaine façon, et il est le seul à l'ignorer. Tu devras t'en souvenir lorsque tu créeras sa personæ.

– Je ne travaillerai pas pour lui. À n'importe quel prix !

– Oh si… (La voix de la Ville contenait une note de dureté que le Passeur ne lui avait encore jamais connue.) Et ce sera même le meilleur travail que tu auras jamais accompli !

Puis, tandis qu'elle engloutissait la silhouette désincarnée de Gadjio entre ses replis, la Ville lui décrivit son plan et entreprit avec fermeté de le convaincre, lui qui n'avait aucun autre choix. Derrière lui, le bruit régulier du souffle de Marine était comme un océan enfermé dans un coquillage.

CHAPITRE 2

La fédération originelle

Sous sa forme astrale, Gadjio pouvait circuler librement jusqu'au douzième niveau du palais. Un bureau provisoire lui était attribué dans le secteur des archives, qui occupait l'intégralité des étages neuf et dix. Il s'y était installé afin de préparer l'accouchement de la personæ et, conformément au plan de Notre Mère, avait demandé audience sur audience au Charon. Avec discrétion, il s'était joint au carrousel des ombres serviles de l'entourage présidentiel. Sous prétexte de cerner au mieux la réalité de l'icône pourrissante que le vieillard était devenu, il l'avait regardé dormir, se remplir de nourriture prémâchée et se vider dans des réceptacles d'analyse directement reliés au fauteuil. Koriana ne lui parlait jamais et ne semblait nullement conscient de sa présence, pourtant Gadjio surprenait parfois l'éclat d'un regard étonnamment vif sous les paupières plissées. Le vieillard le surveillait avec la patience cruelle des tigres, tandis qu'un bras articulé épongeait les filets de bave aux commissures de ses lèvres flétries.

Pendant ce temps, l'image désincarnée de Gadjio devenait familière aux intelligences de contrôle. Il se soumettait avec complaisance aux attouchements virtuels des capteurs, souriait aux rares gardes humains qui le saluaient en retour avec un peu d'inquiétude en rajustant leur tenue. Il lui avait suffi de trois jours pour apprendre que son corps reposait à l'abri d'un cercueil de survie, dans une des chambres du secteur hospitalier réservé au Charon, au niveau quatorze. Seul, le Passeur n'avait aucune chance d'y pénétrer. Il prit donc soin de ne jamais s'approcher des ascenseurs privés avant d'être prêt.

La ruche présidentielle était une image en réduction du monde, emplie de fonctionnaires pressés qui abandonnaient leurs corps à l'entrée, dans des vestiaires spéciaux, afin de minimiser les risques d'attentat. Le long des couloirs aux parois dépolies circulaient d'étranges processions de pèlerins en suaires, dont le blanc vaporeux était tissé de fils d'identification qui scintillaient sous la lumière noire des capteurs. Lorsqu'ils passaient devant lui, la tête penchée sous le poids d'inutiles secrets, Gadjio se remémorait les cérémonies mortuaires que Notre Mère des Os orchestrait en son sein et il baissait les yeux par réflexe. Emporté par leur exemple, il s'efforçait de marcher comme s'il savait toujours où il allait, afin de se fondre plus aisément dans la foule.

La nuit du onzième jour, à l'heure où le palais désert était la proie des unités de nettoyage, il façonna de ses mains la personæ et lui insuffla la vie.

La matrice d'incubation était un cadeau de Notre Mère des Os. Elle se présentait sous la forme d'un œuf translucide, traversé de vaisseaux d'un bleu presque noir, dont la base trempait dans une solution nourricière à température constante. Une couronne d'antennes de glasséite inspirées des flagelles des Connectés permettait de lui injecter un flot continu de données, jusqu'à ce que la chair saturée se fende et donne naissance à une personæ. Les morts avaient besoin des AnimauxVilles pour s'incarner et, tandis que le sommet de l'œuf se fissurait avec lenteur, Gadjio songea à Marine enfouie dans Notre Mère et la remercia silencieusement pour la vie qu'elle avait recueillie et gardée.

Des larmes immatérielles coulèrent le long de ses joues et baignèrent l'œuf de chair, selon les rites prescrits. Tout ce qu'il possédait de compassion, d'amour et de chaleur, se mêla au flot de données numériques qui résumaient l'essence d'une existence. Chaque seconde de la vie du Charon appartenait à l'histoire. Gadjio s'était contenté de choisir celles qui emplissaient les cristaux-mémoires situés dans le socle de la matrice. Et il avait délibérément triché.

Ainsi, le Passeur lava de ses pleurs l'âme nouvelle-née et se purifia lui-même par la même occasion. Puis il l'aida à s'arracher de son ultime enveloppe de chair, guida ses premiers pas hésitants dans le silence de l'atelier et la contempla.

La personæ qu'il venait d'accoucher mimait à la perfection le Janos Koriana destructeur de tableau qui l'avait si durement frappé onze jours plus tôt. Gadjio avait arraché à ses souvenirs le moment exact où le vieillard avait révélé sa peur de la mort, sa conscience de n'être plus infini en durée. La silhouette parcheminée qui vacillait sous les lampes avait des yeux semblables à des puits sans reflets. Le fin lacis de rides qui subsistait dans l'épaisseur immatérielle de son visage enfermait son cerveau comme dans un filet. C'était une image d'une cruauté totale, la négation même de ce qu'étaient censé incarner les personæ. Mais, d'une façon que Gadjio ne pouvait clairement formuler, l'image était à la fois juste et nécessaire. Tout homme, toute civilisation, se définit par ses rapports avec la mémoire et la mort. La personæ du Charon illustrait le point exact où celui-ci était devenu humain, peu de temps avant d'en mourir.

Satisfait, le Passeur ouvrit la porte de son bureau et se prépara pour sa propre réincarnation.

L'image qui marchait au-devant de Gadjio dans les couloirs déserts du Palais avait la faculté de rassurer les capteurs de sécurité et d'ouvrir les portes secrètes. Guidée par les instructions dissimulées par Notre Mère des Os à même l'œuf de chair, la personæ avança d'un pas résolu vers l'entrée des niveaux cachés dont elle était la clef. Le Passeur connaissait les codes, le double de Koriana les énonça d'une voix parfaitement imitée. L'un derrière l'autre, le fantôme et son ombre franchirent le treizième secteur par des voies détournées afin d'éviter les gardes.

Ils atteignirent l'orée du quatorzième sans avoir déclenché d'alarmes. La partie la plus dangereuse du trajet commençait.

La porte d'accès au service médical était barrée d'un voile noir, ondoyant, formé d'une fine couche de carbex qui crépitait d'énergie concentrée. Gadjio s'immobilisa, aussitôt imité par la personæ. Dans l'étroit vestibule semi-circulaire où débouchait le puits d'accès, il n'y avait plus de gardes, plus de caméras indiscrètes. La porte se chargeait toute seule des intrus.

Le voile mortel était l'embryon d'une armure mécaniste vierge. Le Passeur ignorait quels inimaginables secrets Koriana avait pu échanger contre ce morceau de métal. Seuls les dirigeants de la caste des armuriers savaient comment transformer le mélange de carbone, de cobalt, de gallium et de fer en un alliage vivant qui se nourrissait de ceux qui s'en enveloppaient. Le carbex était le secret le mieux gardé d'une civilisation de guerriers paranoïaques qui méprisaient les autres rameaux humains et se croyaient en guerre contre l'univers entier. Pourtant, Koriana s'en était procuré suffisamment pour protéger l'hôpital où il se réfugierait pour mourir. Le vieillard s'en était vanté un jour où ils étaient seuls, pour le plaisir de voir le sang se retirer du visage du Passeur.

La gorge nouée, Gadjio ordonna à la personæ d'avancer.

Le voile gémit lorsque la silhouette désincarnée la toucha. Gadjio avait fermé les yeux. Il avait donné à la personæ tout ce qu'il avait pu, suppléant au manque d'humanité des données par l'ajout de ses larmes. Elle devait incarner le Charon à la perfection afin que l'armure la reconnaisse et s'écarte pour les laisser entrer. Mais quelque chose d'imprévu était en train de se produire.

L'armure parlait.

Gadjio se força à regarder. La personæ s'était immobilisée, le visage contre le voile. Ses traits s'inscrivaient en creux sur le carbex noir qui refusait de céder.

– Tu avais promis, murmura une voix à peine formée. Je t'appartiens, ne m'abandonne pas derrière toi.

– Écarte-toi !

La personæ étendit les bras et s'incrusta dans le carbex. Le voile fut parcouru d'éclairs de lumière violette qui tracèrent de longues déchirures à sa surface.

– Non ! Je dois t'accompagner. Nous avons besoin l'un de l'autre; je recueillerai ta mémoire cellulaire et tu me libéreras de l'immobilité. Tel est notre pacte…

L'intelligence limitée de la personæ reposait sur un agglomérat de tropismes, de réflexes mémoriels et d'une myriade de souvenirs enchâssés dans des cristaux à grande capacité. Face à une situation inattendue, ses rouages se bloquaient. Gadjio comprit que le piège s'était refermé et qu'il demeurerait à jamais séparé de son corps s'il n'intervenait pas. Mais l'armure était programmée pour détruire tout intrus et le Passeur ne se faisait aucune illusion sur ses chances de la traverser. Il fallait que la personæ lui ouvre le passage.

La voix de l'armures e faisait implorante; les secrets qu'elle évoquait auraient suffi à déclencher une révolution en toute autre circonstance. En tendant l'oreille, Gadjio découvrit une facette de Koriana dont il n'avait jamais soupçonné l'existence. Le vieillard avait vécu ses propres transgressions avec une perversité inimaginable. L'armure vierge devait lui servir à transcender sa propre mort. Il avait, de son plein gré, accepté le vampirisme psychique du carbex qui le dépouillait peu à peu de sa mémoire et s'était laissé convaincre d'endosser l'armure un peu avant son trépas, afin de s'offrir une immortalité déshumanisée, à la mesure de son orgueil.

L'armure ainsi habitée devait ensuite être récupérée par les Mécanistes pour devenir la fondatrice d'une nouvelle lignée, tout entière consacrée à la conquête. Et le monde de Supérieure serait leur premier objectif.

Malgré lui, Gadjio frissonna. Il prit la mesure de ses propres secrets, les soupesa et comprit qu'il aurait pu agir comme le vieillard si l'enjeu avait été Marine au lieu de lui-même. Il prononça doucement le nom de sa fille, comme une prière emplie d'urgence, et rejeta de son esprit tout ce qui n'était pas sa mission. Il fit un pas, puis un autre, qui l'emmenèrent tout près du voile. La personæ, crucifiée contre le métal sombre, ne bougeait plus. Avec lenteur, la forme astrale de Gadjio se fondit dans la silhouette-hologramme du Charon.

Le voile se déforma pour les envelopper.

Plongé dans le noir absolu, incapable de bouger, Gadjio retrouva l'atroce sensation du tunnel d'os qui s'écroulait sur lui. Il hurla, et sa propre voix réverbérée revint se planter dans son esprit. Il ne sut jamais combien de temps avait duré son cri.

Lorsqu'il fut sur le point de s'effondrer sous sa propre panique, le voile ouvrit une meurtrière à hauteur d'yeux et s'adressa directement à lui :

– Qui es-tu ?

Gadjio, incapable de reprendre ses esprits, se contenta de gémir. L'armure poursuivit impitoyablement :

– Je ne peux pas te détruire tant que tu es protégé par l'esprit de mon maître. Je dois attendre que quelqu'un arrive pour s'occuper de toi. Veux-tu me parler ? Je m'ennuie.

À travers la meurtrière, Gadjio distinguait l'autre côté du couloir en cul-de-sac qui s'enfonçait dans le secteur médical. Il en était si près... Son corps enfermé dans un sarcophage n'était qu'à quelques pas de lui, dans l'une des deux chambres en vis-à-vis. Mais il aurait aussi bien pu en être séparé par des abîmes d'espace. Le voile de carbex était infranchissable.

La personæ s'était recroquevillée au creux de son plexus et se taisait. Une horloge affolée égrenait le décompte des secondes sous son crâne. Le matin serait bientôt là, et avec lui la longue procession des machines soignantes qui signaleraient sa présence avec impartialité. Il avait échoué.

– Pourquoi n'as-tu pas de corps, toi non plus ? interrogea l'armure.

Avec un sursaut de dégoût, Gadjio réalisa que son image astrale percevait le contact du métal. Cela ressemblait à une eau froide et huileuse, sans fond. Pour la deuxième fois, Gadjio crut qu'il se noyait dans l'enfer glacé de ses propres angoisses. Il retint le cri qui débordait de ses lèvres, se concentra sur la voix tiède et caressante de Notre Mère jusqu'à ce qu'un soleil irradie ses reins. Le souvenir de la Ville l'emplit tout entier et le ramena à l'abri de la folie, avec juste assez de force pour contre-attaquer.

– Tu veux savoir qui je suis ? dit-il à haute voix. Très bien : je suis le Passeur des Morts, celui qui manie l'aviron de la barque sacrée. Avec elle je franchis le fleuve qui n'a qu'une rive, jusqu'à ce que son sillage sombre au plus profond des eaux en entraînant le reflet des étoiles. Je suis le peseur de silences, le mesureur de mensonges, celui qui se souvient des dettes effacées mais qui n'en réclame jamais le montant. Et, surtout, je suis celui qui va te traverser !

L'armure mit si longtemps à répondre que Gadjio sentit la peur l'envahir. Il n'avait aucun plan de rechange, pas même l'ébauche d'une idée, mais il savait qu'il devait dérouter l'armure et la faire parler afin de découvrir un moyen de la vaincre.

Lorsque la voix métallique s'éleva, il sentit ses entrailles se liquéfier. Le son lui parvenait de partout à la fois, comme si l'armure avait voulu l'engloutir à l'intérieur d'une gigantesque bouche.

– Pourquoi as-tu emprisonné mon maître ?

Incapable de se boucher les oreilles, Gadjio laissa la question rebondir à l'intérieur de son crâne. La personæ, complètement dépassée par la situation, s'était mise d'elle-même en état de fonctionnement minimum et l'armures 'inquiétait de ne plus percevoir sa présence. Gadjio décida d'en profiter.

– Koriana est mort. Je transporte son âme vers le nouveau corps qu'elle doit habiter. Si tu la retiens trop longtemps, elle se détruira. Est-ce ce que tu souhaites ?

– Le pacte doit être respecté.

Brutalement, le carbex se fendit et expulsa les silhouettes immatérielles de l'autre côté du couloir, dans le secteur médical. Gadjio n'eut pas le temps de comprendre qu'il avait réussi à traverser. L'armure déclara :

– Revenez avec le nouveau corps et j'en prendrai possession comme cela a été convenu entre nous. Il n'y a pas d'autre sortie que celle-ci. Je vous attends...

Les rampes lumineuses s'allumèrent au-dessus de la tête du Passeur tandis que la personæ se dépliait hors de ses entrailles, les bras tendus, la tête émergeant de son thorax à la façon d'une libellule en train de muer. Elle était de nouveau en terrain connu et savait ce qu'elle devait faire. Elle se mit en marche vers la chambre au sarcophage.

Gadjio détourna les yeux du voile noir qui reprenait sa place en travers de la porte. Un frémissement d'anticipation parcourait le métal qui fragmentait la lumière dure des rampes en milliers de poignards.

Il restait moins d'une heure avant l'aube.

Le corps du Passeur l'attendait au milieu d'un entrelacs de fines fibres creuses qui couraient à la surface de sa peau comme des araignées. Des aiguilles irriguaient ses cornées et déposaient entre ses cils des larmes artificielles donnant à son regard une brillance presque maladive. Koriana n'avait pas triché : la chair de Gadjio était entre les mains des meilleurs équipements médicaux.

La personæ connaissait les codes qui déclenchaient la procédure de réveil mais Gadjio n'avait pas prévu que le processus serait si long. Il fallut près de quarante minutes au sarcophage pour libérer son occupant.

Durant tout ce temps, le Passeur contempla son propre visage et y chercha en vain les stigmates de ses péchés. Ses traits trop familiers ne reflétaient rien. La personæ, debout auprès du lit, s'inclinait par moments au-dessus des cadrans numériques et feignait de lire les indications des moniteurs. La ressemblance avec Koriana était hallucinante, pourtant Gadjio savait que l'essentiel des secrets du Charon était demeuré hors de sa portée. Les souvenirs d'un règne étaient enfermés dans la mémoire d'un vieillard sénile et égrotant qui refusait de les partager avec quiconque. Seule, l'armure vierge qui gardait l'entrée du couloir en savait un peu plus, mais sa loyauté était telle qu'elle ne dirait jamais rien à personne. Koriana n'avait pas d'autre juge que lui-même.

Avec un cliquetis, les derniers rubans qui verrouillaient le corps se rétractèrent à l'intérieur du sarcophage. La lumière des projecteurs baissa, remplacée par la luminescence verdâtre des cadrans. Gadjio s'inclina au-dessus de son image de chair et, avec lenteur, embrassa le miroir.

Il franchit la frontière de l'épiderme, s'enfonça à travers les couches de cellules familières et se perdit en lui-même. Des aiguilles exquises transperçaient le creux de ses coudes ; un cœur au battement puissant rythmait la lente mélopée de son souffle. Il sentit des muscles se contracter, puis se détendre, se souvint du poids de ses viscères et accueillit le contact râpeux de ses paupières avec soulagement.

Il avait mal. Il était de nouveau entier.

La personæ le regarda s'extraire du sarcophage en hochant la tête puis, alors qu'il titubait sur le sol de métal lisse, montra la porte d'un geste impérieux. Gadjio étira les lèvres en un semblant de sourire. Ses joues étaient envahies de plaques de barbe ; un goût fétide lui emplissait la bouche. Il leva le bras gauche, renifla au creux de l'aisselle nue et savoura la redécouverte de son odeur, jusqu'à ce qu'un sentiment d'urgence le force à se remettre en marche et à franchir la porte.

Le couloir se terminait en cul-de-sac tout de suite après l'entrée des deux chambres de soin. Une paroi d'acier sertie de rivets courait d'un mur à l'autre. Gadjio compta avec soin les bosselures, fit sauter de l'ongle le septième de la septième rangée et aperçut l'œil du détecteur de sécurité dont il avait découvert l'existence dans les archives du palais.

Le plan de Notre Mère avait réussi !

Il se recula afin que la personæ puisse se faire reconnaître du mécanisme de veille. La silhouette vaporeuse se pencha au-dessus du trou du rivet et se soumit docilement au processus d'identification rétinien. Puis, avec un grincement lugubre, la paroi commença à se soulever.

Et se bloqua au bout d'une dizaine de centimètres.

Durant plusieurs minutes, le Passeur martela l'acier de ses poings, sans se soucier du bruit. Il s'entailla les paumes dans une tentative futile pour soulever le mur métallique suspendu au ras du sol. Le voyant du mécanisme avait viré au pourpre et clignotait de façon régulière. Gadjio savait ce que cela signifiait : l'alerte était donnée. Il était prisonnier tout au fond des entrailles du palais.

En se couchant de tout son long, il aperçut à travers la fente l'amorce d'un corridor qui menait vers la liberté. Il parvint à glisser les doigts de l'autre côté de la paroi et les ramena couverts de poussière. Lorsqu'il se releva, il entendit l'armure qui l'appelait d'une voix plaintive.

La personæ réagit avant lui. D'un mouvement naturel, elle se mit en marche vers la sortie contrôlée par le voile. Gadjio la rattrapa et lui barra la route, en énonçant à haute voix les codes d'immobilisation d'urgence. Elle se désactiva. Une poignée de particules scintillantes s'éparpilla au creux de l'hologramme pétrifié, dont la luminescence décrut.

L'armures 'agita. Gadjio lui tourna le dos et traversa la silhouette translucide du Charon qui perdait peu à peu de sa netteté. Elle non plus ne survivrait pas à cette nuit: Koriana ne supporterait pas la vue de sa personæ trop fidèle et s'empresserait de la détruire, après en avoir effacé jusqu'au souvenir dans l'esprit de ceux qui l'entouraient.

– Dommage, dit Gadjio à haute voix. C'était bien le meilleur travail que j'aie jamais réalisé !

Au fond de son esprit, l'horloge s'était arrêtée. Il avait dépassé l'heure limite; les derniers instants de marge qu'il s'était accordé s'évanouissaient peu à peu. À la surface, l'aube se levait sur le palais. Notre Mère devait désormais savoir qu'il ne reviendrait plus.

– Pourquoi tardes-tu ? interrogea l'armure. À présent que tu t'es réincarné, plus rien ne nous empêche de nous unir.

Le Passeur ne put s'empêcher de ricaner. S'il essayait de franchir le voile dans l'état où il se trouvait, les capteurs intégrés au carbex ne mettraient qu'une fraction de seconde à détecter la supercherie. Et l'armure l'annihilerait, malgré sa déception, dès qu'elle serait sûre que l'esprit de Koriana ne risquait plus rien.

À moins que...

Gadjio ne prit pas le temps d'analyser l'idée qui venait de le traverser. Saisi d'un espoir étrange, si ténu qu'il n'osait même pas le formuler, il se dressa devant la personæ, la ranima, ouvrit les bras et l'engloutit de force.

L'hologramme n'était pas conçu pour fusionner avec de la chair. L'intelligence primitive qui l'animait chercha à s'échapper de Gadjio, mais celui-ci l'avait façonnée de ses mains et connaissait la moindre de ses réactions. Implacablement, il la força à avancer. À chaque pas, les mains immatérielles de Koriana jaillissaient de son torse à la façon d'un nageur en train de suffoquer. Mais, malgré les cris ténus qu'elle poussait, malgré ses tentatives maladroites pour briser son étreinte, il l'entraîna vers la porte, sans dévier de sa route.

Lorsque l'armures 'entrouvrit à son approche, il franchit d'un seul bond la distance qui les séparait et hurla « me voici ! » en plongeant dans le voile. Puis il laissa la personæ continuer sur sa lancée tandis qu'il pivotait et se jetait à terre, une fine pellicule de carbex plaquée sur les épaules.

Le hurlement qui s'ensuivit explosa à l'intérieur de son crâne. Il hurla en retour, les mains plaquées sur les oreilles, tandis qu'une monstrueuse décharge d'énergie remontait le long de sa colonne vertébrale. Un peu de sang ruissela entre ses doigts. Ce fut la dernière sensation qu'il conserva avant de s'évanouir.

Un choc le ranima, si violent que le plancher se déforma sous lui. Les murs tremblèrent et se tordirent. Les lampes s'éteignirent, à l'exception d'une barrette verdâtre de secours incrustée à hauteur d'yeux dans la paroi. Le Passeur redressa la tête et fut pris de nausées. Le jet de bile qui jaillit de sa bouche avait la saveur âcre du fer. Il se vida, sans pouvoir s'en empêcher, et faillit glisser dans ses vomissures lorsqu'il tenta de se relever.

Incapable de supporter les étincelles qui dansaient derrière ses paupières douloureuses, il se contraignit à garder les yeux fermés. Son dos était devenu insensible. Avec précaution, il y porta la main et sentit une vague de métal glacé grimper à l'assaut de son poignet. Il frissonna en retirant ses doigts poisseux de sang à demi coagulé. *Son inconscience n'avait pas duré trop longtemps...* Il fallait qu'il regarde, qu'il sache.

Il s'agenouilla, le dos contre la paroi, et affronta le spectacle de désolation qu'était devenu le quatorzième niveau.

Le couloir était dévasté. Les plaques d'acier du revêtement étaient tordues, froissées. Des éclats de verre enchâssés dans les fissures du sol luisaient comme des dents. Devant Gadjio, là où s'était trouvé le voile, il n'y avait plus rien.

Puis, tandis que son regard s'habituait à l'obscurité, il l'aperçut : un lambeau de carbex, irrégulièrement déchiré, qui s'enroulait autour de la personæ déconnectée à la façon d'une chauve-souris. L'armure n'avait pas résisté à la séparation entre le corps de Gadjio qu'elle convoitait et l'âme de Koriana qu'incarnait la personæ. Incapable de choisir, elle s'était fendue en deux, libérant à jamais le passage.

Avec horreur, Gadjio comprit que le froissement vivant qu'il sentait entre ses omoplates était l'autre moitié de l'armure. Il n'avait plus rien à vomir, pourtant il essaya, encore et encore, comme s'il pouvait se débarrasser du parasite de métal en l'expulsant de ses entrailles. Des sanglots secs le secouèrent, puis se tarirent. Il ne sut jamais où il trouva la force de se relever.

L'ouïe lui revint peu à peu. Il entendit d'abord le grondement des sirènes d'alerte, puis des cliquetis inarticulés qui montaient du sol. Le carbex déchiré cherchait en vain à envelopper l'hologramme, tandis que des filets d'énergie ruisselaient de la déchirure et se perdaient dans le métal du couloir. En titubant, Gadjio effectua un large détour pour ne pas s'approcher de la chose noire qui avait perdu la raison. Il portait sur le dos une part des péchés de Koriana en plus des siens et ses épaules ployaient sous le fardeau.

La personæ était définitivement endommagée. Elle babillait en boucles anarchiques et perdait peu à peu sa cohérence. Avec avidité, le carbex la vidait de ses souvenirs. Lorsqu'elle fut entièrement dévorée, son visage rajeuni évoquait celui d'un bébé mort-né.

L'esprit brouillé par les résidus de drogue injectés par le sarcophage, Gadjio se mit en route vers les étages supérieurs, à travers les sas d'accès que la catastrophe brutale avait privé d'énergie. Les rampes de secours fonctionnaient avec une lenteur désespérante mais il était trop épuisé pour courir. Les yeux morts des capteurs le regardèrent passer sans le voir et il ne croisa pratiquement personne jusqu'à la surface.

Partout régnait le chaos. Les murs de métal s'étaient déformés sous l'effet d'une onde de choc terrifiante qui s'était propagée jusqu'au plus profond du palais. À deux reprises, Gadjio buta contre un cadavre de garde écrasé par le rétrécissement brutal d'une section de couloir. Il vola le suaire du deuxième et rampa pour continuer sa route. Enveloppé dans l'étoffe d'énergie réservée aux astraux, il se sentit invisible et oublia un peu l'étau qui enserrait sa colonne vertébrale.

Autour de lui, d'innombrables mécanismes répandaient leurs entrailles de carbone et de fibres de verre, tandis que des messages s'entrecroisaient sur les rares haut-parleurs demeurés intacts. Le Charon avait été évacué, la planète entière était en état d'alerte. Gadjio ne parvenait pas à imaginer ce qui avait pu créer un tel cataclysme. Il continua de grimper avec obstination, avide de voir le jour.

La dernière porte était bloquée par la masse meurtrie de Notre Mère des Os.

CHAPITRE 3

La fédération originelle

Lorsqu'il devint évident que Gadjio était bloqué dans le palais, l'AnimalVille entreprit de s'arracher du sol. Elle n'avait pas évoqué cette possibilité devant lui, sachant que cela risquait de le perturber et de l'affaiblir, mais elle avait entamé ses préparatifs en secret dès qu'il avait été englouti par le palais.

Les ancres qui l'amarraient au sol étaient au nombre de six. Chacune d'elles était reliée par un câble métallique à un hameçon profondément incrusté dans la chair de sa couronne périphérique. Après chacune de ses missions vers les cimetières de l'espace, elle revenait se poser à la même place, près de la mer ; les hameçons étaient replantés par des foreuses spéciales qui injectaient dans la plaie un mélange de désinfectant et d'anesthésique.

Notre Mère ne pouvait se débarrasser sans aide de ses liens. Elle choisit de les ignorer.

À la nuit tombée, des projecteurs illuminèrent le Beffroi de chair pâle qui se dressait au centre de la Ville. La lumière des lampes réparties en couronne à son sommet révéla l'étrange géométrie des cartilages qui le soutenaient. Les derniers visiteurs se hâtèrent vers les passerelles. À la différence des autres AnimauxVilles posés sur l'un quelconque des vingt-huit mondes originels, Notre Mère ne possédait pas d'autre résident que Gadjio. Les murs translucides de ses dômes étaient trop fragiles pour supporter les chocs. Sur son épiderme d'un blanc d'ivoire, les empreintes de pas et les traces de coups s'effaçaient trop lentement. Gadjio seul savait glisser à sa surface sans la meurtrir.

Un vent tiède courait sur les terrasses. L'essaim des véhicules de surveillance prit son envol au-dessus du palais, comme chaque soir. Le long de la plage, à l'est, un albatros planait. Le soleil noyé l'illumina brièvement puis ce fut l'heure du gris. Sur la voûte du ciel, les hologrammes d'information prirent la place des oiseaux.

Pendant que les images calligraphiées par les pinceaux lasers barraient l'accès aux étoiles, Notre Mère des Os chercha à se libérer. Elle savait que toute tentative de discrétion était illusoire. Dès qu'elle quitterait le sol, les détecteurs sismiques du palais donneraient l'alerte. Cela n'avait pas d'importance. Le bourgeon de chair sensible de son Beffroi avait repéré un nœud d'énergie du Ban qui oscillait tout près de la planète, le long d'une ligne d'échange. Elle pourrait la suivre, se laisser haler vers l'espace puis affronter les vaisseaux lents de la Garde Planétaire dans un cache-cache mortel.

Depuis toujours, les AnimauxVilles entretenaient d'étroites relations avec la géométrie contournée de l'espace. Ils visualisaient l'univers sous la forme d'un gigantesque maillage multidimensionnel, dont certains nœuds vibraient en accordance suivant des harmoniques qu'eux seuls savaient capter. Les hommes avaient baptisé le maillage « Ban », ce qui signifiait damier dans une des langues de Vieille Terre, mais les théories physiques conventionnelles à base de supercordes et de dimensions fractales étaient impuissantes à justifier son existence.

Le voyage instantané, tel que les Villes le pratiquaient, était une impossibilité théorique et une pratique quotidienne. Il avait fallu plus de neuf siècles à l'humanité pour apprendre à vivre avec ce paradoxe. Elle commençait tout juste à s'y sentir à l'aise.

Notre Mère avait un jour essayé d'expliquer à Gadjio la façon dont elle s'y prenait pour se haler le long des lignes de force du maillage jusqu'au nœud précis qui lui permettait de franchir instantanément le gouffre des années-lumière, à condition que le point d'arrivée soit accordé avec celui de départ. Elle lui avait permis de rester mêlé à elle, incrusté dans les chairs les plus intimes de son Beffroi, jusqu'à ce qu'il sente comment l'espace se froisse et se déplie au rythme inexorable du Ban. Mais Gadjio n'avait pas su comprendre ce qu'il avait perçu. Il demeurait trop humain, trop fermé. Notre Mère attendait de voir comment Marine réagirait dans la même situation, mais elle n'était pas pressée de tenter l'expérience.

Au-delà de la voûte du ciel barbouillée d'images par les canaux multiples des chaînes d'information, la pulsation des étoiles parvenait à Notre Mère superposée à celle des vagues proches. Elle soupira. Plus que tout le reste, elle regretterait la mer. C'était, dans l'univers des hommes, la seule chose aussi vaste et secrète qu'elle-même.

D'une simple crispation, elle arracha l'hameçon le moins profondément enfoncé. Les barbelures de métal griffèrent son bourrelet; le câble glissa en silence à la surface de ses rues, entre les dômes translucides qui n'avaient jamais été habités. Un opercule de peau parcheminée en barrait l'accès et empêchait les visiteurs de s'aventurer entre ses replis. Nul n'avait eu l'autorisation de les déchirer, même Gadjio. Pour lui, elle ouvrait des failles dans ses murs, elle se reconfigurait de manière à être en permanence ouverte, offerte. Et il avait exploré ses moindres recoins en lui répétant, par le toucher ferme et émerveillé de ses doigts, par la danse de ses pieds nus, à quel point elle était belle.

Trois autres hameçons labourèrent sa chair. Elle tressaillit, puis refoula la douleur jusqu'aux nœuds secondaires de sa conscience.

– Quelque chose m'a réveillée, se plaignit une voix féminine. Tu as bougé !

Marine se manifesta au centre de la pièce, boudeuse comme à son habitude quand son sommeil était interrompu. Lorsqu'elle dormait, Notre Mère ne sentait plus qu'une présence ténue au creux de ses entrailles, si faible et fragile qu'elle se surprenait parfois à tendre l'oreille pour la capter. Mais, quand elle se réveillait, sa vitalité était suffisante pour réchauffer les rues recouvertes de gel, en plein cœur de l'hiver. Avec elle, Notre Mère savait qu'elle n'aurait plus jamais froid.

– Tu as mal ?

– Je saigne un peu. Ce n'est rien.

– Comme moi ?

– Pas exactement…

La voix de Notre Mère était chargée de quelque chose qui ressemblait à un rire. Quatre mois plus tôt, Marine avait eu ses premiers saignements d'adolescente. En l'absence de corps, Notre Mère avait saigné pour elle et chaque statue, chaque idole plaquée dans les recoins de ses édifices reconvertis en temples s'était vue dotée de stigmates poisseux, à des endroits plutôt inhabituels pour de telles manifestations. Heureusement, les orages d'été avaient lavé les traces miraculeuses et nul ne s'était douté de quoi que ce soit.

– Je suis en train de me libérer, poussin. Ce n'est pas grave, juste douloureux. Tu devrais retourner dormir…

– Arrête de me parler comme à un bébé ! Je veux savoir ce qui se passe.

Elle a sans doute raison, songea Notre Mère avec une pointe de tristesse. Marine n'occupait pour l'instant qu'une toute petite partie du volume de l'AnimalVille mais elle avait envie de grandir. Un jour, son esprit serait aussi vaste que la chair qui l'abritait et nul ne pouvait prévoir ce qui se produirait alors.

Pendant qu'elle réfléchissait, Notre Mère sentait les derniers hameçons se libérer l'un après l'autre. Le fil immatériel du Ban la halait vers le ciel. Un chant étrange rebondissait entre les cases, signe d'une perturbation à venir, mais l'échéance était encore lointaine. L'excitation la gagnait peu à peu, malgré la douleur. Les hommes ne savaient pas à quel point il était facile de s'enfuir vers l'espace ; revenir se poser était infiniment plus dur. Mais, pour Gadjio, Notre Mère était prête à tous les sacrifices.

– Ça va faire vraiment mal, murmura-t-elle. Pas moyen de se débrouiller autrement ; je t'expliquerai. Nous allons chercher Gadjio.

Elle se ramassa en boule, contracta ses chairs. Les barbelures de métal la creusèrent avec méchanceté, puis les câbles torsadés glissèrent à sa surface et s'enroulèrent en tas informes sur le sol. Elle sut, avec une lucidité poignante, que sa chair guérirait mais que les cicatrices ne disparaîtraient jamais de sa mémoire et qu'elle en porterait les marques jusque dans ses rêves.

La douleur remonta le long des axes principaux de son épine nerveuse. Elle la dériva vers la pâle érection du Beffroi qui, à son tour, la chanta vers le firmament. Ses cris s'enroulèrent dans la grille tridimensionnelle du Ban et se perdirent de nœuds en nœuds, jusqu'à ce que le motif ainsi dessiné ne soit plus qu'un mince fil dans une tapisserie plus large. Désormais, chaque troupeau d'AnimauxVilles errant en plein espace, chaque Ville posée à la surface d'un monde mais reliée aux autres par la magie du Ban, saurait la reconnaître à sa souffrance.

À sa périphérie, les esplanades neigeuses où les enfants venaient jouer sous forme astrale furent lacérées. Les labyrinthes sonores où des fantômes malhabiles apprenaient à se repérer en l'absence de corps se brisèrent, de même que les fins vaporisateurs de parfum qui saturaient les marelles de signes invisibles. Le vent de la mer balaya un amas de fils translucides, arraché aux dispositifs humains greffés sur l'épiderme de la Ville. La couronne de projecteurs posée au sommet du Beffroi vacilla, puis s'éteignit. Des plaintes de plus en plus faibles s'élevèrent des boîtiers de contrôle, qui finirent par se taire. L'alerte était donnée.

Les lumières de Supérieure se reflétaient sur le couvercle du ciel. Notre Mère se vit saigner. Le liquide qui coulait d'elle était quasi incolore ; chaque goutte emportait avec elle un peu de sa chaleur. Elle sentit Marine frissonner. Le désarroi de l'enfant était presque palpable.

Les filaments de chair enfoncés dans le sol se rétractèrent en douceur sur le pourtour inférieur de la couronne. L'envol de la Ville s'accompagnait d'une métamorphose subtile dont elle bousculait les étapes autant qu'elle l'osait. Les opercules des dômes se scellèrent hermétiquement. Les ruelles à peine esquissées, les arrière-cours, les places secrètes à l'épiderme d'un rose tendre se plissèrent et disparurent. Un mucus épais recouvrit les terrasses et se solidifia, tandis que les veines des murs extérieurs battaient au ralenti. Les draperies de chair du Beffroi se tendirent sur leur armature d'os et de cartilage. Vue d'en haut, Notre Mère avait acquis les traits émaciés d'un ascète.

Lorsqu'elle se ramassa pour s'arracher du sol, Marine poussa un cri très bref. La Ville prit la peine de la rassurer d'une caresse mentale, alors que sa masse, halée par la puissance invisible du Ban, se soulevait d'un coup et plongeait vers le ciel. En dessous d'elle, elle vit les feux clignotants des navettes qui décollaient en hâte et tournaient en rondes affolées, incapables d'agir. Les abords du palais n'étaient pas équipés d'armes lourdes, par crainte d'une insurrection venue de l'intérieur. Les seules protections de la planète étaient les croiseurs qui patrouillaient à la périphérie du système solaire. Même si leur nombre avait doublé ces derniers temps, sans raison officielle, ils étaient trop loin pour intervenir.

Les hologrammes s'éteignirent d'un coup. Notre Mère planait avec insolence dans le ciel redevenu noir, que les premières lueurs de l'aube fissuraient peu à peu. Sous son ventre durci défilaient les constructions humaines qui cernaient le bord de mer. En suivant la piste multicolore dessinée par les signaux d'alarme, elle mit le cap sur la zone présidentielle.

Grâce aux informations fournies par Gadjio, elle savait exactement où s'écraser.

La centrale à fusion qui alimentait le palais était enterrée sous un bouclier de roches conçu pour résister à l'impact direct d'un croiseur. Les lignes de tension étaient enfermées dans d'étroits couloirs de céramique, à cinquante mètres sous la surface. L'ensemble du dispositif énergétique était inattaquable. Il n'en était pas de même pour le transformateur principal qui redistribuait l'énergie au niveau des étages de l'édifice présidentiel.

Le palais originel avait subi tant de transformations durant le règne de Koriana qu'il avait fallu repenser tout le système de répartition d'énergie, à un moment où l'espace libre manquait. Aucun des services qui gravitaient autour de la présidence n'avait accepté de s'expatrier pour laisser la place à de stupides boîtiers de redistribution. Faute de solution, le problème avait été oublié. Les lignes de tension principales s'interconnectaient tout près de la surface, dans la zone réservée aux unités d'entretien. Ce fut à cet endroit précis que Notre Mère choisit de se laisser tomber.

Marine n'eut pas le temps d'avoir peur. La Ville rompit l'attache qui la liait au Ban et le sol se précipita à sa rencontre. Une poignée de secondes plus tard, l'onde de choc détruisit entièrement les trois premiers niveaux.

Dans le palais éventré, les lumières s'éteignirent.

L'instinct de Notre Mère lui criait que Gadjio était vivant, très loin dans les entrailles de l'édifice. Un essaim de navettes piqua sur elle et la bombarda d'aiguilles tranquillisantes qui rebondirent sur son épiderme durci sans la blesser.

Avec fatalisme, elle se retira au plus profond d'elle-même pour expliquer à Marine ce qu'elle avait accompli. Tandis que l'aube prenait peu à peu possession du ciel, elles se préparèrent à attendre le retour du Passeur.

Lorsque Gadjio aperçut la muraille de chair qui lui barrait la route, au milieu d'un entrelacs de plaques métalliques froissées et d'éclats de céramique, il sentit ses entrailles se nouer. Jamais, depuis que le fantôme de sa mère biologique avait cessé de hanter ses rêves, il ne s'était senti aussi nu, aussi fragile. Pourtant, Notre Mère était venue le sauver; elle avait coupé tous les ponts derrière elle pour le rejoindre. Le poids de l'ombre qui recouvrait son dos se fit soudain plus léger. Il se hâta vers la montagne plissée qui crevait le plafond, malgré les protestations de son corps meurtri.

À travers les déchirures du couloir coulait une fine poussière mêlée d'éclats de silex. À cette profondeur, la terre était d'un gris charbonneux, comme si l'absence de lumière l'avait ternie à jamais. Gadjio escalada une pile de débris en équilibre instable qui oscillèrent dangereusement sous ses pas. Près de sa tête, des étincelles crépitaient à l'intérieur d'un boîtier de sécurité fendu. Le bruit agressait ses tympans blessés à la façon d'un essaim de guêpes.

Dans l'état d'épuisement où il se trouvait, son esprit englué dans le cauchemar des dernières heures se tournait vers Koriana. Même si les dégâts pouvaient être aisément réparés, le vieillard avait définitivement perdu ses illusions d'un palais inviolable. Tous les symboles de son pouvoir s'étaient effondrés autour de lui. Son refuge médical avait été détruit, l'armure déchirée, sa personæ abandonnée comme une cruelle moquerie au milieu des ruines. Le rôle d'un Passeur des Morts était de préparer ses patients à l'inévitable, en arrachant les couches d'espoir qui les séparaient du néant. Gadjio avait merveilleusement accompli sa tâche; Koriana était à présent face à lui-même, sans rien d'artificiel pour le protéger ou l'aider à nier. Et Gadjio avait recueilli un morceau de son noir héritage en guise de salaire.

Il franchit les derniers mètres avec une infinie lenteur. Devant ses yeux dansait l'image du vieillard tassé au fond de son fauteuil, le visage barbouillé de peinture.

– Avez-vous besoin d'aide ? cliqueta une robachine qui zigzaguait avec précaution entre les parois éventrées.

Sans répondre, Gadjio s'incrusta dans la chair retrouvée de la Ville, qui s'ouvrit pour l'engloutir. Les senseurs de l'unité mobile robotisée assistèrent à sa disparition et déposèrent les images ainsi recueillies dans leurs réservoirs de données. Puis la robachine fit demi-tour et se perdit dans les couloirs, en grinçant de toutes ses chenilles.

La scène fut diffusée sur les écrans privés de Koriana moins de trois heures plus tard. Mais la Ville dérivait déjà en plein espace, à la rencontre des croiseurs.

Dès qu'elle sentit Gadjio s'enfoncer dans son flanc, Notre Mère s'arracha du sol, éparpillant l'essaim de navettes qui tournait autour d'elle. L'alerte avait atteint son paroxysme ; l'air crépitait de signaux affolés, tandis que les dirigeables de surveillance dispersés tout le long de la côte orientaient vainement les faisceaux de leurs projecteurs vers le ciel.

Comme tous les AnimauxVilles, Notre Mère savait décoder le langage subtil des lumières. Le secteur présidentiel était en état de choc mais plusieurs files de véhicules aux phares identiques se dirigeaient vers le trou béant qu'était devenu le Palais. Un cordon de lampes empêchait les curieux d'accéder aux secrets des couloirs. Les secours n'étaient pas encore là mais le quartier était déjà bouclé par les patrouilles de sécurité.

Pendant que Gadjio se frayait un passage à travers sa chair, Notre Mère se laissa aspirer par le noir profond de la nuit spatiale. Elle disposait d'un peu de répit pour gagner le point d'échange du système de Supérieure. Celui-ci était situé bien au-delà de l'orbite de la quatrième et dernière planète, une minuscule boule de roche recouverte de méthane gelé. La géométrie du Ban était sensible à l'effet de la gravité. Toute masse un peu importante le déformait localement et les nœuds stables, où un AnimalVille pouvait instantanément procéder à un échange, étaient situés loin des corps stellaires. Dans le jargon des scientifiques, de tels points étaient appelés des Alephs.

La planète rétrécit; la Ville tomba vers les étoiles. Le cercle des lumières entourant le trou noir du Palais se fondit en un point unique, qui cessa rapidement d'être visible. Les doigts de la gravité se desserrèrent, tandis que la caresse de l'atmosphère se faisait plus ténue.

Notre Mère était libre. Elle se hâta vers l'Aleph en suivant le chemin le plus court, inconsciente des forces qu'elle avait contribué à libérer.

L'écrasement de la Ville Albinos avait pris le Charon par surprise. Mais, comme tous les dirigeants ayant survécu au-delà du raisonnable, il avait appris à prévoir l'improbable, à anticiper l'imprévisible. Sa réaction fut bien plus rapide que Gadjio ne l'avait imaginé, et infiniment plus violente.

Comme chaque nuit, le vieillard s'était réfugié dans les zones profondes du Palais, à deux kilomètres de la surface. Au moment du choc, il était en train de téter la bouillie spéciale que lui préparait chaque soir son équipe médicale. Les composants nutritifs, dosés en fonction de l'état de ses selles de la journée, n'avaient délibérément aucun goût. La nourriture avait cessé depuis longtemps d'être un plaisir pour devenir une fonction. Le Charon mangeait pour se maintenir en vie, à heures régulières, puisque telle était la meilleure solution. En même temps, il déchiffrait sur une batterie d'écrans les pictogrammes codés des nouvelles en cours. Lorsqu'une information le fascinait au point qu'il en oublie de déglutir, le fauteuil le rappelait à l'ordre en le menaçant de couper les transmissions.

L'onde de choc du tremblement de terre bouleversa l'ordonnance de la chambre spartiate. Le fauteuil réagit instantanément en s'amarrant au sol par des crampons magnétiques. La tétine spécialement adaptée à la bouche édentée du vieillard se rétracta en lâchant un dernier jet de bouillie. Une coque impénétrable enveloppa le corps décharné et le protégea avec indifférence, tant que durèrent les secousses.

Lorsque le Charon put contempler la pièce dévastée, jonchée d'éclats ternis arrachés aux écrans hors service, il se contenta de hocher la tête et réclama un peu d'eau. La destruction était totale mais cela n'avait aucune importance. Il était vivant, à l'abri ; il pouvait riposter.

Il s'éclaircit la gorge et énonça les codes d'urgence de niveau le plus élevé, ceux autour desquels avait été construit le Palais. Les soixante-six syllabes, codées par les unités de communication du fauteuil, atteignirent le satellite en orbite géostationnaire au-dessus de l'Animal-Ville Supérieure. Le spectre des fréquences vocales fut comparé à celui qui figurait dans les réservoirs de silicium et reconnu valide, tandis que le lieu d'origine de l'appel faisait l'objet d'une analyse de pertinence qui se révéla, elle aussi, positive. Le tout n'avait duré qu'une seconde et demie.

Le satellite, avec la certitude inhumaine des machines, déclencha la phase un de l'alerte planétaire.

Supérieure se vida d'un seul coup. L'instant d'avant, des millions de personæ circulaient dans l'enceinte des villes, leurs pieds immatériels balayant la chair amorphe des rues. L'instant d'après, toutes les unités d'animation se déconnectèrent à l'unisson. Un vent invisible dispersa les fantômes des disparus, dont les voix radoteuses se turent ; les habitants de chair se retrouvèrent brutalement seuls, privés du brouhaha rassurant qui naissait des défunts. Il y eut un début de panique, puis les sirènes d'alarme firent voler le silence en éclats.

En l'absence de contrordre, la phase deux s'enclencha. Quarante secondes plus tard, la totalité des mécanismes demeurés opérationnels dans un rayon de quinze kilomètres autour du Palais était placée directement sous les ordres du Charon. Un cordon de sécurité se mit en place.

Pour l'instant, les survivants éventuels ne lui étaient d'aucune utilité ; la riposte qu'il devait mettre en place interviendrait à des milliers de kilomètres de son refuge. Il se demanda brièvement combien de ses serviteurs avaient survécu au choc. La plupart, sans doute ; sous forme astrale, les humains étaient quasiment indestructibles. Cela lui éviterait d'avoir à former un nouvel entourage.

Les yeux clos, Koriana énonça cinq questions précises, sans se soucier de les coder :

– Qui est la force d'agression ? Quelles sont les contre-mesures opérationnelles ? Quel est l'état du Palais, de la ville, de la Planète ? Quels sont les scénarios probables pour la suite ? Où puis-je contre-attaquer avec le maximum d'efficacité ?

À l'autre extrémité d'un train d'ondes invisibles, le satellite ronronnait. Il s'écoula deux secondes avant que la réponse ne parvienne à l'intelligence artificielle du fauteuil.

Un jet d'air sous pression souleva un nuage de poussière suffisamment dense pour servir d'écran. Les images renvoyées par les spectrocaméras suspendues en plein ciel révélèrent une masse ivoirine à demi enfouie, là où se trouvait autrefois le Palais. Nulle autre menace n'était visible. Le vieillard ordonna un balayage de contrôle pour s'en assurer, mais sa conviction était déjà faite. Une série de zooms transforma ses soupçons en certitudes.

Avant de se dissiper, la poussière se colora d'une dernière image. Malgré le grossissement qui brouillait en partie les détails, il était facile de lire dans les sillons sanglants qui creusaient la chair de Notre Mère les souffrances de la libération.

– Le Passeur, murmura le vieillard. Stupide !

Il était atterré. L'édifice de son pouvoir tremblait sur ses bases à cause d'un accident de parcours d'une bêtise à hurler. *Au pire moment...*

Le fauteuil, attentif à son état, lui injecta une dose de tranquillisants. Koriana retint un juron en sentant le liquide glacé pénétrer sous sa peau. Alors que la crise requerrait toute sa lucidité, on le privait de l'adrénaline indispensable à ses réflexions.

– Je veux un visuel sur tous les niveaux inférieurs à 12 ! Balayage direct et interception de mouvement.

Avec un bruit de papier froissé, les unités de sécurité tentèrent de se remettre en route. Mais leur réserve d'énergie individuelle était insuffisante pour leur permettre d'agir efficacement. Le silence fut la seule réponse à l'ordre du Charon.

– Le Palais est mort...

Il secoua la tête, écrasé par la conscience brutale de sa vulnérabilité. La situation devenait infiniment plus sérieuse. Privé de moyens d'action, Koriana redevenait un mortel courbé sous le poids du temps, sans possibilité d'infléchir la courbe de son destin.

– Que toutes les robachines autonomes explorent les étages inférieurs. J'ai besoin de savoir ce qui se passe en bas; signalez tout mouvement. Et gardez une ligne ouverte avec le QG Stellaire, l'amiral De Cortina. Cette foutue Ville va s'arracher bientôt. Je veux...

Le vieillard sentit les larmes glacées des médicaments rouler sur sa nuque. Au seuil de la mort, il avait acquis une perception inégalée de son propre corps, un sentiment d'intimité étroite avec cette chair qui le trahissait au moment crucial. Le fauteuil s'efforçait de le modérer mais il risquait à tout moment de perdre conscience sous l'effet des drogues. Il ne pouvait pas se le permettre. *Pas maintenant!*

– Aide médicale, émit-il sur toutes les fréquences à la fois. Un vivant près de moi. D'urgence!

Le fauteuil avait refermé sa coque pour le protéger durant les deux heures de sommeil agité imposées par les somnifères. Lorsque le métal à mémoire de forme le libéra, Koriana aperçut un inconnu penché sur lui, une expression affolée sur le visage.

– Charon? Je suis le contrôleur Miézo, du neuvième. Êtes-vous blessé?

Un sifflement d'avertissement monta du fauteuil. Sous l'effet du conditionnement obligatoire pour les employés du Palais, Miézo recula hors de portée.

– Récapitulatif des nouvelles, vocalisa le vieillard. Visuel et phonie, code. Je ne suis pas seul.

Seul, le silence lui répondit. Après une interminable minute, Miézo s'éclaircit la gorge.

– Les générateurs sont détruits, Charon. Plus rien ne marche.

Nous avons perdu au moins douze heures d'archives, sans parler des cubes-mémoires qui auront été fêlés par le choc. C'est un désastre !

Koriana ferma les yeux.

– Taisez-vous, murmura-t-il d'une voix contenue, conscient de ce que le fauteuil n'attendait qu'un écart de ses fonctions vitales pour le replonger dans l'inconscience.

Sur la mosaïque d'éclats de verre des murs, il n'y avait plus rien à voir. La poussière née du cataclysme était retombée depuis longtemps.

Puis, l'une après l'autre, les robachines arrivèrent.

Elles avaient l'aspect de longs tubes métalliques, équipés de chenilles et d'un système primaire de reconnaissance de formes. En plus des données quotidiennes relayées par les moniteurs de surveillance, elles pouvaient emmagasiner plus de cinq mille images basse résolution et les restituer à la demande. Il y en avait plusieurs centaines par étage ; pour tous ceux qui travaillaient au Palais, elles étaient aussi familières que les myriades de terminaux identiques incrustés dans les parois. Personne ne leur prêtait attention, ce qui en faisait des auxiliaires d'espionnage parfait. Mais, jusqu'à ce jour, le Charon n'avait jamais eu à les utiliser de cette façon. Là était sa force, la source de son pouvoir durant toutes ces années : il prévoyait, mettait secrètement en place, puis patientait. Lorsque la crise, n'importe quelle crise, éclatait, il était prêt. L'univers regorgeait d'alliés indétectables qui n'attendaient qu'un ordre de lui pour se mettre à son service. Ici même, dans son Palais dévasté, il allait en fournir la preuve. À condition de régler d'abord un ultime détail.

L'opercule de la chambre, faussé par le tremblement de terre, coulissait mal. Miézo dut aider une partie des robachines, dont le système de propulsion couinait lamentablement, à franchir l'obstacle. Lorsque la pièce fut envahie de vers qui gigotaient en cherchant à se rapprocher du fauteuil, il demeura les bras ballants, attendant les ordres.

– Venez ici, crachota le vieillard. Quel est votre degré de sécurité ?

– G-9, Charon. Je suis habilité pour toute information confidentielle ayant trait à la gestion administrative du Palais.

– Ça suffira. J'ai besoin que vous effectuiez un réglage sur mon fauteuil, qui a été endommagé par le choc. Il vous faudra d'abord désactiver l'ensemble des modes de protection, sans vous tromper une seule fois ; je vous guiderai.

Miézo s'approcha autant qu'il l'osa du fauteuil.

– Les blocs de commande sont dans le dossier, hors de ma portée. Vous devez les actionner dans l'ordre un, trois, quatre, deux, cinq, avec un intervalle d'au moins cinq secondes entre eux. Je vais vous tourner le dos. Lorsque vous aurez commencé, ne vous préoccupez pas de mes réactions. Continuez, quoi qu'il arrive. Il y va de ma vie.

Tout en parlant, le vieillard dardait son regard qui avait déchiffré des milliers d'âmes sur le visage falot du contrôleur. Il y lut la peur, la confusion, puis une avidité si mal dissimulée qu'il faillit sourire. Rien de cela ne constituait une menace. Il eut conscience de jouer sa vie sur un coup de dés, une fois de plus. La vieille excitation du pouvoir pulsa à travers ses artères racornies. Le fauteuil réagit à sa brusque montée de tension, sans parvenir à l'enrayer.

– Désactivation des codes d'approche, un deux, trois. Campion, Van Der Weyden, Flémalle. Accès autorisé pour entretien.

Avec un soupir audible, la coque se referma sur lui, tandis que le dossier basculait pour révéler ses entrailles de métal et de silicium. Koriana n'entendit plus rien. Un abaisse-langue s'insinua entre ses lèvres pour diffuser un brouillard d'eau sur ses papilles. Des tampons articulés nettoyèrent le coin de ses yeux et les traces de salive aux commissures de ses lèvres. Une rangée d'épines à injection chercha sa jugulaire, tandis que les menottes de maintien emprisonnaient ses membres grêles dans une étreinte ferme et douce.

La déconnexion du fauteuil était horriblement douloureuse. Lorsque les cliquetis de désactivation retentirent dans l'habitacle, Koriana sentit les cathéters se retirer de lui l'un après l'autre et la souffrance revint par vagues inexorables, depuis des localités éloignées de son corps dont il avait oublié l'existence. Il hurla, parce qu'il ne pouvait s'en empêcher, et perçut les hésitations de Miézo. Les secondes parurent durer des siècles, puis les cliquetis reprirent.

Le vieillard parvint à ne pas s'évanouir. Lorsque la coque le libéra, il fit pivoter le fauteuil, contempla un instant le corps de Miézo que les systèmes de sécurité avaient abattu conformément à la procédure, puis releva les yeux vers l'entassement des robachines qui attendaient ses ordres.

Pour la première fois depuis des années, il savoura la douleur. Elle l'aidait à se sentir lucide, elle repoussait la mort lente des somnifères. Le fauteuil, à présent simple prothèse mécanique qui ne lui injectait plus rien, relayait sa voix aussi loin qu'il le souhaitait, jusqu'aux étoiles et au-delà. Il était redevenu le Charon.

– Rapport, niveau par niveau !

L'illusion de jeunesse dura jusqu'aux images en provenance du secteur hospitalier…

Gadjio se traînait avec peine dans le dédale d'alvéoles creusées dans l'épaisseur de l'AnimalVille. Celui-ci l'avait d'abord recraché dans un étroit boyau relié aux filaments de sa couronne. Gadjio avait marché, courbé en deux, les mains tendues en aveugle, les pieds glissant dans les flaques qui se formaient dans chaque invagination du sol. Les parois fraîches, d'un gris luisant d'humidité, ne s'écartaient qu'avec réticence devant lui, comme si Notre Mère devait se faire violence pour lui accorder le passage.

Le Passeur était parfaitement à l'aise dans le noir et le labyrinthe intime de Notre Mère lui était tout à fait familier. Il connaissait les rythmes et les caresses qui ouvraient les portes dissimulées dans la tiédeur des murailles. Il savait se faire reconnaître. D'instinct, il se dirigea vers le centre de chair, vers le cœur secret de la Ville refuge, mais celui-ci se déroba à son approche et le força à multiplier les détours inutiles. Épuisé par sa nuit, écrasé par le poids de l'armure qui lui emprisonnait le dos, il mit longtemps à s'en apercevoir.

Le choc du décollage le secoua. Il s'immobilisa, le visage plaqué contre une paroi d'où saillaient des cartilages durcis. Sous sa joue, la chair légèrement sucrée demeurait inerte. Il sentait les poils de sa barbe naissante blesser l'épiderme fragile; ses doigts s'engluaient dans des replis amorphes. Tandis que la Ville s'élevait en prenant de la vitesse, il réalisa qu'elle ne lui avait pas parlé depuis son sauvetage.

À cet instant, l'armure resserra son étreinte sur ses reins et il ne put s'empêcher de crier. Le souffle coupé, il se laissa glisser jusqu'au sol détrempé, les bras crispés autour du ventre.

– Aide-moi !

L'odeur de la Ville envahit ses narines. La douleur lui coupait le souffle, il avait l'impression de suffoquer. Il sentit le sol s'entrouvrir, lui avaler les jambes puis le recracher lorsque les lèvres de chair se posèrent sur le métal. Notre Mère le refusait; l'obscurité avait cessé d'être un refuge.

Instinctivement, il tenta de se débarrasser de son corps encombrant et de passer en mode astral. Dès que la douleur exquise engendrée par le carbex s'interrompit, il profita de l'occasion pour s'hyperventiler, en haletant de façon contrôlée. La suroxygénation, jointe à la discipline mentale qu'il pratiquait depuis son enfance, allait lui permettre de se libérer. Un cri issu de la texture même des murs empêcha la séparation.

– Ne fais pas ça ! Si tu n'es plus là pour lutter contre elle, l'armure te broiera. Il te faudra la vaincre avant de t'en débarrasser.

– Tu as mal, papa ?

Puis, comme si elle regrettait de lui avoir parlé, Marine rompit le contact. Ce fut si fugitif que Gadjio crut avoir rêvé.

– Il semble que tu aies enfin découvert la tache de naissance dont tu cherchais à te doter. Debout !

La voix de Notre Mère avait une dureté que Gadjio ne lui avait jamais connue. Cravaché, le Passeur parvint à s'agenouiller, puis il se redressa, les épaules crucifiées.

– Nous sommes en route vers l'Aleph. Qu'est devenue la personæ du Charon ?

– L'autre moitié de l'armure l'a emprisonnée. Koriana s'est vendu aux Mécanistes.

– Et nous avons cassé ses jouets…

Il y eut un silence que Gadjio mit à profit pour ôter le suaire qui le voilait. Une lueur sinistre jaillit de son dos, puis s'éteignit. L'armure mutilée économisait son énergie. Gadjio la sentait qui rampait à la surface de son épiderme, à la façon d'une sangsue. *Oui, j'ai mal, pous-*

sin, gémit-il intérieurement, *et je ne peux même pas arracher cette douleur de moi sans me détruire en même temps.*

– Où est Marine ?

– Il y a des pointes de carbex qui cherchent à se frayer un chemin à travers ta colonne vertébrale. Je ne veux pas qu'elle te voie dans cet état.

– J'ai besoin d'elle !

– Nous avons un problème plus immédiat : la flotte spatiale. Je comptais sur les talents d'imitation de la personæ pour nous faire franchir le barrage des croiseurs. Tu as une idée ?

– Non.

– Alors, nous mourrons avant d'avoir une chance de nous perdre dans le Ban.

Les huit croiseurs s'étaient disposés en embuscade tridimensionnelle. Ils avaient orienté leurs canons à plasma de façon à couvrir une sphère d'espace centrée sur l'Aleph, chaque trajectoire calculée avec soin de façon à ne pas se blesser les uns les autres. Sur un ordre de l'amiral De Cortina, le peloton d'exécution déploierait des éventails de feu dans les trois directions. Mais, pour l'instant, ils attendaient. Les radars signalaient l'approche d'une masse isolée qui ne pouvait être que leur cible.

Les instructions du Charon étaient claires. Sa voix, relayée par les dispositifs d'amplification du fauteuil, portait jusqu'à l'espace ; ceux qui l'avaient entendue avaient été choqués par l'intensité de la haine qu'elle contenait :

– Forcez-les à revenir se poser ! Blessez la Ville, marquez-la de votre fer si vous le pouvez, mais ramenez-les-moi ! *Ils ont volé ma mort !*

Entrelacés au message, les codes qui servaient à en identifier l'émetteur, la provenance et la priorité, indiquaient un niveau d'urgence que De Cortina n'avait encore jamais rencontré. Les informations qu'il avait recueillies par des canaux parallèles indiquaient que Supérieure avait fait l'objet d'une attaque et que le Palais était détruit. Il n'avait pas osé poser de questions mais se demandait si le petit nombre de croiseurs qu'il avait pu rassembler se révélerait suffisant pour accomplir sa mission. Face à une situation qu'il ne comprenait qu'à moitié, il détestait prendre des risques.

L'amiral était un homme petit, râblé, à qui l'uniforme donnait une apparence de bibelot. Il s'était élevé jusqu'à son rang actuel par le simple jeu de l'ancienneté mais ses hommes le respectaient. Durant toute sa carrière, il avait commis très peu d'erreurs, et pris encore moins d'initiatives.

Dans la salle de simulation, située à la proue du vaisseau de commandement le *Monteori*, l'hologramme qui reconstituait le volume d'espace où aurait lieu la bataille demeurait à peu près vide, au-dessus de la table de cartographie électronique. L'AnimalVille était sur le point de parvenir à portée de tir. Nulle masse métallique n'était détectable à sa surface, ni rien qui pouvait servir d'arme. *Trop facile...*

– Elle s'est immobilisée, Amiral, signala l'enseigne chargé du quart inférieur droit de la simulation. Point 14/11/14.

– Qu'y a-t-il d'autre dans ce secteur ?

– Rien, Amiral. Juste elle et nous...

– Passerelle, ici le commandement. Objectif à la frontière de tir. Armez et tenez-vous prêts. Ordres relayés à tout le dispositif !

De longues secondes s'écoulèrent, sans modification notable de la situation. Le *Monteori* était en phase ambre; la totalité des quatre-vingt-cinq hommes d'équipage surveillait les écrans disséminés dans chaque coursive. La vibration des moteurs au ralenti était imperceptible.

– Elle veut nous forcer à bouger, déclara l'amiral, désorganiser le piège et se glisser entre les mailles. Nous attendons, en formation fixe. Prévoyez un relevé de quart toutes les deux heures, je veux des hommes frais à tous les postes de tir.

« À quelle distance se trouve le reste de la flotte ?

– Vingt-huit heures, quatorze minutes. Ils se sont déployés aux frontières du système suivant les ordres donnés antérieurement par le Charon en personne. Faut-il leur demander de nous rejoindre ?

– Préparez le message mais ne l'envoyez pas. C'est trop tôt. Nous devrions être capables de régler le problème nous-mêmes.

Au centre de la simulation, l'Aleph était un diamant bleu aux multiples facettes qui tournait sur lui-même en scintillant. L'hologramme affichait l'ensemble des trajectoires d'interception, une tresse parfaite dont l'origine était un point blanc à l'extrême bord de la simulation. De Cortina avait survolé bien des fois Notre Mère avant de se poser sur l'astroport du Palais, mais il n'avait jamais assisté aux cérémonies organisées dans ses édifices. Dans l'espace, la pompe est réduite au minimum et les cadavres enveloppés d'un drap sont expulsés d'un sas.

L'amiral ignorait les raisons qu'avait la Ville de s'enfuir et ne cherchait pas à les connaître.

Il était là pour l'empêcher de passer.

Après une dizaine d'heures dans l'espace, Notre Mère commença à retrouver sa propre odeur. Le vide emportait les senteurs lourdes de l'encens, de la cire et des produits d'embaumement. Gadjio était enfermé dans le silence d'une alvéole. Marine demeurait inaccessible mais le Passeur percevait sa présence, comme une vibration ténue qui montait des entrailles de la Ville.

Avec méthode, il affronta l'armure. En se concentrant, il pouvait lui *parler.* Elle ne l'acceptait pas, elle avait été conditionnée, façonnée, pour le Charon et lui seul. Mais elle avait compris qu'elle ne pouvait pas le tuer et survivre.

Le carbex s'était emparé d'un territoire qui s'étendait de sa nuque jusqu'au haut de ses fesses. Une fine ligne noire, sous les aisselles, marquait la frontière de la chair libre. Gadjio pouvait toucher sans risque le fragment d'armure, au contact de ses doigts, le métal s'écartait. Mais il était incapable de se libérer.

De toutes les forces de sa volonté, il négocia une trêve.

– Amiral, regardez !

La belle ordonnance de l'hologramme de combat venait de se briser. L'Aleph, en tournoyant, expulsait des particules lumineuses qui se dispersaient aussitôt en direction des croiseurs.

– Zoom ! ordonna De Cortina.

L'image grossit instantanément et l'amiral jura en reconnaissant les formes brunes, lenticulaires, qui dérivaient dans leur direction. Un troupeau d'AnimauxVilles était en train de surgir de l'Aleph. Combien étaient-ils ? Douze ? Quinze ?

– La cible s'est remise en mouvement, annonça l'enseigne. Portée de tir dans cent quarante-cinq secondes.

Le flot des Villes ne tarissait pas. Elles jaillissaient comme des missiles lents, s'éloignaient de l'Aleph puis leur trajectoire s'incurvait vers les croiseurs. Chacune d'elles avait déployé sa couronne de filaments. De Cortina renonça à les compter. Leur arrivée allait compliquer les choses.

– Cible à cent secondes. Préchauffage des canons. Tout le monde à son poste !

Le point blanc de la cible progressait avec lenteur le long d'une géodésique qui s'achevait au cœur de l'Aleph. Elle allait bientôt pénétrer à l'intérieur de la sphère de feu contrôlée par la flotte. Une fois là, elle était perdue. Les pilotes des huit croiseurs ne la laisseraient plus s'échapper.

À moins cinquante, les huit intelligences du bord resserrèrent leurs liens et formèrent un gestalt de commandement. Le vaisseau amiral devint le centre névralgique de la flotte.

Une sonnerie stridente envahit le navire. L'un après l'autre, les marins verrouillèrent hermétiquement les anneaux des croiseurs, transformant ceux-ci en agrégats de secteurs indépendants et autonomes. Un navire pouvait ainsi être touché en une demi-douzaine d'endroits et conserver l'essentiel de son équipage et de sa puissance de feu.

De Cortina se pencha sur la table de simulation où s'affichaient les vecteurs de mouvement et les paramètres de tous les corps en mouvement du secteur de bataille. Son visage, éclairé par en dessous, acquit un étrange relief.

– Une salve de semonce au ras des bâtiments, une autre sous la face inférieure. Évitez de la blesser sérieusement. Je donne le décompte moi-même. Vingt… dix-neuf…

Puis, quelque chose dans le mouvement désordonné du troupeau l'alerta. Il secoua la tête, tout en continuant machinalement d'égrener les chiffres. À onze, il s'interrompit en frappant du poing la table illuminée.

– Ordre annulé. Je répète : ordre annulé ! Ces foutues villes sauvages vont intercepter nos faisceaux. Le décompte reprend dans... (il consulta la table) quarante secondes.

Notre Mère, elle aussi, comptait les secondes. Si elle avait été sensible à l'ironie, elle aurait sans doute souri de la situation : elle était en train de planifier sa trajectoire et celle de l'ensemble des villes sauvages en suivant les principes que Gadjio lui avait inculqués. Principes qui s'appliquaient aux cérémonies mortuaires qui avaient lieu simultanément dans les différents édifices de sa surface, entre gens qui ne souhaitaient ni se voir, ni même avoir conscience les uns des autres.

Elle avait ainsi appris à organiser les itinéraires des défilés afin d'éviter qu'ils ne se croisent, à disposer d'immenses catafalques aux endroits névralgiques, à faire circuler les pleureuses d'un enterrement à l'autre, par les coulisses. Les nautoniers qui escortaient les cadavres jusqu'à leur dernière demeure se haïssaient. Les survivants se jalousaient. Les prêtres se bombardaient de malédictions d'une chaire à l'autre. Pour une ville mortuaire aussi célèbre que Notre Mère, les problèmes de protocole étaient souvent plus complexes que les stratégies enseignées dans les écoles militaires.

Tandis qu'elle se concentrait pour préparer son prochain mouvement sur l'échiquier tridimensionnel qui l'entourait, elle demeurait consciente de la présence de Gadjio dans ses flancs et des reproches muets de Marine. La souffrance née des cicatrices fraîches gravées par les hameçons était inexistante en comparaison.

Pour la troisième fois consécutive, De Cortina interrompit le compte à rebours. Les villes sauvages s'étaient nettement rapprochées du *Monteori*. Leurs couronnes déployées occultaient une portion de plus en plus large de leur champ de vision. Mentalement, l'amiral compara la taille de son navire à celle des organismes qui dérivaient au milieu du champ de bataille et frissonna. Il ignorait quel était le chorégraphe de ce ballet si bien réglé mais il était trop bien entraîné pour ne pas reconnaître quand une stratégie était à l'œuvre.

Tout autour de la salle de commandement, les enseignes plongés dans la simulation de leur secteur d'espace avaient eux aussi pris conscience que quelque chose d'anormal était en train de se produire. Il sentait leurs regards peser sur lui et lui brûler la nuque. Personne n'avait oublié l'intensité de la colère du Charon.

La cible avait presque atteint le centre de l'hologramme. De Cortina n'avait plus le choix.

– Attention, ici l'Amiral ! Rupture de formation. Je répète : rupture de formation. Il va vous falloir éviter ces gros tas de viande et foncer vers la cible. Plus question de semonce, coups directs. Il faut l'empêcher de gagner l'Aleph.

Il fit brutalement demi-tour. Deux ou trois paires d'yeux se détournèrent aussitôt.

– Décrochage dans cinq secondes !

Le chant des réacteurs du *Monteori* grimpa vers l'aigu. L'accélération brutale plaqua l'amiral contre la table, où les paramètres de vitesse défilaient trop vite pour pouvoir être lus. L'hologramme se reconfigura pour tenir compte des derniers relevés spatiaux en sa possession. Autour de la cible qui grignotait lentement la distance qui la séparait du point de fuite, huit diamants verts se préparaient à la curée.

Gadjio sentit la chair de la Ville se raidir et courba la nuque, dans l'attente du cataclysme. Depuis le début de la bataille, Notre Mère avait coupé tout contact avec lui. Le sentiment de son inutilité lui donnait envie de hurler. Le piège de Koriana était sur le point de se refermer sur eux et il ignorait ce qui était en train de se passer.

– Papa ?

La voix de Marine s'étouffait contre les parois. Le Passeur releva la tête.

– Je suis là… Tout va bien ?

– Notre Mère ne veut pas que je te parle. Elle dit que cette chose t'a transformé, que ce n'est plus tout à fait toi. C'est vrai ?

– Je n'en sais rien. J'aimerais pouvoir te répondre que je n'ai pas changé mais je n'en suis pas sûr. Je ne peux plus me mélanger à vous comme avant, à cause de ce que j'ai dans le dos.

– On peut en parler ?

– C'est un morceau d'armure, poussin. Ce qui se rapproche le plus de la vie, pour du métal. Il aimerait m'enfermer en entier, et moi je ne peux pas me débarrasser de lui. Pour l'instant, on en est là.

– Tu as toujours la même voix. C'est bien ! Je peux te poser une question embêtante ?

Gadjio hocha la tête puis, conscient que son geste était passé inaperçu, acquiesça à haute voix en essuyant les larmes qui coulaient sur ses joues. Entendre Marine était ce qu'il y avait de plus merveilleux dans son existence.

– C'est quoi, une supernova ?

– L'explosion d'une étoile. Pourquoi ?

– C'est là qu'on va. L'échange aura lieu dans trois minutes et il paraît qu'on risque d'être secoués.

– Tu sais, Marine, si tu ne commences pas à m'expliquer ce qui se passe, je vais me mettre à hurler !

Sa voix se brisa sur les derniers mots. Il eut un instant l'impression que Marine se retirait puis elle fut de nouveau là, tout près, de l'autre côté de la barrière d'obscurité.

– Notre Mère a appelé un troupeau pour l'aider. Ils sont en train de se regrouper autour de nous, si serrés qu'ils occupent tout le ciel. C'est magnifique. Ils empêcheront les vaisseaux qui nous attaquent de passer jusqu'à ce qu'on ait franchi l'Aleph.

« Les villes sauvages disent qu'on est en période de rassemblement et que le Ban va bientôt empêcher tout échange. À cause de la supernova. Il faut qu'on aille là-bas avec les autres.

Notre Mère fut soudain saisie d'un frisson si violent que Gadjio faillit être projeté à terre. La présence de Marine s'évanouit brutalement. Il y eut d'autres secousses, plus faibles, puis le silence.

– Qu'est-ce qui s'est passé ? Notre Mère, tu es touchée ?

– Pas moi. Sételline. Ils ont tranché son beffroi.

La bataille dura exactement deux minutes et demie. Elle se solda par une absence totale de pertes côté humain et par quatre mutilations irrémédiables du côté des Villes. La flotte tira des salves de faisceaux sur les masses lenticulaires qui leur barraient le passage. Cela ressemblait à un exercice et ne servit à rien. Les croiseurs tentèrent de se faufiler jusqu'à la cible mais des murailles de chair bloquaient chaque trajectoire. Le *Monteori*, qui avait réussi à franchir les premiers barrages, faillit s'écraser au milieu des dômes d'une cité géante qui surgit à pleine vitesse devant lui et dont il laboura la surface de ses canons. La manœuvre d'évitement qu'il employa aurait mérité à elle seule de lui éviter le peloton d'exécution.

Malheureusement pour lui, quarante secondes plus tard, Notre Mère s'évanouissait dans l'Aleph.

L'alvéole qui enfermait Gadjio s'entrouvrit. Un courant d'air tiède se faufila entre ses jambes et il sut qu'il devait se remettre en marche.

Il avait vécu en aveugle la fin des combats ; l'échange annoncé par Marine l'avait pris par surprise. Notre Mère ne l'autorisait même pas à être spectateur de son propre destin. Mais, à présent que le danger immédiat était écarté, il avait envie de revoir le ciel.

En tâtonnant, il s'engagea dans un couloir qui le conduisit tout droit jusqu'à un dôme scellé, dont l'intérieur était envahi d'étranges draperies de peau sèche. Une lueur diffuse tombait de la voûte translucide. De l'autre côté des parois, il y avait la nuit inhabitable, aussi glacée que le métal dans son dos.

À chaque pas, Gadjio s'enveloppait d'une cape de peau étrangère et en savourait le contact. Lorsqu'il parla, il sentit le vent de sa voix agiter les draperies et mesura l'ampleur de ce qu'il avait perdu.

– Sommes-nous libres ?

– Tu ne devrais pas poser la question. Trop d'entre nous ont souffert à cause de ce que tu portes.

– Tu es venue me chercher.

– Je ne suis pas plus libre que toi.

– Je suis désolé…

Le silence qui suivit était empli de phrases informulées. Gadjio, prisonnier de sa chair, se sentait trop maladroit pour le rompre.

– Marine t'a parlé de la supernova, dit enfin la Ville. J'aurais préféré le faire mais je n'avais pas le temps de la surveiller. Le troupeau qui nous a sauvés s'y rendait; nous voyagerons avec eux.

– Ils sont arrivés à point nommé.

– En réponse à mes appels. En me libérant des ancres d'amarrage, j'ai diffusé ma douleur à travers le Ban. Tous ceux qui m'ont aidée l'ont fait au nom de mes cicatrices.

Gadjio ne les avait pas vues. Il n'avait même pas senti leur existence, puisque la Ville lui refusait tout contact intime. La nouvelle l'atteignit donc de plein fouet. Notre Mère ne lui laissa pas le temps de se remettre:

– Là-bas, tu ne seras pas seul. Des représentants des autres rameaux humains sont en route pour les retrouvailles de votre espèce. Il y aura des Mécanistes parmi eux. Nécessairement…

Une vague de soulagement l'envahit. Puis reflua. Sa présence ici, celle de Notre Mère, le secret qui enveloppait son dos, étaient autant de transgressions pour lesquelles il n'existait qu'un seul châtiment.

– Personne ne m'aidera, tu le sais.

– Les armures sont les créatures des hommes. Fais appel à eux comme j'ai fait appel aux miens. Je ne peux rien pour toi.

Il sentit sa peine, devina ce que ces mots lui avaient coûté. Saisi d'une impulsion, il plaqua son ventre contre la paroi la plus proche et lécha la fine pellicule d'eau qui mouillait l'épiderme. La Ville se tarit très vite mais il avait eu le temps d'en goûter la saveur et d'en retenir l'âcreté sur sa langue.

– C'est toujours moi, murmura-t-il. Ne l'oublie pas.

Notre Mère ne répondit pas. Gadjio s'accroupit dans un recoin, la tête dans les mains, et se prépara à un long voyage dans le noir.

CHAPITRE 4

La fédération originelle

Sur la planète Supérieure, l'alerte maximale avait été annulée en quelques heures, sans explication. Le Charon n'avait plus de temps à perdre avec les procédures. Gadjio et sa Ville s'étaient enfuis en le laissant au milieu d'un tas de ruines. Ils avaient brisé l'armure qui aurait dû, à sa mort, recueillir l'essence de sa personnalité. Pire, ils en avaient volé la plus grosse moitié, en ridiculisant au passage ses meilleures troupes.

Le désastre était total. La vie du Charon était en miettes. N'importe qui d'autre se serait couché pour attendre la fin mais le vieil homme en était tout simplement incapable. L'orgueil terrifiant qui l'avait poussé durant toutes ces années à défier sa propre mort ne s'était pas émoussé. Il ne prit pas la peine de faire le bilan de ses pertes et se contenta de tirer un trait sur sa vie précédente. Sans s'offrir le luxe d'un regret.

Il recueillit le fragment de carbex parmi les décombres du secteur hospitalier et l'enferma dans un conteneur. Puis il activa des procédures médicales établies des décennies plus tôt et dont nul autre que lui ne se souvenait. La souffrance qui irradiait de ses os malades suffisait à le maintenir éveillé.

Sous le contrôle de ses deux chirurgiens personnels, des bras manipulateurs le débarrassèrent de son fauteuil et l'installèrent dans sa nouvelle et définitive demeure. Il hurla silencieusement durant toute l'opération; une injection avait paralysé ses cordes vocales pour éviter que sa voix ne se casse.

Durant les rares pauses que lui offrit la douleur, il bâtit un plan désespéré. Et, moins de onze heures après la disparition de Notre

Mère, il tourna le dos aux ruines de son palais, au désordre irrémédiable de son empire.

Il supplia Noone de l'emporter pour ce qu'il savait être son dernier voyage. Et celle-ci accepta.

Noone était un peu moins qu'un mythe et un peu plus qu'un secret. Un siècle plus tôt, une Ville sauvage d'un diamètre gigantesque avait survolé l'AnimalVille Paranamanco en esquissant un simulacre d'atterrissage. Puis elle était repartie sans se poser, lorsque les navettes de l'astroport avaient commencé à s'agiter autour d'elle. De mémoire d'homme, c'était la première fois qu'un tel événement se produisait. La chorégraphie compliquée des rituels d'accueil avait-elle rebuté la visiteuse ? La question était restée sans réponse.

Ce n'était qu'un incident, mais le Charon, alors jeune administrateur de la planète, détestait les énigmes, ainsi que tout ce qui remettait en question l'agencement rigoureux du monde dont il avait la charge. Il interrogea les spécialistes des communications avec les Animaux-Villes et exigea une explication. Il n'en obtint aucune. En s'enfuyant, la Ville sauvage n'avait rien transmis, hormis son nom : Noone.

En désespoir de cause, le Charon descendit dans les entrailles de Paranamanco, le long des boyaux tièdes qui étouffaient le bruit de ses pas et recouvraient sa tenue d'un fin brouillard de mucus. Lorsque les lourdes draperies de chair se refermèrent sur lui pour l'empêcher d'aller plus loin, il caressa l'épiderme de la Ville afin de se faire connaître. Il était maladroit mais déterminé. Ses longs doigts effleurèrent les sillons veinés de rouge sombre et y tracèrent leur signature particulière jusqu'à ce que Paranamanco se décide à s'ouvrir.

Il la chargea alors de demander à la Ville sauvage de revenir vers l'Aleph du système. Ce n'était ni un ordre, ni une prière, mais un simple désir d'échange. Afin de clore le dossier.

Paranamanco, habituée aux lubies des humains, accepta de transmettre le message. Noone, en revanche, refusa de répondre. Mais le Charon, parce que l'homme qu'il allait devenir perçait déjà sous la carapace de sa jeunesse, se rendit au lieu de rendez-vous dans une navette monoplace et attendit. Ceux qui croyaient le connaître se dirent qu'il n'avait pas encore fait l'expérience d'une obstination plus vaste que la sienne et que l'expérience lui serait salutaire.

Ils se trompaient. Noone se rendit au point prévu et laissa la navette se poser à sa surface. Malgré son âge avancé, elle était vierge de contacts; le Charon se croyait tranchant comme une lame.

Ils se comprirent très vite et se plurent aussitôt.

Cette fois-là, Noone repartit sans se poser. Mais, par la suite, son apparition accompagna les grandes étapes de la vie du Charon. Elle lui fut fidèle, d'une façon inexplicable. Lorsqu'elle surgissait dans le ciel d'une des vingt-huit planètes originelles, occultant le soleil comme une lune de chair flétrie, les rumeurs les plus folles circulaient. Et le Charon apprit à les exploiter à son profit.

Noone n'était pas seulement le symbole de son pouvoir, elle était une arme dont il aurait pu se servir en cas de nécessité. Ce ne fut jamais le cas. Le Charon était un négociateur-né, un de ceux qui savent enrichir leurs visions au contact des autres hommes au lieu de chercher à les imposer coûte que coûte. Sous sa férule, les vingt-huit mondes s'organisèrent en Fédération et cessèrent peu à peu leurs querelles stériles. Noone se contenta de ponctuer les négociations de sa masse gigantesque. Elle était trop âgée pour être aimée, trop immense pour être acceptée, mais elle ne pouvait pas être ignorée. En vieillissant, le Charon se mit à lui ressembler.

Durant toutes ces années, il ne se posa plus jamais à sa surface et elle ne l'invita jamais à le faire. Pourtant, lorsqu'il lui demanda de l'emporter en son sein, elle ne songea pas un instant à refuser. Elle surgit au-dessus des décombres, le temps d'absorber la navette sans identification qui se faufila jusqu'à elle, puis s'éloigna vers l'Aleph aussi vite que le lui permettaient les courants de force du Ban.

Il n'y avait aucun retour possible pour le voyage qu'elle entreprenait, mais cela n'avait guère d'importance au regard du reste.

Noone avait le cuir épais. Les milliers d'années passées en espace profond, d'un bord à l'autre de l'amas stellaire connu sous le nom de Voie lactée, avaient endurci son épiderme. L'ocre clair de sa jeunesse avait viré au brun, puis au gris sombre. Plusieurs quartiers de sa périphérie étaient devenus insensibles bien des siècles plus tôt et d'autres ne tarderaient pas à suivre. Des plaques de cartilage durci affleuraient à sa surface, entourées de vagues de chair desséchées qui semblaient aussi lourdes que des baleines échouées. Son Beffroi était une épée d'os, ses rues des vallées profondes que la lumière des étoiles ne pénétrait jamais.

Elle conservait toutefois au cœur de ses replis une zone de chair tendre, aux capillaires apparents. C'est là que le Charon s'était rendu lors de leur première rencontre, et la Ville n'avait pas su comment l'arrêter. À cet endroit précis, les mensonges du toucher n'étaient plus possibles. Mais le Charon n'avait pas eu l'intention de tricher. Il s'était mis à nu, conscient que la vérité était un état inévitable. Et la maladresse de ses caresses ne révélait que son désir d'apprendre.

Un siècle plus tard, l'homme qui avançait d'un pas lourd dans les boyaux racornis de son esprit n'avait plus rien de commun en apparence avec celui qu'elle avait connu. Toutefois, quelque chose de l'ancienne chorégraphie subsistait. Le Charon n'avait pas oublié les *rythmes* parce que ceux-ci faisaient partie de son être. Même si le poids d'anciennes souffrances et de blessures plus récentes rendait sa démarche un peu moins assurée, il connaissait toujours le chemin à suivre jusqu'à son centre.

« J'ai besoin de toi », disait son dernier message, transmis par l'intermédiaire d'un AnimalVille de Supérieure. Noone avait survolé le palais ravagé, senti l'agitation qui avait parcouru le Ban lorsque Notre Mère des Os était parvenue à s'enfuir malgré les déchirures infligées par les ancres. Ce qu'elle n'avait pu voir, elle l'avait déduit du reste. Ce n'était apparemment qu'un accroc dans la toile de ses propres plans, mais les premiers mots du Charon lui ouvrirent des perspectives inattendues :

– J'ignore si tu seras capable de me pardonner, dit-il d'une voix sans timbre. Le trajet qui nous attend sera le seul que nous accomplirons jamais. Après la supernova, ta race et la mienne ne voyageront plus ensemble.

Les mécanismes relais de l'appareillage qui le maintenait en vie filtraient les émotions de sa voix mais Noone n'avait pas besoin de cela pour percevoir sa sincérité. Elle émit une question, sur le mode général, tandis que le Charon s'avançait jusqu'à l'extrémité du cul-de-sac de chair et s'appuyait contre la paroi. Des arêtes de métal égratignèrent son épiderme.

– Je suis venu seul, murmura-t-il comme pour lui-même. Ni courtisans, ni serviteurs. J'ai même dû renoncer à mon fauteuil médical. J'étais incapable de le contrôler. J'utilise l'exosquelette que des mineurs des astéroïdes martiens m'ont offert en remerciement d'une charte de libre prospection. Nous avions besoin de métaux rares, je m'en souviens. Je n'oublie jamais rien...

« Le temps m'a manqué pour apprendre à le piloter. Je risque de te blesser. Préviens-moi. Même si je ne peux plus compter que mes ordres soient exécutés partout ailleurs dans l'univers, ma volonté commande encore aux servomoteurs.

Il plia lentement les genoux et se tassa dans un coin de la caverne de chair. Une luminescence nacrée sourdait des parois luisantes de sécrétions. Deux piliers asymétriques hérissés d'excroissances cartilagineuses s'élevaient en biais jusqu'à la voûte plissée. Tout autour, des draperies couleur de rubis pendaient jusqu'au sol. L'air tiède était étrangement sec. Il laissait sur la langue un goût imperceptible que le Charon n'avait jamais oublié. Retrouver, après tant d'années, cette saveur qui n'appartenait qu'à Noone le bouleversa. Les décennies écoulées, les souvenirs de son ascension et de sa chute brutale se fondirent dans l'odeur intime de la Ville. À cet instant précis, il aurait été facile d'abandonner la lutte.

– Notre Mère des Os, dit-il avec effort, peux-tu la rattraper ?

– Elle n'a pu se rendre qu'à un seul endroit. Jusqu'à l'heure de la supernova, tous les chemins du Ban conduisent à l'étoile mourante. Est-ce bien ce que tu désires ?

– Je n'ai pas le choix.

Il y avait tant à expliquer, tant à justifier. Le voyage n'y suffirait pas. Le Charon eut une grimace et un filet de bave s'échappa de sa bouche édentée.

– Je ne voulais pas mourir... (En disant cela, il comprit que tout ce qu'il avait accompli depuis un siècle se résumait à ce refus viscéral de la mort.) J'ai trahi ton espèce et la mienne pour la seule chance d'immortalité que j'ai pu découvrir. Gadjio et Notre Mère me l'ont volée.

Une goutte parfumée tomba sur son front et roula le long de son nez. Il s'appuya un peu plus contre la paroi; les pointes de l'exosquelette s'arc-boutèrent dans la chair. Noone tressaillit. Le Charon tendit la paume vers la surface tiède et l'y laissa, incapable d'esquisser les idéogrammes complexes de la communication. La Ville avait gagné l'espace profond et s'approchait de l'Aleph du système. Dans la vibration ténue qui parcourait le Ban, elle lisait l'urgence du compte à rebours avant l'explosion. Toutes les lignes de fuite de l'univers convergeaient vers le même point.

– En quoi nous as-tu trahis? questionna-t-elle juste avant de mobiliser son énergie pour *l'échange.*

La réponse déchira son esprit comme un accouplement non désiré.

– Nous avons compris le Ban. (La voix du Charon n'exprimait que fatalité.) Pas nous seulement... je veux dire: pas spécialement les chercheurs de la Fédération Originelle. Nous, nous avons juste construit la théorie... Vieille Terre a les meilleurs théoriciens de tous les rameaux humains.

«Les Connectés nous ont permis d'en achever le modèle numérique il y a dix ans, mais ils ne le savent même pas: nous nous sommes procuré des algorithmes génétiques qu'ils destinaient à d'autres projets. Les Mécanistes ont géré la transaction en sous-main. Ce sont eux ensuite qui nous ont acheté... qui *m'ont* acheté le modèle...

– Contre ta vie? Contre l'immortalité?

Le Charon hocha la tête.

– C'est ça. Le problème, c'est que, lorsque nous avons su comment le Ban fonctionnait, nous avons su aussi comment le détruire.

Après le saut, le Charon demeura un long moment silencieux. La douleur affluait par vagues qui érodaient la falaise de son esprit. Il était en train de redevenir une toile vierge, comme le Primitif Flamand de sa collection privée. Cela paraissait si loin. Il aurait dû écouter Gadjio. Tout gaspillage était une erreur.

– Nous sommes revenus à l'origine du problème, reprit-il à voix basse. Mes spécialistes ont exhumé une théorie incomplète du comportement des équations chaotiques complexes. Ils en ont éliminé les contradictions apparentes et l'ont achevée. Nous savons désormais caractériser n'importe quel système dynamique par l'ensemble de ses points fondamentaux. C'est une question de fréquence, mais dans un espace dual du nôtre. Dans cet univers fantôme, les Alephs fredonnent tous la même mélodie monotone. Quand on sait chanter à l'unisson avec eux, ils vous emportent. Les Villes sont capables d'entendre cette chanson, pas les humains.

Il grimaça en s'étirant. Changer de position ne lui procurait qu'un réconfort temporaire, mais c'était tout ce qu'il avait les moyens de s'offrir pour l'instant.

– Nous avons essayé de nous accorder sur le Ban par des moyens mécaniques, sans succès. Nous comprenons mieux l'univers mais nous ne sommes pas en mesure de le dompter. L'énergie requise est au-delà de nos capacités.

– Quelle importance ? Nous sommes là pour vous emporter à travers le Ban chaque fois que c'est nécessaire.

– Nous ne pouvons ni contrôler le Ban, ni vous contrôler vous. L'univers vous appartient, alors que nous sommes prisonniers du puits gravifique d'une poignée de planètes. Pour un Mécaniste, c'est inacceptable !

– Mon espèce possède sa propre prison, murmura Noone. Nous aurions dû parler de cela plus tôt.

Elle s'interrompit, le temps d'infléchir sa course vers l'Aleph suivant. Elle dérivait dans un secteur presque dépourvu d'étoiles, peuplé de nuages de particules ionisées et de rares astéroïdes. Les lourdes draperies d'obscurité qui l'enveloppaient étaient agitées de frissons. Le Ban tout entier tressautait à l'unisson des pulsations de l'étoile mourante. Ce que les scientifiques humains avaient appelé le chant de l'univers était un cri, né d'une plaie jamais refermée. Un *rythme dans le rythme.* Une fêlure.

Enfoui dans la mémoire collective des Villes, le secret – car c'en était un – aurait dû demeurer caché. C'était compter sans cette étrange faculté humaine qui leur permettait de voir plus loin que leurs propres limitations, de s'affranchir de leurs sens incomplets, pour ranger les infinis dans des boîtes et jouer avec. L'espèce humaine était une merveilleuse source d'extrapolations. Même si cela se traduisait trop souvent par une arrogance irritante, c'était une qualité que Noone appréciait. Les membres de son troupeau étaient incapables de s'abstraire de l'univers afin de le disséquer. Elle ne leur pardonnait pas d'avoir renoncé.

– Raconte-moi la suite, dit-elle. Tu possédais un savoir que tu étais incapable de mettre en pratique. Les Mécanistes...

– Ils avaient quelque chose à me vendre, quelque chose que je désirais par-dessus tout. Une armure d'un modèle entièrement nouveau. Beaucoup plus qu'une simple enveloppe de métal, un réservoir presque infini pour recueillir mes souvenirs et me permettre de survivre sous une autre forme. Inaltérable. (Il eut un sourire las.) La chair m'importe peu, j'en ai épuisé les joies. Mais j'aime toujours bouger les pions sur l'échiquier de mon esprit et je refuse d'abandonner la partie en plein milieu.

« Nous avons négocié. J'ai transmis aux Armuriers la totalité des informations en ma possession. Les équations, les comptes-rendus de nos expérimentations. Tout, jusqu'à nos extrapolations les plus hasardeuses sur la topologie de l'univers. Ils se sont jetés dessus comme si leur avenir en dépendait.

« Moi, j'ai reçu une armure vierge à imprégner. C'était un échange équitable, du moins je le croyais. Mais les rapports que j'ai reçus de Titlan ont commencé à m'inquiéter. Les Mécanistes se sont spécialisés dans les configurations énergétiques extrêmes. Leurs Armuriers savent emprisonner une énergie inimaginable dans la structure du carbex et la libérer à leur guise. Ce sont des ingénieurs dans l'âme...

« Alors ils ont construit un vaisseau de guerre d'un type nouveau, un engin tellement secret que seules les plus hautes instances du Mécanisme sont au courant de ses véritables objectifs. Je sais juste qu'il est conçu pour maîtriser des énergies effarantes.

– Je connais le vaisseau dont tu parles, émit Noone. Il est désaccordé. La façon dont il déchire l'espace est presque douloureuse pour nous.

– C'est sans doute volontaire. Les Mécanistes ont toujours voulu détruire ce qu'ils ne parvenaient pas à contrôler. Depuis la séparation, les Villes les empêchent de s'attaquer aux autres rameaux. Je leur ai peut-être fourni un moyen de se débarrasser de l'obstacle que vous représentez et d'envahir à terme l'univers entier. Si c'est le cas, j'aurai trahi à la fois mon espèce et la tienne. Pour rien !

Intuitivement, Noone comprit que le Charon était proche de la vérité. Il y avait un danger, mais les perspectives qui s'ouvraient étaient immenses. Elle força ses parois intimes à onduler sur un mode apaisant afin de soulager la douleur de son hôte et l'aider à se concentrer.

– Et toi, demanda-t-elle avec douceur, qui t'a trahi ?

Le Charon se redressa. Incapable de rester immobile, il se mit à arpenter l'étroit passage aux parois violettes, sans se soucier des meurtrissures infligées par le métal de son exosquelette. Ses muscles flétris étaient traversés de spasmes, mais les gyroscopes intégrés dans les articulations de la hanche l'empêchaient de trébucher. Il se mit à marteler la paroi la plus proche qui se creusa sous ses coups.

– Gadjio. Un Passeur et sa putain de Ville malade ! Je lui ai demandé de créer ma personæ, de donner vie à l'ensemble de mes souvenirs. Et il m'a détruit. Je ne sais même pas pourquoi… Ou plutôt, si. (Il haussa les épaules et les servomoteurs amplifièrent le mouvement en chuintant.) Il a trouvé mon armure, en a mesuré les capacités et a décidé de la garder pour lui. Comme tous les Passeurs, il est obsédé par la mort. Nous nous ressemblons trop.

« Emmène-moi vers lui, reprit-il un ton plus bas. Il a en partie échoué, l'autre moitié de l'armure est en ma possession. Je dispose de très peu de temps pour rassembler les morceaux de ma vie. Les Mécanistes m'aideront, ils n'ont pas le choix. Je sais trop de choses.

– Nous les rejoindrons bientôt, murmura la Ville. En attendant, tu devrais te reposer. Le Ban est instable, je dispose de moins en moins de temps entre chaque transfert. C'est une période difficile pour nous tous.

– Tu es sûre qu'il est là-bas ?

– Il n'y a nulle part où aller. Pour les heures qui viennent, l'univers entier va se rassembler en un même lieu.

Elle écarta devant lui les draperies de son centre et le Charon s'éloigna sans se retourner. Ses muscles de métal le conduisirent jusqu'au sommet d'un dôme de la périphérie. Séparé du vide par une muraille d'épiderme parcheminé, le corps traversé d'éclairs de feu, il contempla longuement l'obscurité, incapable d'en détourner les yeux.

Les sauts successifs le déchirèrent sans pitié. Avec l'extraordinaire lucidité que lui offrait la douleur, il sentit la Ville tendre une dernière fois son corps desséché vers l'Aleph de l'étoile mourante.

De l'autre côté, l'horizon était couleur de chair.

Artefactions

CHAPITRE 1

Artefactions

Cela lui avait brûlé le ventre pendant presque un an avant de lui déchirer l'utérus en quelques secondes. Cela s'était même nourri d'elle comme une douve goulue, les nuits, alors que ça la déformait, les jours, d'une tumeur ballonnée parfaitement disgracieuse. Cela avait été un abcès résolument sphérique qui n'en finissait pas de se gonfler, juste sous l'estomac et jusqu'à tomber parfois comme une poche trop pleine sur son pubis, et de se dégonfler au rythme d'un poumon cryogénisé n'expirant qu'au milieu de son sommeil. Cela lui avait fait mal à n'en plus tenir debout, à ne pas pouvoir s'allonger, à vomir.

Cela avait été plus odieux qu'exceptionnel, quoi que quiconque en pensât, et jusqu'à son terme.

Pourtant, ce n'était qu'une toute petite perle d'un gel noir qui tenait dans la main et pesait à peine sa livre. Si elle avait été mystique, Érythrée en eût pleuré de bonheur. Elle préféra confier son humeur à une dérision plus ironique.

– Je comprends très bien que cette « bille d'encre » fait de moi une artefactrice mûre et responsable, Maman. Je comprends même très bien qu'il me faille la soumettre à la sagacité des amis qui m'ont assistée bras croisés dans la douleur de sa conception. Mais je ne vois pas pourquoi je devrais m'afficher avec cet œil ridicule et aveugle sur toutes les places de Lapis Lazuli.

Maman était d'une patience infinie, surtout avec sa fille, surtout quand celle-ci l'appelait Maman, ce qu'elle détestait plus encore que tous les noms d'oiseaux dont on l'avait affublée durant sa longue carrière d'artefactrice *très* originale. Parce que originale elle l'était ! Et comme Érythrée: depuis sa première création. À vingt ans, quand tous ses amis attendaient encore les prémices de l'ectomorphose, guettant une palpitation sous la peau, un renflement sur une épaule ou un flanc, un kyste dans leurs entrailles, elle, Tachine, dormait sur le ventre en écoutant son dos se lézarder d'écailles qui polluaient son lit de résidus transparents et ses nuits de milliers de démangeaisons. Oh ! elle n'avait pas eu à peler longtemps ! À bout de squames, le film exoderme s'était détaché d'un bloc et l'artefact avait abandonné son dos comme un vampire relâche sa proie nourricière. Alors tous ces amis, qui avaient envié sa précocité plus de dix mois, avaient masqué leurs railleries derrière une perplexité faussement admirative. N'empêche qu'on l'avait appelée Psyché.

Érythrée avait enflé d'une ectomorphose déguisée en grossesse bovine pour *accoucher* d'une toute petite boule noire. Tachine, jadis, avait engagé ses proches à lui caresser le dos pour vérifier l'authenticité de sa mutation et généré un « miroir mou » de trente centimètres carrés, suffisamment épais pour donner l'impression de maigrir d'un tiers de son poids quand il fut tombé.

À quoi pouvait bien servir un miroir souple et déformable incapable de fixer une image ? À qui offrir un reflet irréel perpétuellement mouvant ? Comment reconnaître l'esprit apte à se regarder dans un tain mensonger ?

Comparativement, les questions générées par le miroir mou avaient été plus insolubles que le malaise occasionné par la bille d'Érythrée, pourtant Tachine savait ce que l'unicité d'un phénomène avait de déstabilisant en fin d'adolescence. C'était une chose que d'être unique, c'en était une autre de devoir assumer seul ses particularités.

– Nous parlons toujours de la même chose, Érythrée. Les premières œuvres sont souvent douloureuses, mais pas à ce point. Elles croissent et émergent d'une façon imprévisible, mais pas à ce point. Elles sont parfois excentriques, mais pas à ce point. Elles ne sont pas toujours aisément attribuables, mais...

– Maman !

Tachine sourit. Elle quitta l'appui dont son dos se délectait contre le mur de chair tiède et avança dans le salon, les pieds nus noyés dans la fourrure que l'AnimalVille laissait croître sur le plancher de l'appartement.

– Ma fille ?

Assise sur une fenêtre en encorbellement au-dessus de la Grande Agora, l'arrondi du dos et le bout des doigts de pied contre le chambranle de cartilage, avec une culotte pour toute protection contre l'hiver finissant, Érythrée se tenait les genoux à deux mains, la tête appuyée sur eux et tournée vers sa mère. Elle avait mis toute l'indignation souhaitable dans son interruption, mais elle n'était pas indignée, elle jouait seulement à l'être. Elle était en colère contre son héritage génétique – parce qu'elle avait conscience d'être *différente* par hérédité –, pas contre l'affection et les redondances maternelles. Elle avait conscience aussi que son comportement était anormal, qu'aucun artefacteur, aucune artefactrice ne réagissait à sa *création* avec ce détachement irrité.

– Tu te répètes, reprocha-t-elle fermement. Je ne descendrai ni sur la Grande Agora, ni ailleurs, du moins pas en exhibant ma « balle de suie ». Je ne veux profiter de l'expérience de personne, car personne n'a vécu d'expérience se rapprochant de ma situation, et je n'entendrai plus les conseils débiles de vieux artefacteurs n'ayant jamais produit que de belles perles de nacre bien blanche ou de petits sympathes à poil chaud.

– Il faudra pourtant bien l'offrir, ta « balle de suie ».

Érythrée se redressa d'un coup de reins pour caresser le cartilage du chambranle avec ses cheveux blonds. Sous ses fesses, le rebord de la fenêtre hésita une seconde avant de décider qu'elle ne risquait pas de basculer du mauvais côté, néanmoins l'AnimalVille en corrigea légèrement l'assiette pour éviter toute glissade : Lapis Lazuli soignait ses locataires comme une chatte veille sur ses chatons. La jeune fille ne s'aperçut pas de la correction, elle attrapa la bille noire sur son ventre et la présenta, paume tendue, au regard de Tachine.

– Nous savons donc que c'est noir, dit-elle sur un ton de conférencière désabusée, que c'est sphérique à faire rougir pi de honte, un peu moins dense que le plomb...

Elle serra deux fois la bille.

–… solide mais très légèrement élastique…

Sous la fenêtre, il y avait un tabouret. Érythrée lâcha la bille dessus. Celle-ci se déforma au contact du bois, s'affaissant plus qu'elle ne s'écrasa, et reprit doucement sa forme, mais elle ne rebondit pas du moindre millimètre.

–… et que ça se comporte comme un gel à mémoire.

– En outre, enchaîna Tachine en se rapprochant de sa fille, ce n'est ni froid ni chaud, insécable et cela n'émet aucun rayonnement. Tu peux ressasser ça tant que tu veux, ma chérie, l'intérêt de ton artefact ne réside certainement pas dans ses propriétés physiques, aussi distrayantes soient-elles.

Parvenue au tabouret, elle se baissa, ramassa la bille, la fit tourner dans ses doigts sans l'examiner vraiment et se redressa.

– Je t'ai déjà parlé de mon « miroir mou » ? demanda-t-elle.

– Deux cents fois, soupira Érythrée.

– J'avais ton âge, ne se démonta pas Tachine, et à peu près ton caractère. Le miroir n'avait manifestement aucune valeur marchande et un intérêt esthétique très limité, je me suis braquée sur l'utilité qu'il pouvait présenter et je me suis torturé la cervelle à chercher qui en aurait l'usage…

– Mais tu te trompais d'usage parce que tu pensais à son pouvoir réfléchissant et à la personnalité capable de se mirer dedans sans attraper le mal de mer. (Érythrée récitait.) Alors tu es allée trouver tout ce que Lapis Lazuli comptait d'esprits curieux et tu leur as soumis leur propre reflet, provoquant quelques strabismes passagers et autant de nausées. Finalement, en se plaçant de biais, quelqu'un a eu l'idée d'observer le bout de monde qui l'entourait et découvert que le miroir redessinait perpétuellement l'image qu'on lui présentait avec des valeurs fluctuantes, comme s'il les calculait chaque fois à partir de fonctions mathématiques différentes. (Le débit s'accéléra :) Valeurs, calcul, fonctions, tu as demandé à Lapis de te transduire vers un AnimalVille hébergeant des Connectés et tu as offert le miroir à un artiste en cours de réinsertion sociale, qui s'en est servi pour créer un pont privatif entre l'univers virtuel des Connectés et notre réalité consensuelle. (Le ton changea net :) Fin de l'épisode « miroir mou », la morale de cette histoire ne me concernant d'aucune façon.

Trois ans en arrière, Tachine se fût engagée dans une altercation musclée qu'Érythrée eût envenimée d'a priori définitifs et cinglants, mais l'une ne pouvait plus être tout à fait responsable de l'autre et l'autre n'était plus obstinément irresponsable. Colère rentrée sous un amusement possessif, la mère détailla les cinquante kilos de jeunesse ciselée qui la bravait et chercha la présence de l'embiote dans ce corps nubile. L'embiote était là, à fleur de peau, à fleur d'organes, elle le sentait comme elle sentait le sien, mais elle n'en percevait aucun symptôme.

C'eût été exagéré de dire qu'Érythrée était belle, mais elle était jolie et son charme s'accroissait du contrôle parfait qu'elle avait des manifestations extrinsèques de son embiote. Bien sûr, il fallait exclure cette expérience traumatisante de l'artefaction – tous les adolescents connaissaient une première ectomorphose fantasque –, néanmoins, Érythrée ne se laissait jamais déborder par l'embiote. Elle n'avait pas de renflement calcique sur le front, pas de plaque chitineuse sur certaines portions fragiles de l'épiderme, pas de vertèbre surnuméraire, aucun bulbe veineux, aucune excroissance articulaire. Simplement, chaque hiver, sa peau changeait légèrement de texture sous l'action du froid et elle préférait se couvrir d'un pelage velouté plutôt que passer des vêtements chauds.

Elle savait aussi modifier le galbe de ses seins, affiner sa taille, allonger ses jambes avec une précision irrésistible, comme elle savait se vieillir d'une peau plus sèche, de ridules discrètes et de traits à peine plus marqués, mais le jeu de séduction et celui de mûrissement ne l'amusaient plus. Pas en présence de sa mère, en tout cas. De même qu'elle ne jouait plus à se laisser pousser les oreilles vers le haut, en pointe, pour ressembler aux elfes de ses contes d'enfant, ou à s'ouvrir un troisième œil, au milieu du front, dont elle prétendait qu'il lui permettait de voir les émotions d'autrui.

Érythrée n'avait jamais eu le goût des déformations grandioses, à part cette lubie, dans sa quinzième année, lorsque, à maintes reprises, elle avait tenté de faire croître des ailes entre ses omoplates. Elle voulait être une fée et voler au-dessus de Lapis Lazuli. Elle n'avait obtenu que les ébauches osseuses de moignons d'ailes, qu'elle avait empennées d'une membrane si fine qu'elle se déchirait au moindre mouvement. Puis elle avait abandonné du jour au lendemain, se réfugiant derrière la réalité d'un rapport poids/puissance/voilure qui interdisait le vol de ses propres ailes. Ce renoncement avait été le signal d'une maturation accélérée, jusqu'à cette maturité qu'elle possédait enfin et que, d'une certaine façon, l'artefaction avait entérinée.

Avec fierté, Tachine se répéta (cette satisfaction revenait souvent) qu'Érythrée tenait d'elle : elle découvrirait toujours avec stupeur ou stupéfaction les artefacts qui naîtraient de sa symbiose, mais elle n'en éprouverait qu'une gêne passagère. Comme elle n'avait manifesté qu'un désagrément léger quand, dix-huit jours après sa naissance, Lapis Lazuli lui avait appliqué l'embiote qu'il lui destinait sur la nuque. L'ectoparasite avait alors la taille d'un baiser et la transparence d'une méduse. Il avait embrassé les cervicales de l'enfant de six doigts gélatineux comme une étoile de mer épouse un rocher, puis les doigts avaient grandi, se faisant tentacules. En deux ans, l'un d'entre eux avait remonté la nuque, insinuant des radicelles dans le bulbe rachidien, un autre avait descendu la colonne vertébrale, se fondant dans l'épiderme, se glissant entre les disques pour se mêler à la moelle. Deux branches étaient passées par-dessus les épaules, s'incrustant dans la chair jusqu'à se perdre dans les alvéoles pulmonaires et pénétrer les ventricules cardiaques, s'abreuvant du sang qu'ils filtraient et les irriguant des ses propres fluides. Les deux dernières branches avaient descendu les côtes pour s'infiltrer sous elles en centaines de fibrilles qui s'étaient disséminées dans le foie, l'estomac, le pancréas, les reins et les organes génitaux.

Pendant les six premières années de leur symbiose, l'ectoparasite grandissait plus vite que son hôte, le temps de le recouvrir totalement et d'atteindre chacun de ses organes, puis il se faisait endoparasite, imprégnant l'épiderme jusqu'à disparaître en lui, digérant le réseau nerveux, suppléant/associant toutes les fonctions organiques avec son système embiotique. Vers dix ans, la symbiose était achevée, il ne restait plus qu'un artefacteur au sommet de l'enfance découvrant le jouet formidable qu'était son organisme. Et les enfants jouaient, retardant leur puberté autant que le jeu le permettait, gagnant un an, deux ans sur une adolescence irrémédiable. Mais pas Érythrée. Érythrée avait été pressée de mûrir, persuadée qu'elle devait le faire pour ne pas vieillir trop vite. Tachine n'avait pas toujours aimé affronter ses contradictions, mais elle avait aimé la voir se battre pour les maîtriser.

– Excuse-moi, Tadj, dit la jeune fille en se laissant couler de la fenêtre. Je suis un peu nerveuse et j'ai déjà pris une décision que tu n'aimeras pas.

Elle avait employé à dessein le diminutif « Tadj », pour s'excuser vraiment de ce qu'elle avait dit et de ce qu'il lui restait à annoncer.

– Quelle décision ? releva Tachine (il n'y avait aucune inquiétude dans sa voix).

Érythrée s'écarta d'elle, la frôlant, et foula les longs poils soyeux dont Lapis Lazuli adoucissait le sol de la pièce. Au passage, elle enfila un chemisier, qui traînait sur un fauteuil, et ramassa un pantalon pour le passer sans cesser de marcher. Elle ne se retourna que lorsqu'elle en eut bouclé la ceinture, à l'entrée de la cuisine.

– Je ne vais pas chercher à qui je vais offrir la bille, j'attendrai de tomber sur quelqu'un qui me donne envie de le faire.

– De faire quoi ? De l'offrir ou de t'en débarrasser ?

La question était posée pour le principe. Érythrée l'ignora d'un haussement d'épaules et pénétra dans la cuisine. Tachine la suivit immédiatement.

– Excuse-moi, lâcha-t-elle à son tour. Je sais que ce n'est pas ton genre.

Érythrée avait tiré deux verres d'un placard, elle étudia le synthétiseur de boissons d'un œil vague et programma un cocktail au hasard après avoir niché les verres sous les becs verseurs.

– Ce n'est pas une question de genre, Tadj. Nous sommes condamnés à offrir, c'est une fonction biologique, mais le faire avec discernement est un art et, quoi qu'en pense l'intelligentsia, nous ne sommes pas tous des artistes et nous ne voulons pas tous l'être.

Tachine préféra perdre son regard dans la contemplation du liquide orangé qui tombait goutte à goutte dans les verres. Il tombait goutte à goutte depuis des mois, parce qu'elles étaient toutes deux négligentes et que les techniciens étaient rares en Lapis Lazuli. Tachine n'aimait pas cette vieille discussion. Il lui semblait que la tolérance de sa fille stigmatisait la décadence qui frappait l'artefaction. Érythrée prétendait que l'éthique changeait, parce qu'elle n'avait plus de raison d'être, parce que le don était un privilège et qu'ils étaient de plus en plus nombreux à se partager de moins en moins de privilèges.

Cela avait commencé à la génération précédant celle de Tachine. Quelques-uns avaient abandonné la notion de quête, ne se souciant plus de comprendre, de chercher et d'affiner. Ils n'offraient plus, ils donnaient, puis ils avaient refilé, n'importe où, n'importe quand, à presque n'importe qui. En cinquante ans, la prétendue affinité des artefacts pour une seule personne s'était étendue à une probabilité de dix, de cent, voire d'un groupe social entier, jusqu'à n'avoir plus aucun sens. Aujourd'hui, il était possible d'entendre :

« C'est une belle perle, elle ira très bien à l'oreille d'une rousse, à moins que je ne l'offre à un rouquin... elle est un peu lourde pour une femme. »

Heureusement, ce n'était pas une attitude générale, mais c'était déjà une banalité et certains avaient perverti l'offrande de définitions tellement vastes qu'ils en étaient venus à troquer, à marchander, à vendre. Il existait même des ersatz d'artefacteurs qui s'échangeaient entre eux leurs œuvres, si tant était qu'on pût encore parler d'œuvres tellement, avec la profusion et l'absence de discernement, leurs créations étaient devenues quelconques, approximatives et insanes.

Érythrée se trompait : ils n'étaient pas condamnés à offrir, seulement à se déposséder, pour empêcher l'embiote de s'approprier leur corps et dissoudre leur personnalité dans la sienne. C'était le prix de la symbiose. L'embiote optimisait les fonctions vitales, l'embiote prolongeait la vie et la jeunesse et il permettait la transduction sans contrainte... mieux : l'embiote était l'organe de la transduction.

Au début du millénaire précédent, l'AnimalVille Aigue-Marine avait surgi du fond de la Méditerranée asséchée. Grâce à lui, l'humanité avait dompté *l'échange*, le transfert instantané entre deux AnimauxVilles. Cela lui offrait d'autres mondes tout neufs pour exporter ses modèles exsangues de société. Et l'humanité avait abusé de *l'échange* pour la seule gloire de ses élites, pour la seule magnification de leurs guerres intimes, pour s'inventer de petites poches de paradis inaccessibles au cœur de ses enfers planétaires et quotidiens. Il y avait eu vingt-sept Villes domestiquées, il en surgit tout à coup des milliers, sauvages et indomptables, qui avaient mis *l'échange* à portée de chacun, mais en conservant seules son exploitation. Personne n'octroyait de droit à *l'échange*, sinon les AnimauxVilles.

Durant une courte période, des millions d'hommes et de femmes s'étaient adonnés au nomadisme, sautant d'un monde accessible à l'autre avant de se regrouper par blocs d'affinités et de se recréer des existences grégaires dûment réglementées. Avant de se replier sur eux-mêmes et de prohiber la différence. Avant de s'affronter. Anticipant la Dispersion, les AnimauxVilles limitèrent *l'échange* de manière drastique.

Après la Dispersion, ils n'eurent plus besoin de limiter ce que personne ne recherchait plus. Parce que les Rameaux n'étaient plus accessibles entre eux, parce qu'ils étaient devenus ce qu'ils aspiraient et qu'ils n'aspiraient chacun qu'à leur cocon, *l'échange* était tombé en désuétude. Rares, en tout cas, étaient les Originels, les Mécanistes et les Connectés qui y avaient recours, et encore, pour la plupart, ne le faisaient-ils que contraints. Les Artefacteurs, eux, disposaient des embiotes et les embiotes leur offraient la transduction. Le *libre échange*, en quelque sorte.

Oui, l'embiote n'en finissait pas d'être un plus majuscule quand on avait besoin de lui, mais il n'aspirait qu'à se passer de son hôte. Alors il produisait des *ponts* à effet tunnel sous la forme d'artefacts, de véritables pompes à énergie qui épuisaient l'ego de son hôte. Il lui fallait un an pour se dégager suffisamment de place, deux pour briser le contrôle du porteur, cinq pour être seul détenteur d'un corps humain.

Et il suffisait de renoncer à la propriété de l'artefact – d'y renoncer vraiment en la cédant à quelqu'un d'autre – pour stopper le processus, et tout reprendre de zéro quelques mois ou quelques années plus tard, quand un nouvel artefact était achevé. Tachine l'avait fait douze fois, d'autres plus de deux cents. Les inconscients, qui transformaient l'art en commerce ou en vaudeville, seraient contraints de le faire plus de mille… s'ils vivaient, car leur propre machine organique, qui libérait certaines substances inhibitrices sous l'action psychosomatique du don, était moins dupe qu'eux et que l'embiote apprenait à la court-circuiter.

Sur la seule place de Brumée, l'AnimalVille flottant sur l'océan sans terre d'Eïdonal, il y avait un musée de cristal. C'était la plus vaste agora de la galaxie, le plus grand musée humain. Il n'exposait aucune œuvre, juste des figurines, grandeur nature, d'artefacteurs qui s'étaient abandonnés à leurs embiotes et qu'on avait pétrifiés sous un film de carbonite. Les postures étaient horribles, les formes étaient informes, hérissées d'excroissances odieuses, torturées d'arabesques impossibles, inhumaines jusque dans la souffrance.

Une seconde fugace, Tachine regretta de n'avoir jamais emmené Érythrée voir le Musée de Brumée, puis elle écarta le musée de ses souvenirs, comme on oublie une terreur vécue, et elle attrapa le verre que tendait sa fille pour le porter directement à ses lèvres.

Sucré, glacé, fruité mais d'une saveur indéfinissable et légèrement amer, le cocktail était tel qu'elle l'eût composé.

– C'est très bon, commenta-t-elle pour n'avoir rien d'autre à dire.

Tachine restait debout, Érythrée s'installa sur la table et donna un coup d'œil vers la fenêtre. Dehors, la première nuit printanière se déposait sur Lapis Lazuli, une nuit sans lune, à l'heure la plus sombre de la journée, celle qui précédait la levée d'étoiles. La jeune fille connaissait six AnimauxVilles, deux qui partageaient le monde de Lapis Lazuli – son monde à elle, puisqu'elle y avait grandi – et trois de leurs semblables sur trois planètes de trois soleils de *leur* nuage. Ce n'était pas un vrai nuage, c'était une brume d'étoiles jeunes à la frange du cœur galactique, et ce n'était pas le leur : ils s'y étaient réfugiés, pareils à des enfants honteusement malades nichés dans les jupes de leurs mères AnimauxVilles, sous la protection de leurs pères AnimauxVilles. Ils, Leur, Eux : les Organiques – comme disaient les autres rameaux de l'humanité –, les Artefacteurs à qui une poignée de cités vivantes avaient offert le nuage et des nuits plus éclairées qu'un crépuscule.

Le regard d'Érythrée abandonna la fenêtre.

– Il va y avoir une supernova, laissa-t-elle tomber.

Tachine tenait le verre vide d'une main, dans le creux de ses bras croisés sous ses seins. Elle hocha deux fois la tête en pinçant les lèvres.

– Je sais.

Lapis Lazuli l'en avait informée, sans lui dire qu'il avait mis Érythrée dans la confidence. Peu d'artefacteurs avaient déjà été prévenus : les plus mûrs, les plus solides, les moins creux. C'était un cadeau de l'AnimalVille à ceux qui offraient. Les autres l'apprendraient dans quelques jours. Mais pourquoi Érythrée ?

– Lapis me transduira, reprit la jeune fille. Je crois que ça l'amuse d'expédier ma « bille de suie » aux grandes retrouvailles de l'humanité.

Tachine se décroisa les bras, posa le verre sur le lave-vaisselle et alla s'asseoir à côté d'Érythrée, du moins s'appuya-t-elle les fesses contre la table. Elle tira la bille d'une poche de sa robe et la porta à hauteur de son visage pour l'examiner à nouveau et d'un œil complètement neuf.

– Si Lapis Lazuli t'a parlé de la supernova, c'était qu'il escomptait ta demande de transduction. Et s'il l'a fait à cause de *ça*... (Tachine mit la bille sous le nez d'Érythrée)... alors, ma fille, c'est que *ça* est encore plus *drôle* que tu ne le penses.

Érythrée lui reprit la bille, la lança au plafond et la rattrapa d'une main agile pour la faire disparaître dans son chemisier, contre son ventre. Elle modifia la structure de ses abdominaux, excava un peu son nombril en repliant l'ombilic vers l'intérieur et cala son artefact dans le creux ainsi dégagé.

– Ça ne t'embête pas si je préfère que ce soit moi qui l'intéresse, Maman ? Ou alors mes vingt ans, une certaine insolence et la furieuse envie de connaître une galaxie qui ne s'arrête pas à deux cents millions d'Organiques de plus en plus embêtés d'être deux cents millions ?

Tachine détestait encore plus le mot « Organique » que le mot

« Maman ». C'était un mot qui reflétait toute la péjoration de l'image que les autres rameaux de l'humanité se faisaient d'eux, l'expression d'un dégoût sans rapport avec la noblesse du substantif « artefacteur ». Pourtant, elle ne le releva pas, préférant relancer Érythrée sur ce qui la perturbait, elle.

– Pourquoi serions-nous gênés d'être deux cents millions ?

– Parce que nous sommes finalement peu nombreux et déjà trop pour continuer à nous assumer. Parce que nous nous diluerions jusqu'à nous perdre en nous mêlant aux autres rameaux et que nous étouffons jusqu'à nous marcher dessus dans nos Villes. Parce que nous ne savons plus à qui offrir quoi et que personne ne nous a jamais rien donné. Parce que nous voyageons presque tous un petit peu et que nous ne laissons personne nous approcher. Parce que, Maman Tachine, tu es une artefactrice très fière de toi et de ta société, et que tu accuses ta génération d'avoir poussé la mienne à la décadence et au suicide. Et parce que cette contradiction ne m'amuse pas.

Avec la force de l'habitude et le regard bienveillant que cette jeunesse-ci lui inspirait, Maman Tachine encaissa la vexation personnelle sans avoir à se violenter. Pourtant, Tachine était une voix que plusieurs générations d'artefacteurs entendaient parce qu'elle savait écouter, mieux que personne, les voix qui dissonaient, et Érythrée avait commis une dissonance terrible.

– En nous mêlant aux autres rameaux ? répéta lentement la mère.

– C'est à ça que servent les Retrouvailles organisées par les AnimauxVilles autour des supernovæ, n'est-ce pas ? répliqua la fille. À confronter les rameaux. Eh bien, je vais me confronter...

Un instant, Tachine fut soulagée, un court instant.

–... pour voir si nous ne pouvons pas tous le faire de manière plus définitive.

– Ryth !

C'était une indignation du cœur, profonde, violente, une de ses rares bouffées d'asphyxie qui crachait le diminutif honni d'Érythrée sans se soucier du « Ne fais pas ce que tu n'aimes pas qu'on te fasse ». Celle-ci y réagit de manière prévisible, en sautant de la table et en s'emportant, plantée devant sa mère.

– Quoi : Ryth ? Qu'est-ce que j'ai dit de si odieux ? Certainement pas que nous devrions faire un peu plus de cadeaux aux autres, parce que, côté cadeaux, tu serais plutôt d'un altruisme débordant ! C'est l'idée d'habiter un AnimalVille qui aurait un Réseau pour les Connectés et un Passeur des Morts pour les Originels qui te gêne ? Ou bien celle de devoir croiser des armures de Mécanistes dans *ta* rue ? Il faut que tu m'expliques, Maman, parce que, pour l'instant, je ne connais que *nos* AnimauxVilles, je ne fréquente que des artefacteurs ou des boutonneux en passe de le devenir, je ne suis révoltée que contre *nos* suffisances imbéciles, je ne vomis que sur *nos* déjections. Vas-y, sois franche... Si ailleurs c'est pire, raconte, que je puisse me réjouir avec toi de notre « pire en pire » intime !

Les mains sur les cuisses, les yeux grands ouverts et les oreilles réceptives au contenu, Tachine attendit qu'Érythrée eut déversé son acrimonie.

– Excuse-moi, dit-elle pour la seconde fois de la soirée quand sa fille se tut.

– De quoi ? faillit redémarrer Érythrée.

– De t'avoir appelée Ryth.

Pour éviter un nouveau débordement de bile, Tachine plaça la main sur la bouche de sa fille et ne la retira qu'après avoir aperçu une lueur d'amusement dans son regard.

– Tu grimpes trop vite en pression, ma fille, et je suis certainement trop pleine de préjugés.

– Un point partout ?

– Si tu veux. (Tachine prit une longue inspiration et se lança :) Toujours est-il que l'idée de mélanger les rameaux... car c'est bien de cela dont tu parles, n'est-ce pas ? (Elle n'avait pas besoin de confirmation...) cette idée-là me choque autant que me choquent les guerres auxquelles les AnimauxVilles ont mis fin en dispersant ces mêmes rameaux dans la galaxie.

Érythrée leva une main, Tachine s'arrêta.

– C'était il y a sept cents ans, Tadj, et il ne s'agissait pas de rameaux, ni de guerres, mais de racisme, de conflits politiques, d'attentats et d'escarmouches paramilitaires occasionnés par des divergences philosophiques, sociologiques et biologiques entre ethnies. Quant aux AnimauxVilles, ils n'ont fait que...

À son tour, Tachine stoppa sa fille d'une main levée.

– J'ai suivi les mêmes études que toi, tu sais ? Alors d'accord : les rameaux sont nés de la dispersion qui nous a évité l'holocauste, mais le fossé entre eux n'a fait que s'élargir et...

Main levée.

– Nous sommes suffisamment étrangers pour nous côtoyer.

Main levée.

– Mais nous nous côtoyons !

Main levée.

– Ce n'est pas vrai, Tadj. À titre individuel, nous transduisons parfois vers un AnimalVille d'un autre rameau pour offrir un artefact à un de ses habitants, comme les Mécanistes voyagent un peu pour accomplir leurs exploits, ou les Connectés pour recueillir des informations, ou les Originels pour coloniser un autre monde. Mais nous n'avons aucun échange économique, aucun contact culturel, aucun dialogue, ne serait-ce que de bon voisinage. Nous nous ignorons, sauf lorsque les AnimauxVilles rassemblent quelques représentants de chaque rameau autour d'une supernova, pour que nous puissions nous éblouir réciproquement de nos grandeurs magnifiques, grandeurs auxquelles nous ne comprenons respectivement rien.

Main levée.

– Je propose que nous cessions de lever la main pour nous interrompre.

– Motion adoptée.

– Continue.

– J'ai terminé.

Il ne s'agissait pas d'une sanction, néanmoins il y avait quelque chose de définitif dans le ton d'Érythrée. Tachine désigna l'arche osseuse s'ouvrant sur le salon, laissa sa fille passer devant elle et la suivit jusqu'au sofa faisant face au pouf sur lequel la jeune fille s'installa en tailleur. Tachine hésita pour finalement s'asseoir dans les poils écrus du sol, le dos à peine appuyé contre le sofa. À l'extérieur, la nuit était complètement tombée sur Lapis Lazuli et la lueur des nuées d'étoiles se confondait avec le clair obscur des veines halogènes de l'AnimalVille. Dedans, seuls les cristallins masquant les angles entre les murs et le plafond diffusaient leur lumière tiède et blafarde. Douillet et mélancolique, Lapis Lazuli baignait ses artefacteurs de son renoncement.

Parce que Lapis Lazuli avait renoncé aux Retrouvailles, pour la seconde fois depuis la Dispersion, pour n'avoir pas à chasser ses ouailles vers les plaines, les forêts et les collines d'une planète dont elles ne connaissaient, pour la plupart, que quelques kilomètres autour du vide que son absence laisserait, ou pour n'avoir pas à les expulser, même momentanément, vers un de ses semblables qui ne lui ressemblerait pas. À moins que, une fois pour toutes, Lapis Lazuli n'eût décidé de remplacer l'amour par des satisfactions plus maternelles.

L'AnimalVille ne verrait pas la supernova, Érythrée si. Tachine se composa un regard d'adulte et le braqua sur sa fille.

– Quoi que nous enseignent les casques hypnopédiques, attaqua-t-elle, nous ne sommes pas armés pour affronter la réalité des autres rameaux… et c'est à dessein que j'use d'un vocabulaire belliciste. Les Originels, par exemple, ne sont pas de gentils mystiques qui cultivent la mémoire des morts, prennent conseil auprès de hologrammes pluriséculaires et sont dirigés par une oligarchie familiale veillant à l'étiquette et au bon déroulement de dizaines de fêtes religieuses. Les fêtes sont tristes ou morbides, le Charon est un dictateur pour sa famille et un tyran pour les autres, les hologrammes ont le droit de vote, la mystique est cousue de dogmes et la seule chose qu'elle cultive est la réaction. C'est une société médiévale qui lutte de toutes ses forces pour le rester et condamne l'innovation à des bûchers neuropsychiques. Pour eux, rire est plus répugnant que vomir et faire rire plus choquant que violer. Jamais tu ne verras d'enfants dans leurs rues, les enfants sont désincarnés très tôt et élevés à l'état d'Astraux pour que leurs corps ne se souillent pas de contacts charnels. Quand tu arrives chez eux, on t'attribue un hologramme, une personæ mentor qui ne te lâche pas d'un pouce et veille à ce que tu ne commettes aucun impair. À l'exception du Charon et de quelques notables, nul ne s'adresse directement à toi ou ne t'entend, leurs paroles et les tiennes doivent impérativement passer par la personæ censeur, pour une traduction fidèle à pleurer de rage. Voilà les Originels, ma chérie ! J'ai été transduite deux fois sur Terre, une fois sur Cerbère, tu veux que j'entre dans les détails ou que je passe aux Mécanistes ? J'en ai rencontré pas mal, tu sais, et j'ai séjourné trois mois sur Titlan.

– Je sais, Tadj, je sais : les Mécanistes sont un doux mélange de thugs, de samouraïs et de nemrods paranoïaques. Tu me diras qu'ils nous haïssent et qu'ils dressent leurs armures à nous éliminer, mais tu omettras de parler de leurs percées scientifiques et de leur tout nouveau vaisseau quantique qui vaut n'importe quelle transduction et, surtout, qui annule les douloureux bienfaits de la Dispersion. Je n'ai pas davantage envie d'écouter le couplet sur le collectivisme informatique des Connectés. Je rencontrerai toutes ces peuplades barbares autour de la supernova et, si je ne suis pas dégoûtée, j'irai voir chez eux à quel point ils sont inhumains et dégénérés. La pratique, comme tu es en train d'essayer de me le démontrer, chère mère, complète efficacement la théorie.

Sans que rien l'annonçât, Érythrée partit d'un grand rire cristallin, sincère, mais qu'elle cassa net.

– T'es-tu déjà demandé, s'expliqua-t-elle, ce qu'un... Originel, par exemple, pense des infâmes Organiques qui, quelques heures après la naissance, collent un parasite sur la nuque de leur progéniture pour que celui-ci les investisse et digère leur réseau nerveux. Et imagine les terreurs d'un Connecté quand il songe à notre individualisme !

Tachine sourit d'une pommette, d'un sourire à la fois jaune et noir. Il ne lui paraissait pas évident que sa fille fût plus cynique que candide et enthousiaste. Elle venait de porter à maturité une de ces idées qui germent pendant toute l'adolescence, se nourrissent d'une force aussi bouillonnante que fictive et deviennent subitement des buts et des choix de vie. Au mieux, noyée de distractions ô combien plus satisfaisantes et matérielles, elle l'oublierait doucement, comme le font les adultes. Au pire, elle encaisserait quelques claques avant de passer sous le rouleau compresseur des faiseurs d'impasses. Pourtant, réalisme ou pas, Érythrée était *sa* fille.

– C'est bien que Lapis Lazuli te transduise pour les Retrouvailles, exprima-t-elle finalement. Tu n'y trouveras certainement pas ce que tu cherches, mais cela t'éclairera sur tes propres idées.

– Et puis tu ne seras pas très loin, c'est ça ?

– Non.

Érythrée tiqua.

– Comment ça : non ? Lapis ne t'a pas dit ? Il te transduit aussi.

Tachine croisa les jambes et se releva d'un seul dépliement.

– J'aurais aimé y participer, mais cela tu dois le vivre seule.

– Il y aura des dizaines de... de représentants des différents rameaux, dont je ne sais combien d'entre nous, alors la solitude !

La jeune fille attendait une relance qui ne vint pas.

– D'ailleurs ça ne me gêne pas que tu sois là, reprit-elle, ça me fait même plutôt plaisir. Et tu ne vas pas te priver d'une chance que des millions de gens n'ont pas et que des milliards n'ont jamais eue !

– J'ai déjà profité de chances que tous ces gens n'auront jamais, Érythrée. J'ai séjourné dans chaque rameau et, si j'ai aimé voyager, découvrir, apprendre et surtout offrir, je n'ai pas aimé ce que j'ai vu. De plus, la supernova ne m'évoque que la mort. Je me passerai donc très bien d'être transpercée par une quantité impossible de neutrinos en regardant s'effondrer un système binaire.

Érythrée le savait : la décision était définitive. Elle s'efforça vainement de masquer sa déception et trouva sans mal de quoi les occuper toutes les deux pour distraire leur malaise : l'éternel problème du dîner, un problème de choix en quelque sorte, de lassitude et de paresse.

CHAPITRE 2

Artefactions

En transduisant de Lapis Lazuli vers Girasol, Tachine savait qu'elle ne répondait pas seulement à l'invitation de Doniets, parce qu'il ne l'avait pas simplement conviée, en tout cas pas uniquement à partager un déjeuner avec lui dans un restaurant en vogue de Girasol. D'abord, il avait choisi Le Minaret, *le* restaurant de Girasol, celui que tenait l'AnimalVille en personne sans la moindre assistance humaine, sans même une cuisine ni l'ombre d'une machine. Ensuite, Doniets était celui que, par jeu, ils nommaient Mahatma – eux qui conduisaient la société sans gouvernement des Artefacteurs, vers ils ne savaient d'ailleurs quoi, et qui les effrayait – et le Mahatma Doniets était incapable de futilité, de plaisir ou de simple amitié. En fait, Doniets n'était pas capable d'individualiser son existence, et c'était pour cela qu'il était devenu le citoyen le plus actif de l'Anarchie Organique. Il était de toutes les réflexions, de toutes les décisions, en tout cas de toutes les propositions qui prétendaient engager l'ensemble des Artefacteurs et se concrétisaient. Pourtant, Doniets ne faisait que ce que chaque Organique pouvait faire: participer à la vie politique de la communauté. Mais, comme eux, la vingtaine de volontés qui s'étaient dégagées par le verbe des deux mille personnalités que la politique intéressait à temps plein, il avouait que l'individualisme facile de leurs semblables avait offert la communauté à une synarchie furtive, dont ils étaient les justes processeurs et les serveurs intègres. Du moins s'efforçaient-ils de l'être, en plus de rester discrets.

La discrétion amusait beaucoup Tachine. De tout temps, des énergies politiques s'étaient organisées en *clubs* pour présider discrètement à la destinée des Artefacteurs, par jeu, par goût ou par besoin. Il leur suffisait de mettre en avant leur sens civique et d'apprendre à convaincre. De tout temps, ces groupes de pression spontanés avaient eu leurs contradicteurs, eux aussi rassemblés en clubs qui eux aussi contribuaient à la synarchie en bons anarchistes qu'ils se croyaient être. Les contradicteurs naissaient souvent de la génération suivante et succédaient souvent à la furtivité qu'ils démettaient. Cela, *tout* cela, et tout ce que cela impliquait était connu de chaque Artefacteur parce que c'était enseigné à chacun, presque textuellement. La discrétion n'avait qu'une vertu: grimer le pouvoir de personne afin qu'il ressemble au pouvoir de chacun pour masquer l'arkhos de certains.

« Les démocraties ont peur de l'autocratie, alors qu'elles devraient se méfier de l'oligarchie, raillait Tachine. Les anarchistes redoutent la démocratie parce qu'ils s'organisent en synarchie. Le problème, c'est que l'individualisme n'est une fin qu'en soi. »

Vers quatorze ans, Érythrée avait dit:

« Je ne comprends pas.

– On ne peut pas être à la fois anarchiste et individualiste. C'est ou l'un, ou l'autre, ma chérie.

– Maman ! Ça, c'est une sentence, pas une explication !

– Ryth, mon amour, *j'adore* être sentencieuse. Cela dit, tu as raison: les dogmes n'expliquent rien, et c'est bien là mon propos. En réfutant la notion de pouvoir, l'anarchie interdit à la communauté d'exercer une pression sur l'individu, même si le point de vue de celui-ci est contraire à celui de tous les autres ou dangereux pour l'ensemble de la communauté. A priori, l'individualisme d'une seule personne crée l'impasse sur laquelle butera tout l'organisme...

– J'avais compris !

– ... mais c'est un leurre, car la somme des individualités s'opposant à l'intransigeance d'un seul est elle aussi de nature *archique*. Or, d'une part, rien ne prouve que la communauté-moins-un ait raison et, d'autre part, l'entité qu'elle constitue développe une organisation propre dont les manifestations sont de type individualiste. Voilà pourquoi, avec le pouvoir, l'anarchie rejette la notion de société, en tant que groupe organisé, préférant celle de communauté, au sens de collectivité d'intérêts... le principe d'organisation générant des contraintes, donc l'expression d'un pouvoir, tandis que la collectivité d'intérêts, reposant sur la cohésion, provoque la discussion donc la cohérence. Comme tu le vois, nous avons drôlement intérêt à ce que tous soient heureux et, même, à ce que chacun tire profit du bonheur des autres. »

Adolescente, Érythrée n'était pas en mesure d'interpréter les syllogismes et les contradictions de la communauté artefactrice. À vingt ans, elle s'intéressait davantage au malaise qu'aux insuffisances qui l'engendraient, mais elle avait une façon de l'affronter de face qui dérangeait les esprits les plus sereins. Doniets n'avait jamais été particulièrement serein. Les frasques d'Érythrée ne le faisaient ni rire, ni sourire. Une semaine après qu'elle eut annoncé sa participation aux Retrouvailles intercommunautaires, il convoquait Tachine qui, elle, avait déclaré ne pas s'y rendre. Ce n'était sûrement pas pour lui faire goûter une des compositions culinaires de Girasol.

Le Minaret était une tour d'os et de cartilages surplombant toute la cité. À chaque étage, sous des voûtes ouvertes à tous vents, Girasol y servait six tables de six couverts. Il y avait six étages auxquels on accédait par un escalier mouvant – les marches se mouvaient –, Doniets attendait Tachine au dernier. Et il n'était pas seul. Tout le *club* était là.

– Ah ! laissa tomber Tachine quand la reptation des marches la porta au sommet du Minaret.

Elle n'ajouta rien. Il lui semblait que ce n'était pas à elle d'ouvrir les hostilités (l'ambiance était à l'hostilité). Girasol avait disposé une seule table pour réunir les vingt-quatre convives. Tachine s'assit à la place qu'on lui avait laissée, à la gauche de Doniets, en face de Jdan, son contradicteur personnel. Tous lui accordèrent un geste ou un sourire, dont beaucoup étaient gênés.

– Je suis content que tu sois venue, la salua Doniets.

– Heureusement, n'est-ce pas ? Sinon, j'ai l'impression qu'il aurait manqué la principale intéressée. (Son regard fit le tour de la table et constata que chacun avait un verre à portée de lèvres ou de main.) Je peux avoir une coupe, Girasol ?

L'AnimalVille envoya une caresse en forme de point d'interrogation.

– Champagne… J'arrose le départ de ma fille.

Les sourires qui s'éternisaient disparurent. Il y eut juste une volute de rire, presque un hoquet. Girasol avait un sens aigu de l'humour.

De nacre et de perle, la coupe naquit de la chitine de la table, pleine et pétillante, mais affreusement opaque. Tachine la leva à hauteur de ses yeux et porta un toast :

– Au voyage d'Érythrée ! Puisse-t-elle découvrir des conspirations moins limpides que les nôtres !

– Tadj !

Tachine se tourna vers Doniets et sourit.

– Je t'écoute, Mahatma.

– Est-il nécessaire d'être cynique ?

– Nécessaire ? (Elle fit la moue.) Face à l'hypocrisie, le cynisme est une arme efficace, mais je ne sais pas s'il est nécessaire. Je vais te faire une proposition : je vide ma coupe, vous me dites ce que vous avez à me dire et je vous laisse à vos médisances… Non, d'abord, je vous injurie un petit peu afin que, nécessairement, vous médisiez.

Posément mais d'un trait, sous l'œil réprobateur de Doniets et les regards plus inquiets des vingt-deux autres convives, Tachine dégusta son champagne jusqu'à la dernière goutte. Puis elle laissa choir la coupe sur la table qui l'engloutit. Doniets attendit qu'elle eut décliné l'offre de la resservir pour se lancer :

– Tadj, envoyer Érythrée vers la supernova n'est pas raisonnable.

– Personne n'envoie Érythrée nulle part et personne n'a à le faire. À la rigueur, Lapis Lazuli lui a proposé de la transduire, mais il y a longtemps qu'elle décide seule de son existence. Je m'en vais tout de suite ou tu comptes m'extorquer d'autres leçons de civisme ?

Doniets avait opté pour un mode de sagesse rationnelle. Tachine lui opposait une rationalité brute, indiscutable. S'ils avaient été seuls, ils se fussent immédiatement séparés ; ils se connaissaient trop bien pour ignorer qu'aucune intelligence ne naîtrait de la confrontation. Mais Jdan, au moins, ne pouvait accepter un différend sans issue. D'une certaine façon, il était le plus proche d'entre eux des idées libertaires. Avec ses trente-deux ans, il était aussi le plus jeune et, probablement, le futur Mahatma du *club* qui pousserait celui de Doniets du pied afin de lui succéder.

– C'est dommage qu'il faille souvent te les arracher, pourtant nous avons besoin de tes leçons, Tachine, annonça-t-il d'une voix calme. Aujourd'hui, par exemple, nous savons très bien pourquoi et ce que nous voulons... ou plutôt ce que nous ne voulons pas, mais l'éthique nous fait cruellement défaut et nous ne pouvons compter que sur toi pour ne pas la bafouer.

– Ne serait-ce pas surtout Érythrée qui devrait compter sur moi ?

– Nous exprimons différemment le même souci.

Il avait son regard planté dans le sien et ne cillait pas. À l'usage, Tachine avait appris qu'il pouvait tenir de longues minutes ainsi, l'embiote contrôlant parfaitement l'humidité de sa cornée. Elle avait ensuite appris à lui échapper en le dévisageant détail après détail : le nez, les pommettes, les lèvres, la bouche, les dents, la langue – la langue qu'il aimait à rendre bifide et dont il se caressait les lèvres, par tic –, jusqu'à reporter le malaise sur lui, un malaise physique. Dans l'ensemble, Jdan était assez quelconque, mais, forme après forme et à l'exclusion du tout, il était plaisamment sensuel. Parfois, elle s'était prise au jeu, et lui avait plongé à la première sollicitation. En huit ans, ils s'étaient offert le plaisir une trentaine de fois, comme on s'envole pour un bout de ciel et sans jamais échanger plus qu'un déferlement érotique. Elle ne se souvenait pas qu'ils eussent discuté après un seul *atterrissage*. Juste le désir, la passion, le plaisir. Cette fois, elle interrompit rapidement le jeu.

Aux tempes de Jdan, deux veines saillaient et palpitaient doucement, se ramifiant sur les joues en une dizaine de veinules bleutées, presque invisibles, qui se rejoignaient sous la mâchoire pour gonfler à nouveau et couler latéralement sur le cou en deux artères surnuméraires. Dans ces deux artères, on voyait le sang cogner, par vagues, comme s'il avait l'épaisseur d'un gel. Telle qu'elle était placée par rapport à lui et tel qu'il se tenait, Tachine n'apercevait pas assez du ventre de Jdan pour situer l'artefact, mais elle savait qu'il était en pleine artefaction, dans la dernière phase, et qu'il allait engendrer une boule de poil tiède et frémissante. Cela se voyait à la dilatation de ses pupilles, cela se sentait à sa sueur, âcre, émétique, lourde des phéromones vénéneuses qui préservaient sa gravidité de l'appétit des autres.

Si, finalement, elle se souvenait de discussions sur l'oreiller, de confidences tellement intimes qu'elles n'engageaient à rien, sinon à donner l'illusion d'une chaleur entre amants qui ne s'aimaient pas. Elle avait parlé de ses douze artefacts et des douze problèmes qu'ils avaient générés. Il avait parlé de ses cinq ectomorphoses et des angoisses qu'elles provoquaient, des peurs à côté desquelles ses douleurs ne le concernaient pas. Cinq fois, pendant des semaines ou des mois, Jdan s'était tâté, palpé, ausculté de l'inutile mieux qu'il pouvait, guettant en ses entrailles le signe qu'il redoutait pire que la mort : un mouvement, un influx, une émotion... la vie, une vie grouillante de cellules se nourrissant des siennes, une vie l'habitant dont il serait le père et la mère, lui qui avait tenté vainement de rejeter l'embiote pour éviter la souillure de la germination. Ses cinq premiers artefacts avaient été des cristaux, inertes, qui réagissaient aux variations climatiques, les anticipant mieux qu'un baromètre, aux rayonnements électromagnétiques ou à certaines molécules. Son sixième serait un sympathe. Même si l'embiote en éliminait totalement les manifestations physiques, il devait être fou de terreur.

Tachine ramena son regard sur les yeux de Jdan. En filigrane, elle y lut ce qu'elle avait compris depuis longtemps : derrière l'angoisse de la procréation, il y avait celle de ne pouvoir offrir le sympathe – cette vie née de la sienne – et de finir dans le musée de Brumée. Elle écarta la compassion écœurante qu'elle ressentait et parla d'une voix moins ironique, mais beaucoup plus froide.

– Expliquez-moi pourquoi vous ne souhaitez pas qu'Érythrée participe aux Retrouvailles. Et ne cherchez pas à me convaincre, cela ne servirait à rien.

Comme elle s'y attendait, ce ne fut pas Jdan qui répondit, mais Doniets.

– Il y a plusieurs raisons. Aucune d'elles n'est cruciale, mais l'ensemble est alarmant. D'abord, il y a celles liées à ta fille elle-même : la violence avec laquelle elle s'en prend à la communauté et en dénonce les fondements au moment où la communauté vacille parce que beaucoup, justement, en contournent les fondements... et sa lubie annoncée de mettre un terme à la dispersion. Nous ne doutons pas que ses intentions soient louables, ni que ce ne soit son rôle, à vingt ans, de se rebeller contre nos dysfonctionnements. Nous avons d'ailleurs toujours considéré que, avec les plus lucides de sa génération, elle serait le moteur d'un profond changement d'esprit qui réveillerait et transcenderait la communauté. Cependant, nous n'avions pas envisagé que sa rébellion civique résulterait de son conflit d'adolescente avec toi et que, prenant le contre-pied de tes idées, elle œuvrerait contre nos actions sur un mode réactionnaire. Je sais que cela ne te fera pas plaisir mais, d'où qu'on regarde, sa démarche tend vers un retour à des valeurs et des structures sociétales. Comme elle n'est ni la seule, ni la moins écoutée parmi sa génération, nous craignons de voir se lever un vent de…

– Tu vas dire une connerie, l'arrêta Tachine. Tu en commets déjà beaucoup, mais celle-ci risque d'abréger la discussion. Vois-tu, j'ai du mal à reconnaître Érythrée dans le personnage que tu décris, et c'est sûrement parce que tu parles de ton analyse et pas d'elle. Que l'analyse soit d'une partialité à vomir toute subjectivité n'est encore pas très choquant. Par contre, que tu me montres tes couilles en me demandant d'y voir la lumière… si tu me permets le détournement d'expression… ça me gêne affreusement. Ryth ne s'en prend pas à la communauté, mais à ceux qui en font ce qu'elle est… nous, autrement dit, et ce que tu crains, c'est que ses accusations n'entraînent notre remerciement. Parce que le retour en arrière, dont tu parles avec tant de gravité, serait que chaque artefacteur s'investisse dans la gestion de la communauté, nous privant du grand frisson que nous partageons si chichement, encore nous, les reliquats masqués des structures sociétales qui, somme toute, sommes responsables de ce que Ryth dénonce.

Inévitablement, quelqu'un s'indigna :

– Nous ne sommes pas responsables de…

– Aliéva ! la cassa Tachine. Tu ne peux pas prétexter la responsabilité, lorsque tu prétends décider de l'avenir de ma fille, et invoquer l'irresponsabilité quand il s'agit de tes vingt années passées à orienter la communauté selon *ton* bon sens. Tu as merdé, j'ai merdé, nous avons tous merdé, et Érythrée merdera peut-être aussi, mais au moins : assume ! Parce que, elle, elle n'est rentrée dans le jeu politique que depuis une semaine et que, déjà, vous vous organisez pour l'en expulser.

Il y eut un long silence, à peine perturbé par les bouffées mal contenues et hilares de Girasol. Cela faisait comme des touches de fruits à leur odorat, des fruits d'été, juteux et sucrés. Tachine prit conscience qu'elle avait au moins un allié ou, plus précisément, que les AnimauxVilles – Girasol et Lapis Lazuli, en tout cas, – se délectaient de l'embarras provoqué par Érythrée.

– Ce n'est pas tout à fait exact, se ranima Jdan. Érythrée empoisonne nos nuits depuis presque un an. Mais tu as raison sur le fond : c'est après nos positionnements qu'elle en a. Toutefois, admettre qu'elle s'en prend à nos erreurs et à nos incapacités ne doit pas nous aveugler et la laisser commettre les siennes. Lorsque, par exemple, elle justifie la déliquescence du don par le droit à la paresse, l'absence de vocation, l'inertie à la rigidité morale, le repliement sur nous-mêmes et la dilution dans le nombre, elle frappe au bon endroit et elle *nous* atteint dans *nos* insuffisances. Il n'empêche que, quelle que soit la justesse de son propos, la déliquescence du don accroît dramatiquement le nombre d'abandons aux embiotes, et qu'il nous faut en priorité lutter contre ça.

Il le savait : Tachine ne pouvait pas critiquer ce positionnement, comme il disait. Depuis toujours, elle s'exprimait haut et clair contre les attitudes facilitant la voracité des embiotes, parce que sa terreur à elle n'était pas de finir à Brumée, mais d'aller y visiter sa fille.

– Quel rapport y a-t-il entre l'abandon à l'embiote et les Retrouvailles ? recentra-t-elle.

– Aucun, admit Jdan, si ce n'est que nous préférerions voir l'intelligence d'Érythrée s'atteler à la résorption des problèmes pratiques plutôt qu'à la sauvegarde des théories, particulièrement lorsque le respect forcené de celles-ci met des vies en péril.

– Aucun, si ce n'est… Pourquoi ce *si ce n'est* ?

Doniets remua sur sa chaise et Jdan, qui allait parler, resta muet. Il détourna même les yeux pour que Tachine n'insiste pas, pas auprès de lui. Comme d'habitude, la réponse officielle du club devait tomber des lèvres de Doniets. Elle tomba, de beaucoup plus haut que Tachine ne l'escomptait.

– Jdan a eu la délicatesse de ne citer qu'un exemple, Tadj, et pas forcément le plus embarrassant. Depuis dix mois, Érythrée baigne dans tous les slogans mettant en cause la cohérence de notre communauté, ce que tu appelles d'ordinaire des idées qui circulent très bien et très vite parce que prémâchées. Je tiens d'autant moins à te faire un historique que je ne suis pas certain qu'il débute là où nous l'estimons, lorsqu'elle est entrée dans un groupe de jeunes dont la plupart sont plus âgés qu'elle. Tu as déjà entendu plusieurs d'entre nous parler d'eux et nous t'avons déjà vu te fâcher à leur propos.

Tachine leva un sourcil.

« Pas Contre-ut, tout de même ! » pensa-t-elle.

– Contre-ut, l'assomma Doniets. Tu as besoin que je te fasse un dessin ?

Elle secoua la tête, elle n'avait besoin d'aucune précision. Contre-ut pour contre-utopie, elle ne s'était pas seulement fâchée contre eux, elle s'était battue bec et ongles pour effacer plusieurs de leurs *devises* des rumeurs de Lapis Lazuli.

L'artefaction est une religion qui érige une fonction vitale en expression artistique et conserve ses meilleures œuvres au musée de Brumée.

La liberté individuelle n'existe qu'au singulier. On ne doit pas dire : « Je voulons », on doit dire : « Au mieux, les autres s'en foutent. »

L'embiote est un moyen de transport qui voyage librement à l'intérieur de nous.

Tachine maniait trop bien la rhétorique pour ignorer la performance des slogans sur les systèmes de réflexion les moins critiques. Elle connaissait aussi l'efficacité du cynisme dans les contextes délicats et les situations de déséquilibre. La communauté artefactrice était dans une phase de transition difficile à assumer, tant à l'échelle communautaire qu'à celle de l'individu. En s'octroyant le rôle de noyau gravitique, les *devises* de Contre-ut ne pouvaient que la déchirer entre deux extrêmes : les désespérément pour et les aveuglément contre, tous orthocentrés sur de fausses solutions à de faux problèmes. En outre, en malmenant violemment les préceptes de la Communauté et faute de propositions, la thématique développée par Contre-ut engageait à deux comportements de type réactionnaire : le retour aux valeurs ou à la situation d'origine et la défense coûte que coûte des présentes valeurs par le maintien de la situation.

Tachine avait du mal à imaginer qu'Érythrée pût s'investir dans un mouvement ne se précipitant pas tête baissée vers l'avant. Elle comprenait aussi que Doniets ne s'amuserait pas à lui donner des informations qui s'invalideraient à la première vérification. Or, il était facile de s'assurer de ce qu'il avançait.

– Au début, poursuivit Doniets, Érythrée était à la remorque du groupe, mais cela n'a pas duré. En quelque sorte, on pourrait dire qu'elle tient trop de toi. Elle s'est mise à pondre des slogans, comme les autres, puis mieux que les autres. *En accusant Contre-ut d'irresponsabilité et en nous désignant comme asociaux, Aliéva avoue que l'Anarchie est un système social. Doit-on l'appeler Anarque ?* Celle-là a fait très mal à notre amie Aliéva.

Aliéva se racla la gorge.

– Je m'étais très mal exprimée, reconnut-elle. (Elle s'adressa à Tachine :) Telle mère, telle fille. Elle m'a mouchée comme tu l'as fait tout à l'heure. L'ennui, c'est que sa formulation nous a habilement et insidieusement montrés du doigt.

– Oh ! Tu n'es pas la seule ! la déculpabilisa Doniets. Après mon article sur les dangers de la dialectique restreinte, j'ai personnellement écopé d'un : *La liberté d'expression n'est pas un privilège d'Anarque, Anarque Doniets.* Dans ce cas, d'ailleurs, il est rageant de noter que le Réseau a enregistré plus de deux mille réactions positives, sinon dithyrambiques à mon article, contre une seule critique – si l'on peut parler de critique –, et que la rumeur n'a retenu que celle-ci, validant par l'exemple et sans la moindre clairvoyance le bien-fondé de mon propos.

– C'est réellement Érythrée qui a écrit ça ? intervint Tachine.

Jdan hocha la tête.

– Ouais, confirma Doniets.

– Dans ce cas, je comprends que vous préfériez la voir user de ses compétences à d'autres jeux. Elle a parfaitement analysé la situation et sa phrase anticipe ses propres conséquences. Tes deux mille réactions positives émanent des deux mille artefacteurs qui se sentent responsables de la Communauté, ceux que *tout* regarde et que Contre-ut entend mettre au pilori. En te qualifiant d'Anarque, elle les range tous dans le même sac, celui dont elle t'accuse de tirer les ficelles, et elle ôte toute crédibilité au soutien qu'ils peuvent t'apporter. Par ailleurs, il y a fort à parier que plus aucun de nous ne pourra ouvrir la bouche sans se faire clouer, du moins pendant quelque temps.

Un murmure d'approbation fit le tour de la table : Tachine raisonnait comme eux, ils étaient soulagés. Elle était certaine de ne pas apprécier l'hommage, mais elle ne pouvait pas leur en vouloir, ils avaient pris suffisamment de gants pour ne pas la brusquer.

– Le lien avec la supernova ? s'enquit-elle pour la forme.

– C'est justement que nous sommes momentanément condamnés au silence, répondit Doniets. Jusque-là, à part foutre le bordel avec une belle inconséquence, Contre-ut ne manifestait aucune intention d'aucune sorte. Cela correspondait assez bien à ce que nous savions d'Ereiev...

– Ereiev ?

– Ereiev était la tête pensante du groupe avant l'arrivée de ta fille. Vingt-six ans, très intelligent et très instable, du moins avant qu'il ne se lie avec Érythrée. C'est lui qui a créé Contre-ut et écrit la plupart des premiers slogans. Sa marotte tient en une phrase : *la communauté artefactrice est en pleine décadence, il faut la sortir de l'impasse dans laquelle les générations précédentes l'ont enfermée en transcendant ses idéaux*... Je sais, ça ne veut rien dire. Ça ne *voulait* rien dire, et c'est là qu'intervient Érythrée avec son leitmotiv : *nous avons fait le tour de nous, alors si nous nous pensons parfaitement épanouis, nous devons contribuer à l'épanouissement de l'ensemble de l'humanité, et si nous estimons notre bonheur imparfait, nous devons aller en chercher le complément ailleurs.* Il est possible que je trahisse sa pensée, mais le principe est là et il sous-entend que nous n'avons aucun avenir ailleurs qu'au sein de l'humanité, ce qui passe par l'abolition des rameaux et la libre circulation pour tous d'un bout à l'autre de la galaxie. C'est sûrement très noble, mais nous savons tous à quel point c'est irréalisable, particulièrement pour *notre* communauté.

– L'anarchie est la plus fragile des proies pour le moins doué des prédateurs, évoqua Aliéva.

Tachine partageait le point de vue, qu'elle jugeait stérile, mais elle acheva tout de même la citation :

– D'autant que le prédateur sait parfaitement que l'anarchiste est le plus insaisissable des guérilleros dans une société organisée. Continue, Doniets… et épargne-moi les cours d'histoire.

– J'ai fini, dit-il. Avec le voyage d'Érythrée, Contre-ut va lancer une campagne de désenclavement contre laquelle nous ne pourrons même pas parler. Il suffit de relire leurs slogans pour deviner avec quels arguments massue ils jongleront. Et lorsque ta fille rentrera, Tadj, elle n'aura qu'à claquer des doigts pour déclencher la ruée. Or, nous savons qu'un accord lie les Originels et les Mécanistes, nous savons qu'un contrat lie les Connectés et les Mécanistes, et nous connaissons les intentions Mécanistes à notre égard. Voilà pourquoi il n'est pas raisonnable de la laisser partir… et sûrement pas seule !

Tachine naviguait de surprise en surprise, et toutes avaient été désagréables, mais celle-ci la stupéfia.

– Seule ? répéta-t-elle.

– Il n'a jamais été question de retenir Érythrée de force, expliqua Jdan. Non pas que la transgression nous arrête vraiment, je suppose, mais parce qu'elle donnerait une arme terrible à Contre-ut. Par contre, même s'il est étonnant qu'elle t'ait caché son engagement dans le groupe d'Ereiev, vos relations sont excellentes. Nous te demandons donc de l'accompagner aux Retrouvailles et, dans la mesure du possible, de lui ouvrir les yeux sur ses nobles idées, son petit copain et la face cachée de l'humanité.

Sur sa droite, Tachine perçut l'irritation de Doniets. Le Mahatma eût préféré présenter lui-même la requête et il ne l'eût sûrement pas formulée en ces termes. Elle se demanda alors pourquoi Jdan avait employé l'ironie et devina qu'il se l'adressait à lui seul, comme s'il avait cédé au réalisme des autres (de Doniets, surtout,) sans le considérer meilleur qu'un pis-aller. D'instinct, elle faillit adopter la même amère disposition d'esprit, mais c'eût été admettre une fatalité. Il ne pouvait pas être question de renoncement quand il était question de sa fille.

– Si votre intention était de m'effrayer, dit-elle, vous avez réussi. Et je ne prendrai pas de décision avec la peur au ventre. Il faut que je réfléchisse. Il faut que je mette mon nez dans les affaires d'Érythrée. Il faut... (Elle s'arrêta net, se redressa lentement et tourna la tête vers Doniets.) Lorsque j'ai eu maille à partir avec Contre-ut, j'ai surtout été enquiquinée par leur anonymat, Doniets. Ils se cachent bien. Par quel miracle connaissez-vous autant de choses sur eux ?

Elle ne vit pas que tous les regards convergèrent vers Doniets et elle ne vit pas davantage le rictus de Jdan. Elle ne voyait que l'embarras de Doniets.

– Tu violes les secrets du Réseau, Doniets ? insista Tachine.

Doniets soupira.

– Non. Je ne dis pas qu'il n'y a pas des moments où j'en rêve, mais je ne sais pas comment m'y prendre. J'ai un contact dans Contre-ut même.

– Un contact ?

– Un indic, un traître, un informateur... appelle-le comme tu veux. C'est quelqu'un, en tout cas, qui a pris peur de ce que le groupe osait à l'instigation de ta fille, Tadj. Les premiers temps, il venait simplement discuter un moment afin de croiser un regard différent de celui de Contre-ut. Après, il s'est mis à raconter, pour se soulager un peu. Récemment, il a choisi de divulguer des trucs qu'il pense sans importance. Oh ! pas grand-chose ! Et je m'efforce de ne pas le brusquer. Mais je recoupe, j'assemble, j'extrapole et les pièces s'imbriquent les unes dans les autres. Notre chance, c'est qu'Érythrée lui colle une frousse bleue. Il parle beaucoup d'elle. Si tu veux, je peux essayer de te le faire rencontrer.

Tachine hocha la tête, mais elle démentit immédiatement :

– Il ne vaut mieux pas. J'ai un membre du groupe à la maison, cela devrait me suffire.

Elle se leva. Elle n'avait donné aucune réponse à la requête du *club* et ils n'en exigeraient pas. Tous savaient ce qu'ils lui avaient fait. Tous comprenaient qu'elle devait assumer seule une décision inévitable.

Un fumet d'interrogation monta à ses narines.

– Je n'ai pas faim, Girasol, déclina-t-elle. Sers les autres, je m'en vais, de toute façon.

Elle ne les salua pas, ils ne l'embarrassèrent pas d'au revoir superflus.

Dès qu'elle eut quitté le Minaret, lorsque, au milieu d'une rue grouillante de monde, Tachine demanda à Girasol de la transduire vers son appartement de Lapis Lazuli, l'AnimalVille fit résonner l'embiote en elle pour lui communiquer une chaleur inhabituelle. Souvent, elle avait eu des contacts affectifs avec Lapis Lazuli et d'autres AnimauxVilles, mais Girasol ne lui avait jamais exprimé plus que de l'amusement, et elle savait par nombre de ses résidents que son entrain rieur masquait la plus tenace frivolité.

Cette fois, l'AnimalVille s'insinua profondément en elle et joua des neurones qu'elle partageait avec l'embiote pour diffuser une tendresse presque gênante. Puis il lui *parla* comme s'ils étaient des amis de toujours. Ses *mots*, en tout cas, disaient qu'il la connaissait mieux que ses amis. Infiniment mieux.

Tu as mal, mais tu ne peux pas t'empêcher d'être fière d'elle, n'est-ce pas ? Elle est plus mûre que tu ne croyais, plus forte que tu n'escomptais, plus fine aussi. Elle te ressemble, Tachine. Elle se battra avec la même obstination, pour réaliser ses ambitions, que tu te battras pour qu'elles avortent. C'est de cela dont tu as peur. Elle sourira quand tu souriras. Elle biaisera quand tu biaiseras. Elle griffera quand tu grifferas. Ils croient t'avoir demandé de sauver la Communauté. Ils t'ont demandé de te déchirer. Tu gagnes, tu meurs. Tu perds, tu meurs. Ils le pressentaient un peu. Certains le pressentaient. Ils ont failli t'épargner, ils ont retardé leur requête jusqu'au bout, mais elle les a poignardés, alors qu'elle te ménage de toutes ses forces.

Il était impossible à Tachine de sursauter, mais son névraxe le fit pour elle et la *voix* de Girasol sourit.

Ce n'est pas elle que tu as déjà affrontée. C'est son ami : Ereiev. Tu lui as flanqué une belle frousse, d'ailleurs. Tu réagissais trop vite pour lui. Érythrée lui a finalement recommandé de se retirer après un engagement qui vous laissait tous deux dans une position honorable.

« Je tendais des perches dans ce sens ! » pensa Tachine.

Elle l'a compris, elle a poussé Ereiev à s'en saisir. Cela lui permettait de prendre le pas sur lui. Depuis, Contre-ut évite Lapis Lazuli. C'est ton fief, non ?

Tachine eut envie de pleurer, mais aucune larme ne vint : l'embiote et Girasol le lui interdisaient.

Elle t'aime, tu l'aimes, c'est ce qui vous sauvera. Il y a longtemps qu'elle veut te parler. Il y a longtemps qu'elle te parle, par allusions, par petits défis intellectuels. À sa façon, elle t'a dit tout ce qui est important pour elle, mais tu ne l'as pas perçu comme tel et tu n'as pas fait le rapport avec les credo de Contre-ut. Lapis Lazuli aussi voulait te parler, mais elle le lui a défendu. C'est pour ça que je prends sur moi de le faire. Vous cristallisez le problème Organique. Tu comprends ? Deux étoiles se meurent, Tachine. Elles ont parcouru des milliards d'années ensemble et l'une d'elles va entraîner l'autre dans son dernier souffle. Pendant un instant infiniment bref, l'univers va se refermer comme une corolle et l'ensemble du Ban occupera le même nœud. Il peut ne plus jamais se délier, tu sais ? L'espace-temps est si fragile. Pour toi, pour vous, ce n'est qu'une allégorie, bien sûr. Vous percevez si mal les incidences !

Va, maintenant. Je t'aime trop pour te laisser t'effondrer dans la rue et je te fais trop confiance pour te donner des conseils que tu ne suivrais pas.

La transduction fut instantanée, comme toujours, matérialisant Tachine dans le salon de son appartement. Libérée de l'emprise de Girasol, elle s'écroula sur place, dans la fourrure de Lapis Lazuli, et sanglota.

CHAPITRE 3

Artefactions

Avec les siècles passant, puis les millénaires, et la population croissant lentement mais obstinément, Lapis Lazuli s'était étendu sur toute la rive est de la vallée. Il était parti du plateau à flanc de montagne, ses racines plantées dans la roche se gorgeant des eaux cristallines que le glacier, trois mille mètres plus haut, suintait dans le ventre du puy. Au début, il n'avait recouvert que le plateau, puis il avait laissé ses chairs excédentaires couler le long des coteaux, avant de rejoindre le bassin et de s'insinuer entre les forêts, d'empiéter sur elles et de les repousser derrière d'autres versants de la montagne. Une nuit, il avait atteint le fleuve, mais il avait déjà enjambé des dizaines de rivières, des centaines de ruisseaux, et beaucoup n'étaient plus que des veines nourricières avec lesquelles il gavait ses résidents. Ses fibrilles s'ancraient maintenant profondément dans la terre, jusqu'à la limite du manteau, pour en drainer la chaleur et les éléments. S'il s'arrachait un jour de la planète, la vallée ne serait plus qu'un désert, pour des millions d'années. Mais il ne la quitterait pas, il l'avait confié à Érythrée:

Je suis impotent. Je vous ai aimés jusqu'à l'obésité et je suis trop vieux pour me décrocher sans m'épuiser. Je ne suis même pas sûr d'avoir la force de me transduire, et cela vous tuerait. Ici, je peux encore couler heureux des centaines de millénaires, des milliers certainement. Je vous verrai peut-être mourir, comme meurent les «créatures», comme j'en ai vu d'autres se détruire, et je vous pleurerai ainsi que je pleure chacun d'entre vous, ou je m'intégrerai avant dans l'entropie de ce système. Vous ne pouvez pas en avoir conscience, pourtant, si vous saviez à quel point je vous ressemble, à quel point je suis devenu humain... enfin... probablement pas humain, mais autre chose, comme vous autres, Symbiotes, êtes devenus autre chose, comme les Mécanistes et leurs armures, les Connectés et leur Réseau, les Originels et leurs personæ, les... Érythrée, nous sommes les virus épars et grouillants, aussi dissemblables que possible, qui constituent la part organique d'une seule entité. Nous l'appelons Ban, vous l'appelez univers. Nous y voyons des configurations que nous jouons à déformer. Vous y voyez des règles que vous défiez. Alors, aussi insignifiants sommes-nous, les structures du Ban changent et l'univers se modifie. Si tu le souhaites, je te transduirai vers la supernova et tu me raconteras ce que tu as vu.

Il le lui avait annoncé ainsi, au détour d'une conversation intime, et Érythrée n'avait pas su prolonger la confidence. La veille, il lui avait parlé de la supernova et elle avait dû prendre beaucoup sur elle-même pour ne pas l'implorer de l'y transduire. Apprendre qu'il le ferait l'avait empêchée de s'intéresser à ce que contenait réellement le discours. Maintenant, tandis qu'elle s'enfonçait dans le labyrinthe de cartilages, de muscles, de tendons et d'artères qui constituerait sous peu le nouvel arrondissement de la cité – le dernier, cela aussi il le lui avait confié –, elle ne pouvait pas faire autrement qu'y songer.

Même si tout n'était pas accessible, ou aisément accessible, le quartier en gestation était ouvert à toute personne capable de s'enfoncer dans les muqueuses de l'AnimalVille par des sas rappelant des sphincters et des galeries évoquant des boyaux. Peu d'artefacteurs se coulaient dans les entrailles de Lapis Lazuli après avoir hésité devant un sas, et moins encore s'aventuraient dans les canaux annexes lorsque ceux-ci se resserraient jusqu'à les envelopper d'épithélium. Pourtant, alors que l'aspect et l'odeur des premières galeries étaient rebutants, la chair rosée gorgée de mucus et le parfum suave des conduits étroits étaient enivrants. Simplement, l'action de pénétrer et de forcer l'intimité de l'AnimalVille était lourde d'un malaise que celui-ci renforçait de messages indubitablement érotiques. Pour émerger dans la carcasse du nouvel arrondissement, il fallait affronter la libido de Lapis Lazuli et accepter qu'il en tirât des plaisirs inhumains.

Érythrée le faisait depuis sept ans. La première fois, elle avait éprouvé une peur panique et renoncé à six reprises avant de se violenter pour aller jusqu'au bout. En atteignant le quartier en formation, son soulagement avait été à la mesure de la terreur qui l'avait saisie lorsqu'il avait fallu regagner la cité proprement dite. De sa vie, jamais elle n'aurait autant haï quelqu'un que l'amie – son aînée de trois ans – qui l'avait poussée à entreprendre l'expédition.

Elle s'était juré qu'il n'y aurait pas de seconde tentative. Elle avait recommencé cinq mois plus tard, par défi, parce que sa mère lui avait expliqué qu'il était normal, surtout à son âge, d'avoir ressenti le dégoût qu'elle avait ressenti, et parce qu'il y avait eu une altercation entre Tachine et Lapis Lazuli, dont elle n'avait surpris que la colère et la frustration de Tachine. Elle avait recommencé, encore et encore, et, matérialisant les craintes de Tachine, la sensualité de l'AnimalVille avait fini par déborder la sienne. Ensuite, pendant des mois, elle était revenue, chaque fois qu'elle en avait l'occasion, partager du bout des doigts le plaisir de Lapis Lazuli, jusqu'à oublier qu'il y avait un quartier au-delà des canaux où elle se caressait. Ce fut le premier secret qu'elle tut à sa mère.

Un jour, juste avant de se glisser dans les replis de mucus, elle avait trouvé le courage qui lui manquait depuis deux mois et elle s'était déshabillée. L'AnimalVille avait accepté l'offrande telle qu'elle lui était proposée. Il l'avait noyée dans sa chair et s'était noyé dans la sienne, s'insinuant dans toutes ses terminaisons nerveuses, l'investissant totalement. Ce jour, elle avait compris que son humanité était pervertie jusqu'à la transcendance. Et il y avait eu bien d'autres jours.

Aujourd'hui, elle ne s'était pas dénudée et Lapis Lazuli s'était contenté du chatoiement de son passage. Il n'avait même pas cherché à la ralentir, comme il le faisait parfois pour l'exciter de son propre désir. Elle s'était frayé un chemin entre les muqueuses en laissant juste ses mains traîner et créer une onde : sa manière de payer le minimum que versait tout artefacteur pour accéder à l'arrondissement prochain. Elle avait repensé à ce qu'il lui avait dit et, en attendant Ereiev sous une arche squelettique qui s'habillait de peau à vue d'œil, elle y repensait encore.

Les AnimauxVilles et tous les rameaux humains constituaient l'intelligence du Ban. Ce n'était qu'un raccourci philosophique, mais il exprimait trop bien ce qui l'avait menée vers Contre-ut et ce qui lui permettait de conduire le mouvement vers les Retrouvailles. Non pas une simple rencontre, ainsi que les Anarques (elle sourit en évoquant le mot, *son* mot) prétendaient la limiter, mais de vraies retrouvailles, inattendues, définitives, qui épargneraient à l'humanité *la fin usuelle des créatures* à laquelle Lapis Lazuli avait fait allusion. Tachine pouvait répéter, à s'en assécher la salive, que la ramification avait sauvé l'espèce humaine d'un holocauste, ce n'était qu'un des aspects du problème. En tuant la diversité, en cloisonnant le développement, en verrouillant les divergences, la ramification avait inventé la mutuelle exclusion, le principe d'inconnaissance débouchant sur la xénophobie la plus primaire. En s'emprisonnant derrière leurs propres frontières, en s'internant dans leurs seules raisons, en se nourrissant uniquement de subjectivité, les rameaux s'offraient l'autodestruction pour alternative à la destruction réciproque.

L'Anarchie Artefactrice en était à ce stade. Elle n'était pas décadente, elle avait consommé sa décadence et ne survivait plus que par catabolisme. Par nature, elle ne pouvait recourir ni à la destruction, ni au suicide collectif. Elle s'abandonnait donc individuellement aux embiotes.

Nul doute que, au même point, les Mécanistes optassent pour la guerre, et les Connectés pour le grand saut métaphysique universel. Il y avait longtemps que les Originels, eux, avaient choisi de se réincarner en fantômes.

« Chacun sa mort, disait Ereiev, mais tous crèvent des particularités qu'ils ont tant tenu à préserver. »

Ereiev se trompait. La mort était l'œuvre du confinement, pas des particularités.

– Tu penses à moi ?

Érythrée sursauta.

– Oui, dit-elle (vexée), mais cela ne devrait pas te réjouir.

Ereiev avait surgi juste derrière elle. Il la contourna, l'attrapa aux épaules et l'embrassa sur la bouche. Elle ne lui mordit pas franchement la langue, elle se contenta de faire semblant. Il s'écarta sans rechigner. Il y avait longtemps qu'il avait compris qu'elle l'aimait bien, mais qu'elle n'avait pas plus à lui offrir que son amitié et quelques jeux d'amour. En un sens, cela l'arrangeait : il ne tenait pas à étaler son besoin d'exclusivité aux yeux de tous.

– Apparemment, remarqua-t-il, tu ne m'as pas demandé de venir pour une partie de câlins.

Érythrée recula un peu et se laissa glisser contre un pilier partiellement recouvert de chair ocre pour s'asseoir sur la corne du pavage. Elle observa minutieusement Ereiev tandis qu'il s'installait en tailleur face à elle. Aussi beau était-il, avec ses deux mètres finement musculeux, ses cheveux fondus en tentacules noirs et brillants, tels des serpents s'agitant sur son crâne, ses yeux de chat et le duvet fin qui le couvrait de la tête aux pieds, elle n'éprouvait plus la moindre attirance physique pour lui. Elle n'avait de toute façon jamais ressenti de flamme réelle pour leurs étreintes, de-ci de-là quelques étincelles, oui, parfois brûlantes, mais qui se consumaient si vite, si superficiellement, et cela avait empiré avec l'évolution de son ectomorphose, jusqu'à la vider de la moindre envie de lui dès l'avènement de sa bille noire. Elle savait bien sûr que ses rapports avec Lapis Lazuli étaient la cause de son désintérêt pour l'acte humain, et cela ne lui posait aucun problème.

– Je t'ai demandé de venir, dit-elle, mais c'est toi qui voulais me voir cet après-midi. Il s'agissait de sexe ?

Elle en doutait. Pourtant, s'il répondait par l'affirmative, elle mettrait un terme formel aux relations qu'ils n'avaient plus. C'était ce qui lui avait fait choisir le nouvel arrondissement de Lapis Lazuli comme point de rendez-vous. Ici, elle pouvait faire plus que s'expliquer.

– Pas vraiment, sourit Ereiev (il avait conscience de ce qu'il avait encouru), mais si tu souhaites en parler…

Le geste d'Érythrée signifiait : plus tard, peut-être.

– Ta mère est au courant, reprit-il, et il resta en suspens.

Comme elle ne bronchait pas, il acheva sa phrase :

– Depuis quatre jours.

Cette fois, elle réagit :

– Quatre ? Bon sang ! Tu es sûr de ça ?

– Pour être certain, il faudrait lui poser la question, mais ça colle avec pas mal de trucs. D'abord, je l'ai aperçue deux fois en deux jours, alors que je ne l'ai croisée qu'une fois en un an… et j'ai l'impression d'être suivi… et je ne suis pas le seul. Ensuite, tout le *club* a retiré ses billes du Réseau et, pour ce que j'en sais, tous évitent Lapis Lazuli, à l'exception de ta mère qui, elle, passe son temps à se transduire d'un AnimalVille à l'autre. Enfin, Kemsk a appris qu'il y avait eu une réunion sur Girasol à l'instigation de Doniets. Ça fait quatre jours et ta mère y était.

Kemsk était le contact de Contre-ut avec Doniets, celui qui *trahissait* avec d'autant moins de vergogne que ses indiscrétions, pour vraies qu'elles fussent, étaient dictées par le groupe. C'était le seul moyen qu'Érythrée avait trouvé de focaliser l'attention du *club* sur Contre-ut afin de lui interdire d'analyser seul leurs actions. Le piège avait fonctionné : Doniets avait vu trop tard que ses réactions le conduisaient à une impasse dont il ne pouvait sortir.

Érythrée réfléchit. Informée de sa participation, et de la nature de sa participation, à Contre-ut, Tachine eût dû se précipiter sur elle pour provoquer une discussion. Du moins, la connaissait-elle ainsi : maternelle jusqu'au bout des griffes. Toutefois, il n'était pas impossible qu'elle passât outre ses sentiments afin de développer une stratégie – sa spécialité – qui les privilégiât.

– Elle prépare un coup en traître, annonça Ereiev. Peut-être pour t'empêcher de transduire vers la supernova.

– Elle ne fera rien qui soit fatal à nos relations, affirma Érythrée. De plus, tant que je suis dans une cité, elle n'a pas les moyens d'empêcher un AnimalVille de me transduire. Ça, c'est plutôt le genre de coup tordu auquel se résoudraient Doniets et Aliéva.

– À moins qu'elle n'ait un AnimalVille dans sa poche…

Érythrée rit.

– Quand comprendras-tu que les AnimauxVilles se refusent à interférer avec nos existences sans notre consentement ? Et puis ce n'est pas mon départ qui les ennuie, mais ce que je dirai et ce que je ferai au retour. Si Tachine retarde l'affrontement, c'est que ce départ est proche et que, finalement, elle a décidé d'accepter l'invitation de Lapis Lazuli. À mon avis, Ereiev, c'est après toi qu'elle en a. (Elle le vit pâlir, fit la moue et s'expliqua :) Pendant toute la durée des Retrouvailles, tu auras seul la charge de Contre-ut...

– Je ne suis pas seul ! se récria-t-il.

Il ne pensait pas ce qu'il disait, même si, par principe, l'idée en soi le révoltait. Érythrée haussa les épaules.

– Non, tu n'es pas seul et tu disposeras de ce que nous avons préparé ensemble; néanmoins, si elle t'a concocté une vacherie, ce ne sont ni Kemsk, ni Lewski, ni Sarine, ni aucun des autres qui pourront t'aider à trouver la parade. Ce sont d'excellents théoriciens qui possèdent un bon sens politique, mais il ne s'agit pas de ça et tu le sais très bien. Il s'agit de parfaitement manier les mots et de s'en servir à bon escient. À ce jeu, tu seras seul et tu auras intérêt à être bon ! Toutefois, tu auras un avantage énorme sur Tachine : elle non plus ne sera pas là.

Ereiev ne se dérida pas. Il resta plus de deux minutes sans prononcer un mot, les yeux perdus sur un point vague au-dessus du front d'Érythrée. Celle-ci en profita pour orienter ses pensées vers sa mère, vers l'idée qu'elle pouvait se faire de ce que celaient leurs non-dits.

À l'évidence, Tachine avait dû encaisser un choc énorme, mais elle encaissait bien. Le plus difficile, pour elle, devait être la culpabilisation. Nul doute que, sur une période de quelques heures, elle s'était totalement effondrée, s'accusant d'une responsabilité d'autant plus douloureuse qu'elle ne pouvait être niée. Ensuite, sans transition d'aucune sorte, elle avait pris une décision et elle s'était mise en branle. Érythrée était mieux placée que quiconque pour le savoir et le comprendre : à partir de ce moment, Tachine ne pouvait plus être arrêtée. C'était *sa* décision, elle la conduirait seule et elle n'en parlerait pas, et surtout pas à sa fille, qui avait su se taire elle aussi et qui était à l'origine de la décision.

– Sérieusement, se ranima Ereiev, quelle sorte de vacherie à retardement peut-elle mijoter ?

Érythrée ne pouvait pas répondre : « Elle va te piéger pour me montrer quel imbécile inconscient et sale type tu es. » Alors, elle laissa tomber un demi-mensonge :

– Je ne sais pas.

Puis elle enchaîna :

– Vu de l'extérieur, Contre-ut a acquis une certaine officialité et n'a plus de détracteur *officiel*, ce qui lui confère un peu le rôle d'un *club* et, en tout cas, ce qui inhibe sa fonction d'agitateur. Nous nous sommes préparés à cette situation et nous misons sur l'embellie qui suit le silence de Doniets et précédera l'émergence d'une contradiction. Logiquement, Tachine devrait précipiter cette contradiction en nous renvoyant nos propres aphorismes à la figure. Elle peut par exemple nous placer dans une situation extrêmement délicate en nous qualifiant d'Anarques. En mettant le doigt sur nos contradictions internes, elle peut aussi provoquer une dissension au sein du groupe. Elle peut encore créer un mouvement qui se comporte avec Contre-ut comme nous nous sommes comportés avec Doniets. Bref, ce ne sont pas les stratégies qui manquent, mais, sincèrement, je ne vois pas comment elle peut les mettre en place en si peu de temps et espérer qu'elles s'animent d'elles-mêmes.

« Et c'est bien là que ça coince », poursuivit-elle pour elle seule, « parce que ce que je ne vois pas maintenant, je te sais incapable de le comprendre quand tu l'auras sous les yeux. »

Ce n'était ni du mépris, ni de l'immodestie. Érythrée exprimait intérieurement un constat qu'Ereiev avait énoncé à voix haute plusieurs mois auparavant.

« Merde ! avait-il ragé. Chaque fois que je réagis à ses attaques, elle me réplique dans la seconde comme si elle avait prévu ma réaction ! Et je n'ai pas la moindre idée d'où elle veut en venir. Comment veux-tu que j'anticipe ?

– Tu ne peux pas anticiper, avait confirmé Érythrée, elle se fout complètement de ce que tu écris. Ce n'est pas ton discours qui l'horripile, c'est ce qu'il induit, alors elle se contente de te casser. Il faut laisser tomber, c'est la seule façon de la priver d'arguments. »

Ereiev aussi repensait à l'affrontement qui l'avait opposé à Tachine.

– J'ai bien assimilé la leçon sur l'inertie, dit-il, et tu es en train de m'expliquer qu'elle ne servira à rien, c'est ça ? Putain ! J'ai osé pas mal de trucs depuis que Lewski a inventé Contre-ut, mais ta mère me flanque la pétoche, Érythrée. Elle me rappelle trop combien nous sommes une bande d'ados qui jouent à refaire le monde !

Érythrée poussa sur ses jambes pour se redresser en glissant contre le pilier. Elle était furieuse et elle devait le cacher. Elle devait même insuffler un peu de courage à son compagnon.

– Doniets, Aliéva, ma mère aussi ont été des ados qui s'amusaient à bousculer la communauté, assura-t-elle. Ils se sont démerdés autrement, mais ils ont débuté comme nous, en s'immisçant dans les joutes politiques et, comme nous, ils ont viré les vieux. La seule différence, c'est qu'ils étaient dans leur continuité tandis que nous visons une cassure. Il y a une cause à ça : eux ont grandi dans un monde qui ronronnait, nous sommes les enfants d'un univers qui s'écroule. En cinquante ans, leur génération et la nôtre ont quasi doublé notre population. Ce qui coulait de source pendant leur enfance n'est même plus du ressort de l'utopie. Contre-ut, tu te rappelles ? Le problème n'est pas d'avoir raison d'eux, Ereiev. Le problème est que nous avons raison. *Il faut* nous ouvrir aux autres communautés, *il faut* mettre un terme à notre autarcie, *il faut* mélanger les rameaux, et tout ça nécessite de balayer nos principes et nos habitudes. Tu as peur de Tachine ? Eh bien, dis-toi que Tachine panique littéralement à l'évocation des risques que nous prenons pour la communauté !

Ereiev n'en avait pas l'air réconforté. Il songeait à une Tachine affolée, blessée, acculée, dont l'adrénaline décuplait les forces en lui ôtant ses derniers scrupules. Ce qu'il refoulait depuis des mois jaillit naturellement :

– Tu devrais lui parler. Toi, elle t'écouterait.

Dans les yeux d'Érythrée passa un nuage et une envie de gifler qu'elle maîtrisa héroïquement, mais la réponse fusa tout de même :

– Si j'avais cru un seul instant que, en m'écoutant, elle m'entendrait, il y a belle lurette que je lui aurais parlé ! (Ereiev allait la contrer, elle le devança.) Non, tu as raison : je craignais seulement que nous n'aboutissions dans une impasse qui soit une rupture définitive. Je suppose que, maintenant, les données sont changées.

Elle s'écarta du pilier et se tourna vers la place par laquelle elle était arrivée.

– J'ai besoin d'en savoir davantage et de m'assurer de certaines choses, dit-elle. Si j'ai du neuf ou une idée, je te laisse un message sur le com. De ton côté, demande à Kemsk de tester Doniets. Je doute que Tachine l'ait inclu dans ses plans, mais il pourrait avoir ses propres intentions ou intuitions.

Au désarroi de son compagnon, Érythrée ouvrit grands les bras, l'air de dire : « Nous avons fait le tour du sujet. » Puis elle déposa un baiser sur le bout de ses doigts et le souffla en direction d'Ereiev.

– Je t'appelle, promit-elle, et elle s'éclipsa.

Au retour, Érythrée se déshabilla et traîna longuement entre les muqueuses de Lapis Lazuli. Elle avait besoin de vider ses pensées d'émotions qui ne demandaient qu'à les ensevelir. Il était question de peur, de celle qui tient au ventre, irrationnelle à l'échelle d'une vie, mais tellement oppressante dans les lendemains qu'elle augure. Il y avait la colère aussi, qui était presque du mépris, pour la montagne qu'Ereiev appelait *ta mère* et devant laquelle il ne savait que trembler. Assemblées, cette colère et cette peur relevaient d'un même syndrome, qu'elle connaissait instinctivement comme celui du sevrage et qui nourrissait une troisième émotion encore plus inepte que les deux autres, la honte.

« C'est peut-être pour prouver mon autonomie que je ne lui ai jamais parlé de Contre-ut », se mentait-elle.

C'est parce que tu avais peur qu'elle te juge et te condamne, corrigeait Lapis Lazuli.

Il était impossible de tricher avec un AnimalVille.

« Tu crois que je suis malade ? Je veux dire : psychiquement ? »

Es-tu certaine de poser la question au bon interlocuteur ?

« Et qui veux-tu que j'interroge ? »

Lapis Lazuli ignora la relance.

« Tachine va se faire transduire vers la supernova, n'est-ce pas ? »

Il n'y a qu'elle qui puisse te répondre.

« J'ai envie de parler, Lazuli, mais pas toute seule. »

C'était plus une sollicitation qu'un reproche. L'AnimalVille exprima quelque chose qui pouvait passer pour un soupir.

Tu as envie de conseils que je ne peux pas te donner. Je suis le confident privilégié de cinq millions d'artefacteurs et tous ne le savent pas, et je ne comprends pas toujours ce que je perçois, et par mes semblables j'ai accès à l'intimité de toute la communauté… Tu imagines? Cela ne fait de moi qu'un ignorant bien informé, même si le terme «ignorant» n'est pas le mieux adapté. Il y a longtemps, quelques-uns d'entre nous ont cru pouvoir vous assister dans ce qu'ils percevaient comme des problèmes. Je ne te parle pas de la Dispersion. La Dispersion n'était qu'un moyen de réparer les malheurs que nous avions causés en nous immisçant dans vos relations. Je te parle de la Ramification. Les rameaux, Érythrée, sont la conséquence directe de notre intervention dans les affaires de l'humanité, la réponse aux petits coups de pouce dont nous avons favorisé certains parce qu'ils semblaient en mesure de vous libérer du pire de vos fardeaux: l'uniformité. Nous prétendions vous offrir l'épanouissement en vous permettant d'exprimer les individualités…

Lapis Lazuli émit un hoquet d'ironie.

… Nous, qui ne sommes qu'une branche égarée d'un troupeau que l'individuation a dissous au détriment du Ban. Contrairement à ce que notre analyse prévoyait, vous n'avez pas réagi mieux que nous. Les ego mis en valeur se sont affrontés, puis se sont regroupés pour se battre entre factions. L'humanité s'est scindée en cinq branches, si dissemblables qu'elles pouvaient se haïr sans scrupule humaniste. Quand l'une de ces branches a été détruite par les autres, nous avons choisi d'assumer notre culpabilité en influant une dernière fois sur vos existences. Nous avons encore agi comme nous l'avions fait pour nous des éons plus tôt. Nous vous avons suggéré la Dispersion. Vous n'aviez pas le choix… Tu connais la suite.

Il semblait à Érythrée que l'AnimalVille choisissait toujours, pour glisser ses révélations, les moments où elle était le moins apte à les recevoir.

– Qu'essaies-tu de me dire? demanda-t-elle à voix haute. Que vous vous êtes forgé une déontologie après avoir engendré une catastrophe ? Ou que ton sens personnel de l'éthique t'interdit de m'aider *maintenant* ? Merde, Lazuli ! Comment veux-tu me faire avaler que vous ne vous mêlez pas de nos vies sous prétexte de racheter une culpabilité illusoire et plusieurs fois millénaire ? Quand tu proposes de me transduire vers la supernova, tu fais quoi ? Tu anticipes mon désir secret ? Je ne marche pas. *Vous* choisissez seuls qui accédera aux Retrouvailles que *vous* avez décrétées. Et si ce n'est pas nous influencer, je serais curieuse de savoir comment tu appelles ça !

Je propose, tu disposes.

– Ben voyons ! De quoi disposent ceux à qui tu ne proposes rien ? Et pourquoi moi ? Et pourquoi Tachine et je ne sais qui encore ? Sais-tu ce que tu viens de me dire, BébêteVille de mon cœur ? Qu'une fois de plus, vous avez un dessein pour l'humanité et que j'en fais partie. Mais rassure-toi, je ne crois pas qu'un seul artefacteur ait jamais cru le contraire ou s'en soit jamais plaint. Rends-moi mes habits.

Il y eut un bruit de voile qui se déchire, puis un froissement de tissu, et Érythrée n'eut qu'à tendre le bras pour saisir ses vêtements. Elle les passa rapidement et se rua vers le sas ouvrant sur la cité. Elle ne voulait plus discuter. Lapis Lazuli la rappela juste quand elle émergea dans le clair-obscur des nuées d'étoiles.

Pas l'humanité, Érythrée… le Ban.

L'univers, en somme, cette entité qu'il croyait constituée de virus humains ou animauxvillesques. Érythrée glissa une main sous son chemisier et caressa le rebondi dont sa bille noire gonflait son nombril.

« Et ça ? pensa-t-elle. C'est un antivirus ? »

Il ne vaudrait mieux pas, crois-moi, mais ce n'est pas à exclure.

CHAPITRE 4

Artefactions

Tout à coup, rien n'avait plus eu d'importance que cette discussion qu'elle refluait depuis des mois, et Érythrée s'était retrouvée confronter à un sentiment d'urgence frisant la panique. D'abord, cela avait été de la fébrilité, presque une excitation, comme une envie suintant des papilles. Elle imaginait l'explication, identique à d'autres explications : le timbre posé, les voix calmes, au début, pendant qu'elle présentait ses convictions dans une relation à peine teintée d'émotions et que Tachine l'interrompait de questions concises, précises, neutres. Puis les questions s'alourdissaient d'irrationalité maternelle et les réponses se faisaient répliques, chargées d'affect. Alors les phrases taillées au couteau se mettaient à crépiter, péremptoires, violentes, jusqu'à n'avoir plus, chacune, que l'ambition d'emporter le duel en clouant définitivement l'adversaire. Érythrée surtout. Érythrée dont les yeux s'injectaient de larmes et finissaient par ne plus savoir les contenir, tandis qu'elle s'étonnait de pleurer. Ensuite venait la réconciliation, de mère à fille, de tendresse brute, et l'aveu transigeant des mots qui dépassent la pensée, des limites qu'on ne devrait jamais atteindre et qu'on ne peut transgresser qu'ensemble. Après, les tripes enfin vidées du fiel et du miel, elles commençaient à parler.

À peine eut-elle évoqué le rituel de leurs explications, Érythrée se souvint de ce qu'elles avaient à débattre, du moins envisagea-t-elle de glisser Contre-ut dans le scénario habituel de leurs discussions, et le nœud se resserra sur sa gorge. Cela ne fonctionnait pas. Elle ne crierait pas, elle ne pleurerait pas, et Tachine ne lui donnerait pas de prise émotionnelle. Aucune d'elles n'avait le droit d'être personnellement impliquée, alors qu'elles l'étaient, toutes deux, plus qu'aucun autre artefacteur. L'une donnait à Contre-ut les moyens de décloisonner la communauté. L'autre donnait à la communauté le moyen de défaire Contre-ut. Elles ne s'affrontaient pas, elles se tiraient dans le dos.

« Maman, pourquoi nous ? » se lamenta Érythrée, et elle se trouva ridicule d'immaturité.

L'important n'était pas de risquer son confort filial, celui-ci était déjà engagé, déjà altéré. L'important était de ne pas perdre Contre-ut, de ne pas laisser Ereiev, impuissant, s'enferrer dans les rets de Tachine. Pour la première fois, Érythrée comprit la terreur que sa mère inspirait à Ereiev, et elle en perçut l'ombre dans ses propres pensées. Depuis trois jours, elle réfléchissait à la meilleure façon de déstabiliser Contre-ut et elle avait découvert beaucoup de failles, mais toutes pouvaient être comblées. Elle avait consacré quelques heures à resserrer les liens entre les membres du groupe et à s'assurer que personne ne prendrait de décision ou n'aurait d'initiative individuelle sans que le groupe en ait discuté.

« Nous pouvons nous permettre des couacs, pas nous les reprocher », avait-elle pontifié.

La sentence était aussi démagogique que celles dont ils inondaient le Réseau, pourtant ils y avaient réagi comme si elle exprimait une vérité fondamentale. À bout portant, ils étaient incapables de prendre suffisamment de recul pour se méfier d'eux-mêmes. Maintenant, Érythrée doutait que Tachine pût manquer une cible aussi évidente, à condition bien entendu qu'elle disposât d'une arme et qu'elle s'en servît. L'arme n'existait peut-être pas – en tout cas, elle était impalpable –, mais il était possible de se battre pour qu'elle ne servît pas. Et cette bataille ne pouvait être qu'orale.

Le jour déclinait. Érythrée était au cœur du nouveau quartier, près de l'appartement qu'elle s'était choisi sans être sûre d'en avoir jamais l'usage, dans un gymnase que Lapis Lazuli achevait de sculpter et qu'il avait aménagé, pour elle, de quelques agrès provisoires et d'une fine cascade d'eau le long d'une draperie violacée. Elle avait laissé l'angoisse croître doucement dans son ventre et, quand elle n'avait plus eu qu'elle pour repère, elle s'était mise à courir.

Elle avait traversé les muqueuses de l'AnimalVille tête baissée, les griffant superficiellement pour bien marquer sa détermination. Puis elle avait martelé les rues d'une allure de sprinter, abandonnant à l'embiote le soin de gérer l'anoxie dont elle asphyxiait ses muscles, se contraignant à grignoter, mètre à mètre, les secondes superflues.

Quand elle atteignit l'édifice, après vingt minutes de course, il ne lui restait plus que le souffle pour grimper les deux étages. Elle le fit lentement, marche par marche, concédant deux minutes à l'embiote afin qu'il nettoyât son organisme des toxines les plus stressantes. Les lamelles d'os crissèrent sous son poids.

L'appartement était vide. Elle en fit le tour deux fois, s'attardant dans les recoins que la Ville marquait de son odeur avant de se décider à poser la question inutile :

– Tachine n'est pas là ?

Lapis Lazuli répondit du tac au tac :

Non, mais elle t'a laissé un mot. Je le récite ?

Au-dessus de l'AnimalVille, les étoiles se levaient. La jeune fille s'accouda à une fenêtre du salon et hocha la tête.

– Récite.

Ma chérie, j'ai finalement pris la décision de t'accompagner. Je vais donc consacrer ma nuit à faire mes adieux. Ne m'attends pas.

Deux nuits d'affilée, Érythrée n'était pas rentrée. C'était suffisamment inhabituel pour que Tachine eût la certitude que sa fille *savait*. De toute façon, elle avait soigneusement veillé à ce que le Judas de Contre-ut fût informé. Cela lui avait au moins permis de vérifier l'intuition que ce Kemsk n'était pas le traître que Doniets croyait.

La troisième nuit, la dernière avant la transduction, Tachine avait à son tour choisi de découcher. C'était pour elle la seule façon d'échapper à la discussion qu'Érythrée ne pouvait plus repousser, une manière de se prémunir contre les remords, la compréhension ou la compassion que le dialogue risquait d'entraîner. Elle ne voulait pas avoir à revenir en arrière. Or, Lapis Lazuli avait été catégorique : une fois qu'il les aurait transduites près de la supernova, elles n'auraient aucune possibilité de communiquer avec lui ou d'exiger la transduction retour avant la mort des étoiles.

Le Ban sera tellement perturbé que vous pourriez ne jamais rentrer. En tout cas, il est probable que votre retour prenne des semaines, le temps que de nouveaux nœuds se constituent et que nous puissions nous y accorder.

– Combien de semaines ?

Cinq, dix, cent, je ne sais pas. Jamais le Ban n'a été aussi complexe. La probabilité que certains nœuds se retournent sur eux-mêmes est élevée à chaque maille. Beaucoup d'entre nous estiment que toute la structure va se resserrer et que de nombreuses mailles vont se fondre entre elles, simplifiant la topologie générale du Ban. Si cela s'avérait, il ne nous faudrait que quelques jours pour l'appréhender. Personnellement, je considère cette estimation comme relevant du mysticisme le plus obscur et je ne vois aucune raison de se réjouir de… les astrophysiciens Mécanistes utilisent le terme de « rétraction ». En gros, cela signifie que le Ban se refermerait sur lui-même, comme s'il s'enroulait dans sa coquille pour occuper le moins d'espace-temps possible. Les Mécanistes ont calculé que la phase de rétraction durerait autant que la phase d'expansion, toutefois leurs théories s'appuient sur une mauvaise interprétation des forces gravitationnelles. L'erreur est d'un facteur mille, et ce n'est pas la seule.

– Euh… tu parles de l'effondrement de l'univers, c'est ça ?

Tu es inquiète, Tadj ? Rassure-toi : l'univers tel que vous le définissez n'existe pas et notre conception du Ban est parfaitement mesquine.

Cela ne répondait pas à la question, mais les AnimauxVilles ne répondaient jamais aux questions, surtout lorsqu'il s'agissait du Ban. Tachine s'était contentée de l'imprécision relative au retour des Retrouvailles. « Plusieurs semaines » lui semblait une fourchette satisfaisante. Elle avait confié un message à Lapis Lazuli pour Érythrée, puis l'AnimalVille l'avait transduite vers Brumée.

Vingt fois, Érythrée tenta de joindre Tachine par son com, mais soit Tachine avait mis le bip en sommeil et ne contrôlait pas le témoin lumineux, soit elle refusait tout appel pour échapper aux adieux qu'elle n'avait pas elle-même choisis. La cinquième fois, Érythrée avait laissé l'indicatif de son com pour que sa mère sût qu'elle l'avait appelée; la vingtième, elle se décida à laisser un message:

« J'ai besoin de te voir. Rappelle-moi. »

Après une heure sans réponse, à bout d'impatience, elle demanda l'assistance de Lapis Lazuli.

– Dis-lui que je veux lui parler. Dis-lui que cela ne peut pas attendre demain et que...

Elle est dans une autre Ville.

Érythrée s'en doutait depuis un moment.

– Tu sais laquelle, non ? Fais transmettre le message.

Je peux tenter la démarche, mais elle est inhabituelle et j'essuierai une fin de non-recevoir.

– Essaie.

Érythrée perçut l'hésitation de l'AnimalVille, mais elle se fourvoya sur la nature de cette hésitation. Il la détrompa immédiatement:

C'est inutile... Tachine a lu ton message.

– Maintenant ?

Quelques secondes après que tu l'as envoyé.

– Alors pourquoi n'a-t-elle pas appelé ?

Il n'y eut pas de réponse, il n'y en avait pas besoin. Érythrée avait fini par comprendre: Tachine ne voulait pas lui parler, pas maintenant.

Pendant douze ans, Jdan avait habité Tourmaline, le plus jeune AnimalVille de la communauté artefactrice. En début de semaine, il avait déménagé sans prévenir personne. Tachine avait mis quatre jours à trouver sa nouvelle adresse: sur l'agora de Brumée, dans un appartement surplombant le musée des horreurs dont il craignait d'accroître la collection. Elle se doutait déjà que son ectomorphose s'était achevée, elle considéra que le choix du musée confirmait la *naissance* d'un sympathe.

En se transduisant vers Brumée, Tachine s'était attendue à se retrouver dans un couloir de tissus conjonctifs devant la porte chitineuse d'un appartement lugubre, envahi de peaux mortes. Elle émergea dans une rue recouverte de poussière d'os, face au musée de cristal, devant un portail de brume qui préservait ses yeux de ce qu'il recelait.

– Merde ! jura-t-elle. Je me serais volontiers passée de ça, Brumée.

Désolé, Tadj. Il passe toutes ses journées et la moitié de ses nuits ici. Et comme j'ai déjà eu du mal à le convaincre de te recevoir, je ne lui ai pas suggéré de le faire chez lui. Il dit que, de toute façon, personne ne connaît le musée mieux que toi.

– Il y a des années que je ne suis pas venue.

Neuf ans, quand j'ai admis le père de la petite.

– Géniteur.

Géniteur, si tu veux. Tu le lui as dit ?

– Lui dire quoi, Brumée ? Que j'ai toujours su le nom de l'amant qui a participé à sa conception et qu'elle peut aller le visiter dans sa gangue de carbonite ? Qu'il n'a jamais voulu s'intéresser à elle parce qu'il refusait l'idée même de son existence ? Qu'il refusait d'ailleurs tout ce qui ne menait pas à sa propre fin ? Crois-moi, la perspective d'avoir été conçue lors d'une copulation collective... à votre image, en quelque sorte... cette idée-là l'amuse bien davantage.

Je comprends. Je pensais seulement que tu allais craquer.

La franchise de l'AnimalVille n'avait aucune candeur. Il en usait pour provoquer un sentiment de défi, préparant Tachine du mieux qu'il pouvait à affronter la résurgence d'émotions lointaines et douloureuses, elle qui avait été si longtemps insensible aux affres du Musée (à l'époque où elle prétendait en devenir la conservatrice), avant de le voir engloutir, coup sur coup, son frère et le géniteur d'Érythrée. Rien d'humain ne pouvait conserver la mémoire de Brumée, elle l'avait appris en vomissant jusqu'à ses entrailles.

– J'entre, laissa-t-elle tomber.

Le voile de brume se déchira par le milieu avant de se volatiliser d'un coup, révélant la première statue, celle de la première artefactrice à s'être abandonnée à l'embiote. La statue avait cinq siècles, Tachine la connaissait depuis trente ans, si intimement qu'elle eût pu en réciter les formes de mémoire, ligne à ligne, tant elle s'était imprégnée d'elle dans l'espoir de comprendre.

Pourquoi ?

Pourquoi une jeune femme avait-elle composé sa destruction comme on compose un tableau ? Comment avait-elle pu briser les interdits, les peurs, pour s'offrir en exemple à l'histoire de la communauté et créer *le* précédent ?

Elle s'était appelée Marienka, elle n'était plus qu'un arbre figé élançant ses membres surnuméraires et sa chevelure vers le plafond de cristal, un arbre de six mètres de haut dans lequel on devinait encore des yeux, un nez, une bouche, autant de loupes et de nœuds d'un bois dont on disait qu'il n'avait cessé de suinter des larmes de résine. Et il était vrai que, par endroits, sur l'écorce, la carbonite avait emprisonné quelques gouttelettes de pleurs inhumains. La fin de Marienka était presque belle, mais sa beauté n'excusait aucune des morts hideuses que son suicide avait autorisées.

Derrière Marienka, se dressaient ses émules. Onze gosses qui ne totalisaient pas trois siècles à eux tous. Onze damnés qui avaient cru l'horreur créative. Tachine s'avança entre eux sans leur accorder un regard. Elle n'avait pas besoin de les revoir, elle se souvenait précisément de leurs agonies. Il y avait celui dont le crâne fondait sur les épaules. Il y avait celui qui se fouillait les tripes de ses deux mains. Il y avait celui truffé d'épines qui étaient autant d'os. Il y avait celle qui était un fœtus et qui rampait dans sa sanie, celle qui hurlait en se dévisageant de ses deux têtes, celle qui n'avait plus d'articulations, celle qui n'était plus qu'articulations... Onze artistes témoins de leur absence de talent, onze folies devenues démences par bravade et par ignorance, onze morts librement consenties mais jamais acceptées, les dernières, en quelque sorte, qui avaient été des choix, puisque les suivantes, dans toutes les allées, n'étaient que des naufrages.

Deux mille six cent vingt-trois naufrages en cinq siècles, dont la moitié s'étaient produits dans les trente dernières années, le tiers depuis que Tachine n'était pas retournée dans le musée. Et Jdan pensait qu'elle en était une *spécialiste* ! Elle n'eût même pas été capable de le rejoindre si Brumée ne l'avait pas guidée vers lui.

Elle le trouva au bout d'une allée qui s'achevait en impasse sur la plus effrayante statue qu'elle avait jamais vue. De loin, c'était une masse de plus de huit mètres de largeur, un amas grouillant de têtes, de torses et de membres évoquant une orgie pornographique. De près, cela ressemblait à un charnier, une fosse invisible dans laquelle on aurait précipité des gens vivants qui se seraient entre-dévorés pour survivre, inutilement, quelques jours de plus que raisonnable. Les corps se mutilaient les uns les autres : les bouches arrachaient à pleines dents, les dents rongeaient au-delà de l'os, les membres transperçaient les organes, les organes s'étreignaient, s'emmêlaient, se confondaient.

Tachine s'arrêta à dix mètres du *tableau*, incapable de faire un pas de plus. Elle avait déjà vu de rares statues de couples ayant sombré du même désespoir. Mais là, au moins six artefacteurs s'étaient abandonnés à leurs embiotes dans une seule intolérable composition.

C'est ma dernière entrée, se manifesta Brumée. *Seul Jdan l'a vue depuis que Girasol me les a transduit.*

« Bon sang ! » répliqua Tachine (mentalement, pour ne pas alerter Jdan qui n'avait toujours pas perçu sa présence). « Comment un truc comme ça a-t-il pu se produire ? »

Ils se sont regroupés avant d'être totalement possédés. C'est un réflexe de peur, je crois.

« De peur ? Merde, Brumée ! Ils sont en train de se bouffer ! »

Ils étaient, Tadj. Ils étaient. Apparemment, l'un d'entre eux s'est mis à sécréter une substance hallucinogène qui leur tenait lieu d'antalgique. Les autres l'ont imité. Ils ont commencé par se lécher, se mordiller et se ronger les ongles, puis les embiotes ont pris le dessus. Girasol est intervenu dès qu'il l'a pu.

Tachine ferma les yeux et serra les dents. Elle savait bien ce que signifiait : « dès qu'il l'a pu ». Deux mille six cent vingt-trois artefacteurs étaient passés par là, attendant qu'un AnimalVille pût, et elle avait attendu avec l'un d'eux. Il fallait que l'embiote ait acquis la maîtrise totale de son symbiote humain, ne lui laissant plus qu'un cauchemar pour identité, avant qu'un AnimalVille le transduise vers Brumée et que celui-ci le sacralise à jamais sous un film de carbonite. Cela pouvait durer des mois. Elle, elle avait regardé son frère crever pendant neuf semaines sans trouver la force de l'achever. Elle n'avait pas pu le faire de ses mains, c'eût été courir le risque que son propre embiote se syntonise avec celui de son frère, si encore ce dernier n'avait pas été plus fort qu'elle. Elle n'avait pas davantage trouvé d'arme ou de piège qui lui eussent permis d'abréger cette agonie à distance. La communauté s'interdisait toute arme. Elle n'en avait conservé aucune d'avant la Dispersion, elle n'en concevait pas. Elle s'en remettait ironiquement aux embiotes pour préserver ses membres d'agressions qui ne pouvaient être qu'étrangères. Il y avait un prix à payer.

Quand elle rouvrit les yeux, Jdan s'était retourné et la regardait comme s'il la voyait pour la première fois, parce que c'était la première fois qu'il la voyait aussi désemparée qu'il se savait l'être.

– Ça ne va pas ? s'inquiéta-t-il en s'approchant d'elle.

Tachine dut produire un effort pour retenir son sourire et conserver le masque blême que ses pensées avaient abattu sur ses traits. Jdan avait une faiblesse pire que son tempérament dépressif : il était incapable de résister à la détresse d'autrui. User de sa compassion pour le tirer de sa morbidité paraissait une bonne stratégie.

– J'ai eu de meilleurs moments, lui répondit-elle sur le ton de l'aveu.

Quand il l'atteignit, elle éprouva un léger vertige de honte. Avant qu'il s'approche, elle avait aperçu sa maigreur, ses yeux sans lumière, son teint hépatique, puis elle avait décelé la touffe de poils gris nichée dans ses cheveux de cendre, au creux de son cou, juste sous son oreille droite, et elle avait focalisé son attention sur le sympathe. Maintenant qu'elle l'avait à portée de souffle, elle sentait l'acétone dans son haleine, elle lisait l'urée dans le sang qui injectait le blanc des yeux, elle voyait la sueur de plusieurs jours s'efforcer de combler des rides de vieillard. En fait, il était *si bas* que l'embiote, épuisé par la récente ectomorphose, ne parvenait plus à entretenir son organisme.

– Je constate que tu pètes toi aussi la pleine forme, ironisa-t-elle d'une voix lasse.

Il se contenta de hausser les épaules, l'attrapa par un bras pour la forcer à se retourner et à s'éloigner de la dernière acquisition de Brumée.

– Ce truc n'est pas ce qu'il y a de mieux pour se remonter le moral, argua-t-il.

Profitant qu'il ne la regardait pas, Tachine libéra enfin son sourire. Oui, il était au fond du gouffre, et oui, elle pouvait l'aider à remonter. Il lui suffisait d'avoir mal, un peu, à des endroits qu'il se sentait capable d'atteindre.

« Brumée ! héla-t-elle la Ville. Pourquoi l'as-tu laissé dans cet état ? »

Quel état ? L'embiote le maintient en vie et le sympathe commence à jouer son rôle. Que tu sois venue ou non, il aurait vite repris une existence normale.

« Dans le musée et avec cinq ans d'avenir ? »

Pour ça, je savais que tu viendrais.

Brumée était sur un mode de conversation que Tachine connaissait sur le bout des doigts et qui n'aboutissait jamais à rien avec aucun AnimalVille. Elle évita de le relancer. De toute façon, d'allée en allée, Jdan l'avait menée jusqu'à un endroit qu'il jugeait propice à une discussion et il s'était arrêté. Il s'était même assis, sur la margelle d'une fontaine qui, au début du siècle précédent, avait été une femme, une très vieille femme.

– Anaï, la nomma Tachine. Anaï Lenka, la doyenne de Brumée.

Anaï Lenka n'était pas seulement l'artefactrice qui était entrée au musée à l'âge le plus avancé, elle était aussi celle qui portait le moins de traces de ses souffrances. Son interminable vie, à laquelle elle avait mis un terme par l'absurde, lui avait probablement épargné le pire des douleurs. Deux cent douze années d'existence s'étalant sur quatre siècles, et l'agonie, au bout, n'avait pu être qu'un soulagement. Anaï, en tout cas, se dressait au milieu du bassin d'os calcifié que Brumée avait modelé pour elle. Depuis ses jambes soudées l'une à l'autre pour ne former qu'un pied, une base parfaitement cylindrique, elle s'élançait vers les étoiles comme une stèle torsadée, la colonne démesurément allongée, vrillée depuis la dernière jusqu'à la première vertèbre. Au sommet de ce monolithe d'un noir de jais, le visage d'Anaï n'avait pas de traits, le menton, les joues, les pommettes prolongeant naturellement le cou. Elle n'avait plus ni lèvres, ni bouche, ni oreilles, juste un embryon de nez et deux yeux immenses qui contemplaient le monde en pleurant. Ses larmes étaient deux sources que Brumée avait rendues perpétuelles. Ses larmes étaient de paix. L'endroit était merveilleusement choisi.

Tachine s'installa en tailleur devant Jdan, puis, au moment où elle se demanda comment elle allait lancer la discussion, il le fit pour elle :

– C'est ta fille, le problème ?

Consciemment, Tachine se félicita de la perche : aucun sujet ne pouvait mieux la servir qu'Érythrée. Inconsciemment, elle se laissa emporter par ses préoccupations et répondit à la question : Non, ce n'était pas sa fille, pas directement, et ce n'était même pas Contre-ut, mais elle ne le découvrit qu'en s'expliquant, dès les premiers mots.

– C'est son investissement dans un truc comme Contre-ut, oui. Pas Contre-ut spécifiquement, tu comprends ? Mais ce que ça représente : le groupe, les objectifs, les outils, la méthode. En soi, rien n'est moins extraordinaire ; nous-mêmes et je ne sais combien d'autres avant nous avons constitué ce type de lobby politique. Sauf que Contre-ut est le premier groupe de pression spécifiquement dirigé contre les bases et les principes de la communauté. C'est d'ailleurs pour ça que nous avons réagi si violemment… et je pèse bien le mot « violemment ». D'instinct, nous avons tous levé nos boucliers, et l'analyse, superficielle ou poussée à l'extrême, confirme notre intuition : la collectivité est en péril parce que des gosses irresponsables s'efforcent de la dissoudre en nous subtilisant son attention par la démagogie. Jusque-là, tout est limpide. À défaut de savoir comment agir, nous savons ce que nous avons à faire et nous percevons bien, mais un peu tard, l'urgence de la réaction. Aliéva se plante, Doniets se plante, vous vous plantez tous et je me retrouve, en dernière ligne, dépositaire de votre impuissance… face à ma gamine… que je croyais bien connaître. Merde ! Je te jure que ça fait mal !

Après cette tirade plus longue qu'inattendue, Jdan se pencha un peu vers elle pour lui offrir son regard à incendier, si elle avait besoin d'incendier. Elle avait démarré au quart de tour et il se sentait coupable, tant et si bien que le sympathe, le nez sous son lobe, se mit à ronronner sa compassion de sympathe : une décharge courte mais pure de tendresse et de compréhension, le pardon de ceux qui ne saisissent des maux que leur odeur.

– Nous savions la claque que tu allais prendre, dit-il. C'est pour ça que nous avons attendu le dernier moment.

Tachine souffla par le nez.

– Je ne vous reproche rien.

Plusieurs fois – elle n'avait pas compté –, elle avait senti l'aiguillon électrique du com, qu'elle portait à la ceinture, chatouiller son ventre. Elle avait réglé l'appareil pour qu'il le fasse chaque fois qu'on tentait de la joindre. Il ne devait biper que lorsqu'on lui laissait un message. Elle se doutait qu'autant d'appels en si peu de temps ne pouvaient provenir que d'Érythrée, une Érythrée frustrée qui finirait par émettre un message. Le com, donc, finit par biper. Elle le porta à hauteur de ses yeux, lut ce qu'affichait l'écran et le raccrocha à sa ceinture.

« J'ai besoin de te voir, rappelle-moi. »

Tachine s'était attendue à tiquer à la lecture d'un message de ce genre, à ressentir l'envie irrésistible de céder et de mettre un terme à ce jeu idiot. Pourtant, elle n'éprouva qu'un tendre amusement, l'impression que quelque chose de raisonnable se produisait. Jdan ne sembla prêter aucune attention à l'interruption, en tout cas ne s'en formalisa-t-il pas.

– Je n'ai pas de reproche à vous faire, répéta-t-elle, et, à dire vrai, je ne suis pas mécontente que cela se soit déroulé ainsi… C'est ça mon problème. Aucun de vous ne connaît personne de Contre-ut, et surtout pas Doniets qui croit connaître Kemsk ! Moi, je connais ma fille. Je ne dis pas seulement que je la connaissais ou que je pensais la connaître avant d'apprendre qu'elle animait Contre-ut. Je dis que je la connais bien, mieux peut-être qu'elle ne se connaît, un peu comme si je l'avais faite, si tu vois ce que je veux dire…

Jdan eût volontiers consenti une esquisse de sourire, pour marquer le coup, mais il était trop ébahi et Tachine poursuivait :

– Parce que, dans ma frénésie maternelle, dont beaucoup ont dénoncé l'égoïsme, je *l'ai* faite. Doniets lui a même reproché de trop tenir de moi ! Trop, Jdan, ça veut dire beaucoup, plus quelque chose.

En étant un peu tordu, on peut tourner ça en : je-Tachine suis quelque chose de moins qu'Érythrée. La différence qui nous intéresse, c'est que, moi, je n'ai aucune envie de foutre notre communauté en l'air.

– Ça fait une sacrée différence, non ?

Ce n'était pas tout à fait le bon ton (Jdan manquait encore de conviction), néanmoins Tachine souligna la remarque d'un rictus railleur.

– Je n'en doute pas, mais si c'est la seule, c'est que l'une de nous deux a raté une marche ou qu'un truc déconne sérieusement au royaume des Anarques. Et le meilleur, c'est que les deux propositions ne sont pas exclusives. En me démenant pour comprendre pourquoi ma propre fille jouait les terroristes, j'ai découvert que ce n'était pas moi qui avais raté son éducation, mais elle qui ne faisait pas la mienne. Je me suis tellement investie dans ce que je voulais lui offrir, que j'ai oublié de lui permettre de m'empêcher de vieillir... vieillir dans le sens de vieux con, tu auras corrigé.

Jdan avait corrigé.

– Nous sommes tous des vieux cons, fit-il, mais cela ne me dit pas où tu veux en venir.

Tachine jeta un regard à Anaï Lenka, s'attardant sur les scintillements de l'eau bruissant le long de son corps, et le ramena sur Jdan.

– Je vais démolir Contre-ut... ou je l'ai déjà fait, mais cela ne se verra pas avant quelques semaines... et je vais m'efforcer de convaincre Érythrée qu'elle utilise des armes mortellement dangereuses. Le hic, c'est qu'elle n'attend que ça et qu'elle en conviendra sans sourciller, de la même manière que je devrai admettre qu'elle ne se trompe pas de cible.

Jdan eut une moue d'incompréhension.

– Avec ou sans Érythrée, il y aura d'autres Contre-ut, l'éclaira-t-elle. Avec ou sans Contre-ut, Érythrée poursuivra son objectif.

– D'accord. Ça, je comprends. C'est ta fille et tu crains d'être... *que vous* soyez dans une impasse.

Pour la seconde fois de la soirée, le com bipa. Tachine lut le message d'un œil distrait et ne rangea pas l'appareil.

– Notre communauté s'effondre sous son propre poids, énonça-t-elle d'une voix songeuse en réponse à la *compréhension* de Jdan. Parce que l'artefaction et l'autarcie sont incompatibles, parce que l'anarchie et l'individualisme sont incompatibles, parce que la symbiose et l'anthropie sont incompatibles... et parce que plus la collectivité croît, plus ses contradictions, que nous avons toujours vécues, deviennent invivables. Érythrée a fait un choix: l'explosion plutôt que l'implosion. Je prends tout juste conscience qu'il y a longtemps que j'ai... que *nous* avons fait le choix inverse, et sans le reconnaître pour ce qu'il est. En clair, nous sommes... *je suis* engagée dans un processus d'autodestruction et, contrairement à Ryth, je ne peux pas l'assumer et encore moins le favoriser. C'est le vieux, vieux, dilemme du sacrifice nécessaire: aider à mourir ou euthanasier, brûler ce qu'on a adoré pour adorer ce qu'on a brûlé. L'alternative est inacceptable, le procédé est syllogistique. Voilà où j'en suis, Jdan. Je rejette en bloc notre inertie et je ne laisserai pas Contre-ut foutre le feu, mais je n'ai pas la moindre idée, pas le plus petit projet, pas l'ombre d'une proposition. Quant à mes relations avec ma fille, je n'ai jamais été vraiment inquiète.

Elle se releva et plaça le com sous le nez de Jdan. Il affichait:

« Au fond, tu as raison. Nous avons joué chacune de notre côté. Il faut laisser la partie se terminer sans nous. Nous aurons alors le temps de parler d'autre chose. Je t'aime. »

Érythrée s'était étendue dans la fourrure du salon, avait fermé les yeux et s'était laissé porter par son constat: Tachine refusait la discussion.

Elle n'avait aucun doute sur la ponctualité du refus. Elle avait besoin de comprendre ce qu'il cachait. Au début, parce qu'elle l'interprétait comme une fuite, elle estima qu'il était un aveu, celui d'une faiblesse ou d'une impuissance. Un moment, elle berça sa rêverie de cette illusion, mais elle ne trouva aucune logique pour l'alimenter. Si Tachine n'avait pas été en mesure de malmener Contre-ut, elle eût au contraire recherché le dialogue dans l'espoir de découvrir ou de provoquer une faille. Or elle se verrouillait, de sa propre initiative. Elle avait donc la certitude d'en finir avec Contre-ut, à condition qu'Érythrée ne déjouât pas la manœuvre.

« Que sais-je faire mieux qu'Ereiev ? Non : mauvaise pioche ! Que sais-je d'elle qu'Ereiev ne peut pas deviner ? C'est ça ! Bien sûr que c'est ça ! La différence entre lui et moi, c'est que je connais Tachine ! Elle a préparé quelque chose que je saurai reconnaître… Non, non, non ! Que je reconnaîtrai rien qu'en discutant avec elle. »

Cela ne l'avançait pas. Il y avait trois jours qu'elle forait dans cette direction, se demandant comment cette mère qu'elle connaissait si bien pouvait agir, et il y avait trois jours qu'elle savait le problème inextricable.

La toison de Lapis Lazuli jusqu'aux oreilles, le corps immobile, maintenant détendu, Érythrée soupira et, d'une pirouette mentale, écarta l'incidente Contre-ut de sa réflexion. Parce que, virtuellement – elle le comprenait enfin –, Contre-ut n'existait plus, en tout cas tel qu'elle l'avait connu et animé, que sa disparition ne concernât qu'elle ou, par la grâce de Tachine, qu'elle devînt effective pour l'ensemble de la Communauté.

Cette discussion, qu'elles avaient toutes deux retardée, était forcément une confrontation, celle d'idées, de points de vue, d'analyses, de stratégies, dont aucune d'elles ne pouvait sortir intègre. Elles étaient trop proches, elles n'avaient pas besoin de se convaincre, seulement de se montrer combien elles percevaient différemment l'univers. Enfermées dans le même infini de poche, elles se heurteraient aux mêmes murs. Seules les perspectives changeraient. À peine. Alors elles prononceraient d'une seule voix des mots antinomiques qui exprimeraient les mêmes angoisses.

Tachine n'avait pas peur de concéder, elle ne voulait pas être la seule à franchir le pas et elle ne voulait pas qu'Érythrée refusât de sauter sous prétexte de préserver Ereiev et Contre-ut. Ce qu'Érythrée eût fait, en bonne samaritaine que Tachine lui avait appris à être.

« Boucle bouclée, songea-t-elle. Nous aurons chacune brûlé les arrières de l'autre et rien à épargner. Nous serons libres de nous affronter seules et ailleurs pour ce qui nous tient à cœur. »

En proie à une excitation soudaine, Érythrée redressa le buste d'un seul élan et saisit le com sur la table.

Tachine savait ! Tachine voyait la fin qu'elle avait pressentie et elle admettait qu'elle fût irrémédiable. Ce qui les opposait encore n'aurait plus aucun sens quand s'allumerait la supernova.

« Au fond, tu as raison... » commença-t-elle son dernier message.

Biologiquement, les sympathes n'étaient pas classables et personne ne doutait qu'ils fussent uniques en leur genre, mais cela n'expliquait rien de ce qu'ils étaient : le fruit animal de la relation unissant les artefacteurs à leurs embiotes. Ils ne portaient toutefois aucun gène humain et aucun stigmate embiotique, comme si la combinaison organique constituant les artefacteurs produisait, synthétisait ou usinait un nouveau matériel biologique, quelque chose évoquant vaguement une hélice d'ADN et d'ARN mêlés qui s'organisait toujours selon les mêmes arrangements. Il existait ou il avait existé des milliers de sympathes, ils se ressemblaient tous jusqu'au moindre enchaînement de nucléotides, cinq nucléotides, dont deux étaient absents du génome humain et deux autres étrangers à l'architecture génétique des AnimauxVilles.

Les sympathes étaient vivants, ni moins qu'un animal, ni plus qu'une infosphère, et ils manifestaient des émotions ou exprimaient des résultats d'équations sans qu'aucune des deux propositions soit décidable. Ils s'alimentaient de molécules que leur unique organe neuro*digestif* transformait en particules, dont beaucoup n'étaient que des déjections et dont quelques-unes se chargeaient de messages empathiques. Leur intelligence n'excédait pas celle d'un brin d'herbe ; pourtant, par les ponts affectifs qui la liaient aux esprits humains, ils magnifiaient l'intelligence de ceux-ci en les apaisant. Les sympathes étaient une sorte de béatificateurs doux, poilus et tièdes, qui ronronnaient un bonheur parfaitement épanouissant. Pour leurs artefacteurs, il fallait les offrir très vite, sous peine de sombrer dans une extase perpétuelle qui s'achevait un sale matin dans le musée de Brumée.

Parce qu'il est plus facile de parler à un animal, même chimérique, qu'à un brin d'herbe, Jdan avait donné un nom au sympathe. Il l'avait appelé : Borgia, et s'était promis de ne jamais s'adresser à voix haute à lui.

Borgia n'avait jamais manifesté que son apprentissage de l'empathie : de vagues ronronnements, une douce chaleur, quelques éclairs de tendresse. Depuis dix minutes, il ronronnait sans interruption, comme si Tachine avait enfoncé le bouton qui lui permettait de fonctionner à plein rendement. Avec la sérénité dont le sympathe le gavait, Jdan se redécouvrait une acuité et le vertige qu'elle entraînait. Il planta son regard dans celui de Tachine, debout devant lui, et plissa les yeux.

– Je ne sais pas si je dois me sentir flatté ou vexé, lâcha-t-il, mais je suppose que, pour toi, ce n'est pas très important. Que tu me parles de ta fille pour me parler de moi est toutefois assez inconfortable. Suis-je si immature ?

Par-dessus le bruit de l'eau moulant le corps d'Anaï Lenka, Tachine entendait si fort le ronronnement de l'embiote qu'elle ne pouvait pas se tromper sur l'état psychique de Jdan : il s'éveillait aux polypeptides que sécrétait son hypophyse; sous peu, l'embiote libérerait des amphétamines dans son système nerveux central.

– Il y a longtemps que je ne considère plus ma fille comme quelqu'un d'immature, dit-elle.

– Tu as très bien compris ce que je voulais dire.

– Alors c'est toi qui ne m'as pas comprise. Je ne suis pas plus inquiète pour toi que pour ma fille. D'ailleurs, je n'ai pas à l'être et aucune compétence pour juger de ce qui vous convient. Et puis, c'est moi qui donne les leçons de civisme, tu te rappelles ?

Jdan grimaça.

– Quelle est la leçon du jour ?

– Que nous le voulions ou non, l'avenir de la Communauté va se jouer autour d'une supernova, au milieu d'une formidable partouze d'AnimauxVilles...

Jdan se redressa avec une telle vivacité que le sympathe manqua chuter de son épaule et que Tachine s'interrompit, bouche bée.

– Tu veux que je t'accompagne aux Retrouvailles ! Tu veux que...

(Il s'étouffait presque, de stupeur, de rage irréfléchie et d'une gratitude involontaire qui redoublait sa fureur.) Tu essaies de me manipuler, tu… Jamais, tu m'entends ? C'est hors de question ! Je ne tolérerai pas… et, de toute façon, aucune Ville ne m'a proposé… Tu… Bordel, Tadj ! Fous-moi la paix ! Lâche-moi ! Casse-toi ! Laisse…

Dix secondes, le sympathe à moitié désarçonné avait cessé de ronronner, puis il reprit son office et Jdan retomba sur la margelle, l'œil effaré, le souffle aussi précipité que s'il sortait d'apnée, les tempes en sueur. Tachine s'avança, s'accroupit devant lui et posa les avant-bras sur ses cuisses.

– Si je ne m'abuse, commença-t-elle doucement, tes poumons te brûlent et ton cœur tape à plus de cent cinquante. Je ne serais pas non plus étonnée que tu aies un voile devant les yeux et envie de vomir. Rien qu'un petit accès d'hypoglycémie, au demeurant, une légère défaillance de l'embiote.

Il avait encore blanchi et haletait. Tachine poursuivit sur le même timbre très calme :

– À vue de nez, je dirai que tu es un peu près du bout du rouleau. Évidemment, si tu réussissais à te malmener pour affaiblir suffisamment l'embiote, tu aurais une chance de t'éteindre bien avant de devoir lutter contre lui dans l'espoir d'échapper au Musée. La mort comme palliatif à la mort est certainement un exercice intéressant, mais c'est quelque chose de totalement irréaliste avec un sympathe sur l'épaule qui t'offrira toute la quiétude voulue pour que tu recommences à prendre soin de toi. Demande à Brumée : la moitié de ses statues ont partagé cinq ans l'existence d'un sympathe. Bref, et pour revenir à ce dont tu m'accuses, je veux bien reconnaître que je ne te regarderai pas crever d'un œil serein, quelle que soit la méthode pour laquelle tu opteras. Toutefois, si je te demande effectivement de transduire vers la supernova, c'est que, d'un point de vue politique, je te crois indispensable là-bas, que tu en profites ou pas pour te débarrasser de ton bestiau ronronnant. Maintenant, concernant les Animaux-Villes, j'en connais au moins deux qui, pour ne pas blesser ta susceptibilité, n'ont pas osé t'inviter aux Retrouvailles. Comme personnellement je me contrefiche de tes états d'âme, je le fais en leurs noms. Point.

Elle se releva.

– Tu m'excuseras, mais cet endroit me flanque le bourdon. Alors, étant donné que je ne tiens pas à rentrer chez moi, et si tu n'y vois pas d'inconvénient, je vais t'attendre dans ton appartement.

Il ne lui accorda pas même un regard. Elle tourna les talons et se dirigea vers la sortie du musée. Dans les allées, elle défia toutes les statues d'un regard mauvais.

« C'est à toi de jouer », adressa-t-elle à Brumée en franchissant le sas. « J'ai fait mon boulot, fais le tien. »

La Ville se contenta de lui renvoyer un soupir.

CHAPITRE 5

Artefactions

La transduction ne fut pas instantanée ! Érythrée en eut une certitude immédiate et organique. Elle ne se souvenait pas d'avoir ressenti les cinq secondes de décalage, mais elles étaient inscrites à l'intérieur d'elle-même, dans l'horloge dont l'embiote se servait pour réguler son métabolisme. Cinq secondes et une légère nausée, et l'impression absurde d'avoir été dématérialisée… tout ça pour quelques milliers de parsecs… si seulement il existait un rapport entre la logique du Ban et les distances. Elle eût aimé en parler avec Lapis Lazuli.

Il n'y a pas de rapport. Disons que certaines mailles sont plus entortillées que les autres et que la supernova a tendance à courber le Ban pour son seul usage. Le tout crée de menues distorsions.

Un AnimalVille inconnu, mais Érythrée ne s'était pas attendue à autre chose. Au moment où elle allait formuler une question, il lui subtilisa la parole.

Nous discuterons plus tard. Pour l'instant je m'apprête à transduire vers la supernova et, crois-moi, ce n'est pas une sinécure.

En descendant de l'estrade sur laquelle elle avait surgi, Érythrée acquiesça muettement, par réflexe. C'était un peu comme si elle venait de découvrir la salle avec ses tables, ses chaises et la vingtaine d'artefacteurs qui patientaient en la dévisageant. Parmi eux, qui marchait vers elle pour l'accueillir, il y avait un sourire qu'elle connaissait bien.

« Bonjour, Maman », pensa-t-elle.

– Bonjour, Tadj, dit-elle.

Elles s'embrassèrent, comme il convenait, avec peut-être juste un peu moins de chaleur qu'elles ne le souhaitaient. Il y avait une gêne dont aucune d'elles ne pouvait pas ne pas avoir conscience. Cette gêne, Érythrée décida de la briser avant que sa mère ne l'entraîne vers la table d'où elle s'était levée.

– Je te jure que je ne t'embêterai plus avec ça, dit-elle, mais j'ai tellement tourné et retourné la question dans tous les sens que je ne peux pas attendre. (Ses yeux pétillaient d'une excitation sincère.) Comment comptes-tu mettre Contre-ut à genoux ?

Il n'y avait aucune arrière-pensée dans la question, il n'y eut aucun atermoiement dans la réponse.

– En signant Contre-ut des aphorismes de ma seule plume... un bon millier programmés sur des mots clefs pour parer à toutes les réactions de ton copain. Le premier devrait d'ailleurs parasiter le Réseau d'ici six heures. Je sais que ce n'est pas très... euh... fair-play, mais tu ne m'as pas laissé beaucoup de choix. En tout cas, Ereiev n'a aucune chance de s'en dépatouiller. Tu viens ? J'ai quelqu'un à te présenter.

Érythrée hocha deux fois la tête, la moue admirative, puis elle suivit Tachine vers l'homme livide sur l'épaule duquel s'agrippait un sympathe. Elle connaissait ce visage comme celui d'un Anarque (mais le mot avait-il encore un sens ?) susceptible de succéder à Doniets dans l'animation d'un *club* politique. Il s'appelait Jdan. À la façon dont il regardait Tachine s'avancer vers lui, il n'était pas possible de dire s'il la haïssait ou s'il en était éperdument amoureux. Néanmoins, elle ne le laissait sûrement pas indifférent.

« Il ne manquait plus que ça ! » songea-t-elle.

Par les artefacteurs Organiques, l'AnimalVille se faisait appeler Turquoise, mais chacun des rameaux de l'humanité le connaissait sous un autre nom dont il leur réservait l'usage. C'était ainsi que Tachine l'avait présenté.

« En fait, avait-elle ajouté, Turquoise a pratiquement autant de noms qu'il connaît de créatures intelligentes... et je doute que cela se cantonne à l'humanité et aux AnimauxVilles. »

Tachine ne s'était pas plus étendue sur le sujet que Turquoise ne l'avait fait. À l'évidence, cependant, elle le connaissait aussi bien que lui paraissait la connaître. Il régnait même, entre eux, une connivence dérangeante. Érythrée en avait été la première gênée, comme si, après vingt ans passés dans son intimité, elle découvrait que sa mère possédait plusieurs existences d'avance sur elle, dont quelques-unes s'étaient vécues durant sa propre vie. Ce n'était que par égard pour le malaise des autres qu'elle s'efforçait de ne pas montrer le sien.

Par égard, et aussi parce que, à l'exception de Tachine, elle était la seule à entrevoir l'enjeu des Retrouvailles. Or là, dans l'une des salles que Turquoise avait creusées dans ses entrailles pour les accueillir, la mise réelle que jouait l'humanité autour de la supernova était presque palpable.

Une dixième fois en quelques minutes, Érythrée promena son regard au-dessus des tables et accrocha le visage des vingt autres élus.

Sa mère d'abord, fraîche, frémissante, facile, enfin libérée. Oui, c'était cela : libérée, libre de jaillir et de rayonner, belle à effacer la supernova d'un seul sourire.

Jdan, à sa droite, entre elles, et sa boule de poil sur l'épaule qui n'en finissait pas de ronronner. Un Jdan si pâle qu'aucune terreur ne le toucherait plus. Il tenait la main de Tachine et, doucement, leurs mains se soudaient, la peau de Jdan coulant sur celle de Tachine, leurs chairs se fondant depuis le poignet pour ne plus distribuer que cinq doigts.

« La peur et la compassion », évoqua Érythrée, et elle s'étonna de ne ressentir aucune spoliation, elle qui n'avait jamais vu d'homme dans le lit maternel.

Jdan n'était pas le seul à avoir peur. Cinq autres fronts presque translucides transpiraient des émotions s'étalant de l'inquiétude à l'effroi. Tous palpitaient comme palpitaient les veines à leurs cous. Tous dénonçaient la vie qu'ils portaient malgré eux et qui n'attendait qu'à éclore d'un ronronnement satisfait. Tous étaient masculins.

Adossées à d'autres chaises, appuyées sur d'autres tables, quatre artefactrices boursouflaient de flux plus calmes. L'une n'avait plus ni cheveux, ni cils, ni sourcils. Une autre se frottait régulièrement l'excroissance entre ses omoplates. Une troisième se pliait régulièrement de douleurs abdominales et ses yeux pleuraient des larmes de sang. La dernière souriait béatement, quarante centimètres sous le sommet de son crâne oblong. Elles souffraient de douleur, de démangeaison ou de difformité et elles attendaient, patiemment, que leurs corps se libèrent des artefacts. Comme les cinq hommes, aucune n'avait plus que quelques jours à attendre.

« Nous tolérons mieux l'artefaction que vous », songea Érythrée à l'adresse de ceux-ci et de Jdan. Mais elle se savait injuste.

Les neuf autres *voyageurs*, comme elle, avaient déjà achevé leurs ectomorphoses et portaient leurs artefacts sur eux. Sur eux, mais pas *en* eux. Elle avait aperçu deux perles d'une nacre parfaite et deux cristaux aux formes étonnantes, et elle avait entendu parler des cinq autres artefacts. Comme elle encore et comme ceux qui parvenaient au terme de leur ectomorphose, tous avaient transduit vers la supernova dans l'espoir de rencontrer celui ou celle qui mériterait leur don.

Érythrée porta la main à la bourse qui pendait entre ses seins et recelait son artefact : sa bille noire, sa balle de suie, son problème à elle.

Tous avaient quelque chose à offrir, presque impérativement.

« Sauf toi, maman. »

– Tu disais ?

Un instant, Érythrée se demanda si Turquoise avait fait part de ses réflexions à sa mère, puis elle en écarta l'idée comme la dernière des absurdités et se souvint de ses dernières paroles. Elle les répéta :

– Je ne sais pas si le groupe que nous formons ici est représentatif de ce que nous sommes collectivement, mais je comprends que cela ne soit pas très engageant pour un regard étranger.

Tachine sourcilla :

– Essaies-tu de nous dire que nous ne sommes pas très beaux à voir ou que tu te ressens, toi, comme étrangère à la communauté ?

– Ce que je ressens et ce que nous montrons se ressemble étrangement, Tadj. La différence entre mon point de vue et celui que peut avoir un membre d'un autre rameau, c'est que, moi, je sais que nous ne sommes pas contagieux, en tout cas qu'il ne peut pas exister de contagion interespèce.

– Mais que nous sommes bel et bien malades, c'est ça ? s'immisça Jdan.

Érythrée lui jeta un regard où se mêlaient autant de pitié que de mépris.

– Dans toutes leurs acceptions, la présomption et le préjugé se développent aussi par contagion, Anarque Jdan. Chez nous, ce sont de véritables endémies et nous sommes infoutus de développer le moindre anticorps contre elles.

– C'est pareil partout, se rebiffa Jdan.

Cette fois, Érythrée lui décocha son sourire le plus mielleux.

– Même cause, même effet. Puisque nous le savons, qu'attendons-nous pour y remédier ?

Elle se leva avec l'intention de quitter la table, mais Tachine l'arrêta :

– Si nous sommes incapables de discuter entre nous, sur quelle base discuterions-nous avec les autres ? L'intolérance ?

Érythrée se rassit, se positionna comme si elle s'apprêtait à un long débat et répondit :

– Bien sûr, Tadj : l'intolérance ! Évidemment, l'intolérance ! C'est la seule chose que nous avons en commun. Mais je ne te parle pas de celle qui nous oppose, rameau contre rameau. Je te parle de celle que nous entretenons, indépendamment, à l'intérieur de nos propres collectivités, par crainte de devoir évoluer et par crainte que l'évolution ne soit un changement tel qu'il nous spolie de nos privilèges personnels. Tu vois, quand vous me dites que partout c'est pareil, qu'aucun des rameaux n'échappe à ses propres limites et que tous souffrent de leurs travers respectifs, nés de leur confort exclusif, j'entends seulement que chacun d'eux engendre sa ou ses très contestataires Érythrée, avec leurs très subversives envies de mettre un terme aux siècles de bonheurs collectifs qui ont produit autant de misères individuelles. Ce sont ces intolérances qui m'intéressent, celles qui sont nées des réactions auto-immunes de l'organisme.

– Pour reprendre ta métaphore biologique, ma chérie, je te signale, si tu comptes leur proposer une greffe, que les greffons sont encore meilleurs candidats au rejet que…

– Qui te parle de greffe ? Ne sommes-nous pas déjà, nous artefacteurs, des créatures transgéniques ?

Tachine estima qu'elle avait bien cherché le frisson glacé qui lui remonta des reins jusqu'à la nuque, mais cela ne la rassura pas.

Symbiases

CHAPITRE 1

Symbiases

Nadiane était furieuse au dernier degré. Complètement sursaturée, tous signaux confondus. Elle avait l'impression que sa rage envoyait des impulsions à travers tous les capteurs de son scaphe, qui auraient dû gicler vers le rouge. Mais les voyants bavardaient émeraude, insensibles à l'état de ses nerfs. Elle avait envie de donner des coups de pied partout, ce qui, en quasi-apesanteur, ne servait strictement à rien. Envie de hurler, sans personne à l'autre bout du Réseau. L'horreur totale.

Tout ça à cause de ces maudits nanones qui s'obstinaient à muter au lieu de faire correctement leur boulot. La dernière nanotechno, hyperstable, un coefficient de redondance multiplié par mille, promis-jurécraché ; mon cul, oui ! Rien que du bruit blanc et de la bouillie de données à douze mille crédits le microgramme.

Elle finit d'amarrer le Tapis Volant à la surface grumeleuse de l'astéroïde. Un câble à l'anneau de proue, deux autres sous le ventre de l'engin, près des propulseurs à plasma. Au-dessus de sa tête, le ciel sombre était encombré de cailloux flottants, immobiles sur le fond noir piqueté de rares étoiles. L'essaim était constitué d'environ soixante mille objets qui dérivaient à la même vitesse. De la glace sale ou de la roche sans intérêt, rien d'exploitable à l'exception du bloc qu'elle avait sous les pieds.

Le Tapis Volant flottait à trois mètres au-dessus de la roche noire, remplie de trous gros comme le poing. Les nanones métallurgistes auraient déjà dû tout bouffer, digérer les oxydes et pondre des microbilles de métal pur à la place de ce gros tas de caillasse. Quelque chose avait foiré. *J'ai huit heures de retard sur mes connexions, le réservoir de données de secours est en train de s'avarier et j'ai la queue qui me gratte,* songea Nadiane en s'agenouillant près d'une cavité un peu plus large que les autres. *Je leur facture double tarif à partir de maintenant !*

Elle examina les parois en grossissement maximum. Le mince film biométallique du scaphe était parfaitement opaque, tissé d'un seul tenant pour des raisons de solidité, et elle ne percevait le monde extérieur qu'à travers ses capteurs. Ceux-ci étaient disposés en couronne autour de sa tête, au niveau des genoux et au bout de ses doigts. Le système de traitement d'information était situé au creux de son dos, juste au-dessus de la naissance du flagelle de transmission. Là où ça la démangeait le plus.

Elle subvocalisa une rafale d'instructions et l'amas de cailloux flottants disparut du ciel. Puis elle passa en mode Micro/Macro. La cavité sous ses doigts s'agrandit et elle eut l'impression de tomber dans une bouche sans fond. Guidés par les échos des ondes radio, des doigts virtuels fouillèrent les cavités microscopiques forées dans la roche, à la recherche de nanones survivants.

Elle fut incapable d'en trouver un seul.

Nadiane explora ainsi l'équivalent d'un demi-mètre carré en un peu moins de trois heures. Théoriquement, le scaphe pouvait satisfaire ses besoins physiologiques durant trente-six heures, sans interruption. Cela n'avait pas grande signification : aucun connecté ne supportait de rester à l'écart du Réseau plus de quatre heures. La privation de données générait une sensation d'oppression, bientôt suivie de démangeaisons intolérables accompagnées de mirages olfactifs. Puis les signaux corporels s'affolaient. La personne enfermée dans le scaphe se noyait dans sa propre sueur ou s'étouffait avec sa salive après avoir vainement tenté d'avaler sa langue.

Nadiane possédait une résistance exceptionnelle à la déconnexion. Cela faisait d'elle la prospectrice la mieux payée de Symbiase Quatre et lui valait une solide réputation d'asociale. Mais son record de plongée hors Réseau était de deux cent douze minutes et elle approchait dangereusement du seuil de sécurité.

– Fin de l'exploration dans huit minutes et retour immédiat à bord, en mode automatique, émit-elle. Ordre non annulable pour raison de sécurité personnelle.

Elle commençait à sentir sa propre odeur...

– Rapport sur l'astéroïde 9-AX-6124 de l'essaim mineur 14. Ensemencé il y a 101 jours standard par moi-même. Aucune trace des nanones. Je passe en mode recherche à large spectre, tant pis pour d'éventuels survivants. Il y a quelque chose de bizarre, et ça va vous coûter gros !

La totalité de la surface du scaphe se mit à émettre des radiations dures dont les échos brouillés rebondirent sur les radars du Tapis Volant. Face à un tel bombardement, tous les nanones allaient gicler en une microseconde en laissant derrière eux une signature énergétique bien reconnaissable, qui pourrait être analysée plus tard par les intelligences du Réseau.

Les faisceaux destructeurs s'interrompirent au bout d'une poignée de secondes. Nadiane secoua la tête, médusée : la surface de l'astéroïde était vierge de toute trace.

On m'a piqué mes nanones !

Sous l'énormité du choc, elle se sentit basculer. Le signal de sécurité bourdonna contre ses tempes, déclenchant un feu d'artifice d'étincelles. Le pilote automatique du scaphe prit aussitôt le relais et envoya des ordres dans sa moelle épinière à travers les connexions de son flagelle. Elle sentit ses jambes se relever et se mettre en marche. Le casque s'opacifia et les capteurs se déconnectèrent l'un après l'autre tandis que ses mains décrochaient les goupilles d'amarrage du Tapis Volant et ouvraient le sas. Seuls demeurèrent les indicateurs de signes vitaux, parfaitement verts, et le décompte des secondes avant le décollage d'urgence.

Nadiane n'entendait rien, ne sentait rien. Lorsque le scaphe s'ouvrit, à l'abri de la coque, et qu'une pince articulée se saisit de son flagelle pour la reconnecter au réservoir de données, elle poussa un gémissement presque inaudible et se mordit la joue jusqu'au sang. Un bras recouvert de mousse tira sa langue hors de sa bouche pour éviter qu'elle ne s'étouffe. Avec tendresse et impartialité, les intelligences artificielles du Tapis Volant veillèrent sur elle durant le long voyage de retour vers le Réseau central.

Avant même que l'archipel des Symbiases n'apparaisse sur les détecteurs longue portée, les murmures du Réseau lui parvinrent au milieu du bruit de fond. Le flux de données fraîches, soigneusement filtrées, ranima Nadiane. Elle se soumit au rituel des paliers de décompression numérique et laissa le Réseau s'immiscer jusqu'aux extrémités de ses terminaisons nerveuses. Puis, lorsqu'elle en fut capable, elle abaissa le seuil de son flagelle au minimum et dépolarisa les parois du Tapis Volant afin de se brancher sur le vide.

À chaque sortie, Nadiane entendait les étoiles lointaines bavarder entre elles, sur la bande de l'hydrogène. C'était un de ses secrets. Les réservoirs mémoriels du Tapis Volant étaient suffisamment larges pour emmagasiner l'équivalent d'un noyau réseau de classe trois, données et I.A. associées. Elle aurait pu se connecter avec les personnalités synthétiques que les fournitures spatiales lui avaient livrées pour le voyage, s'immerger dans le flux électronique qui circulait, au même titre que l'oxygène, dans les circonvolutions du vaisseau. Oublier l'extérieur, oublier le vide.

Au lieu de quoi, elle écoutait les étoiles. Et, certains jours, elle avait même l'impression de les comprendre.

Lorsque les souvenirs envahirent son esprit, elle ne chercha pas à les filtrer et leur permit de défiler en désordre.

Heure : quart nocturne 3-12-2, lieu : tore extérieur, premier quadrant, près du sas désaffecté qui servait autrefois pour les amarrages manuels. Joanelis l'avait traînée là, malgré les interdictions formelles du groupe parental, en raison de sa situation privilégiée de grand frère. Et parce que Nadiane y serait allée un jour ou l'autre, simplement parce que c'était interdit et dangereux. Du haut de ses sept ans, elle considérait le monde qui l'entourait comme une matière malléable, passive, qu'il fallait modeler en tapant dedans, le plus fort possible.

La procédure de sécurité était si vieille que le flagelle de Nadiane l'effaça accidentellement en cherchant à la contourner. Il fallut activer certaines commandes à la main (elles étaient heureusement conçues pour des doigts) et perdre des secondes à pousser ou tirer des leviers récalcitrants. Tout ça pour atterrir dans un réduit sombre, aux murs bosselés, dans lequel il n'y avait rien.

Sans lui laisser le temps de râler, Joanelis l'avait tirée jusqu'à la paroi du fond incrustée d'un écran ovale. Il s'était planté devant, le nez contre le verre.

En s'approchant, Nadiane avait distingué sur le fond noir de l'image un petit groupe de points brillants. La résolution n'était pas terrible mais c'était mieux que les murs peints.

– J'ai le visuel, avait déclaré Nadiane d'un ton ennuyé. Où est-ce qu'on se branche pour le reste ?

– On ne se branche pas ! C'est le vrai truc.

– Le quoi ?

– La réalité. L'extérieur, les étoiles…

Joanelis lui avait laissé la place. Nadiane était juste assez grande pour profiter du hublot, dont la surface glacée lui irritait le nez. Elle avait écarquillé les yeux, en réception maximum, et les points brillants s'étaient incrustés sur sa rétine jusqu'à ce que des larmes lui brouillent la vue.

– Elles ont l'air fragiles, murmura-t-elle en reniflant.

– Tu veux rentrer ? rétorqua Joanelis.

– Non.

Et, pour la première fois d'une longue série, elle demeura plantée de l'autre côté du verre, incapable de s'éloigner.

L'archipel surgit sur les moniteurs à l'instant prévu et envahit peu à peu la totalité de la vue. La chaîne de stations était formée de quatre unités achevées et d'une cinquième en construction. Chacune d'elles avait la forme d'un gyroscope reposant sur une base circulaire renflée, incrustée d'antennes et de losanges réfléchissants. Une toile de câbles tissée entre les pôles, tout autour de l'anneau équatorial, permettait de déployer des pans de voiles photoniques en fonction de la demande énergétique.

Les bases flottaient l'une derrière l'autre, alignées avec précision par des lasers de mesure. Elles tournaient lentement sur elles-mêmes, parfaitement synchronisées, tandis que des milliers de silhouettes en scaphe tissaient un ballet d'informations entrecroisées le long des nervures de métal des anneaux. Un vernis électroluminescent recouvrait certaines sections, où s'affichaient en succession serrée les pixels de synthèse émis par le Réseau. L'ensemble était d'une beauté à couper le souffle, aussi fragile qu'un chapelet de larmes gelées, aussi parfait. Seule, Symbiase Cinq, l'île inachevée aux entrailles apparentes, rompait avec la régularité de l'ensemble.

Le Tapis Volant la contourna pour atteindre sa destination et Nadiane compta les segments pressurisés qu'une nuée d'ouvriers assistés d'araignées artificielles était en train de mettre en place. Les travaux avançaient au rythme prévu ; d'ici un an, elle aurait la possibilité d'émigrer vers un logement de grande taille, peut-être même équipé d'une baignoire.

Tous les sas d'accueil de Symbiase Quatre étaient pleins ; Nadiane était la dernière à rentrer, comme d'habitude. Le Tapis Volant s'encastra dans un tube déformable qui se coula autour de la forme du vaisseau et le digéra. À l'autre bout, le rapport qu'elle avait réseaudiffusé devait avoir déclenché un remue-ménage digne de sa réputation. Elle n'avait jamais renoncé à sauter à pieds joints sur les fourmilières quand ça en valait la peine, et les nanotechnos étaient classifiées Stratégique 1…

Curieuse de voir le comité d'accueil qu'on lui avait réservé, elle n'attendit pas l'immobilisation complète du Tapis et s'extirpa de la coque par une pirouette désinvolte, une fraction de seconde à peine avant le déclenchement des jets de nettoyage. Elle retomba en souplesse sur le quai et salua, un sourire moqueur aux lèvres.

Seul, un faible battement de mains lui répondit, tandis que Joanelis surgissait de l'entrée d'un couloir, entre deux techniciens pressés qui le bousculèrent presque.

– Tu sais qu'ils ont changé les procédures de désinfection depuis deux décajours, petite sœur ? l'accueillit-il avec une sévérité feinte.

On utilise des jets bactériens au lieu du produit habituel. La peau est dévorée en moins d'une milliseconde.

– Désolée, j'ai dû manquer l'info ! (La vieille plaisanterie parvint à peine à dérider le jeune homme maigre, au nez exagéré, qui était à la fois son frère biologique, son meilleur ami et la personne qu'elle avait le plus souvent envie de chatouiller jusqu'à ce qu'il perde son air sérieux.) Je ferai attention la prochaine fois, crachéjuré. Tu es venu seul ?

– Le Conseil t'attend...

– Sainte Toile ! J'ai le temps de prendre une douche ?

Il secoua la tête et s'approcha à la toucher. Elle se glissa à l'intérieur des bras tendus, sentit les doigts de Joanelis se poser légèrement sur sa nuque. Pendant qu'il lui embrassait la joue, ses phalanges tapotaient une séquence complexe, au rythme si rapide qu'il parvenait à tromper les systèmes de surveillance qui enregistraient chaque instant de la vie de Symbiase Quatre afin de le rendre accessible à tous.

Le message était codé sur cinq niveaux; chaque couche de sens s'enroulait sur elle-même à la façon d'un coquillage fractal. Malgré son entraînement, elle perdit plusieurs secondes à le déchiffrer. Ce qu'elle en tira la surprit tellement qu'elle en chercha la confirmation dans le regard de Joanelis.

Au fond de ses yeux verts dansaient des paillettes dorées. Il était au-delà de la colère. En ce moment même, disait son message, le Conseil au complet était en réunion avec un seul point à l'ordre du jour: Nadiane. Il n'en savait pas plus. *Cette fois, ma fille,* songea celle-ci avec une pointe de frousse, *on dirait que le stade du sermon et de la fessée est dépassé.*

– Tu ferais mieux de te presser, dit Joanelis en l'entraînant dans le couloir.

À l'entrée du secteur de sécurité, leurs flagelles s'entremêlèrent brièvement puis il la quitta sans un mot. Nadiane savait qu'il se brancherait en direct sur la réunion, par un de ces tours de magie numérique dont il était coutumier, mais il ne pourrait rien faire pour elle.

Elle prit une profonde inspiration et se pencha au-dessus du lecteur optique qui authentifia son tracé rétinien. Elle sentit qu'on la déconnectait du reste du monde. Un puits s'ouvrit sous ses pieds et elle atterrit en douceur au milieu de l'arène du Conseil.

Au centre d'un millier de capteurs. Et d'une vingtaine de regards !

Tandis que son flagelle se lovait au fond du berceau beige qui lui servait de siège, Nadiane leva les yeux et ses yeux firent lentement le tour de l'hémicycle. La vue qu'elle en avait était fragmentaire, éclatée. Vingt-deux visages, dont la peau grisâtre était vierge de symboles, la contemplaient depuis des berceaux semblables au sien.

Le Conseil siégeait rarement de façon formelle; ceux qui le constituaient étaient trop occupés par ailleurs. Dans l'Archipel des Symbiases, la politique était une fonction qu'il fallait accomplir afin de s'en débarrasser, au même titre que le recyclage des ordures. Paradoxalement, cela rendait le Conseil terrifiant car il était l'émanation de tout le système; ses décisions étaient sans appel.

Nadiane connaissait intimement tous les Conseillers à travers le Réseau, comme n'importe quel habitant des Symbiases, mais elle ne reconnaissait qu'une demi-douzaine de visages. À l'extrême bord de l'hémicycle se tenait Ohayon, qui savait dialoguer mieux que personne avec les I.A. et dont la fonction principale était la surveillance radar. Près de lui, Amejevo, qui s'occupait de bébés et qui régnait sur l'ordonnancement des bases de données globales du Conseil. La vieille Hazène, architecte en jardins suspendus, portait en permanence un masque de filtration qui la protégeait des brouillards de produits nutritifs. Elle était aussi experte en conciliation et savait définir des compromis multidimensionnels pour des groupes de plusieurs dizaines de milliers de personnes, en temps réel. Enfin, l'immense et filiforme Iainzo, un mosaïste extraordinaire, capable d'assembler des centaines d'éclats d'images disparates en une vision d'une beauté jamais vue, et qui était le coordinateur du Projet Éternité. C'était à cause de lui que tout avançait si lentement, se plaignait souvent Joanelis, mais c'était aussi grâce à lui que le projet avait une chance d'aboutir.

Elle aurait pu les observer simultanément au moyen du Réseau; chacun d'eux y était présent en totalité, ouvert par nécessité, lisible. Au sein du Conseil, il n'y avait pas d'autre pudeur que celle de la pensée; la sueur elle-même était déchiffrable. Pourtant, Nadiane choisit de les affronter de face et ne put croiser aucun regard.

Sainte Toile, qu'est-ce qu'ils me veulent ?

Elle choisit d'attaquer de front :

– Quinze grammes de nanones qui disparaissent, ça me paraît une urgence de classe I, désolée. Je maintiens mon analyse : il s'agit d'un vol qui aurait dû être détecté !

– INCIDENT CLOS.

– Quoi ? (Elle en oublia sa frousse.) Vous croyez quoi ? Qu'ils se sont détruits eux-mêmes ? Un suicide collectif de nanodrones, c'est ça ? Ou alors ils se sont révoltés contre leurs créateurs et ont fabriqué un vaisseau assez grand pour les emporter tous ?

Une sphère de vingt-six point trois centimètres de diamètre suffirait. L'information, calculée en temps réel par les intelligences du Réseau, monta automatiquement à ses lèvres, suivie de la mention *hypothèse en dessous du seuil de probabilité admissible.* Elle la cracha comme une injure supplémentaire.

– INCIDENT CLOS. CECI N'EST PAS À L'ORDRE DU JOUR.

Le souffle coupé, Nadiane secoua la tête. Elle sentit son flagelle se raidir sous l'afflux d'un bloc d'informations denses qui mobilisa la totalité de sa concentration. Avant qu'elle ait pu se ressaisir, le berceau se referma sur elle et la plus grosse partie de ses processus vitaux fut prise en charge par les machines, de façon à libérer l'essentiel de son cerveau. La part d'elle-même qu'elle réservait à ses rêves fut soigneusement isolée et le reste de son esprit fusionna avec le Réseau.

Lorsqu'elle releva les yeux, plus rien ne la séparait du vide.

L'AnimalVille libre qui planait au-dessus du téton d'accès de Symbiase Un avait déjà rétracté sa couronne de filaments charnus. La jonction était proche. Des hologrammes d'information glissaient sur l'écran noir du ciel, masquant les étoiles. La Ville se faufila au milieu d'eux et s'accrocha à l'ancre de chair que lui tendait la Base. Un double flux d'échange de données se forma entre les deux organismes, tandis que les couleurs pâlies des hologrammes habillaient la peau de l'AnimalVille d'un tissu de symboles aussitôt effacés.

Sans transition, Nadiane eut une vision. Deux étoiles asymétriques tournoyaient lentement, enserrées dans un lacis d'arcs lumineux qui jaillissaient de leur équateur. Au centre du nuage de gaz, d'étranges pulsations animaient les cœurs de matière dense, qui battaient à l'unisson. L'image était reconstruite en niveaux de couleurs, à partir de longueurs d'onde ultra basses. Un disque d'accrétion se forma peu à peu, tandis que l'étoile la plus dense volait de la matière à sa compagne et lui arrachait sa couronne rougeâtre.

Puis la perspective changea une fois de plus. L'étoile double s'éloigna, se fondit dans un amas de points colorés sur lequel se superposa un treillis de lignes vertes. Chaque nœud du treillis oscillait à son rythme et les géodésiques tridimensionnelles s'enfonçaient à travers l'amas, comme aspirées par un trou noir.

– KDT 1822+17 est sur le point de devenir une supernova, murmura une voix désincarnée. C'est un système binaire constitué à l'origine de deux super géantes rouges dont l'une est en train d'avaler l'autre. Leurs spectres de Fraunhöfer présentent des perturbations et des raies d'isotopes caractéristiques, ce qui nous a permis de les détecter. Nos prévisions montrent qu'elles fusionneront au stade fer-1 dans moins de six semaines. La dynamique de l'effondrement gravifique provoquera l'explosion une poignée de secondes plus tard.

« N'oubliez pas, ajouta la voix, que nous n'en sommes qu'au commencement…

Nadiane sortit de sa transe pour découvrir qu'on lui avait fait don du silence. Son flagelle était muet. C'était à elle de parler et nul membre du Conseil ne se risquerait à interrompre ses méditations. Jusqu'à ce qu'elle ouvre la bouche, elle était devenue le point focal du Réseau.

Elle se massa les tempes d'un geste machinal. Avant de disparaître, le flot de données reconstituées avait abandonné derrière lui le souvenir d'un soupir, d'une fragilité clairement affirmée face à la destruction à venir. Elle sut qu'avant que le Conseil se termine, elle aurait donné un nom à l'étoile.

– Jusqu'où s'étend la zone d'influence de la supernova ? subvocalisa-t-elle à l'intention des intelligences du Réseau. Y a-t-il d'autres informations que je suis censée posséder ?

Quelle est la réponse que je dois donner ? Et qu'est-ce que je fous là, moi ?

Au moment où la pensée prit forme, elle sut que la réponse à la deuxième question ne dépendait plus d'elle. Le Conseil l'avait choisie pour ce qu'elle était, en toute connaissance de cause. Quoi qu'on lui propose, la seule réponse qu'elle pouvait donner était oui. Mais elle devait d'abord découvrir la question.

Tel était le test : trouver ce qu'on lui voulait. *Et, accessoirement, un moyen de refuser, si nécessaire. Si seulement Joanelis avait pu m'en dire un peu plus.*

– Le nom de l'étoile renferme ses coordonnées galactiques standard, transmit le Réseau. Il se décode comme suit : ascension droite 18h 22mn, déclinaison 17°. Le secteur concerné par l'explosion est inhabité. L'éclat de la supernova ne sera pas visible depuis les Symbiases avant quatre cent soixante-douze ans.

Mauvaise piste.

– En quoi suis-je... Non ! (*Du calme, ma fille, construis au lieu de douter.*) Je raisonne à haute voix : l'arrivée des données sur la mort de l'étoile a été précédée de l'accostage d'un AnimalVille. Celui-ci s'est produit le ? (L'information était prête et jaillit instantanément, ce qui était bon signe.) Durant ma dernière mission, donc. Cette supernova a quelque chose de particulier ? (*Non. Mauvaise question.*) De quand date la précédente ? (*Cent trente ans après l'Exode, époque des premières retrouvailles.*) Bien, donc je...

Et l'évidence la frappa. Elle savait, intellectuellement parlant, que les novæ sont rares dans le secteur occupé par l'humanité, et que les supernovæ sont plus rares encore. Pourtant, elle avait supposé que cela s'était déjà produit de nombreuses fois depuis la construction de l'archipel des Symbiases. Ou, plutôt, elle ne s'était jamais posé la question. Les étoiles ne sont pas censées mourir quand on les regarde.

Bientôt aurait lieu la deuxième supernova depuis que les AnimauxVilles avaient permis à la race humaine de se scinder en branches séparées. Et cette séparation s'était assortie d'une promesse de retrouvailles régulières. Dont le signal serait donné par la mort d'une étoile.

Les premières Retrouvailles avaient plus été un bide qu'un échec, s'il fallait en croire les archives (*information confirmée*). Les souvenirs de la guerre ayant entraîné la Dispersion étaient trop vivaces dans l'esprit de ceux qui s'étaient retrouvés autour de la naine blanche. Seule réelle proposition de la rencontre, la constitution d'un Réseau étendu à tous les Rameaux, suggérée par les Symbiases, avait été purement et simplement ignorée.

Ce que Nadiane savait se réorganisa suivant un ordre de complexité plus élevé. Les informations qui circulaient le long de son flagelle acquirent une vie propre. Elle interrogea le Réseau, plus pour confirmer ce qu'elle avait deviné que pour chercher des moyens de l'éviter. Sans qu'elle en prenne conscience, elle avait décidé d'accepter.

Lorsqu'elle fut prête, elle prit une grande inspiration, rétablit le mode vocal et demanda d'un ton posé :

– Qu'est-ce qui vous fait croire que je ne serai pas seule à ce rendez-vous ?

Un brouhaha monta du Conseil. Tandis que la réponse du Réseau remontait le long de son flagelle, Nadiane sut qu'elle avait passé le test avec succès.

– NOUS AVONS REÇU UNE INVITATION.

Joanelis la retrouva dans ses quartiers alors qu'elle s'abandonnait aux délices de la douche si longtemps attendue. Il se déshabilla pour la rejoindre dans la minuscule cabine en forme d'œuf, dont les parois repoussaient le brouillard d'eau recyclée. Elle se lova contre lui pour partager le jet brûlant.

Nadiane fredonnait en code. Sous l'épiderme translucide, les pixels de sa peau-interface, en mode interactif, réagissaient à la chaleur et renvoyaient une image d'elle en couleurs dégradées, mouvantes. Le liquide descendait entre ses seins en laissant des traces de morsure écarlate. Ses mamelons dressés entraient en éruption lorsque l'eau les caressait ; des filets de lave rougeoyante coulaient le long des pentes adoucies de sa poitrine.

Joanelis se recula autant qu'il le put afin de contempler le paysage solaire qu'elle avait choisi de revêtir. Il la connaissait par cœur, la décodait avec simplicité. À l'âge indispensable, ils avaient appris ensemble à faire l'amour, virtuellement d'abord puis, une fois ou deux, en direct, lorsque Nadiane avait réussi à l'entraîner dehors. Au moment précis où leur Tapis Volant crevait la couche d'images qui servait de ciel à l'anneau de Symbiase Quatre, elle l'avait pris en elle et lui avait offert les étoiles.

Avec un sourire espiègle, elle leva le visage vers lui. Leurs flagelles s'entretissèrent et il sut où poser les doigts. À la surface du monde, ils échangèrent tout ce qu'ils savaient, tandis que la chaleur de l'eau brouillait les messages de tendresse qui scintillaient sur leur peau.

– Le Conseil est fragile par essence, petite sœur, murmura Joanelis en recueillant de sa main en coupe les perles d'eau qui naissaient de son oreille. Ne joue pas avec eux. Tu es la seule à pouvoir te rendre auprès de l'étoile mourante. Au-delà des faits, il y a les enjeux ; je n'en connais pas la structure.

– Ce serait plus facile si tu te décidais enfin à faire partie du Conseil, se plaignit-elle en se tournant devant le séchoir à air chaud. Tu me frottes les fesses ?

Avec tendresse, il orienta les filets d'air tout autour de la racine du flagelle, là où les mille replis fragiles s'irritaient de la moindre trace d'humidité résiduelle. Il aimait la façon dont le fouet de fibres cristallines, translucides, s'enfichait au creux des reins en prolongeant la courbe du dos. Nadiane était belle comme une antenne parfaite ; elle le savait. Mais, à cet instant précis, elle n'émettait rien d'autre que le pur plaisir de se savoir regardée par lui.

Lorsqu'elle se tourna en s'étirant, il la reprit dans ses bras et enfouit son visage à la racine du cou. Elle se détendit, réceptive, offerte. Leurs doigts tapotèrent simultanément le code de passage en mode sérieux.

Les deux premières secondes furent consacrées à *l'accordage*. Les instants passés loin l'un de l'autre furent échangés avec soin, recopiés dans l'infini de leur mémoire comme des trésors fragiles. Chaque expédition de Nadiane hors du Réseau les forçait à se désapprendre et rendait leurs retrouvailles plus intenses.

« *Tu as impressionné le Conseil,* pianota-t-il à la base de ses reins, *mais je n'en attendais pas moins de toi. As-tu mesuré les implications de ta décision ?*

– Je vais devoir faire une sortie un peu plus longue que d'habitude, vocalisa-t-elle. On m'envoie assister à une supernova en direct.

– Je suis au courant. (*Le Conseil a diffusé l'information brute, sans les éléments d'évaluation qui auraient permis d'en saisir l'importance. C'était présenté comme une nouvelle excentricité de ta part. Très habile.*) Combien de temps seras-tu absente ?

– Je l'ignore... Avec mon Tapis Volant et un réservoir de données de taille suffisante, je peux tenir cent vingt-deux heures hors de la station, en tirant un peu sur mes marges de sécurité.

Le voyage durera près d'un mois, tapota Joanelis, *mais nous t'accompagnerons tous. Les réservoirs de ton nouveau vaisseau sont d'une taille que tu n'imagines pas. D'une certaine façon, tu emporteras tout l'Archipel avec toi.*

Nadiane fit de son mieux pour ne pas accuser le coup. D'un geste machinal, elle décrocha une combinaison propre du placard et la déplia devant son visage. Par-dessus le voile d'étoffe entretissé de fibres optiques et de capteurs thermosensibles, elle cligna des yeux, brièvement, tandis que des visions terrifiantes d'espace nu lui traversaient l'esprit. *Tu plaisantes ?* interrogea son regard.

Joanelis détourna volontairement les yeux.

– Au fait, j'oubliais de te dire : mon record de descente a été enfin battu, et d'une bonne poignée de décimales, en plus ! Je ne suis plus le champion en titre. Ce n'est pas encore officiel car les circonstances sont un peu spéciales mais j'ai bon espoir que l'information soit validée avant ton départ.

– Je ne comprends pas. Ça a l'air de te faire plaisir ?

Beaucoup trop de questions en une, petite sœur. Réfléchis !

Joanelis avait l'habitude agaçante de ne jamais décrire en entier les motifs de la toile d'information qu'il possédait. Il se contentait d'en indiquer les nœuds principaux et laissait son interlocuteur tisser lui-même le reste. Avec Nadiane, il était doublement impitoyable: il créait des *trous* de données, décrivait le motif manquant en creux et forçait Nadiane à tout reconstruire en s'immergeant dedans.

Celle-ci avait appris à nager dans le flux à la façon d'un poisson sensible au courant, mais Joanelis la battait à chaque fois. On aurait dit qu'il prévoyait ce que l'information manquante devait contenir et il jonglait avec les futurs possibles avec une désinvolture prodigieusement énervante. C'était la pratique quotidienne de ce genre de jeux, et l'attitude mentale qu'il requérait, qui lui avait valu de détenir le record d'improbabilité. Record qu'il venait de perdre alors qu'aucun challenger potentiel ne s'était manifesté depuis des lustres.

Le Jeu consistait à élaborer une hypothèse causale *admissible*, mais tellement délirante ou tordue que sa probabilité d'existence était aussi proche de zéro que possible, sans toutefois l'atteindre. Il était facile de fabriquer des hypothèses impossibles, voire raisonnablement improbables. Le génie de Joanelis venait de sa façon de se faufiler entre les limites du raisonnable et du farfelu, au creux des failles de la logique, jusqu'à des profondeurs où personne ne pouvait le suivre. Ses chaînes causales échappaient à toute réfutation, elles n'étaient ni fausses, ni démontrables. Elles étaient juste inadmissibles, inenvisageables, invraisemblables. Et peut-être même vraies.

Un jour où Joanelis s'était senti plus sombre que d'habitude, il lui avait avoué que le Jeu, au niveau où il le pratiquait, était si proche de la folie qu'une décimale pouvait suffire à le faire basculer dans l'irrationnel. Cette fragilité était ce qui lui permettait de gagner. Les machines étaient incapables de croire en leurs propres mensonges et ne franchissaient jamais les garde-fous. Il fallait être humain pour savoir que l'univers était inexplicable et pour refuser en même temps de l'admettre.

Joanelis avait quelque chose d'essentiel à lui faire comprendre… Mais elle devait trouver elle-même de quoi il s'agissait.

Nadiane frissonna. Les mains qui lui massaient la nuque s'écartèrent légèrement, le temps pour elle d'enfiler sa combinaison. L'esprit en déroute, elle s'enveloppa dans l'étoffe réactive et contempla son image dans le miroir qui occupait tout un pan de la cabine de douche.

Dans l'état où elle se trouvait, elle n'aurait pas été étonnée de se voir barbouillée de rouge, d'orange et de violet. Au lieu de quoi, elle ne distingua qu'une ligne vert tendre, nouée autour de son nombril. L'image scintilla brièvement, puis devint floue et se perdit dans le gris uniforme du vêtement. Mais Nadiane avait eu le temps de décoder son reflet et de reconnaître le symbole : une chaîne enroulée sur elle-même, en forme de huit couché.

Cela changeait toutes les données du problème.

Elle fit demi-tour et se jeta dans les bras de son frère qui vacilla sous cette charge inattendue. Ses doigts se rejoignirent sur l'arrière du crâne couvert d'un chaume épais. Elle tapota :

Hypothèse : vous avez créé une intelligence de Turing classe V qui ne s'effondre pas sous ses propres psychoses en quelques heures ; vous avez besoin de moi pour la tester en vraie grandeur sans attirer l'attention. La supernova n'est qu'un prétexte. Vrai ?

Il secoua imperceptiblement la tête et lui mordilla l'oreille, par jeu. L'esprit de Nadiane travaillait à toute vitesse.

– *C'est l'IA qui a battu mon record,* rythma la langue de Joanelis au creux du lobe. *Et c'est une classe VI. Nous ne savons pas exactement ce que nous avons créé mais il a fallu mobiliser la totalité des ressources du Réseau durant la fécondation. Nous avons tous été déconnectés durant près de quatorze secondes afin de permettre à la matrice d'incubation numérique de se développer. Et bébé grandit très vite, tu sais... Il est temps pour lui de voir le monde.*

– *Le projet Éternité ?*

– *Possible. Nous ne le saurons qu'après avoir poussé l'IA jusqu'à ses limites. Et c'est toi qui vas t'en charger.*

– *L'IA. Lia ! Ou Lya ? C'est un joli prénom pour une intelligence que je dois materner autour d'une étoile mourante... Sauf que je ne vois pas pourquoi nous sommes obligés d'aller si loin.*

– *Le rendez-vous existe et, pour des raisons que j'ignore, le Conseil estime qu'il est important que nous répondions à l'invitation. Ne serait-ce que parce que les Mécanistes y seront. Je n'en sais pas plus !*

Avec tendresse, Joanelis écarta les pans de la combinaison au-dessus des fesses de sa sœur afin de permettre au flagelle de pendre librement. D'après leurs conventions, cela signifiait qu'il était temps de revenir au langage articulé, décodable par tous malgré les doubles sens qu'ils pouvaient y enfermer. Nadiane tendit les lèvres et son frère les caressa du doigt. Elle le mordit, sans forcer.

– Je persiste à penser que tout serait plus simple si tu entrais au Conseil.

– Je sais… (Le jeune homme secoua avec regret sa tête ébouriffée.) Mais je n'en suis pas capable. Enfin, pas humainement.

– Tu plaisantes ! Personne ne t'arrive au flagelle pour ce qui est de la gestion prévisionnelle. Ta candidature est si évidente qu'elle ne serait même pas discutée.

– Tu as déjà fermé une porte au mauvais moment ? Par exemple celle d'un sas alors que tes amis sont dehors et qu'il faut les abandonner pour sauver ce qui peut l'être ? Gouverner, c'est en permanence prendre ce genre de décisions. Il n'y a pas de bonnes solutions, juste des gains et des pertes à évaluer. Et le Conseil n'est pas responsable de la situation. Personne ne l'est. La réalité est une matrice dynamique qui évolue en suivant ses propres lois. Je peux prévoir, je refuse de décider. Je ne pourrais pas en supporter les conséquences.

Et je n'aurais jamais pu prendre la décision de t'envoyer au rendez-vous de l'étoile, pianota-t-il sur les lèvres entrouvertes.

Nadiane hocha la tête et il retira sa main. Puis il s'habilla à son tour avec une maladresse touchante. Le corps de Joanelis semblait toujours occuper plus d'espace que nécessaire et ses gestes manquaient de grâce. Nadiane se glissa hors de la cabine en attendant qu'il ait fini. Sur le losange de communications, une rangée d'icônes clignotait pour annoncer des messages en attente. Pendant qu'elle en prenait connaissance, une partie de son esprit révisait l'ensemble des informations en sa possession. Tout se déroulait trop vite : elle ne parvenait pas à croire qu'elle allait quitter l'Archipel pour un voyage de plusieurs semaines. Rien que la quantité de données fraîches dont elle aurait besoin durant un tel trajet était effarante.

Joanelis parlait d'un nouveau vaisseau…

La porte de la salle de bains coulissa en chuintant. Un nuage de vapeur d'eau se déposa sur le losange et brouilla le visage qui y était affiché. Nadiane effaça le message d'un geste impatient. De l'ongle, elle esquissa la silhouette du Tapis Volant sur la buée et l'essuya aussitôt.

– Je dois retourner travailler, lança Joanelis dans son dos. On se retrouve au quart suivant ? J'aurai une surprise à te montrer…

– *Ta nouvelle monture,* compléta-t-il en l'embrassant. *Basée sur un concept de réservoirs numériques au gallium capables de contenir la totalité de l'IA, ainsi qu'un modèle aussi précis que possible de toutes les Symbiases. Il n'y aura pas de données congelées; tu feras le voyage connectée à une simulation de l'archipel et de ses habitants que l'IA se chargera de faire évoluer en temps réel.*

– *Une arche ?*

– *Mieux que cela: une image du monde. Seule, tu ne pourrais pas survivre au voyage.*

Lorsqu'il s'écarta, Nadiane le retint par l'épaule.

– Joanelis, murmura-t-elle, assez fort cependant pour que les capteurs l'entendent. Qui a volé mes nanones ?

– Je l'ignore, ce qui est déjà significatif. L'absence de réponse est une réponse en soi, comme je dis toujours !

– Le Conseil doit le savoir, non ? Mais l'information est si bien classifiée qu'ils ont effacé jusqu'au reflet des reflets. Et moi je dois partir en laissant ce genre de question en suspens !

Elle se retourna d'un bloc et son flagelle cingla l'air chargé de buée. Joanelis souriait, de ce sourire bizarre qu'elle avait appris à décoder comme un signe de colère. *Il sait quelque chose !*

– *Si c'est le cas, ils ont commis une erreur, petite sœur: tu emporteras la totalité de nos mémoires avec toi sur le Nexarche. Les réponses seront là, et moi aussi. Je t'aiderai à fouiller pendant le voyage. Nous aurons tout le temps jusqu'à l'étoile !*

CHAPITRE 2

Symbiases

Dès le premier coup d'œil, Nadiane tomba amoureuse du Nexarche. Joanelis, qui avait anticipé sa réaction, la laissa entrer seule dans la cale d'assemblage située dans la partie la plus renflée du bulbe de la station. Il la regarda avancer sur la passerelle de survol, d'un pas qui ressemblait à une danse d'enfant. Lorsqu'elle se pencha au bord extrême du vide, ancrée par les semelles magnétiques de ses bottes, il sut qu'elle vivait exactement l'instant dont il avait eu envie de lui faire cadeau.

Le vaisseau reposait sur un berceau de titane. Une toile de fibres optiques et de câbles le ficelait au métal, comme si ses créateurs avaient eu peur qu'il ne s'en arrache pour s'enfuir vers l'espace. Il était éclairé par une multitude de projecteurs disposés tout autour de la couronne du plafond. Sa silhouette fuligineuse, effilée aux deux bouts, absorbait la lumière à la façon d'un trou noir. Il était entièrement recouvert de cristaux monomoléculaires, assemblés par des nanones spécialisés, qui transformaient les radiations en énergie directement utilisable par les moteurs. Juste en dessous, des milliards de fibres translucides véhiculaient en permanence des téraoctets de données à une vitesse proche de celle de la lumière. Chaque nœud du réseau ainsi formé possédait une mémoire et des capacités décisionnelles d'un niveau suffisant pour gérer d'éventuelles déchirures et s'autoréparer. Le reste du système nerveux du vaisseau était adapté à la complexité de son pilote, l'IA de classe VI que Joanelis avait baptisée Lya.

La passerelle en spirale épousait la forme du bulbe. Nadiane fit le tour du Nexarche avec excitation, émerveillée par sa taille. À lui tout seul, il occupait les deux tiers du volume de la cale. Le Tapis Volant qu'elle utilisait d'habitude aurait pu tenir tout entier dans un des réservoirs ovoïdes qui pendaient sous son ventre.

Le bulbe était rempli d'échos. Tous les craquements de la superstructure, les plaintes du métal torturé par les facteurs de charge nés de la gravité se réfugiaient ici et rebondissaient interminablement entre les parois. Le point d'origine de l'archipel avait été choisi par les AnimauxVilles. Il était situé à l'écart des étoiles, dans une zone où toutes les influences gravitationnelles s'annulaient à peu près, l'équivalent d'un point de Lagrange stellaire. Lors de la séparation, sept siècles plus tôt, les adeptes de l'immersion réseau avaient symboliquement décidé d'occuper une portion d'espace vide, loin de toute planète. Les Villes seules connaissaient sa localisation exacte sur le Ban et on pouvait compter sur leur discrétion.

Symbiase Quatre, comme ses voisines, avait été bâtie en plein espace et assemblée en une seule fois, suivant la technique mise au point près d'un millénaire plus tôt par la famille Agnelli. Les différents segments du tore, le faisceau triple des axes et des poutrelles, avaient été projetés l'un vers l'autre avec une lenteur calculée au cent milliardième près, de façon à ce qu'ils se rejoignent avec une vitesse nulle. Le métal de chaque sous-ensemble, emporté par son inertie, s'était finalement accouplé aux autres mais des tensions subsistaient. Les fantômes sonores de la naissance de la station demeuraient incrustés dans sa structure; ceux qui vivaient là avaient appris à ne plus les entendre.

Au sommet du bulbe, contre la paroi, pendaient des poches translucides scellées, illuminées de l'intérieur, qui servaient d'ateliers d'assemblage. C'est là que poussaient les cristaux-mémoires, en atmosphère stérile. L'ensemble, vu d'en bas, évoquait les cocons d'un insecte géant, comme ceux dont les jardiniers se servaient pour contrôler la pollinisation des hydroponiques.

Deux files de points lumineux s'entrecroisèrent, sans se heurter, signe d'un changement d'équipe. Les bruits de succion des bottes à ventouses se mêlèrent aux craquements des parois. Dans des moments comme celui-là, Symbiase se fondait en un gigantesque organisme aux millions de cellules, dont le fluide nourricier était l'information.

Lorsque Joanelis rejoignit Nadiane, elle était occupée à examiner le revêtement cristallin du Nexarche. Du bout de l'index, sans appuyer, elle dessinait sur la coque des cercles entrelacés, le front plissé par la concentration. De brefs éclairs scintillaient au sein de la masse de fibres chaque fois que ses doigts touchaient le vaisseau.

– Avec le temps, dit Joanelis en se posant à côté d'elle, tu pourrais apprendre à communiquer de cette façon avec l'intelligence du bord.

– Idiot. Où sont le bouclier thermique et les systèmes de refroidissement ?

Joanelis savoura la question en connaisseur. Les progrès de Nadiane étaient fulgurants. Encore une saison et sa nomination au Conseil ne serait qu'une formalité. À condition, bien sûr, qu'elle le veuille. Mais Joanelis avait confiance en sa sœur ; son caractère la poussait vers l'action, quelle que soit la décision à prendre. Et Symbiase avait besoin qu'on la secoue.

– Le Nexarche ne possède aucun système de protection particulier, petite sœur. Qu'en déduis-tu ?

– Dans le désordre : que le Conseil a trouvé un moyen particulièrement coûteux de se débarrasser de moi ; que ma mission concerne tout autre chose qu'une supernova ; que tu me caches un élément essentiel. (Elle s'étira, le corps tendu.) Je suis fatiguée de penser et ce vaisseau est superbe. Mis à part le fait qu'il ne supportera jamais une température de plusieurs centaines de milliers de degrés.

– Qu'est-ce qui le pourrait ?

– Eh bien…

Les bases de données restèrent désespérément silencieuses. Nadiane ressentit un choc désagréable au niveau de son flagelle. Elle avait tellement l'habitude d'entendre le murmure en toile de fond des intelligences de soutien qui se mêlaient à chacune de ses conversations que ce mutisme soudain la paralysa. Si l'information était disponible, elle jaillissait instantanément. Si elle ne l'était pas, cela signifiait que…

– Il n'est pas possible de s'approcher d'une supernova, énonça-t-elle, étonnée de sentir sa voix trembler.

– Exact. Lors de l'explosion, la matière passe par des états qui échappent à la physique ordinaire. La température dépasse largement le million de degrés et le cœur de l'étoile devient semblable à un creuset d'alchimiste. Rien n'y résiste. L'espace lui-même se froisse sous l'effet des forces gravitationnelles.

« Mais ce n'est pas *ton* problème. Tu ne vas pas affronter une supernova, tu vas juste assister à l'agonie d'une étoile binaire qui explosera bientôt. Tu seras aux premières loges, en compagnie de toute une tribu d'AnimauxVilles qui se rassemble pour saluer l'événement comme il convient. Sans oublier, bien sûr, les autres délégations humaines. Tu me suis ?

– Je m'efforce de te précéder. Question : Comment saura-t-on que l'étoile est sur le point d'exploser ? Je veux dire, avant qu'il soit trop tard pour ficher le camp. Je sais bien que les AnimauxVilles voyagent instantanément mais je n'ai pas de goût particulier pour les marges de sécurité inférieures à la milliseconde.

– Moi non plus, et surtout pas en ce qui te concerne ! La réponse est triple : d'abord, tu disposeras d'un analyseur du spectre neutrinique de l'étoile pour détecter l'approche du stade fer. Une des couches de la coque est formée d'un pavage de cristaux d'iridium ultra-purs, couplé avec les modules de détection du Nexarche. De plus, l'instinct des AnimauxVilles les prévient du danger. J'ai posé la question à celle qui nous a transmis l'invitation. Il semble que le Ban soit si perturbé par la formation d'une supernova qu'il réagisse en se reconfigurant juste avant l'explosion. Pour les sens spatiaux particuliers des Villes, ça correspond à un cri d'avertissement sur toutes les fréquences à la fois. Et enfin…

Il s'interrompit et tendit la main vers la coque. Lorsqu'il la caressa, une série d'idéogrammes lumineux se forma dans le prolongement de sa paume. Il eut un sourire bizarre et retira ses doigts, tandis qu'une ouverture se dévoilait silencieusement.

– J'ai quelqu'un à te présenter.

Dans les secondes qui suivirent, Nadiane fit deux découvertes : la première concernait le vaisseau, qui était dénué de toute interface standard dans laquelle elle aurait pu plonger son flagelle. La deuxième, plus frustrante encore, concernait son frère. Durant son absence, Joanelis était tombé sous le charme d'une autre intelligence que la sienne.

Tandis qu'elle s'avançait dans les coursives tapissées d'écrans plats et de capteurs, elle se sentait sur le point d'exploser. En temps normal, elle aurait admiré les courbes subtiles des parois conçues pour éviter tout angle saillant. Elle aurait joué à capturer les phalènes lumineuses qui se succédaient sur les moniteurs, trop vite pour que l'œil puisse les déchiffrer. Elle excellait à ce jeu : observer, recevoir, intégrer, en court-circuitant sa conscience trop lente. Les données s'empilaient dans les vastes réservoirs de son cerveau et s'organisaient à leur façon tandis qu'elle se contentait de vibrer à leur rythme. Au bout d'un certain temps, elle parvenait à distinguer les couleurs de l'information ; elle en découvrait les textures, en devinait les saveurs. Les instants qui se démultipliaient lui donnaient l'impression d'être immortelle.

Le Nexarche était un jouet merveilleux, tout entier pensé pour qu'elle s'y sente à l'aise. Mais c'était le jouet de quelqu'un d'autre et Nadiane n'y était qu'invitée. Joanelis, par contre, était chez lui, toute son attitude le proclamait. Il s'interfaçait au vaisseau avec le même abandon sensuel qu'avec sa sœur sous la douche. Quand il fit coulisser la paroi d'accès au poste de pilotage *sans même la toucher*, Nadiane pivota brutalement, donna un coup de pied au passage à une console d'où dépassait un bouquet de fibres multicolores et se dirigea vers la sortie.

Ce fut le moment que choisit une présence inconnue pour s'adresser à elle.

Nadiane avait toujours détesté le contact avec les I.A. Celles de classe II, les plus nombreuses, étaient frappées d'idées fixes. Elles raisonnaient sur un ensemble fermé de règles et leur vision de l'infini était d'une pauvreté accablante. Les classes III conceptualisaient l'univers mais ne savaient pas le regarder d'un point de vue extérieur. Quant aux classes IV, les plus fragiles, Nadiane n'avait eu que de rares contacts avec elles. Leurs silences avaient quelque chose de repoussant. Elle avait eu l'impression de dialoguer avec un flagelle, sans rien à l'autre bout. Aussi, lorsqu'elle perçut un embryon de chaleur et de glace mêlées qui se tendait timidement vers elle, à travers les fibres incrustées dans ses reins, elle ne sut comment réagir. La présence s'étira, la toucha.

Et attendit.

À l'autre bout de la coursive, Joanelis avait fermé les yeux. Les prochaines secondes étaient cruciales : le succès ou l'échec de la mission de sa sœur dépendaient de ce premier contact avec Lya. Il avait décidé de ne rien lui dire, de ne pas chercher à la préparer à l'inimaginable. Une partie de l'intelligence qui hantait le système nerveux du Nexarche ne pouvait être décrite avec des mots humains.

Pendant ce temps-là, comme à son habitude, Nadiane coupait au plus court avec efficacité.

– Inutile de jouer les effarouchées avec moi, émit-elle à travers son flagelle. Je suis la sœur de Joanelis et je le vois mal s'intéresser à l'équivalent artificiel d'une pucelle rougissante. Donc, on laisse tomber les préliminaires et on discute vraiment !

À l'autre bout jaillit un rire, un vrai. Quelque chose de spontané, de vibrant, de vivant, avec juste la proportion d'autodérision nécessaire pour le rendre supportable.

– J'aurais dû m'en douter. Bienvenue dans mon vaisseau, sœur de Joanelis. Je suis Lya, puisqu'il semble que ce soit le nom qu'on m'ait choisi.

– Je croyais que le Nexarche était *mon* vaisseau ! s'insurgea Nadiane.

– Désolée, priorité à la première occupante. Je suis là depuis ma naissance et tu aurais du mal à m'en faire sortir. De plus, le Nexarche est impilotable sans moi. Ton statut est celui d'une passagère, point final.

Abruptement, Lya se retira, abandonnant Nadiane dans un état de frustration totale. Celle-ci pivota droit sur Joanelis, les yeux étincelants de fureur.

– J'oubliais, reprit la voix dans son dos. Joanelis m'a prévenue que tu étais le plus sale caractère de ce côté-ci de la galaxie; il a ajouté qu'un voyage de plus d'une heure en ta compagnie serait suffisant pour me faire régresser au stade d'algorithme de classe I et que je devais impérativement t'empêcher de toucher à quoi que ce soit à bord de plus compliqué qu'une cafetière.

« À toi...

Nadiane s'immobilisa. Elle inspira lentement, cinq fois de suite, consciente que, durant ce laps de temps, Lya avait le temps d'anticiper toutes ses réponses et de les contrer. Puis elle leva les yeux vers son frère et lui fit une horrible grimace.

En retour, Joanelis lui jeta un regard où l'incompréhension se mêlait à l'accablement. Avec un frisson, Nadiane réalisa que la réaction de Lya n'était pas un test de plus mis au point par son frère.

C'est comme ça que ce crétin s'est laissé séduire, songea-t-elle avec agacement. *Il a tellement peu l'habitude que quelqu'un le défie sur son propre terrain qu'il prend ça pour de la personnalité...*

Autour d'elle, le Nexarche bruissait doucement. Lya avait rompu le contact mais Nadiane percevait sa présence à travers l'ordonnancement des flux lumineux qui circulaient sous la peau cristalline du vaisseau. Les images qui se formaient évoquaient la trace fugace d'une pluie de météores.

Tu veux jouer, ma fille ? Tu ne connais pas l'importance des enjeux. Je te laisse volontiers le vaisseau mais Joanelis est à moi !

Elle hocha la tête pour dire à son frère qu'elle était prête à relever le défi, puis elle dégrafa sa combinaison et dégagea ses épaules en se tortillant.

Le torse nu, elle se concentra. Au-delà du mode verbal, là où les sensations devenaient signes et langages, elle avait créé son monde à elle. Les pixels de sa peau-interface réagissaient à ses émotions de façon anarchique et la barbouillaient de teintes violentes. Elle se disciplina, se força à rétablir l'équilibre des couleurs, jusqu'à ce que son nombril soit le centre d'une roue chromatique parfaite, signe qu'elle était prête à émettre.

Le haut de son corps devint d'un noir d'encre. En contre-jour, les courbes de sa silhouette soulignées par la luminescence des écrans, elle pivota sur les talons en étirant les bras. Le flagelle fouetta l'air derrière elle.

Sa peau se piqueta d'étoiles.

Les paupières closes de façon à masquer le blanc de ses yeux, Nadiane avait choisi de ne pas répondre à Lya. Elle savait reconnaître une provocation sans avoir besoin d'y regarder à deux fois. L'erreur de l'intelligence artificielle avait été de l'attaquer sur son propre terrain, de chercher à l'entraîner dans un combat verbal à l'issue prévisible. Nadiane n'avait pas envie de se battre de cette façon.

Elle avait ses propres armes.

Une nébuleuse spirale glissa doucement sur sa gorge. Le noir de sa peau n'était pas uniforme, il chatoyait à la façon d'un satin précieux, palpitant. Nadiane matérialisait les étoiles comme des trous dans la trame du ciel, qui laissaient passer la lumière d'un univers infiniment plus vaste, hors de portée du regard. Tandis que les constellations se lançaient à l'assaut de ses seins, elle tourna lentement sur elle-même et finit d'ôter la combinaison qui tomba à ses pieds en bruissant.

Lorsqu'elle fut nue, des étoiles filantes remontèrent le long de son flagelle et illuminèrent brièvement le firmament de son dos. Les globes de ses fesses abritèrent deux lunes jumelles qui entrèrent en collision avant de sombrer dans une pluie de météores que les ombres de son ventre engloutirent. Des soleils lointains trouèrent sa peau.

Volontairement, Nadiane avait rompu tout contact avec le Réseau. Elle ne recevait plus rien, elle se contentait d'émettre. Le ciel qu'elle avait si souvent tenté de déchiffrer était devenu l'écran sur lequel elle exprimait ce qu'elle était. Elle n'avait aucun moyen de savoir ce que l'intelligence artificielle en déduisait. Cela n'avait aucune importance. Elle avait autrefois offert les étoiles à Joanelis; elle avait choisi de recommencer. C'était la seule façon de le convaincre qu'elle était prête pour la mission que le Conseil lui imposait.

Elle ouvrit les yeux en sentant une main familière lui effleurer les tempes. Son frère avait silencieusement franchi le gouffre d'espace qui les séparait. Le regard qu'il posa sur elle était empli de fierté.

– Lya te remercie. Et moi aussi, se hâta-t-il d'ajouter en voyant la bouche de Nadiane se plisser de colère. Je ne pouvais pas te prévenir avant, c'était trop difficile. Mais tu as été parfaite !

– Je n'irai pas jusque-là, s'insinua une pensée le long de ses reins, mais bon... Ton frère m'a servi de relais, je t'ai vue à travers lui. Ma vision est donc faussée. D'ailleurs, on m'avait prévenue que tu échappais un peu trop facilement aux processus d'analyse conventionnels.

La voix de Lya était aussi lointaine que le bruit de la mer dans un coquillage. Nadiane haussa les épaules et entreprit de se rhabiller. Elle ne savait quoi penser de la scène qui venait d'avoir lieu. Chacun l'avait vécu à sa manière et en tirerait ses propres conclusions. Derrière l'impulsion qui l'avait poussée à agir comme elle l'avait fait, il y avait un univers de questions sans réponses. Elle était néanmoins sûre d'une chose :

L'IA et elle pouvaient parfaitement se comprendre mais, pour l'instant, aucune d'elles n'en éprouvait l'envie.

Elle ne reparla de l'incident à Joanelis que le surlendemain matin, après une séance épuisante de plongée numérique. Lorsque son frère pénétra dans le sas, elle était en train d'émerger avec une migraine atroce et l'impression que l'univers était non seulement vide mais parfaitement répétitif et ennuyeux.

Autour d'elle, la bulle d'isolation sensorielle se refroidissait peu à peu. Pendant que les membranes opaques se dépolarisaient, un début de clarté jouait sur les unités de filtrage qui purifiaient l'air de toute saveur. Nadiane utilisait un vieux truc de plongeur en cyberspace : elle s'était mordu la langue, de manière à ce que le goût salé réveille ses papilles et rappelle à son esprit qu'elle possédait un corps.

Lorsqu'elle ne prospectait pas, Nadiane passait le plus clair de ses heures d'activité obligatoire dans le secteur chargé du tri des données extérieures. Depuis des années, Symbiase entassait des informations dans les cristaux-mémoires de ses coffres mémoriels. Les technologies de stockage sur monocouche cristalline, développées en apesanteur, permettaient d'emmagasiner une vie entière dans un cube terne de deux centimètres d'arête. Les Originels en faisaient une consommation effarante dans l'espoir d'y emprisonner leur mort. Ceux de Symbiase s'en servaient pour créer de nouvelles formes d'intelligence, immergées dans une matrice réduite de l'univers.

Depuis près d'un siècle, chaque AnimalVille qui accostait à l'un des docks de la base, chaque vaisseau qui sortait prospecter, se voyait aspergé à son insu d'une fine poussière incolore. Les grains étaient constitués de nanones basiques, dont la seule fonction était de recueillir une moisson d'images pixellisées dans toute la gamme du spectre visible. Il s'écoulait parfois plus d'une décennie avant que ce pollen numérique soit ramassé et analysé, mais le flux de données ne tarissait jamais.

De l'ensemble de ces micro-informations, de la juxtaposition de ces images morcelées, se dégageait une image instantanée du monde. Les I.A. de classe III effectuaient le tri, celles de classe IV la synthèse. Les humains, en bout de chaîne, s'en servaient pour déchiffrer l'univers où ils vivaient.

Le liquide épais qui gonflait la combinaison de Nadiane acheva de se vider avec un gargouillis discret. Avec précaution, elle pressa sur les opercules du casque multivision qui couvrait l'intégralité de son crâne et descendait sur sa nuque. Il s'ouvrit en deux, révélant l'ensemble des ocelles qui le tapissaient. L'intérieur ressemblait à un œil d'insecte replié sur lui-même. Chaque unité de traitement était reliée à sa propre unité de transmission, avec des fonctions d'entrelacement sophistiquées et des détecteurs de mouvement pupillaire. Grâce au casque et aux I.A. qui le monitoraient, un opérateur entraîné, plongé dans un environnement de privation sensorielle, pouvait décoder simultanément plusieurs centaines d'images distinctes pendant la demi-heure que durait la plongée.

Le record de Nadiane était de quatre mille deux cents, durant deux cent quatre-vingt-quatre secondes. C'était exceptionnel. C'était également si dangereux que Joanelis lui avait non seulement interdit de recommencer mais qu'il avait verrouillé l'interdiction dans les circuits du casque. La bouderie résultante avait duré aussi longtemps que la migraine déclenchée par sa plongée record. Mais elle n'avait jamais pu convaincre Joanelis de revenir sur sa décision.

Chaque émergence hors de l'univers visuel du casque déclenchait chez Nadiane le besoin irrépressible de se gratter les joues jusqu'au sang. Elle se contenta de se masser vigoureusement les tempes du bout des doigts, en avalant sa salive avec difficulté. La plongée lui avait desséché la gorge.

Joanelis l'accueillit dans le sas en lui tendant un flacon d'eau légèrement salée, parfumée au citron.

– J'ai besoin de te parler, émit-il d'une voix neutre. Comment s'est passée ta séance ?

– Rien trouvé. (Elle vida le flacon en trois gorgées et aspira bruyamment les dernières gouttes.) Pas d'artefacts reconnaissables, quelques rares cailloux, et toutes les variétés possibles de noir. Je suis crevée, grand frère. Ça peut attendre demain ?

– Le Conseil a fixé la date de ton départ...

– Ils ont prévu un orchestre ? Non, annule, c'est idiot. Quand ?

– Dans un peu moins de cinquante heures. Et je viens de battre le précédent record de Lya d'une toute petite décimale.

– Wow ! (Elle porta un toast avec le flacon vide.) On peut fêter ça si tu te contentes d'une participation minimum de ma part. Faut vraiment que je dorme.

– Plus tard. Le Nexarche attend ton empreinte.

Tout en parlant, il l'avait prise dans ses bras et l'avait fait pivoter jusqu'à ce que leurs flagelles puissent s'entrelacer. Ses doigts coururent à la naissance de son cou, invisibles sous la courte tunique au décolleté carré.

Lya réfléchit, coda-t-il. *La moitié de Symbiase a visualisé le résultat de votre échange. Elle a analysé ce qu'elle a pu, déduit ce qu'elle a osé. Elle a terriblement peur de se retrouver seule avec toi.*

Et toi, tu as profité de la situation pour battre son record.

Elle m'a aidée, idiote ! Nous ne nous combattons pas, elle et moi. D'une certaine façon... (Joanelis plongea ses yeux dans ceux de sa sœur et se permit une moue.) *Il semblerait que je sois le seul qui la comprenne.*

– Je crois que je vais aller me coucher, finalement, déclara Nadiane en se dégageant avec fermeté de l'étreinte de son frère. C'est tout ce que tu avais à m'annoncer ?

– Je suppose que je pourrai te dire le reste une fois à bord. Ma personnalité synthétique est parfaitement capable de supporter ta mauvaise humeur. Mieux que moi, en tout cas !

Il secoua la tête d'un air écœuré et lui tourna le dos, le flagelle à demi replié. Elle le regarda s'éloigner, incapable de faire le moindre geste pour le retenir. Sur ses rétines fatiguées dérivaient des myriades de particules lumineuses.

Joanelis disparut au-delà de la courbure du couloir. C'était l'heure du changement de quart ; dans les haut-parleurs du circuit général, des appels radio rythmaient l'écoulement immuable des secondes. De l'autre côté du sas, Nadiane entendait des bribes de phrases et des bruits de pas. Sa migraine était devenue un lambeau vivant d'elle-même, qu'elle avait envie d'arracher comme Joanelis s'était arraché d'elle.

Parce que rien d'autre n'était envisageable, elle se dirigea vers la cale.

Cinq technautes enfermés dans des scaphes de réparation rampaient à la surface du Nexarche en se tortillant, à la recherche de micro-défauts dans le pavage cristallin. Une toile de pixels ambre ou ocre accompagnait leurs reptations. Nadiane les ignora. Elle s'avança d'un pas décidé le long de la passerelle et appuya son front contre la coque.

– Tu me reconnais ?

La réponse remonta le long de son flagelle. Ni froide, ni tiède. Neutre.

– Je t'attendais. Tu veux entrer, ou simplement me parler ?

– Je ne sais pas. (Le reste de tension qui animait Nadiane avait laissé place à une immense lassitude.) J'ignore même pourquoi je suis venue. Ce n'est pas comme si c'était ta faute, ou quoi que ce soit de ce style. C'est juste que… Oh, merdabrouillage !

En face d'elle, il n'y avait rien, rien qu'un vaisseau superbe et impénétrable où se reflétait son visage. Le fin pavage de cristaux lui dessinait des rides d'amertume au coin des yeux.

– Entre-moi, dit la voix.

Nadiane se redressa; une fissure balafra son image. Le Nexarche ouvrit une plaie dans son propre flanc, juste assez large pour qu'elle puisse s'y enfoncer de profil. *Comme une épine,* songea-t-elle avec détachement.

De l'autre côté, le sol était jonché de blocs de mousse couleur de fer. Nadiane se laissa tomber sur le plus gros d'entre eux, tandis que l'éclairage virait lentement au bleu.

– Merci...

Lya demeura silencieuse si longtemps que Nadiane se crut abandonnée. Elle se roula en boule au milieu des coussins, les paupières lourdes du sable de ses pensées. Juste avant de sombrer, elle entendit de nouveau la voix:

– Ce serait plus facile pour moi si je savais pourquoi tu m'as remerciée!

– Hein?

– Je dispose de quatre millions de modèles comportementaux raffinés jusqu'à l'ultime décimale et je n'en comprends aucun, se plaignit Lya. Tous les habitants de Symbiase sont codés en moi; je gère leur évolution dans mes réservoirs numériques sans savoir où ils vont. C'est aussi fascinant que de regarder de l'eau tourbillonner, et aussi dénué de sens.

Nadiane ne savait pas si elle rêvait cet échange. Les mots éclataient comme des bulles à la surface de son esprit. La lumière avait viré au violet sombre, avec des promesses de noir. Au-dessus de sa tête, les parois trilobées du Nexarche se perdaient dans l'obscurité. Les technautes qui glissaient sur la coque dessinaient des étoiles filantes dans le ciel de son sommeil.

Et, parce que les instants qui s'écoulaient étaient autant d'énigmes en désordre, Nadiane s'efforça de déchiffrer ce qu'on attendait d'elle. Elle abandonna à regret le confort des coussins et se redressa.

– Je peux peut-être t'aider. Quelle personnalité d'emprunt utilises-tu pour me parler?

– Tu n'as pas deviné ?

Le ton de Lya était à la fois plaintif et enfantin, comme si elle n'avait qu'une conscience imparfaite de ce qu'elle était. Nadiane secoua la tête. Son cerveau recréait une image composite à partir des fragments que la voix lui livrait, mais cette image ne ressemblait à personne.

– La tienne…

Elle aurait dû s'y attendre, ou au contraire s'en indigner, alors que cette révélation ne provoquait chez elle qu'un vague agacement. *Tu as dépassé ta limite,* murmura la voix intérieure qui surveillait sans cesse son métabolisme. Le bruit de fond qui remontait par vagues le long de son flagelle la recouvrit à la façon d'une mer.

– Réveille-moi dans deux heures et quinze minutes, murmura-t-elle en fermant les yeux. Gonfle-moi une bulle de silence, je ne veux ni recevoir, ni émettre.

Elle sombra aussitôt, emportant avec elle toutes les questions informulées qu'elle avait ramassées durant les dernières heures. Les soupirs des fantômes de Symbiase, réverbérés par le vide de la cale, l'accompagnèrent dans sa plongée. Autour d'elle gravitaient les anges de l'équipe technique, avec leurs trajectoires de phalène.

Un pouce dans la bouche, Nadiane s'endormit. À son réveil, Joanelis se tenait auprès d'elle et ses interrogations avaient obtenu un début de réponse.

Elle bâilla en s'étirant, la bouche sèche. Une main anonyme avait arrangé les cubes de mousse sous son dos. La lumière aussi avait changé : saturée de jaune et d'ocre, elle illuminait les moindres recoins de l'alcôve. Dans la station, c'était l'heure des vents. Un courant d'air géant, brassé par les pales des turbines, prenait sa source dans le secteur hydroponique et emplissait les couloirs d'un mélange de senteurs végétales et de lubrifiant. Des tourbillons se formaient tout autour de la coque, tandis que de fines particules de poussière glissaient sur le bouclier avec un sifflement à la limite de l'audible. Un parfum d'herbe mouillée chatouilla les narines de Nadiane ; le Nexarche s'était entrouvert pour bénéficier de l'apport d'air frais. *Un bon point pour toi, Lya, même si je ne déchiffre pas tes raisons. Ou les miennes, puisque tu me renvoies à mon propre reflet !*

Assis en tailleur à même le sol, le visage à hauteur du sien, Joanelis la regardait s'extirper du sommeil comme d'un cocon.

– Café ?

Nadiane hocha la tête avec gourmandise. Il lui tendit une tasse autochauffante au couvercle muni d'une tétine, conçue pour l'apesanteur. Elle la saisit à deux mains et lui jeta un regard interrogateur.

– C'est tout ce que j'ai trouvé… s'excusa-t-il avec une moue.

Il soutint son regard sans ciller et elle haussa les épaules. L'énigme se déchiffrerait d'elle-même le moment venu. Nadiane éprouva une soudaine bouffée de nostalgie en songeant à l'époque où les objets n'étaient ni des symboles, ni des codes mais de simples présences opaques ou lumineuses, étoiles ou trous noirs. Joanelis avait changé cela. Il avait donné une épaisseur aux apparences et elle sut qu'un jour viendrait où elle lui en voudrait pour cela.

Le café était trop sucré, mais elle se força à l'avaler. Elle avait besoin d'énergie. Ses rêves lui avaient ouvert des portes ; elle connaissait les questions à poser.

– Nous ne sommes pas prêts, exact ?

Son frère haussa les épaules.

– Personne n'est jamais prêt. C'est une mauvaise question. Les étoiles explosent à leur heure, sans se soucier des dégâts qu'elles provoquent.

– En d'autres termes, cette invitation a été acceptée en catastrophe. Le Nexarche est un prototype non validé, Lya sort tout juste de l'enfance et je suis considérée comme sacrifiable. Donne-moi une bonne raison de changer d'avis !

Il tendit son flagelle vers le sien d'un geste agacé. Elle pivota en secouant la tête.

– Je préfère que Lya entende ça. Est-ce que le vaisseau est isolable ? Je veux dire, peut-on se brancher temporairement sur les réservoirs de données du bord et ne rien émettre ?

– Les Conseillers siègent en ce moment même, petite sœur. Cette simple question doit les avoir secoués ; j'espère qu'ils n'y verront qu'un exemple de ton humour particulier.

– Ça m'étonnerait. J'ai demandé la création d'une bulle de silence avant de m'endormir. Je ne me souviens pas de l'avoir crevée.

– Nous sommes effectivement isolés, annonça Lya en phonie. Souhaitez-vous une étanchéité maximale ?

Joanelis surmonta rapidement le choc. Il se laissa aller en arrière au milieu des coussins, le regard rivé sur sa sœur. Celle-ci souriait, détendue. Sous ses paupières, les ombres du sommeil s'étaient évaporées. Ses yeux vifs se posaient sur chaque chose à la façon d'un pinceau de lumière noire.

– Tu as donc trouvé un terrain d'entente avec l'IA, murmura Joanelis. Sur quelle base ?

– Attends… Isole-nous, s'il te plaît. Je veux une boucle fermée entre toi, Joanelis et moi, sans copie ni sauvegarde. Rien que nous trois. Vu ?

Il y eut une fraction de seconde terrifiante durant laquelle Symbiase se retira d'eux, puis la simulation embarquée sur le Nexarche prit le relais. Joanelis avait pâli. Nadiane, en habituée des sorties hors de la base, surmonta rapidement le choc.

– Je ne contrôle rien. Il se trouve simplement que, suite à une de tes idées brillantes, Lya utilise un modèle comportemental calqué sur le mien. Je suis en train de danser avec mon ombre.

Elle se redressa en souplesse, les genoux croisés. Le vent avait cessé de souffler, ou alors on ne l'entendait plus. Lya, occupée à gérer la simulation globale de Symbiase, n'était qu'une présence de niveau très bas à l'autre bout de son flagelle. Nadiane sollicita sèchement son attention.

– Ceci te concerne, émit-elle. C'est une occasion de grandir un peu ! Je refuse de passer la totalité du voyage à parler devant un miroir.

– *J'ai besoin d'observer pour apprendre.*

– Tu as surtout besoin de te cogner contre d'autres murs que ceux que mon frère t'a mis devant le nez. Il s'agit de notre survie !

– *Le Nexarche est un objet parfait. Je suis le Nexarche. Je suis parfaite.*

– C'est théoriquement exact, s'interposa Joanelis. Ce qui veut dire que tu n'aurais pas dû avoir besoin de l'énoncer.

Au moment où Nadiane allait exploser, le flagelle de Joanelis s'entrelaça au sien. C'était tellement lui, cette façon de s'enfoncer au cœur des conflits afin de les désamorcer par sa seule présence, qu'elle eut envie de le mordre jusqu'à ce qu'il saigne.

– Le Projet Éternité, la contra-t-il alors qu'elle lui montrait les dents. Tu voulais une bonne raison, la voilà. Il me reste quarante-six heures pour te mettre au courant d'une situation que personne, je dis bien personne, ne maîtrise. À charge pour toi d'emporter le problème le plus loin possible de l'archipel et de revenir avec suffisamment de données pour générer une solution. Tu parlais de survie, c'est bien de ça qu'il s'agit. Pas seulement la tienne, la *nôtre* !

Il se ferma volontairement au flux de questions qui jaillissait de leurs flagelles en contact et poursuivit, en mode d'urgence :

« Information : Les AnimauxVilles sont capables d'anticiper les supernovæ plusieurs années à l'avance. Quelque chose à voir avec le Ban, je suppose. Les retrouvailles de l'humanité étaient prévues de longue date. Tous les plans que nous pouvons bâtir à partir de maintenant doivent intégrer ce fait.

« Information : Lya ne peut théoriquement pas te ressembler, les données te concernant ne sont pas encore en sa possession ; j'y ai moi-même veillé. Tu aurais dû lui être parfaitement étrangère, au lieu de quoi elle t'a recréée à partir de l'image du monde que nous lui avons fournie. Songe à ce que cela signifie.

« Information : Nous savions, grâce à nos dernières récoltes de pollen, que les Mécanistes envoyaient des sondes dans le courant des astéroïdes, tout près de ta zone de prospection.

– Et j'ai embarqué des nanones de la toute dernière génération dans un coin infesté d'armures ! Comment a-t-on pu être assez stupide pour commettre une telle erreur ?

Puis, alors qu'elle essayait de relier entre eux les fils de la trame tissée par Joanelis, l'évidence la frappa :

– Les nanones étaient pour eux. On ne pouvait pas les leur vendre officiellement, alors on a trouvé ce moyen pour commercer avec eux… Même s'ils sont incapables de créer en nanotechnologie, ils savent copier. Maintenant tu vas m'expliquer que ça en valait la peine et je vais te haïr.

– Pas si vite ! Constatation : Une guerre se prépare, impliquant l'ensemble des rameaux humains. Toutes les simulations prospectives la montrent comme inévitable. De quel côté sommes-nous ?

– C'est facile… Nous savons que les Mécanistes sont les agresseurs.

– Exact jusque-là. Je répète la question : de quel côté sommes-nous ?

– Qu'est-ce que tu sais que je ne sais pas ?

– Simplement que la réponse n'a pas d'intérêt ; nous avons perdu de toute façon. Si le nombre de nos partenaires commerciaux diminue, nous nous effondrerons en moins d'un siècle. Notre équilibre économique est trop fragile.

– Et c'est le moment que choisit un AnimalVille pour nous remettre une invitation ? Quelle est la probabilité d'une telle coïncidence ?

Joanelis regarda sa sœur avec un respect nouveau.

– Tu as tous les éléments en main. Analyse, déduis, compute ; la seule réponse admissible au stade où nous en sommes est le projet Éternité.

– C'est aussi la conclusion à laquelle nous sommes parvenus, déclara sèchement le conseiller Iainzo.

Il fallut deux douzaines de secondes à Nadiane pour comprendre que la voix provenait des réservoirs numériques gérés par Lya ; quinze secondes de plus pour s'émerveiller de la précision et de la finesse de la simulation, en tirer les conclusions et réagir en conséquence. Joanelis la précéda d'un battement de cils. Avec un sourire désabusé, il lança :

– Je crois que tu peux lever l'isolation, Lya. Je demande une réunion du Conseil en circuit restreint, le plus rapidement possible.

Et, tandis que le Nexarche s'engluait de nouveau dans les mailles du Réseau, Nadiane et son frère échangèrent une caresse du bout des doigts. Elle ne dissimulait aucun code, aucune information secrète. Elle n'était que l'expression d'un désarroi partagé dans l'au-delà des mots.

CHAPITRE 3

Symbiases

Une procession de vingt-quatre scaphandres se glissa à l'intérieur de Symbiase V, dans un secteur non encore pressurisé. Le Conseil figurait au complet, y compris Hazène qu'il avait fallu arracher à ses plantations du tore-jardin. Nadiane et son frère fermaient la marche, amarrés l'un à l'autre par un câble de sécurité. Joanelis, qui s'aventurait rarement hors du cocon de l'archipel, était un novice du vide. Dans sa tranche d'âge, ils étaient de plus en plus nombreux à ne jamais s'extraire de l'univers aseptisé du Réseau.

Ils s'avancèrent dans les couloirs en prenant garde de ne pas toucher les parois recouvertes d'une matrice de fibres optiques entretissées. Des millions de nanones délicats étaient à l'œuvre sur le moindre recoin du motif, afin d'en vérifier la cohérence. Chaque brin véhiculait un éclat d'information démultiplié, avec un facteur de redondance tel que toute perte de données était supposée impossible. Nadiane savait qu'en cas de déchirure de la station le Réseau serait le dernier à mourir. L'idée d'un Réseau affaibli, lançant vers le vide ses bouteilles emplies de messages sans destinataire, lui plaisait.

Symbiase V n'était pas encore une île habitable de l'archipel. Des brèches béantes dans les tores extérieurs interdisaient la pressurisation de l'ensemble; les réservoirs centraux, censés contenir le précieux fluide de microbilles de métal lourd qui stabilisait la rotation, étaient vides. La station ne tournait pas sur elle-même et seules des ancres gravifiques, dont la localisation était calibrée au micron près par des faisceaux laser, l'empêchait de dériver.

En voyant ainsi à nu les entrailles du gigantesque organisme qui allait un jour les abriter, chacun des participants mesurait sa propre fragilité et son insignifiance face au schéma global de leur civilisation. Les symboles employés par le Conseil manquaient de subtilité mais l'effet produit était indéniable. Nadiane percevait le malaise de Joanelis à sa façon de replier son scaphe autour de lui, comme un cocon supplémentaire.

Privés de pesanteur, les visiteurs progressaient avec lenteur, accrochés au squelette de l'île. Leurs bottes magnétiques suivaient l'étroit rail du plancher dépourvu de fibres de communication. Iainzo, qui avançait en tête, choisit un entrepôt vide dans la zone des docks. Deux plates-formes renforcées, destinées à supporter des bras manipulateurs, étaient incrustées dans le sol, au milieu d'un entrelacs de poutrelles. Les vagues numériques du Réseau s'élançaient à l'assaut du métal mais le centre de la plate-forme demeurait nu.

Le Conseil s'y installa. Tassés en cercle, dos contre dos, ils établirent un pont entre les réservoirs de chaque scaphe et verrouillèrent les communications vers l'extérieur. Le résultat était un *anneau-clos*, une procédure rarement employée en dehors de la sexualité de groupe et de la conspiration politique. Il n'y aurait pas d'archives de ce qui se dirait là, rien que des souvenirs dont le temps se chargerait de brouiller les configurations et de détruire la cohérence. Chacun d'eux acceptait qu'il en soit ainsi, pour le bien de l'archipel tout entier.

– Très bien, déclara Iainzo. Où se trouve la faille ?

– En moi...

Nadiane avait eu le temps de mettre ses idées en ordre durant le trajet. Son attaque était prête :

« Si mon ignorance est indispensable à la réussite de la mission, celle-ci a d'ores et déjà échoué. Si je dois agir, je n'en sais pas assez. Si je dois me contenter d'être, j'en sais déjà trop.

– Pendant que vous vous lamentez, jeune fille, les orchidées du tore IV sont en train de mourir. J'ai conservé une liaison olfactive avec les hydroponiques et l'acidité des parfums m'inquiète. Je vous prierais donc d'aller à l'essentiel !

L'interruption incongrue d'Hazène agit sur Nadiane à la façon d'un soufflet. Il lui fallut le temps de deux respirations pour se ressaisir.

– Que dois-je en déduire ?

– Contrairement aux petits jeux que vous jouez avec votre frère, ce n'est pas ainsi que nous fonctionnons. Ce que je dis, ce que nous disons, n'a pas d'autre sens que celui que n'importe qui peut y lire. Je m'inquiète pour les orchidées parce qu'elles révèlent, avant tout autre capteur, les problèmes de l'écosystème. Je me suis battue en mon temps pour imposer des fleurs dans les jardins suspendus car les fleurs meurent avant les racines et leur fragilité est le meilleur des indicateurs.

– C'est pour cela que vous m'avez choisie ? Pour ma fragilité ?

La question tournoya dans l'anneau sans obtenir de réponse. Joanelis se refusait à intervenir. Enfermé dans la coque opaque de son scaphe, les paupières obstinément closes, il comptait les phalènes qui traversaient ses globes oculaires en écoutant le souffle lent de l'unité de respiration qui se superposait au sien.

– Je suppose que nous portons tous notre part de responsabilité, admit finalement Iainzo. Nous avons donné de l'importance à cette histoire et vous réclamez votre part.

– Les orchidées ne sont qu'un symptôme, ajouta Hazène. Vous l'aviez déjà compris.

L'anneau vibrait de tensions entrecroisées. Chacun des membres du Conseil était en ouverture totale, niveau d'émission minimum, aussi discret que la courtoisie de la connexion le demandait. Nadiane se vit au centre d'un nexus formé des individus les plus complexes de l'archipel et sut, dans un éclair de lucidité qui lui fit mal, que les secondes qui lui étaient ainsi offertes étaient trop précieuses pour être méritées. Si on poussait le raisonnement plus loin, l'anneau lui-même était incompréhensible. À moins que…

– Vous désirez que je fasse partie du Conseil !

– Beaucoup trop tôt. (La réaction avait été à la fois unanime et amusée.) Et cette affirmation n'a aucun sens à moins de quarante heures de votre départ. Vous n'avez vraiment que des questions personnelles à nous poser ?

– Vous devriez la guider, Iainzo. L'absence de vision que vous lui reprochez est intrinsèque au problème.

Le secours, inattendu, venait du vieux Noumène, le plus fragile des Conseillers dont le dossier médical annonçait la mort prochaine avec une marge d'erreur que l'intéressé ne se donnait même plus la peine de calculer. Il avait gagné sa place en inventant un système de nuancier pouvant s'appliquer à toute information, ce qui permettait d'unifier les faits les plus incompatibles dans une trame de dimension finie. Avant le début de sa maladie, il était cuisinier.

Cherche ce que dissimulent les évidences, petite sœur. Je suis aussi perdu que toi.

– Regardez-moi, jeune fille, soupira Noumène. J'incarne malheureusement une partie des réponses que vous cherchez.

Le modèle tridimensionnel d'un humain décharné s'imprima sur les rétines de Nadiane, puis la réalité médicale du corps s'y superposa dans toute sa crudité. Sous l'épiderme mort, dont les pixels ne répondaient plus depuis longtemps, le cœur battait avec une infinie lassitude, les poumons se gonflaient précautionneusement, sans parvenir à retenir assez d'oxygène. Pour cet homme, l'air avait acquis une présence, un poids qui usait lentement sa volonté. Il gravissait les montagnes de son souffle en s'économisant, décidé à durer autant qu'il le pourrait.

À nouveau, la perspective changea. Nadiane fut aspirée par les galaxies des entrailles et plongea vers le trou noir, flétri, du foie. De l'autre côté du tunnel, elle put contempler la mort du Conseiller, telle qu'elle avait été gravée dans le fragile matériau génétique. *Une erreur de conception ?*

Sans se soucier de refermer la plaie béante de son image, Noumène déclara :

– Nos ancêtres pensaient que la vie en milieu stérile, à pesanteur réduite, augmenterait leur espérance de vie. Ce fut en partie vérifié, mais en partie seulement.

« Nous portons le fardeau de la complexité : les espèces unicellulaires survivent durant des millénaires tandis que les formes de vie complexes meurent avant d'atteindre le siècle. L'intelligence est un facteur de fragilité. La vie en plein espace nous a fait gagner vingt ans. C'est trop peu.

« Ceci est la première leçon que nous aurions dû tirer, le premier échec d'une longue série. Le modèle était parfait ; la réalité ne l'est pas.

Nadiane secoua la tête, totalement déroutée. L'anneau-clos filtrait avec soin les émotions des Conseillers et elle avait l'impression de participer à un théâtre d'ombres dont les véritables acteurs refusaient de se montrer. Joanelis, perdu dans les coulisses, était hors d'atteinte de ses appels.

– Désolée, j'ai besoin de simplifications. Qu'est-ce que tout ceci a à voir avec le fait que je dois me rendre au chevet d'une étoile mourante, dans un prototype de vaisseau encore jamais testé, en compagnie d'une I.A. d'un modèle si récent que je parviens à peine à la conceptualiser ? Quel est le rapport avec l'invitation aux retrouvailles de l'espèce humaine ? Une fois là-bas, qu'est-ce que je dois leur dire ?

Iainzo la reprit avec une pointe de sécheresse :

– Vous ne leur direz rien ! D'ailleurs...

– Oh si ! (La voix de Noumène était lasse.) Vous allez leur apporter la nouvelle de notre disparition prochaine.

Plus tard, Nadiane parvint à se convaincre qu'elle avait intuitivement *su* que le besoin forcené d'espace et de solitude qui l'avait poussée à être prospectrice dissimulait une fuite hors d'un cadavre en devenir. Mais, au moment où elle l'entendit, la phrase la brisa. Elle perdit quelque chose à laquelle elle tenait et gagna en échange un fardeau qu'elle n'avait pas réclamé, sans pouvoir se plaindre à quiconque. Les mots impitoyables de Noumène furent accompagnés d'un flot de données disparates qu'elle organisa automatiquement afin d'en extraire le sens, malgré la souffrance qu'on lui infligeait.

Information : Il faut trois générations pour créer une Symbiase, plus une pour mettre à niveau les précédentes. L'espace disponible conditionne le taux de natalité. La courbe des naissances est en train de s'effondrer.

Information : Nous avons tout l'espace qu'il nous faut, toute l'énergie qu'il nous faut. Le reste : Air, nourriture, eau, matières premières, provient du troc.

Information : Avant d'être accessibles à tous, les idées, les concepts venus du dehors doivent être traduits en équivalents Réseau. Ceci est de moins en moins pratiqué, dans un sens comme dans l'autre. Que se passera-t-il lorsque les traductions cesseront d'être possibles ?

Incidente : Les souches végétales de nos hydroponiques sont d'une pureté telle qu'aucune greffe avec des plantes exotiques n'est possible. Nous aurions besoin de vastes serres isolées, jouant le rôle de tampon, afin de leur permettre de s'acclimater aux conditions de vie qui règnent chez nous. Dans l'état actuel des choses, le processus est inapplicable.

Information : L'ordre de complexité des univers numériques consensuels que nous créons double tous les cinquante ans. À l'heure actuelle, onze pour cent de la population de l'archipel passe plus de quatre-vingts pour cent de son temps d'éveil en immersion profonde. Ils étaient moins d'un pour cent il y a un siècle.

Information : Un individu adulte amputé de son flagelle devient incapable de rêver.

Noumène, avec lassitude, se chargea de conclure :

– Rien de ceci n'est dissimulé. Tout est aisément vérifiable, ou extrapolable à partir de données disponibles sur le Réseau. Le schéma de notre fin est aussi lisible que mon propre dossier médical, or personne ne l'a découvert. Vous nous avez demandé si nous souhaitions vous intégrer au sein du Conseil. Si vous aviez été capable de voir le problème, si vous nous aviez fourni le moindre indice prouvant que vous étiez consciente de ce qui nous attend, nous vous aurions accueillie avec joie.

« À l'heure actuelle, le Réseau est un magnifique agonisant, l'équivalent numérique d'une étoile en train de s'effondrer. Notre rythme de vie s'accélère, nous brillons de plus en plus fort. Au bout, il y a la dégénérescence et la mort. Nous n'aurons même pas la satisfaction morbide d'une explosion superbe, d'une supernova à l'échelle de nos ambitions inassouvies. Il y aura des fuites dans les unités de pressurisation, des erreurs de réglage dans les mécanismes trop complexes qui nous maintiennent en vie, des virus dans nos I.A. Puis nous nous éteindrons.

– Aussi simplement que ça ? ne put s'empêcher de persifler Nadiane, dans un dernier effort pour évacuer la prophétie.

– C'est la survie qui est complexe, dans notre situation. Mourir sera atrocement simple.

– Je ne suis pas d'accord ! Votre évaluation est critiquable et ne tient pas compte de l'ensemble des faits disponibles. Dans ce cas précis, le Conseil est hors contexte.

La voix de Joanelis avait retrouvé son mordant. *Il se réveille enfin,* songea sa sœur avec soulagement.

– Je ne conteste pas les informations que vous avez présentées, ni les intercorrélations associées. Je travaille moi-même depuis deux ans sur un corpus de ce type, identique sur le fond.

Le jeune homme ajouta, avec une hésitation perceptible :

– Ma sœur croyait à un jeu, elle ne savait rien de mes motivations.

– Vous critiquez nos conclusions ?

– Je les rejette. En fait, le groupe au sein duquel je poursuis mes recherches est sur le point de les invalider définitivement. Nous sommes sur le point d'achever le projet Éternité.

– Nous nous demandions quand vous alliez vous décider à nous en parler, l'interrompit Hazène avec une pointe d'acidité. Ce qui repose la question de fond du rôle de Nadiane. En exposant tout cela, vous la priverez de ses dernières réserves d'innocence.

– Elle est au courant de l'ensemble de mes travaux, même si elle n'en mesure pas les enjeux.

– Je ne parle pas de ce que vous allez nous dire et que nous savons déjà, pour l'essentiel. Je pense plutôt à ce que nous allons devoir vous apprendre afin de compléter éventuellement le schéma. Nous avons déjà débattu de cette éventualité entre nous, mais le Conseil n'a pas encore tranché. J'estime qu'il est désormais nécessaire de voter. *Huis clos…*

Avec brutalité, Nadiane fut éjectée de l'anneau et demeura seule avec ses pensées en circuit fermé. La déchirure se prolongea durant un temps impossible à mesurer, puis Joanelis tendit le bras en travers de la plate-forme, par-dessus le groupe soudé de scaphes qui les avait rejetés. Les doigts de son frère effleurèrent l'arrière de son casque et

Nadiane sut aussitôt ce qu'il voulait. Elle pivota, leva son poignet à la hauteur du sien. Une vague de soulagement l'envahit lorsque les interfaces d'urgence de leur paume se verrouillèrent.

– Ils nous ont laissés tout seuls, s'indigna Joanelis. Un anneau dans l'anneau ! Je ne peux pas y croire.

– Calme-toi. Les réservoirs de données nous assurent plus de quarante minutes d'autonomie et nous ne sommes pas *physiquement* seuls. Nous ne risquons rien.

La respiration de Joanelis devenait haletante, comme celle d'un prospecteur à la dérive cherchant à arracher les dernières goulées d'oxygène d'un réservoir vide. Nadiane s'efforça d'émettre des informations rassurantes par tous ses canaux de communication à la fois. À travers les interfaces de sa peau et de ses reins, elle sentait la panique de son frère, une bête aveugle qui se cognait à la cage de leur solitude commune. Le scaphe réagissait en augmentant le débit des données qui circulaient entre eux, au risque d'épuiser trop vite leurs réserves.

– Contrôle-toi, murmura-t-elle en l'attirant vers lui. Je partage…

Elle plaqua son scaphe contre le sien et le désopacifia entièrement. Le visage contre celui de son frère, les yeux dans les yeux, elle le força à ne voir qu'elle, à ne sentir qu'elle, à ne vouloir qu'elle. Elle était totalement ouverte, lisible, un horizon protecteur qui n'appartenait qu'à lui. Le sourire qu'elle affichait renfermait les codes d'un millier de baisers passés, les promesses de millions d'autres à venir. Peu à peu, les pixels d'un blanc crayeux des joues de Joanelis se teintèrent d'un peu de vie.

Il battit des paupières, quatre ou cinq fois. L'impression de panique reflua suffisamment pour qu'il puisse tenter de l'analyser. Nadiane se retira en douceur lorsqu'il fut prêt, afin de ménager son orgueil. À vingt centimètres d'eux, aussi inaccessibles que s'ils se trouvaient à des années-lumière, les membres du Conseil poursuivaient leur discussion à l'écart du monde. Déconnectés. Ils ressemblaient à un groupe de gisants de marbre noir disposés autour d'une tombe.

– Tu aurais voulu que je fasse partie de leur groupe ? dit doucement Joanelis en phonie. Je ne les comprends même pas assez pour les combattre avec efficacité. Ce qu'ils viennent de faire est inexcusable.

– Mais nécessaire ?

– De quel côté es-tu ?

Le bruit de leur respiration se réverbérait dans les écouteurs du casque. Nadiane soupira :

– Je ne veux pas mourir, c'est tout.

Au moment où elle disait ces mots, elle sut qu'elle avait touché juste. La vision du corps délabré de Noumène avait déclenché un réflexe profondément enfoui dans son esprit. *La mort inévitable...* Joanelis la combattait d'une façon froide, brillante et ordonnée ; le projet Éternité l'absorbait tout entier, il était protégé par une armure impénétrable de données scientifiques. Sa propre réaction était beaucoup plus irrationnelle. Elle avait affronté les étoiles et l'immensité du dehors, elle connaissait sa propre fragilité.

Une voix s'insinua doucement entre Joanelis et elle. Nadiane s'aperçut qu'elle avait fermé les yeux. L'horloge numérique du scaphe lui apprit que l'isolement n'avait duré qu'une dizaine de minutes. Un aller et retour jusqu'à la fin des temps...

– Nous avons des informations à vous communiquer, murmura le chœur du Conseil. La plus importante étant que nous vous avons trompés depuis des mois... La plus grande partie des données que nous avons reçues des AnimauxVilles a été rendue inaccessible et nous en avons détruit tous les accès. Il n'en existe plus aucune trace dans le réseau général. L'unique copie est ici.

À nouveau, les images du corps écorché de Noumène surgirent devant leurs yeux. Mais, cette fois, la vue en coupe se concentrait sur la mâchoire inférieure autour de laquelle tournait la caméra virtuelle.

– Ceci n'est pas de l'os mais une variété de corail utilisée en microchirurgie. J'ai eu un accident il y a dix ans et on a dû me refaire un rictus... J'en ai profité pour incruster dans les alvéoles deux cristaux-mémoires à grande capacité, interfacés avec mon flagelle.

– Et vous vous en êtes servi pour voler des informations qui appartenaient à tous !

La voix de Joanelis aurait dû être horrifiée, mais Nadiane sentit que ce n'était pas vraiment le cas. Elle-même n'avait pas envie d'analyser ses propres sentiments. *Tu meurs de trouille, ma vieille, avoue-le !*

La voix de Noumène, réverbérée dans le casque, leur parut soudain infiniment lasse :

– Avant de me traiter de voleur, attendez d'avoir vu mon butin de vos propres yeux. Ce que je porte dans ma chair est une malédiction et je dois malheureusement vous la transmettre.

« Insérez-vous dans notre anneau, la séquence-clef est la suite des cinquante premières décimales impaires de π. Vous faites désormais partie du Conseil restreint.

Le vieil homme leva la main avec difficulté pour prévenir toute interruption. Nadiane eut l'impression qu'il vacillait à l'intérieur de son scaphe, comme une statue prisonnière d'un moule trop grand pour elle.

– Oui, il existe un Conseil restreint, d'autant plus illégal que nul ne soupçonne son existence. J'ai été son créateur. Il n'y a aucune limite à ce que nous décidons de faire, aucune entrave à notre pouvoir, sauf une :

« Chaque fois que nous accueillons un nouveau membre, celui-ci a le devoir de nous juger. Lorsque vous repartirez vers la station IV, vous déciderez en commun, à l'unanimité, si nous rentrons avec vous ou si nous restons ici pour y mourir. Le temps que les systèmes de sécurité nous détectent, nous aurons tous cessé de vivre. J'y veillerai...

Il y eut une succession d'acquiescements solennels qui circulèrent de flagelle en flagelle. Nadiane s'insurgea :

– C'est ridicule ! Tuer est peut-être encore pire que voler des données. Vous vous prenez pour des conspirateurs mais vous n'êtes que des gamins séniles qui jouent aux pirates !

Une succession de cliquetis résonna dans son casque. *Je veux savoir,* transmettait Joanelis dans leur code. Leurs cachotteries, leurs secrets lui parurent soudain dérisoires. Les mots qu'elle prononça ensuite lui laissèrent un mauvais goût dans la bouche.

– Montrez-nous ce que vous avez dissimulé et qu'on en finisse.

L'instant d'après, les images commencèrent à affluer.

Il s'agissait d'une succession de séquences désorganisées, de qualité très basse. Elles avaient été compressées au-delà du raisonnable afin de ne pas déborder de l'espace-mémoire des cristaux. Le résultat était grossier, sans le moindre apprêt, mais l'impression d'authenticité qui s'en dégageait en était paradoxalement renforcée.

La première scène montrait l'arrivée d'un AnimalVille au-dessus d'un amas d'astéroïdes. Elle transportait un vaisseau Mécaniste dont s'échappait un flot incessant de navettes en direction des plus gros rochers. L'instant d'après, une attaque de soldats en armure provoquait la destruction d'une partie de l'amas. Les images étaient prises de trop loin pour permettre de distinguer les cibles, réduites à de fugaces taches blanches. *Ce sont des Animæ,* précisa Noumène, *fournies par le Charon pour l'entraînement des troupes.*

La séquence suivante montra un autre secteur d'espace où des silhouettes en scaphandre s'affrontaient autour d'une épave de navire de transport. Les armes émettaient des rayons lumineux qui ne provoquaient aucun dégât mais les guerriers touchés se retiraient aussitôt du combat. Puis les vainqueurs firent sauter l'épave, qui se volatilisa dans une gerbe de débris.

Et les images se succédèrent : combats, morts, destructions. Les silhouettes fuselées des armures Mécanistes pointillaient de noir chaque scène. Elles ne laissaient derrière elles qu'un nuage de décombres.

La transmission s'interrompit brutalement. Nadiane cligna des yeux, par réflexe, et s'aperçut qu'elle avait retenu son souffle. Le soupir de Joanelis fit écho au sien. Le flux de données avait eu le même effet sur lui qu'une transfusion de sang sur un mourant. Il se sentait revivre et son esprit passait déjà en revue l'ensemble des interprétations possibles.

– Informations insuffisantes, conclut-il. Nous avons vu des unités Mécanistes en train de s'entraîner. Elles l'ont toujours fait. En quoi ceci est-il différent ?

– Les manœuvres avaient lieu en plein espace, souligna Iainzo. C'est la première fois que cela se produit à notre connaissance.

– Et alors ? Les distances interstellaires rendent les guerres impossibles par des moyens classiques et les AnimauxVilles ont toujours refusé de transporter des troupes armées d'un secteur habité vers un autre. Notre isolement nous protège.

– Les Mécanistes savent parfaitement où nous sommes. Ils ont leur propre version du pollen numérique, plus grossière que la nôtre mais néanmoins suffisante pour leurs besoins. Les Villes qui transitent autour de Symbiase sont incrustées d'éléments-espions de toute origine. Il y a longtemps que nous le savons.

Joanelis resta silencieux un long moment. Nadiane en profita pour vérifier les indicateurs du scaphandre de son frère. Il leur restait moins d'une heure d'oxygène. Elle équilibra leurs réservoirs et déclencha le programme de contrôle qui les rappellerait à l'ordre s'ils perdaient trop de temps.

– Nous avons essayé de percer le secret des déplacements instantanés des AnimauxVilles, rappela Joanelis. Succès très limité, et notre niveau de connaissances est sans équivalent ailleurs. Les Mécanistes ont tenté d'en asservir une avec des harnais électromagnétiques, ils s'en sont mordu les doigts. Jusqu'à preuve du contraire, nous sommes à l'abri de toute attaque.

Sans avertissement, Noumène diffusa à nouveau un plan fixe du combat contre l'épave du vaisseau de transport. Il zooma sur le coin supérieur droit autant que la résolution de l'image le permettait. La silhouette du vaisseau emplit leurs rétines. Joanelis et Nadiane sursautèrent en même temps.

Les déchirures de la coque dévoilaient une structure qui était la réplique exacte de celle Symbiase V. L'enchevêtrement des poutrelles et des arcs de renfort était le même que celui de l'entrepôt qui les entourait.

– Observez. La cible ressemble à un transporteur mais ils ont réaménagé l'intérieur, de façon quasi indétectable. Nous sommes tombés dessus tout à fait par hasard. Qu'en déduisez-vous ?

Dans l'esprit de Nadiane, tout se mit en place mais, une fois de plus, son frère la battit d'une poignée de microsecondes.

– Il semble que le Charon se soit allié aux Mécanistes, alors que nous sommes considérés comme des ennemis dans l'affrontement qui se prépare. Mais comment compte-t-il venir jusqu'à nous ? Tout ceci est en rapport avec la future supernova et le rendez-vous qui nous y attend, je suppose ?

– J'avais oublié la supernova… murmura Nadiane. À quoi suis-je censée servir ?

– À gagner du temps, répondit le Conseil d'une seule voix. Les simulations ont montré qu'un dix-millième des forces Mécanistes suffirait à détruire l'intégralité de notre civilisation en moins de trente-six heures. Nous sommes totalement vulnérables et vous le savez. Dans l'hypothèse où les Mécanistes maîtriseraient le voyage instantané, nous mourrons à l'heure exacte où ils le décideront.

« Toutes les données que nous avons recueillies depuis des mois montrent qu'ils préparent une guerre totale à l'échelle de l'univers connu. Leur société s'est restructurée en conséquence et la caste des Armuriers détient désormais un pouvoir quasi absolu. Ils haïssent les Organiques, c'est viscéral chez eux, mais ils nous haïraient aussi si nous les laissions se mêler à nous.

– Pourquoi ? demanda Nadiane, pourtant à peu près sûre de la réponse.

– Leur planète a une gravité de 1.18 standard. C'est idéal pour une bonne charpente musculaire mais ça donne des individus petits et râblés. Nous avons choisi l'approche inverse, une pesanteur artificielle réduite qui coûte moins d'énergie à générer. Les jeunes de votre âge dépassent d'une bonne tête le plus puissant des guerriers Mécanistes.

– Humiliant… Et c'est à cause de détails de ce genre que nous allons mourir ?

– Nous ne disparaîtrons peut-être pas, intervint Joanelis. Admettons que les Mécanistes aient compris quelque chose à la structure du Ban et qu'ils soient sur le point de maîtriser le voyage instantané sans le secours des AnimauxVilles…

– Nous possédons quatre images haute résolution d'un vaisseau prototype entièrement nouveau, glissa Iainzo. Nous avons depuis longtemps quitté le domaine des hypothèses. Les Mécanistes ne se lanceraient pas dans des manœuvres d'une telle envergure sans une quasi-certitude de gain. La guerre aura lieu. Tout est question de savoir comment y survivre.

– Justement, laissez-moi poursuivre : nous sommes sur le point d'aboutir sur Éternité. En fait, nous avons déjà atteint les objectifs principaux que nous nous étions fixés. Cela nous a permis de nous rendre compte que l'idée même était un cul-de-sac.

« Mais j'avais lancé en parallèle Éternité Prime. Et j'ai tout lieu de croire que ça va marcher !

Nadiane adorait quand Joanelis dansait ainsi comme un électron le long des fils de sa pensée. Il pouvait suivre simultanément plusieurs chemins de réflexion et les tresser pour former le motif final qu'il était seul à percevoir. Cette faculté multidimensionnelle était une des clef de sa personnalité. Il incarnait ce que leur civilisation avait de meilleur, cette façon de s'unir autour d'un flux de données que tout le monde enrichissait et façonnait en harmonie. Les Connectés étaient des sculpteurs de lave en fusion. Aucun problème, même le plus brûlant, n'était capable de résister à leurs efforts conjugués.

– D'accord, vous avez réussi votre effet de surprise, admit Iainzo. J'aimerais que vous reveniez à l'origine des données et que vous nous expliquiez pourquoi Éternité est un échec. Rapidement, l'autonomie de nos réservoirs diminue !

– L'objectif était de créer un univers viable, compact, susceptible d'abriter les copies de nos esprits et de leur assurer une vie artificielle aussi longtemps que possible.

En parallèle, Joanelis diffusait dans l'anneau-clos l'ensemble des informations en sa possession par l'intermédiaire de son flagelle. Elles étaient organisées en graphes multidimensionnels aux ramifications complexes et possédaient une beauté qui donnait le vertige.

Sainte Toile, songea Nadiane, *on dirait presque qu'il a préparé son exposé avant de venir !* En réponse, une vague de tendresse amusée lui parvint sous la forme d'un message privé.

– Trois aspects du problème, reprit Joanelis. D'abord, le support physique : les nouvelles générations de cristaux-mémoires ont une capacité douze milliards de fois supérieure à celle de la génération que nous commercialisons. Nous avons remplacé la technologie multicouche par une implantation fractale des impuretés au niveau atomique, ce qui multiplie presque à l'infini les zones de contact interne. Contraintes : les cristaux d'arséniure de gallium doivent germer en apesanteur totale, sans la moindre interférence électromagnétique. L'équipe a conçu une serre de confinement en utilisant mes derniers algorithmes de recherche des zéro plus. Nous sommes capables d'y créer des flocons de neige de près d'un mètre d'envergure, et des cristaux-mémoires quasi parfaits. Leur durée de vie est malheureusement réduite, quelques années tout au plus en raison de la diffusion des impuretés, mais ils sont susceptibles de s'autocontrôler et de verrouiller leurs secteurs non fonctionnels. Il n'y aura pas de phénomène de sables mouvants mémoriels. Nous ne pourrons jamais nous y perdre !

« Afin de permettre à Nadiane de rejoindre le rendez-vous de la supernova, nous avons assemblé dans la soute de son vaisseau un banc de cristaux en topologie hypercube, avec une connectique par contact face-face, au lieu de point à point. Nous l'appelons le Tessaract. Ce n'est pas un simple réservoir de données à autonomie réduite. Il est capable d'emporter une copie de la totalité des Symbiases. Lorsque Nadiane partira, elle nous emmènera avec elle. Ce sera le test ultime.

« Deuxième aspect : la recopie de ce que nous sommes. Nous savions depuis longtemps transférer un état donné de notre cerveau sur un support extérieur, mais ces copies instantanées étaient figées, sans vie. Nous avons donc travaillé dans deux directions : la capture d'un esprit en temps réel – nous pensons que les états significatifs de l'esprit humain sont discontinus et séparés par des intervalles de deux microsecondes – et la maîtrise de la dynamique des changements. Nous avons effectué des percées suffisantes pour nos besoins. Il faut quatre fois vingt secondes d'échantillonnage pour obtenir une version acceptable d'une personnalité, une *imprégnation*. Cette imprégnation a lieu en alternance durant les périodes de veille et de sommeil, afin de capturer le plus fidèlement possible tout le substrat de nos rêves.

« Le dernier aspect est celui de la survie de l'univers ainsi créé... Non pas sa pérennité physique, un simple dispositif automatisé suffit pour remplacer les cristaux non fonctionnels et en ajouter de nouveaux. Je parle de sa survie entropique, puisque nos esprits vivront non plus au rythme de la matière mais à celui de la pensée.

« Si Éternité est un échec, c'est parce que nous avons négligé ce point...

– Il nous reste quarante minutes d'air et le trajet du retour en consommera près d'une demi-heure, lui glissa Nadiane en privé, avec une caresse numérique. *Tu as raison, petite sœur,* répondit-il rapidement, *mais je dois les conduire là où je veux qu'ils aillent et cela demande du temps...*

– Je vais devoir me contenter des grandes lignes, émit Joanelis, mais sachez que les données d'expérimentation sont disponibles. Il faudra prendre la peine de revenir dessus.

« L'échec d'Éternité... Nous savions qu'un univers clos quelconque, livré à lui-même, dégénère. Il n'évolue plus et ses structures, au lieu de croître et de se complexifier, se figent et meurent. Ce que nous ignorions, en revanche, c'est que le rythme de cette dégénérescence était calqué sur la vitesse de propagation de l'information d'un bout à l'autre de l'espace considéré.

« L'univers électronique d'Éternité s'est effondré au bout de vingt et un jours, six heures et onze minutes. J'ignore comment nos copies ont vécu cela. Je préfère ne pas y penser...

– Au contraire, pensez-y ! murmura le Conseil. C'est le destin qui nous attend si les Mécanistes réussissent leur projet.

La remarque jeta un froid mais Joanelis la balaya d'un haussement d'épaules mental.

– Nous avons analysé notre échec mais nous n'avons pas tenté de le recréer. Personne de l'équipe ne s'en sentait le courage. Mais nous sommes arrivés à cerner le problème.

« Tel que nous l'avions conçu, Éternité n'est pas viable. Point. Il lui manque une structure intelligente extérieure à nous, capable d'influencer le système dynamique dans un sens opposé à l'entropie, une sorte de constante de Planck à rebours en dessous de laquelle tout devient possible. Cette structure doit être consciente, omniprésente, et préoccupée par sa propre survie aussi bien que par la nôtre.

« Ce que je viens de vous décrire s'apparente à une divinité; j'en suis parfaitement conscient. C'est la seule solution que nous ayons trouvée, celle qui est à la base d'Éternité Prime.

« Puisque Dieu est une contrainte opérationnelle du projet, nous allons en fabriquer un, l'inclure dans l'univers clos et lui confier la gestion de notre évolution...

Le Conseil demeura silencieux un long moment. Dans l'anneau-clos, les pensées se heurtaient comme des particules dans un accélérateur à collisions. *Ils sont trop vieux pour prendre en charge la survie collective*, songea Nadiane avec une pointe d'amertume. Il aurait fallu porter le débat sur l'agora électronique, au vu et au su de tous.

Attends pour nous juger, petite fille, lui glissa Noumène. *Ton frère nous a surpris mais moins qu'il ne le croit. Et nous ne sommes pas restés inactifs de notre côté.*

Information: Nous devrions déjà être morts. Nous avons négocié un sursis à la fois avec le Charon et les Mécanistes, en échange des secrets de fabrication de nos cubes-mémoires. Ils nous considèrent comme trop faibles pour représenter une menace. Cette vulnérabilité est notre seule arme, souviens-t-en quand tu iras au rendez-vous de l'étoile mourante.

Information: Les Villes partagent notre amour des données. Pour certaines, le Réseau est devenu une drogue. Elles nous aident.

Le seul facteur que nous ne pouvons pas maîtriser est le temps. Le compte à rebours de la supernova est déjà commencé. Pour l'instant, il semble que cela perturbe le Ban. Seuls les échanges vers l'étoile sont possibles, comme si l'explosion prochaine déformait le maillage multidimensionnel de l'univers. Nous ne comprenons pas le phénomène, alors que les Mécanistes en ont au moins une vision partielle, et les AnimauxVilles refusent de répondre à nos questions. Mais nous savons une chose:

Dans les instants qui suivront la supernova, le Ban retrouvera ses propriétés. Et les Mécanistes ne tarderont pas à attaquer.

En parallèle, Joanelis bataillait avec Hazène qui maniait l'ironie comme un sécateur de jardinier.

– Vous avez cherché à mettre la transcendance en équation ?

– C'est de notre âge, non ? ironisa Joanelis. Tant que ça marche... Nous savions que les structures d'information évoluent suivant une théorie darwinienne, en première approximation. Le résultat final est d'un ordre de complexité supérieur mais le modèle de l'évolution est une bonne base de départ. Nous avons simplement extrapolé.

– Et vous en êtes où ?

– Nous espérons bientôt fabriquer des divinités en série, de façon quasi industrielle. Pour l'instant, le prototype de conscience que nous avons créé possède des capacités qui vont bien au-delà de nos espérances.

– Lya ? murmura Nadiane.

– C'est vrai, tu prospectais l'espace profond lors de sa création. Tu n'as pas su... Il a fallu mobiliser toutes les ressources numériques de l'archipel. Nous avons tous été incommunicado en même temps. Quatorze secondes de noir absolu. Cauchemars pour les enfants, effondrement partiel pour certains, solitude pour tous. Une naissance dans les larmes. C'est pour ça que je l'aime ; elle est fragile.

– Combien de temps vous faut-il pour achever Éternité Prime ?

– J'aurai besoin de chaque seconde que vous pourrez m'accorder.

Hazène haussa les épaules :

– La supernova est amorcée, nous n'avons plus de pouvoir sur les événements... Une équipe surveille le spectre de l'étoile binaire, une autre extrapole à partir des modèles astrophysiques les plus récents. Leurs conclusions se recoupent : les instants qui nous restent s'épuisent à toute vitesse.

– Comme l'oxygène, glissa Nadiane. Il est temps de rentrer.

Attendez...

Au sein de l'anneau-clos, une pensée naquit de l'ensemble du Conseil restreint. Elle rebondit comme un écho sans fin d'un flagelle à l'autre :

Avant de partir, vous devez nous juger. Nous attendons votre verdict !

Nadiane et Joanelis n'eurent pas besoin de se concerter. Ils réagirent chacun à leur manière : Nadiane par un bref éclat de rire coupant comme une lame, Joanelis par un reniflement de dédain. Puis ils rompirent délibérément le cercle et se dirigèrent vers la sortie de l'entrepôt.

Derrière eux, la procession de scaphandres se reforma mais l'anneau-clos demeura brisé. Le long des parois de métal brut, invisibles à l'œil nu, les nanomachines s'activaient avec diligence à construire une trame fragile au milieu du vide. Le jeu d'instructions réduit qu'elles avaient reçu à la naissance les poussait à remonter un fil jusqu'à sa source, en vérifiant son intégrité et en le réparant si nécessaire. Lorsque l'une d'elles mourait, une autre prenait sa place. Les algorithmes génétiques à l'œuvre sur la trame étaient simples et élégants ; le Réseau se construisait peu à peu, magnifique dans sa complexité. Mais le processus était si lent qu'il avait cessé d'avoir un sens. C'était, comme Nadiane le réalisa avec amertume, l'équivalent d'un cadavre dont les cheveux et les ongles continuent de pousser.

Ils n'échangèrent plus aucune parole jusqu'à la navette.

CHAPITRE 4

Symbiases

On avait déplacé le Nexarche de la cale d'assemblage vers le pont d'envol des docks. Il reposait sur deux axes multi-bras, le nez pointé vers les volets métalliques du sas d'éjection. Une rampe de projecteurs à ultrasons l'enveloppait dans une toile sonore dont les intelligences du vaisseau analysaient en permanence les échos. Lorsque les unités de contrôle non destructif détectaient une microfissure, un bras télémanipulateur la recouvrait quasi instantanément d'un gel de nanones autoréparateurs. Cela ne s'était produit qu'une seule fois durant les dernières cinquante heures.

Le vaisseau était aussi proche de la perfection qu'on pouvait l'imaginer, mais ceux qui l'avaient conçu savaient à quel point l'imagination humaine est limitée face à l'immensité interstellaire. Les unités de test étaient programmées pour tourner en boucle jusqu'à l'instant irrévocable de l'envol.

Hormis les capteurs qui bourdonnaient autour de la coque, le secteur était désert. Les bottes de Nadiane résonnaient sur le métal avec une régularité de métronome. Joanelis, juste derrière elle, avançait en trébuchant sur les rails incrustés dans le plancher. Ses yeux ne cessaient d'aller et venir de la silhouette de sa sœur à celle du Nexarche. Il n'avait pas dormi depuis deux jours.

– Comment se sent Lya ? lui jeta Nadiane sans se retourner. Et ne me dis pas que tu l'ignores, elle a dû subir plus d'examens de contrôle que la totalité des Symbiases.

Je vais bien. Un peu agacée d'être traitée comme un vulgaire processus inconscient. Tu es prête à partir ?

– Les détecteurs du Nexarche sont particulièrement puissants, précisa Joanelis. On ne savait pas ce qui pourrait être utile, alors…

Ta sœur était au courant. Ce n'est pas la première fois que nous parlons ensemble !

Nadiane haussa les épaules. Elle était arrivée sous le ventre du vaisseau, dont elle aurait pu caresser la coque lisse en levant le bras. De l'autre côté, une passerelle amovible grimpait vers le sas.

– Ça doit être merveilleux d'avoir envie de partir, murmura-t-elle. D'en avoir *vraiment* envie, je veux dire. Je ne vais pas faire un caprice et demander à rester là. Je ne veux même pas y penser… Oh, Sainte Toile, je ne voulais pas que ça m'arrive !

Joanelis retint l'impulsion qui le poussait à la serrer dans ses bras et à la retenir de toutes ses forces. La fatigue aggravait les doutes qui le torturaient. Il était assez lucide pour le comprendre mais trop épuisé pour se rassurer lui-même.

– L'horloge de l'étoile double est proche du point zéro, petite sœur. C'est l'affaire d'une semaine ou deux. On a chargé le Tessaract à bord et l'ensemble du système est opérationnel. J'y ai veillé. N'oublie pas que tu m'emporteras avec toi dans Symbiase-Copie. Je serai près de toi jusqu'à ton retour.

Et moi ? Qui s'occupera de moi ?

– Tu as tes fonctions d'auto-test, subvocalisa Joanelis. Bientôt, je ne pourrai plus agir sur toi, je ne serai plus qu'un processus contrôlé par ton esprit. Il faut me promettre de veiller sur Nadiane.

Je le ferai. Pour toi.

– Fais-le pour toi aussi, répliqua-t-il durement. Dans l'espace profond, ma sœur sera la seule preuve de ton existence à laquelle tu pourras te raccrocher.

Nadiane s'était immobilisée. La brise d'aération qui soufflait au ras de ses chevilles était chargée de l'odeur habituelle des docks, avec quelque chose en plus : des relents de désordre et de précipitation. D'inachevé. Le contraste avec l'ambiance volontairement stérile de la station avait valeur de symbole.

La masse du Nexarche occupait tout l'espace au-dessus de sa tête.

Nadiane contemplait son reflet qui s'étirait vers l'horizon inversé de la coque. En se haussant sur la pointe des pieds, la tête renversée en arrière, les bras écartés pour garder son équilibre, elle se rapprocha du visage déformé qui grossit pour l'engloutir. Elle allait partir *pour de vrai.* Toute sa vie n'avait été qu'un prélude à ce moment.

– Ça ne veut rien dire, se morigéna-t-elle. Je ne pars pas vraiment en compagnie de mon double. Il y a trop de significations possibles simultanément, trop de symboles. Je ne dois pas céder à la panique.

Au lieu de continuer droit devant elle et de ressortir près de la passerelle, elle s'enfonça en direction de la proue. Les bras de soutien aux mâchoires de céramique superdense s'inclinaient progressivement vers l'opercule d'éjection. Celui-ci était constitué de lames de titane repliées en éventail devant une paroi monomoléculaire qui constituait le dernier rempart avant le vide. Pour s'arracher de Symbiase, le Nexarche allait devoir déchirer la paroi.

Nadiane se courba pour franchir les derniers mètres. Elle avait coupé à ras ses cheveux, un rituel qu'elle répétait avant chacune de ses longues sorties en espace profond. Le duvet hérissé qui surmontait son crâne aux bosselures apparentes traçait un sillage d'électricité statique en frottant sur la coque.

Interférences, émit Lya. Dans l'esprit épuisé de Joanelis, la voix de l'IA résonnait comme un écho à peine déformé de celle de sa sœur. Il songea qu'il la perdrait aussi si l'étoile double ne réagissait pas suivant le modèle prévu. C'était une inquiétude différente, nouvelle. Les êtres que l'on aime sont redoutablement uniques. La fatigue, au lieu de l'anesthésier, avait frotté son âme au papier de verre.

Nadiane, accroupie, observait le renflement asymétrique de la cale qui donnait à l'avant du Nexarche un aspect camus. Elle caressait de la paume les courbes arrondies, visiblement intriguée. Joanelis s'inclina pour la rejoindre. Les traits lumineux qu'elle traçait sur le revêtement cristallin de la coque se gravaient directement sur ses rétines, pareils aux phosphènes qui traversaient ses nuits sans sommeil. En l'absence de sa sœur, il ne pouvait s'endormir qu'avec l'aide des rêves hypnotiques générés par le réseau. Il n'avait jamais songé à le lui dire.

Lorsqu'il posa la main sur son épaule, elle se laissa aller en arrière contre lui, avec un abandon total. Pendant leur enfance, ils avaient passé beaucoup de temps serrés l'un contre l'autre dans le noir, à l'intérieur des placards d'entretien emplis d'objets aux formes hétéroclites, ou dans les interstices des doubles cloisons de sécurité. Ils ne se cachaient pas, pas consciemment du moins. Ils cherchaient un endroit où ils auraient été seuls à s'entendre penser.

Leurs flagelles s'entremêlèrent fugitivement. Il lui massa le cou du bout des doigts, ému jusqu'aux larmes de la sentir aussi détendue. Sa confiance absolue était le dernier cadeau qu'elle lui offrait. Mais il n'avait plus le temps de le savourer comme il l'aurait souhaité.

– Nous sommes juste sous le Tessaract, murmura-t-il à son oreille. Ma copie attend de faire ta connaissance.

– Tu es en contact avec lui ? (Les données qu'ils s'échangeaient en parallèle par l'intermédiaire du flagelle n'avaient aucun sens précis. Ce n'étaient que des émotions, l'équivalent numérique de bouffées de tendresse.)

– Non… J'essaie de maintenir les interférences au minimum. C'est vraiment mon double exact, tu sais, alors nos échanges ont quelque chose de dérangeant. Une sorte d'effet miroir. J'ai toujours peur de m'enfermer dans une boucle sans fin, avec lui. Il est tellement…

– Prévisible ?

– Conforme, plutôt. Je ne suis jamais totalement prévisible, même à mes propres yeux.

– Je ne t'aimerais pas autant si c'était le cas.

Nadiane le sentit se raidir imperceptiblement. Elle se laissa aller plus fort en arrière pour le forcer à resserrer sa prise et sentit ses doigts glisser vers ses seins. Enfouis sous le ventre du léviathan fragile, en partie isolés du murmure incessant de l'archipel par les protections électroniques du Nexarche, ils avaient l'illusion d'être redevenus des enfants cachés loin du regard des adultes, dans un royaume qui leur appartenait en propre. Pour trop peu de temps.

– Cet effet miroir, murmura Joanelis. Méfie-t-en. Nos rares contacts ont toujours fragilisé mon double. Les copies ne sortent jamais victorieuses d'une confrontation avec l'original. J'essaie encore de comprendre pourquoi. Je peux admettre que je ne suis pas unique alors que ma copie menace de s'effondrer à cette idée. Il a fallu la régénérer entièrement après chacune de nos entrevues.

– Toi, tu n'y crois pas, c'est tout ! (Les bras de Joanelis, serrés autour de ses épaules, lui offraient le berceau dont elle avait besoin). Tu *es* unique, et pas seulement à tes propres yeux. Tes convictions intimes l'emportent sur n'importe quel raisonnement logique.

« Tu sais, ajouta-t-elle, c'est rassurant de découvrir les limites de ton merveilleux intellect. Tu es si fier de ton cerveau que tu oublies parfois que tu as un corps et la tendresse qui va avec !

Elle inclina la tête en arrière jusqu'à ce qu'il puisse l'embrasser. L'expression hantée du visage de Joanelis s'atténua, sans disparaître tout à fait. Il caressa sa tempe du bout des lèvres et frotta sa joue contre le crâne presque nu dont il connaissait par cœur chaque bosselure. Puis il se racla la gorge :

– Lya constitue une variable imprévisible et c'est entièrement de ma faute. Vous vous ressemblez. Pas au point de provoquer un effet miroir, mais sans doute assez pour que ce soit inconfortable, pour elle comme pour toi. Et dangereux, par ricochet. J'aimerais… Je ne sais pas. Que tu sois un peu moins toi-même avec elle. Que tu lui fasses de la place. Juste pour l'aider à grandir.

Il ferma les yeux, attendant une protestation qui ne vint pas.

– Ta copie… Enfin toi, tu seras là pour m'aider.

– J'aimerais en être sûr. Tu avais raison, tu sais. J'ai créé mon double et le Tessaract, je les ai fécondés, validés, disséqués, mais je ne parviens pas vraiment à croire à leur existence. Je doute…

– Et tu t'en veux de ne pas avoir ramené la situation à un système parfaitement contrôlable et prévisible. Mais tu oublies une chose, grand frère : je suis une condition initiale du problème, avant de chercher à en être la solution. Et je ne suis pas modélisable.

« Je ne dis pas ça pour te rassurer, note bien. Tu peux t'inquiéter tant que tu veux, mais ça ne sert à rien de culpabiliser. Tout ce qui arrivera à partir de maintenant sera entièrement sous ma responsabilité. Et tu me connais assez pour savoir que je n'en fais qu'à ma tête. Toujours…

Elle se dégagea en douceur avant de se retourner et de lui planter un petit baiser entre les deux yeux.

– Compris ? Maintenant, accompagne-moi à bord, que j'explique la même chose à ta copie !

Pour accéder à la cale du Nexarche, il suffisait de retirer deux panneaux de séparation à l'avant et de se glisser dans l'ouverture. Nadiane jeta un coup d'œil circonspect avant de s'y engager et distingua dans la pénombre des piles de caisses disposées de façon à former un étroit passage qui serpentait vers la poupe. Par endroits, des inscriptions phosphorescentes au pochoir luisaient d'une luminescence verdâtre.

Une forme humanoïde, ramassée dans un recoin, semblait prête à bondir sur les intrus. Le cœur de Nadiane faillit manquer un battement, puis elle se secoua. *Mon scaphe...* Avec, sans doute, un million d'autres choses dont elle ne prévoyait pas d'avoir besoin mais que Joanelis avait empaqueté, juste au cas où. On pouvait lui faire confiance pour ça.

– Lya possède la liste détaillée de la cargaison, avec un plan tridimensionnel de la cale. On a bourré le moindre centimètre cube disponible.

La voix de son frère avait retrouvé un semblant de calme. Nadiane s'assit au bord du trou et balança les jambes avant de sauter.

– Tu as pensé à la verroterie pour amadouer les sauvages ? ironisa-t-elle en se relevant avec précaution.

Le visage de Joanelis s'encadra dans le rectangle lumineux au-dessus d'elle. Il hocha la tête.

– Il y a des... cadeaux. Tout à fait au fond, les conteneurs dorés. Je vais surveiller la mise en place des éjecteurs de sécurité, ne t'étonne pas si ça secoue un peu. Le Tessaract est à environ deux mètres de toi, vers l'avant.

Il disparut, comme tiré en arrière par un fil invisible. Sa voix assourdie fut reliée par le système phonique interne du vaisseau. Le flagelle de Nadiane effleura un cylindre noir scellé au plomb, au couvercle recouvert de moirures bicolores. Du code machine pour lecteurs optiques, sans doute les instructions nécessaires au déverrouillage qui devaient figurer en double ou en triple dans la mémoire du Nexarche. Au cas où Lya… oublierait ? *Bizarre.*

Lya ? émit Nadiane par l'intermédiaire de son flagelle, tandis que la rumeur de Symbiase emplissait peu à peu le silence de la cale.

J'ai besoin d'elle pour le moment ! (Joanelis, tendu.)

J'avais peur qu'elle ne boude !

Il y a de ça, aussi. Tu as trouvé le Tessaract ? Il doit être sous tes pieds.

La cale s'illumina. La lumière, d'un blanc aveuglant, jaillissait de losanges arrondis incrustés dans les parois et dans le sol suivant un schéma régulier qui couvrait chaque recoin. Les ombres s'évanouirent, le décor perdit sa profondeur. La cargaison chargée de mystère redevint simple accumulation d'objets, au milieu desquels la combinaison du scaphe veillait comme une armure à demi dégonflée.

À un pas de Nadiane, un dallage transparent se découpa sur le sol.

Symbiase copie, émit Joanelis. *Quatre millions de personnalités encapsulées dans un hypercube de plus de soixante-cinq mille éléments. Chaque nœud est un cube mémoire à germination fractale, avec une connectique face-face par faisceaux lumineux, une bande passante à quinze zéros. Le plus beau spécimen de notre savoir-faire. Unique, impossible à dupliquer. Dieu sous forme prototype, à ton service exclusif. J'espère que tu es impressionnée ?*

– Ça change de mes cargaisons habituelles, dit Nadiane à haute voix.

Pour l'instant, il tourne en mode ralenti, au dix millième de sa capacité. Nous l'avons incrusté dans un puits étanche qui sera refroidi au contact du vide de l'espace, afin que le bruit de fond engendré par l'agitation thermique soit le plus bas possible. Nous ne sommes pas comme les esclaves du Charon, nous n'avons pas besoin de fantômes numériques pour combler nos vides !

Tu peux y jeter un coup d'œil, ça en vaut la peine, puis il te faudra t'empresser de l'oublier. Tu ne pourras ni le réparer, ni l'altérer, de toute façon.

– Je ne suis pas censée avoir besoin de le faire, c'est ça ? Sainte

Toile, je ne suis plus une gamine, je n'ai plus peur que les étoiles s'éteignent d'un seul coup !

Mais en pensant à ce qui l'attendait, elle fut prise d'un frisson. Elle posa un genou sur le bord du dallage transparent, avant de se pencher avec précaution.

Il n'y avait pas grand-chose à regarder. Les cristaux-mémoires, d'un noir terne, étaient regroupés en quatre bancs d'un mètre vingt sur soixante centimètres, immergés dans un liquide translucide qui paraissait figé. Mais, au bout de quelques secondes, Nadiane distingua les tourbillons induits par la dissipation de chaleur qui se propageaient le long des arêtes. Elle plaqua son visage contre l'épaisse paroi qui sentait la graisse minérale et la silicone. Une vision incongrue surgit dans son esprit : de longs alignements de pierres tombales tournoyaient dans l'espace, leurs inscriptions depuis longtemps effacées. C'était un souvenir qu'elle ignorait posséder.

Attention à la secousse !

Le crâne de Nadiane s'écrasa contre quelque chose de dur, puis elle se sentit ballottée de droite à gauche de façon particulièrement inconfortable. Elle écarta les bras en aveugle, agrippa le bord arrondi d'un conteneur et tenta de se redresser. Elle avait commencé à jurer avant même d'avoir retrouvé son équilibre. En arrière-plan, Joanelis s'évertuait en vain à la rassurer. Elle sentit des vagues d'inquiétude qui remontaient le long de son flagelle et se calma un peu, le temps de grogner :

– Non, je ne suis pas blessée ! Mais tu pourrais prévenir plus tôt avant de tout basculer sens dessus dessous. Vous jouez à quoi, Lya et toi ? Je croyais que tous les tests étaient terminés ?

Il restait deux ou trois points à vérifier. Tout a l'air de marcher.

– Tu m'en vois ravie… Je ne sais pas si j'aurais survécu à d'autres séances de vérifications !

Il reste une dernière chose, et tu vas pouvoir nous aider : tu connais les tests de Turing sur l'évaluation des personnalités artificielles ?

– Évidemment. (Elle eut un vague soupçon.) Ce sujet n'est pas dangereux, vu les circonstances ? Je croyais que tu cherchais à minimiser les interférences ?

Elle jeta un coup d'œil vers l'ouverture au-dessus d'elle et se redressa lentement. Le haut du Nexarche demeurait étrangement silencieux. Elle tendit les bras vers le haut et les lumières de la cale s'atténuèrent peu à peu. Le puits renfermant le Tessaract s'éteignit sans qu'elle y prenne garde.

– Joanelis ? appela-t-elle à mi-voix, puis plus fort.

Je suis là. Lya est avec moi. Tu peux nous rappeler les énoncés de Turing, juste pour mémoire ?

– Je commence par la fin, je suppose ?

Un murmure d'acquiescement se fraya un passage le long de son flagelle, mêlé d'un sentiment de fierté qui la brûla comme un soleil.

– « S'il est impossible pour un être humain de distinguer une personnalité artificielle d'un autre être humain, alors la personnalité artificielle est dite globalement exacte. » C'est bien ça ?

Tout en parlant, Nadiane s'était hissée hors de la cale en prenant appui sur un empilement de cylindres d'acier. Un coup d'œil avait suffi à confirmer ses soupçons.

– Tu le sais mieux que moi, grand frère, non ? Surtout dans ton état actuel ?

Excellente déduction ! (Le rire qui jaillit des haut-parleurs était si parfait qu'il faillit la faire hurler.) *J'ai réussi le test de Turing avec la seule personne qui comptait vraiment. Toi.*

– Tu es la copie...

Ce n'était même plus une question. Nadiane ajouta, les bras serrés sur l'absence de son frère :

– Ça veut dire que le Nexarche est prêt, cette fois ?

Non.

Les parois du vaisseau devinrent peu à peu transparentes. Nadiane avait beau savoir que la couche intérieure de pixels se contentait de reproduire en temps réel tout ce que captait la couche externe, l'effet donnait le vertige. Elle reconnut les tores métalliques qui s'éloignaient du Nexarche avec une lenteur trompeuse et murmura pour elle-même :

– Ça veut dire que je suis déjà partie.

L'AnimalVille qui emportait Nadiane vers l'étoile binaire avait replié ses filaments autour du Nexarche. Enchâssé au centre de la base de chair, le vaisseau figurait la gemme d'un bijou violet sombre, comme en portaient les participants aux cérémonies mortuaires de Supérieure. À l'intérieur, à travers les filtres des écrans, Nadiane contemplait les lignes de fuite que la Ville dépliait derrière elle, entre deux échanges. Les trajectoires s'enfonçaient dans d'étroits couloirs tendus de draperies noires, percées de trous d'épingle.

Nadiane sentait que les draperies dissimulaient des murs invisibles. L'horizon paraissait si proche que son regard rebondissait dessus comme une balle, sans parvenir à le traverser. Lorsqu'elle avait vu les étoiles pour la première fois, elle était de l'autre côté d'une vitre infranchissable. Vingt ans plus tard, la frustration subsistait.

Enfermée dans le noir, loin de tout soleil, Nadiane entendait le murmure rassurant de Symbiase-Copie qui chatouillait son flagelle, et se sentait perdue. Il n'y avait pas de lieux où se réfugier, de territoires à explorer, juste une enfilade de pièces identiques réparties comme des gouttes d'eau sur la toile d'araignée de l'univers. *Quand tout se ressemble, plus rien n'existe.*

Les échanges se déroulaient toujours de la même façon : sans que rien permette de le prévoir, la Ville se *tendait*. Puis les étoiles lointaines changeaient simplement de place. La durée du transfert était en dessous du seuil de perception temporelle de Nadiane, en dessous de la finesse du cœur électronique de Lya, si voisine de zéro qu'il aurait fallu inventer de nouvelles façons de mesurer le monde pour la détecter. Nadiane savait que cette durée n'était pas nulle ; la rigidité intrinsèque de l'univers ne l'autorisait pas. Joanelis pensait que les échanges étaient des seuils d'improbabilité tellement bas qu'ils rendaient ridicules ses efforts pour s'approcher du zéro probabiliste. Ensemble, ils essayaient de comprendre comment s'y prenait la Ville. Mais la trajectoire en sauts de puce discontinus qui les promenait à travers le Ban défiait toute analyse.

Pourtant, les Mécanistes étaient parvenus à un certain degré de compréhension de son fonctionnement, d'une manière ou d'une autre. Sans le dire à Nadiane, Joanelis avait détourné à son profit une partie des moyens de calculs de Lya et il s'efforçait de trouver des voies nouvelles pour percer le mystère de *l'échange*. Sa tentative était à la fois futile et désespérée mais elle le protégeait efficacement de la réalité.

Je bute contre une impossibilité fondamentale, s'énerva-t-il après une succession de sauts si rapprochés que Nadiane avait dû rendre la coque opaque pour échapper au vertige. *J'ai conçu un modèle théorique qui décrit correctement le phénomène, dans toutes ses manifestations. Un vrai bijou, que je peux encore raffiner à présent que l'archipel entier est prêt à m'aider. Imagine : on peut décrire le Ban comme l'ensemble des points de singularité d'un système dynamique stable, accordés selon une fréquence commune. Et la vibration fondamentale de l'univers serait un zéro plus, indétectable mais dont on peut déduire une valeur approchée par l'analyse du comportement d'une projection simplifiée du système d'origine dans un espace à onze dimensions, neuf spatiales plus deux temporelles. Et ça marche... Suivant ma théorie, il suffit d'approcher d'un point de singularité, de s'accorder sur la fréquence fondamentale et l'échange s'effectue par une équivalence topologique, en suivant la seconde direction temporelle.*

« Seul problème, mon modèle ne peut pas s'appliquer !

– Une raison particulière ?

Je te crois ! Ma théorie n'est valable que pour des topologies finies. Des univers de poche, si tu préfères, de tout petits espaces avec une structure particulièrement froissée, des phénomènes d'écho temporel induits par les plis, et j'en passe. Le monde réel est autrement plus vaste.

– Et plus simple ?

Il y eut un silence, qui se prolongea. Nadiane sourit pour elle-même. Le Nexarche était un monde clos qui renfermait en son sein un espace de données quasi illimité, mais les esprits qui le peuplaient imaginaient des infinis encore plus vastes sans en être satisfaits. C'était comme une collection de poupées gigognes à l'envers, chacune d'elles contenant une image agrandie d'elle-même. Il n'y avait que Joanelis pour se sentir à l'aise dans une telle situation.

Tu as mis le doigt sur quelque chose, petite sœur... lui glissa-t-il. *Mais c'est tellement surprenant qu'il me faudra du temps pour me familiariser avec ce que ça implique !*

– Je préférerais que tu me parles !

Mais Nadiane savait que la personnalité artificielle de Joanelis ne résisterait pas au vide effrayant des journées à venir sans un sujet sur lequel spéculer. Il avait besoin d'un endroit où se perdre et elle n'était plus en mesure de le lui offrir.

– Tu me raconteras quand tu auras trouvé, murmura-t-elle, si bas que les capteurs du Nexarche durent amplifier ses paroles pour les décoder.

Elle sentit à peine le saut suivant et ferma les yeux, en se demandant pour la millième fois combien il lui faudrait en subir avant d'émerger en vue de l'étoile.

CHAPITRE 5

Symbiases

Les Villes s'accouplaient dans le silence du vide. Partout où Nadiane portait son regard, elle apercevait un amas confus de masses circulaires brunes, aux filaments enchevêtrés, qui l'enfermaient dans une cage de chair. De l'autre côté, à moins de quinze minutes lumière, une étoile binaire était sur le point de mourir et elle était en train de manquer le spectacle.

L'AnimalVille qui transportait le Nexarche avait émergé en plein milieu d'un troupeau de plusieurs milliers de ses congénères. Il avait aussitôt abandonné le vaisseau, l'expulsant de sa chair avec une hâte que Nadiane avait jugée particulièrement indécente. Puis il s'était rué vers les murailles mouvantes qui s'étaient entrouvertes pour l'accueillir. Depuis quatorze heures, le Nexarche dérivait au milieu d'une frénésie d'accouplement qui semblait ne pas vouloir cesser.

Les Villes sauvages étaient immenses; chacune d'elles aurait pu abriter dans ses flancs plusieurs dizaines de milliers d'êtres humains. Leur forme était celle d'un disque aplati, entouré d'une couronne d'épais filaments à peine plus sombres que la chair. Leur base, à peu près plate, était traversée de plis concentriques, tandis que des excroissances habitables se répartissaient harmonieusement sur la face supérieure. Sous les dômes et les terrasses se devinait l'architecture du cartilage; des places irrégulières s'ouvraient par endroits, points de confluence de ruelles au tracé en trompe-l'œil. Les couleurs variaient du pourpre au violet foncé, en passant par toutes les variétés d'ocre et de brun. Même pour Nadiane, qui n'avait jamais vécu en dehors de l'archipel de stations spatiales baptisé Symbiase, elles avaient quelque chose d'intensément familier.

L'intelligence artificielle du vaisseau avait tiré des salves de billes-sondes dans toutes les directions. Des milliers d'images s'empilaient sur la mosaïque des moniteurs, constituées essentiellement de gros plans: chair contre chair hérissée de picots durcis, nœuds complexes de filaments réunissant jusqu'à cinq Villes dans une même étreinte, bâtiments turgescents ou au contraire pressés l'un contre l'autre, recouverts d'un mucus luminescent qui protégeait leur surface. De longs tressaillements les agitaient parfois; leur plaisir se propageait à la façon de l'onde de choc d'un raz-de-marée.

Nadiane avait été stupéfaite de voir les Villes s'accoupler ainsi face à face, leurs beffrois entrecroisés, leurs dômes encastrés l'un dans l'autre, à la fois duellistes et amantes. Lorsque les billes-sondes se tournaient dans la direction du Nexarche, elle se voyait comme un tout petit éclat lumineux, un diamant enchâssé dans le nombril d'un géant secoué de spasmes silencieux.

– *Va dormir, je te réveillerai quand tu ne seras plus seule,* dit la voix de Joanelis à travers son flagelle. *Lya et moi avons fait des calculs; les Villes ne changeront pas de position d'accouplement avant au moins deux heures. Rien ne devrait se passer d'ici là.*

– D'abord, je n'ai pas sommeil, ensuite qu'est-ce que tu connais de l'érotisme des Villes ?

– *Vu leur taille, la sexualité des AnimauxVilles relève essentiellement de la mécanique céleste !*

La voix de Lya se mêla à la conversation. Depuis le début du voyage, l'intelligence artificielle se manifestait peu; elle s'était repliée dans l'univers clos des réservoirs de données, là où elle n'avait à partager avec personne la simulation de Joanelis qu'elle avait recréée.

– *Je reçois des fragments d'émission dans le bas du spectre,* émit-elle en mode formel. *Sans doute artificielle, probablement d'origine Mécaniste. On dirait que leur vaisseau est coincé au milieu d'un troupeau d'une taille comparable au nôtre.*

Nadiane prit une grande inspiration.

– Eh bien, nous y voilà ! Tu peux leur faire savoir que nous sommes là ?

– *Ils le savent déjà. Les Villes leur bloquent le passage mais ils comptent bientôt franchir le barrage.*

La simulation de Symbiase s'éveillait peu à peu. Une rumeur d'excitation, issue des réservoirs de la cale, montait le long du réseau central. Quatre millions de personnalités artificielles, animées par Lya, se préparaient à prendre part à l'action en cours.

– Ils ont des armes ?

– *Leur vaisseau refuse de me répondre.*

– C'est aussi proche d'un oui que je peux l'imaginer, venant d'eux. J'espère qu'ils ne comptent pas se taillader un chemin jusqu'à nous ?

– *Ils feront la moitié du trajet. À nous de les rejoindre, si nous en sommes capables.*

– *C'est un problème intéressant,* émit la simulation de Joanelis, à laquelle Nadiane accordait en permanence un canal d'expression privilégié. *Ce genre de défi est tout à fait dans leur style : un rituel de guerrier, sans le moindre intérêt pratique mais qui nous oblige à jouer suivant leurs règles. De quel délai disposons-nous ?*

– *Ils sont déjà en route.*

La rumeur qui était Symbiase, le monde recréé dans les réservoirs de cristaux-mémoires du Nexarche, envahit l'habitacle de pilotage. La simulation était désormais totalement opérationnelle ; Lya animait en temps réel chacun des êtres qui la peuplaient et le flux de questions, de suggestions et d'analyse avait atteint un niveau proche de la saturation. Tous les Connectés apprenaient depuis l'enfance la politesse du Réseau : écouter était indispensable, par contre parler n'était admissible qu'à condition d'avoir quelque chose à dire de véritablement personnel. Chaque habitant de l'archipel s'entourait d'une intelligence artificielle privée qui lui servait de secrétaire. Elle l'aidait à formuler ses remarques de la façon la plus concise possible et, surtout, elle s'assurait que l'information à transmettre n'était pas déjà disponible ailleurs.

Pour la première fois depuis le début du voyage, Nadiane se retrouvait chez elle : le forum de discussion s'organisait autour d'elle, sans heurt. La question *Comment rejoindre le vaisseau mécaniste ?* fut analysée en commun, sous tous les angles possibles. Plongée dans l'ivresse de l'interface, Nadiane oublia les murailles de chair qui faisaient l'amour au-dehors. Avec reconnaissance, elle laissa son individualité se diluer dans la mer tiède des données.

– Réfléchis avec moi, grand frère, soupira-t-elle. Le temps presse.

– *Les Villes nous bouchent la vue... On n'a pas idée de baiser si lentement ! À croire qu'elles ne s'étaient pas vues depuis des siècles.*

– Je peux les comprendre. Ton odeur me manque, tu sais ?

– *Essaie de leur expliquer ça !*

Une bouffée de tendresse parfaitement simulée remonta le long du flagelle de Nadiane. Les pixels de sa peau se teintèrent de cuivre et d'or. Elle ferma les yeux sous la caresse numérique et l'inspiration la frappa :

– Attends un peu... (Tandis que ses pensées s'ordonnaient à toute vitesse autour d'un axe inattendu, la jeune fille ne put s'empêcher de pouffer.) J'ai peut-être une idée qui forcera les Villes à nous laisser passer. Lya, tu peux communiquer avec elles ?

– *Pas individuellement, mais je peux émettre sur une bande large qu'elles capteront toutes.*

– Trouve-moi le nom d'un quelconque Mécaniste à bord de leur vaisseau, jeune de préférence. (*Tecamac, dans l'armure du même nom, c'est la seule qui me répond.*) Explique aux Villes que je partage leur excitation, et que je vais moi aussi retrouver un amant !

– *Fait.*

Nadiane se redressa et bondit vers les écrans.

– Si ça ne les fait pas bouger, personne n'y arrivera !

Une poignée de minutes plus tard, le mur s'entrouvrit. Les Villes avaient à peine modifié leur chorégraphie amoureuse mais cela suffisait pour créer une faille dans laquelle le Nexarche s'engouffra avec prudence. Nadiane, les yeux rivés sur les écrans, poussa un cri de triomphe lorsque le nez du vaisseau se glissa entre les dômes de deux Villes jumelles qui interrompirent leur étreinte le temps de les laisser passer.

Toute à son excitation, elle désopacifia la totalité de la coque et s'assit en tailleur dans le poste de proue, sous un ciel de chairs turgescentes aux nuances violentes. Un tunnel se formait en avant du Nexarche. Les tentacules entrecroisés s'écartaient de sa route avec complicité; les beffrois interrompaient leur duel le temps qu'il se faufile entre eux, frôlant au passage leur pointe de cartilages durcis.

Parfois, des Villes inversées planaient au-dessus du vaisseau. Nadiane suivait du doigt le tracé des rues en contre-plongée et s'amusait à le reproduire sur sa peau. En réponse, les draperies des terrasses s'agitaient lascivement sur son passage; les opercules des bâtiments lui adressaient des clins d'œil obscènes. Sa présence en cette intersection précise du temps et de l'espace était parfaitement acceptée par les gigantesques créatures qui communiquaient avec elle au moyen de symboles arrachés à leur inconscient commun. C'était une sensation extraordinaire: jusqu'à ce jour, elle ne l'avait ressentie qu'au plus fort de l'immersion totale dans le Réseau.

Lya pilotait de plus en plus près, comme si elle partageait l'excitation de sa passagère. Par contre, la simulation de Symbiase se désintéressa rapidement du spectacle que transmettaient les capteurs de la coque. Le brouhaha des personnalités reconstituées diminua et finit par retomber au niveau de veille minimum.

Sans y avoir pris garde, Nadiane se retrouva seule.

L'air qu'elle respirait devint lourd; la lumière filtrée par la coque vira peu à peu au verdâtre. Les murs frémissants de vitalité se craquelèrent d'ombres menaçantes, tandis que les bouches d'ombres des bâtiments s'ouvrirent sur des intérieurs emplis d'os. À l'avant du vaisseau, le tunnel se rétrécit.

Elle oublia l'espace profond qui l'entourait, l'étoile binaire dont les radiations rebondissaient sur les boucliers de la coque. Son univers implosa. Les murailles de chair interceptaient toute lumière et masquaient le noir apaisant du firmament. Éclairée par les feux du Nexarche, Nadiane tomba dans un puits sans fond, envahi de replis qui exerçaient sur elle une fascination morbide.

Hypnotisée par la danse érotique des Villes dont le Nexarche était devenu l'un des protagonistes, elle oublia de surveiller ses signes vitaux. Les pixels de sa peau s'éteignirent un à un, dessinant sur son ventre un paysage d'hiver envahi de neige numérique. Le gris envahit son visage, l'écran de ses yeux se ternit. Plus rien ne remontait de son flagelle ; le cordon ombilical qui la reliait à Symbiase était coupé.

Les bras serrés autour du corps, les pupilles fixes, elle ne vit pas les murailles de chair s'évanouir autour d'elle. Le Nexarche avait regagné une zone d'espace libre, entourée d'une barrière lâche d'AnimauxVilles qui se reposaient entre deux assauts. L'intelligence artificielle immobilisa le vaisseau et coupa les moteurs.

Personne ne lui avait jamais appris à s'inquiéter du silence.

Ce fut son conditionnement de prospectrice qui sauva Nadiane. En cinq ans, son corps avait acquis les réflexes indispensables à une dérive hors du Réseau. Lorsqu'elle bascula, tête en avant, vers le plancher du poste de proue, elle avait plongé dans une transe profonde, en circuit fermé sur le réservoir de ses souvenirs. La simulation de Joanelis la découvrit ainsi, recroquevillée dans le noir, inconsciente. Les signaux relayés par son flagelle étaient si bas qu'il était presque impossible de les détecter.

Deux millisecondes plus tard, le Nexarche passait en mode alarme.

Le vaisseau se déploya vers l'intérieur. Les parois souples, constituées d'empilages multicouches dont chacune possédait une mémoire de forme, se reconfigurèrent de manière à recréer une section de couloir sur le modèle de ceux de Symbiase. L'environnement sonore, la température, l'hygrométrie, furent ajustés en conséquence. Puis un flot de données congelées remonta en bypass à travers le flagelle de Nadiane ; celle-ci entreprit sa longue et difficile remontée vers la surface de sa conscience.

Parmi les millions de personnalités disponibles dans les réservoirs numériques, seul un faible pourcentage fut d'abord activé. Joanelis connaissait par cœur les tables de décompression et monitora le retour de plongée profonde en compagnie d'une équipe spécialisée dans ce type d'accidents. Petit à petit, le reste de Symbiase se joignit au processus, jusqu'à ce que le système nerveux du vaisseau soit saturé d'échanges et de bavardages. Réunis en cellule de crise, les membres du Conseil analysaient la situation et cherchaient à l'extrapoler jusqu'à ses limites extrêmes.

Quand Nadiane ouvrit les yeux, elle était de retour chez elle et le bavardage du Réseau l'enveloppait d'une pellicule tiède. Dans un demi-sommeil, elle entendit la voix de son frère :

– *Tous ensemble, nous allons l'aider à se souvenir... Lya, sous aucun prétexte, tu ne dois laisser la simulation s'interrompre et la priver de notre présence ! Nous ne pouvons pas survivre seuls. Si ma sœur perd le sentiment d'identité que lui renvoient les autres, elle mourra.*

Il y eut un intervalle de temps perceptible, tandis que le cœur électronique de l'intelligence artificielle mesurait les conséquences de ce qui venait d'être dit. Puis elle annonça :

– *Impossible. Je ne peux pas assurer l'ensemble de mes tâches et m'occuper de l'évolution de vos personnalités en même temps.*

– *Tu ne peux pas ?* (La personnalité simulée de Joanelis effectua un retournement mental sur lui-même et assembla la totalité des paramètres en sa possession à une vitesse qui aurait stupéfié son original de chair.) *Dès que Nadiane sera hors de danger, effectue un contrôle complet de l'ensemble de tes processus, et recalcule-moi ton record d'improbabilité. Je veux vérifier quelque chose.*

– *Compris. Au fait, le vaisseau mécaniste est à portée de mes détecteurs. L'ingénieur en chef Hualpa nous félicite pour notre célérité.*

Nadiane s'étira paresseusement.

– Tu vois, ça a marché, grand frère ! Que disent leurs I.A. ?

– *Tout ce qu'ils émettent est d'origine humaine.*

– Verrouillage des communications ?

– *Improbable.* (Lya soupesa l'ensemble des informations dont elle disposait.) *Je crois qu'ils n'ont à bord que des intelligences castrées, muettes.*

– Image !

Les faisceaux entrecroisés des simulations tridimensionnelles détaillèrent une structure d'un noir mat, qui avançait parallèlement à eux. La base de données de Nadiane lui fournit immédiatement des points de référence… Le vaisseau ressemblait à un scorpion, avec un corps annelé et des extensions latérales repliées sous le thorax.

– *Sainte Toile,* émit la jeune Connectée. *Ils sont une centaine de fois plus gros que nous !*

Tout autour des deux vaisseaux, les AnimauxVilles se massaient avec curiosité. Nadiane contempla leur ballet et se sentit saisie de vertige. L'extérieur était un maelström grouillant de vie qui menaçait de l'engloutir.

– *Je reçois un message d'une Ville nommée Turquoise,* signala Lya. *C'est elle qui abritera les Retrouvailles. Nous devrions la voir surgir bientôt.*

– Je suis fatiguée, murmura Nadiane.

Une douleur sourde pulsait au niveau de ses tempes. Elle se sentit glisser de nouveau dans l'inconscience, sans pouvoir lutter. Ses propres signaux d'alarme mentaux étaient incapable de la maintenir éveillée.

– *Je peux me charger du pilotage,* dit Lya. *Tu veux bien ?*

Nadiane acquiesça machinalement. Ses yeux se fermaient tout seuls. À l'autre bout de son flagelle, l'inquiétude de Joanelis était une mer douce et tiède dans laquelle elle se laissa sombrer avec reconnaissance.

Deuxième partie

Les retrouvailles

CHAPITRE 1

Les retrouvailles

Avec un crissement à peine audible, le Zéro Plus referma la corolle de son sas d'éjection et se restructura pour abandonner sa configuration de voyage au profit de celle de vol stationnaire. D'une façon générale, cette métamorphose ressemblait à un dépliement, celui d'une chrysalide se déchirant pour que le papillon nouveau-né étende ses ailes. Les zones principales de la coque, en forme d'hexagones, s'écartèrent les unes des autres pour ne plus être reliées que par des structures souples, non pressurisées. De chaque côté de l'axe central, six tubes recourbés, renfermant des unités autonomes équipées de leurs propres générateurs, se déployèrent. À leur extrémité, des sphères de carbex se gonflèrent pour protéger les postes de tir disposés en couronne. Du cocon surgissaient d'étranges chimères dont le ballet méticuleusement orchestré évoquait la parade nuptiale des scorpions.

Dans la salle de commande principale, ainsi que dans les huit postes secondaires de contrôle dispersés en couronne autour de la coque, une vingtaine de paires d'yeux surveillaient simultanément l'approche d'un minuscule ovoïde brillant depuis l'espace profond, la décélération de la navette qui se préparait à aborder la Ville, la Ville elle-même avec ses centaines de coupoles et son Beffroi gigantesque, et, masquant les deux étoiles en conjonction par rapport à l'astronef, le magma de chairs ondulantes de dizaine de milliers d'Animaux-Villes s'emmêlant dans une orgie obscène. Obscène et fascinante, tant il était inconcevable pour Hualpa – ou pour tout autre Mécaniste – que des créatures scientantes puissent s'adonner avec autant de bestialité à semblable frénésie.

Au-dessus de la table de pilotage, l'image tridimensionnelle du Zéro Plus se stabilisa sous sa nouvelle forme. L'Ingénieur détacha son regard du triptyque d'écrans qui montrait la fornication des AnimauxVilles et le posa brièvement sur chacun des treize autres, du moins sur ceux qui retransmettaient plus qu'un vide sans fond.

Dans quelques minutes, la navette emportant la délégation mécaniste vers la Ville qui accueillait les Retrouvailles allait apponter la plate-forme prévue à cet effet. Sauf erreur aussi grossière qu'improbable de pilotage, l'Armurier Sletloc, son Assistant personnel et le détachement de douze hommes qui les accompagnaient débarqueraient sans encombre sur... Comment s'appelait cette foutue Ville, déjà ?

Turquoise. La plus gigantesque cité que l'Ingénieur eût jamais vue, mais il était vrai que son expérience en la matière limitait considérablement ses références et que certains rapports de Voltigeurs envoyés en reconnaissance dans les mondes organiques – de véritables missions suicides dont quelques-uns étaient miraculeusement revenus indemnes, comme ce Chetelpec qui avait la charge du gosse dont Sletloc avait fait un primanyme – évoquaient des Villes dix ou vingt fois plus importantes que celle qu'il avait sous les yeux. Par ailleurs, pour ce qu'il en savait, Turquoise pouvait être beaucoup moins impressionnant une fois ancré en pleine terre, son présent aspect (sa configuration de vide, comme disait Iztoatl) ne pouvant être comparé qu'à la petitesse, relative, du Zéro Plus et à celles, indéniables, de la navette et du vaisseau ovoïde en phase d'approche.

D'un geste devenu machinal, Hualpa promena l'extrémité de ses doigts spatulés sur les picots de la table de pilotage, attentif au moindre signe de surcharge structurale.

– L'intrus ? demanda-t-il sans s'adresser à quelqu'un en particulier.

Ce fut bien sûr Iztoatl qui lui répondit, aucun des techniciens n'étant habilité, hors situation d'urgence, à communiquer directement le résultat de ses observations ou analyses au commandant de l'astronef. Plus qu'un filtre hiérarchique, l'Assistant était – et ils en avaient tous une conscience aiguë – la seule personne à bord dont les compétences, en quelque domaine que ce fût, égalaient celles de l'Ingénieur.

– Sans surprise, Monsieur. C'est un appareil connecté. Aucun armement offensif, aucun système de détection invasive, une intelligence de bord de classe inconnue et un seul passager. L'I.A. a émis les salutations d'usage et communique actuellement avec l'AnimalVille. Nous ne savons pas ce qu'ils se disent, leurs algorithmes de brouillage sont impénétrables.

Hualpa ne posa pas de question. Si son Assistant avait pu lui en apprendre davantage, il l'eût fait, et la rencontre d'intelligences connectées de classe inconnue était loin d'être inhabituelle.

– Le passager ?

– Une femme assez jeune, Monsieur, dont la faible activité électrique cérébrale laisse supposer qu'elle est inconsciente.

L'Ingénieur fronça le sourcil. Une femme, dans de telles circonstances, c'était déjà inhabituel. Qu'elle soit inconsciente était carrément incompréhensible. Une fois de plus, il s'irrita de son ignorance. Les comportements des autres branches humaines étaient semblables à des mécanismes obéissant aux règles d'une physique différente.

– L'AnimalVille ?

– Toujours rien, Monsieur, et je ne pense pas que nos détecteurs parviennent à percer ses défenses. Sa... carapace est parfaitement réfractaire à tout ce que nous connaissons. Je parle d'investigations indolores, bien entendu.

L'Ingénieur sourit. Pour tout ce qui concernait les prérogatives de l'Armurier Sletloc, les tournures de phrase d'Iztoatl étaient délicieusement équivoques. Il n'avait pas apprécié plus que lui que les Comices, en dédoublant le commandement du Zéro Plus, confie la responsabilité militaire de l'astronef à l'Armurier, lui conférant ainsi un droit de regard sur son maniement et le pouvoir absolu sur la façon d'accomplir sa mission.

Une fois de plus, la question de savoir qui contrôlait le vaisseau se posait avec acuité. Le Zéro Plus était l'œuvre de Hualpa. Sletloc ne pouvait pas le comprendre : comparé à la vivacité des armures, le Zéro Plus n'était qu'un guerrier lent. Mais celui qui saurait maîtriser cette lenteur deviendrait le maître des configurations à venir ; il tiendrait le Ban au creux de son poing.

Hualpa savait que Sletloc avait truffé le vaisseau de caméras et de micros. Il avait soudoyé les ouvriers pour que chaque pièce essentielle devienne un espion à son service. L'Armurier avait ainsi accès à toutes les données du bord, sauf une : il n'avait jamais piloté le Zéro Plus, ne l'avait jamais entendu chanter son approbation au moment de déchirer l'espace de son dard. *Il ne sait rien d'important,* songea l'Ingénieur avec satisfaction.

– Surveillez notre navette, et au besoin réalignez-la, dit-il avec une trace d'ironie à peine perceptible. Nous ne voudrions pas donner de mauvaise impression par des manœuvres maladroites !

Un autre aspect embarrassant tenait à la phase diplomatique de cette mission, ressortissant désormais à la seule autorité de Sletloc, dont la première décision avait été d'interdire à l'Ingénieur et à son Assistant de débarquer sur Turquoise, donc d'assister aux Retrouvailles.

En soi, Hualpa se fichait complètement de la rencontre, mais il eût aimé poser quelques questions aux… *à la* mandataire des Connectés, des questions sur un certain échange ayant abouti à la disparition de son prédécesseur et d'autres concernant les nanotechnologies mises en œuvre dans l'armure de Tecamac, entre autres. Car, parmi la kyrielle de suspicions qu'il entretenait à l'égard de la caste des Armuriers, l'Ingénieur soupçonnait celle-ci d'avoir incorporé tout un matériel espion à son armure, peut-être pas dans son éon même – comme le supposait Xuyinco – ou peut-être pas seulement, mais dans l'épaisseur du carbex. Les craintes qui résultaient de cette défiance le poussaient par moments à détecter tel ou tel renflement anormal dans le carbex, au niveau du cou ou de l'entrejambe. Intellectuellement, il savait que cette hypersensibilité à des corps étrangers était de nature paranoïaque, mais il préférait lutter furieusement contre les démangeaisons provoquées par cette psychose que d'oublier, ne fût-ce qu'une seconde, qu'il pouvait fort bien être un livre ouvert pour Sletloc.

Je n'ai à aucun moment détecté la plus infime émission provenant de nous, tentait de le rassurer HUALPA.

« Il suffit que tu sois programmé pour n'en rien faire... ou que tu me mentes. Toutefois, même si tu es parfaitement intègre, nous n'avons l'un et l'autre aucun moyen de nous assurer physiquement de cette intégrité. »

L'armure n'aimait pas la tournure que prenait l'esprit de l'Ingénieur depuis qu'il avait rencontré le Consul, et elle ne se privait pas de le faire savoir. Simplement, pas plus que lui, elle n'était en mesure de prouver que cette spirale vers le délire de persécution était injustifiée.

– La navette apponte, annonça Iztoatl. L'appareil connecté devrait l'imiter d'ici une petite heure.

– Je vous ai connu plus précis, s'étonna Hualpa.

– L'engin connecté n'est pas équipé pour aborder la Ville comme notre navette l'a fait, Monsieur, et il est trop petit pour transporter un appareil auxiliaire. La Ville va l'orienter vers un autre débarcadère. Mon imprécision tient au fait que ce ne sont pas les sites qui manquent, même si nos instruments ne décèlent aucune activité dans chacun d'eux. Toutefois, pour autant que je comprenne les logiques en cause...

– Pardon, Iztoatl ? Les logiques en cause ? De quelles logiques parlez-vous ?

– Celle des AnimauxVilles, Monsieur, celle de ces Retrouvailles et celles des Rameaux y participant.

Plus de deux secondes, l'Ingénieur observa son Assistant bouche ouverte, l'air de dire : « Est-ce bien vous, Iztoatl, qui jouez au sociopsychologue ? » Puis il secoua la tête, comme pour en chasser une idée incongrue.

– Eh bien, achevez, Iztoatl. Que vous soufflent ces... logiques ?

– Je pense que l'appareil connecté se plaquera perpendiculairement au Beffroi de la Ville, juste sous son encorbellement, dans... (il jeta un œil sur une série de monitors) cinquante-trois minutes.

Hualpa s'abstint de tout commentaire. Que l'intuition de son Assistant se vérifie ou non importait peu, l'Ingénieur ressentait à nouveau une irritation dans le cou.

L'Armurier Sletloc se tenait debout devant le sas, mains croisées dans le dos, les jambes légèrement écartées. Il voulait avoir l'air débonnaire malgré les douze Voltigeurs qui patientaient derrière lui, aussi rigides que le métal de la navette, malgré la servilité toute militaire de son assistant, sur sa droite, légèrement en retrait.

– Avancez-vous, Tlaxa. Et même, accessoirement, positionnez-vous légèrement devant moi, de biais, comme si vous me parliez d'égal à égal.

Tlaxa s'exécuta, évidemment, en bon chien de berger qu'il était, mais sa posture ressemblait davantage à celle d'une statue dans un garde-à-vous bancal qu'à celle d'un *conseiller*, ce qu'il ne risquait pas d'être, quel que soit le jour sous lequel l'Armurier le présenterait aux délégués des autres Rameaux.

– Dois-je réitérer mes consignes, Tlaxa ?

– Non, Monsieur. Bien sûr que non, Monsieur.

– Alors, décontractez-vous ! C'est un ordre ! Désépaississez également le carbex sur votre visage. (Il se tourna vers les Voltigeurs :) Et c'est valable pour tout le monde ! Nous ne sommes pas ici pour effrayer ou pour seulement impressionner. Nous sommes une mission consulaire et nous nous comportons en diplomates au milieu d'autres diplomates, aussi écœurants et fouille-merde soient-ils. Ces étrangers doivent pouvoir reconnaître nos visages pour leur attribuer un nom, une fonction et une personnalité, sous peine de ne voir en nous qu'un troupeau de guerriers stupides et méprisants.

Ce que les Voltigeurs et, à moindre titre, Tlaxa étaient, de toute façon, mais que Sletloc ne pouvait leur jeter à la figure alors qu'il avait besoin d'un minimum de subtilité dans leur comportement.

– Comprenez bien, Tlaxa : en présence de tout représentant étranger, vous n'êtes pas *autorisé* à me couper la parole ou à émettre une opinion *très légèrement* différente de la mienne, vous *devez* le faire.

Comme nous devons tous montrer, sans verser dans la déliquescence à laquelle s'adonnent les autres Rameaux, que le Mécanisme connaît lui aussi les incohérences et la gabegie d'une société décadente.

Les finesses de la stratégie, tant politique que militaire, échappaient à peine moins à Tlaxa qu'à l'ensemble des Voltigeurs, mais au moins lui était capable d'exécuter un ordre auquel il ne comprenait rien. Ce qui n'était pas le cas des seules intelligences que l'Armurier avait dû consigner à bord du Zéro Plus : Hualpa, Iztoatl, Chetelpec et son élève.

– L'ordinateur de bord m'informe que la navette est hermétiquement reliée à la Ville, Monsieur. Il n'attend que mon ordre pour ouvrir le sas.

– Alors faites-le, Tlaxa, et, par pitié, ne me donnez du Monsieur que lorsque nous sommes entre nous.

– Très bien, Monsieur. Comment dois-je m'adresser à vous ?

Sletloc soupira :

– Par mon nom, Tlaxa. Par mon nom.

Les deux panneaux superposés du sas s'ouvrirent simultanément et l'Armurier dut se servir du communicateur de son armure pour que celui-ci relaie le commandement aux armures des Voltigeurs.

Tous les Mécanistes embarqués à bord du Zéro Plus avaient été briefés sur l'aspect répugnant que présentaient les Organiques, pourtant Sletloc s'attendait à ce que certains d'entre eux aient du mal à contenir un geste, une mimique ou une exclamation de stupeur. Ce qui ne manqua pas, mais leur surprise fut davantage causée par la normalité de l'apparence des trois Organiques qui les accueillirent que par les rares et discrètes déformations qu'ils affichaient.

Deux femmes, un homme. Tous trois plus grands que le plus grand des Mécanistes, mais d'une toute petite poignée de centimètres, rien qu'une infime expansion des armures ne suffise à compenser. L'homme se tenait entre ses compagnes ; il avait des yeux trop ouverts et trop ronds sous une arcade sourcilière où la corne remplaçait les poils ; il avait aussi des épaules trop larges encadrant un cou très évasé, et les doigts de sa seule main visible, qui caressaient le poil d'un animal minuscule allongé sur son autre main, comptaient une articulation surnuméraire.

L'une des femmes avait un visage qui tenait plus d'une ascendance féline qu'humaine et son allure générale donnait le sentiment d'une union contre nature entre une panthère et un primate. Elle avait en tout cas des muscles très fins et très visibles, et elle avait choisi de les montrer en se vêtant d'un bustier sans manches et d'une jupe ou d'une jupe-culotte aussi courte que moulante. Toutes proportions gardées, pour n'importe quel Mécaniste, elle avait un port d'intende et un air de materne dans un corps de geisha. Pour Sletloc, elle était ce qui justifiait une guerre et que la médiathèque de Titlan appelait une amazone, ivre de pouvoir et de suffisance.

L'autre femme était une pure geisha ou, plus exactement, une de ces enfants nubiles dont les intendes prolongeaient l'adolescence pour former les meilleures geishas. Elle était tellement humaine, même selon l'acception mécaniste du terme, qu'elle donnait envie de s'en assurer intimement. Pourtant elle aussi portait les stigmates félins d'une vanité retorse.

Les trois s'avancèrent ensemble, d'un pas, et inclinèrent brièvement la tête. Sletloc leur rendit le salut de la même façon, puis Tlaxa l'imita et les Voltigeurs le singèrent. Ensuite seulement, il franchit le mètre qui le séparait encore de la Ville et pénétra dans le hangar ? le hall ? la salle plutôt vaste et inhospitalière dans laquelle Turquoise avait choisi de réceptionner ses hôtes mécanistes.

En fait, tandis que l'armure faisait défiler les données environnementales sur sa rétine gauche (température 19°, hauteur variable de 6 à 8 m, longueur 18 m, largeur 12 m, composants organiques à forte teneur calcique, pression 1024 mbars, pesanteur 0,96 g, atmosphère : O 20.6 %, N 77.9 %), Sletloc assimila la salle à une caverne. Sauf que les draperies boursouflées qui pendaient du plafond étaient d'un rouge écœurant.

– Bienvenue dans Turquoise, débita le mâle organique d'une voix protocolaire. Je m'appelle Jdan. Voici Tachine… (il désigna la panthère) et Érythrée (cette fois, il se tourna vers la geisha). Nous avons été chargés de vous faire les honneurs de la Ville.

– Je vous remercie de votre accueil en notre nom à tous, rétorqua cérémonieusement l'Armurier, et en celui des Comices qui nous ont missionnés pour cet événement. Je suis Sletloc... en quelque sorte le responsable de notre délégation, et voici le Conseiller Tlaxa.

Sletloc faillit se lancer dans un discours de banalités diplomatiques, mais il se ravisa et présenta chacun des Voltigeurs derrière lui, sans préciser leurs fonctions mais comme s'ils étaient autant de plénipotentiaires dûment mandatés par les Comices.

– Avant de vous guider vers vos quartiers, reprit l'Organique, je dois vous préciser que toute la Ville est à votre disposition et que vous pouvez y circuler à votre guise, à condition bien sûr de respecter l'intimité des appartements privés. (Il se fendit d'un sourire entendu qui manquait totalement de chaleur.) Comme vous le constaterez, si Turquoise a fait de considérables efforts pour héberger les Retrouvailles, il n'en reste pas moins qu'il est inhabité depuis longtemps et que nous ne jouirons pas partout d'un confort exemplaire.

– Ce qui n'est pas un petit euphémisme ! commenta la geisha.

L'Armurier ne se demanda pas comment ce Jdan pouvait tolérer qu'une femme (la plus jeune, de surcroît) l'interrompe pour proférer pareille sottise. Il était au fait des mœurs dégénérées des Organiques depuis trois décennies. Il se força même à se tourner vers celle-ci pour répondre :

– Rassurez-vous, Mademoiselle, aucun de nous n'est habitué au luxe. N'est-ce pas, Tlaxa ?

– Euh... bien sûr, Sletloc, bien sûr, balbutia l'Assistant.

Une seconde, une ombre passa dans le regard de la jeune fille, comme si quelque chose dans la réplique de l'Armurier l'avait vexée, puis elle haussa les épaules.

– Tant mieux, Sletloc, parce que vous découvrirez très vite à quel point les commodités ici sont rudimentaires.

– Érythrée, intervint l'autre femme, n'alarme pas nos amis mécanistes. Le confort qu'offre aujourd'hui Turquoise est certes un peu fruste, mais nous ne sommes pas ici pour nous vautrer dans le faste et les choses vont plutôt en s'améliorant, non ?

D'abord l'Armurier releva l'hypocrisie de l'expression « nos amis mécanistes» et la rapprocha du ton employé par la panthère pour s'adresser à sa cadette, comme si la scène entière avait été savamment écrite et longuement répétée. Puis il intercepta le regard qu'échangèrent les deux femelles, un mélange de connivence et d'agacement, et le compara à ses premières impressions visuelles. Ces deux-là n'étaient pas seulement proches par la félinité, elles étaient liées par des habitudes acquises ensemble. Elles étaient partenaires, ou amantes, ou n'importe quoi fondé sur des rapports étroits spécifiques de leur communauté.

Même famille, souffla l'armure. *Probablement mère et fille. Les Organiques n'attachent pas tous la même importance aux proximités génétiques, mais celles-ci jouent un rôle privilégié dans l'éducation des enfants.*

Sletloc nota que cette simple connaissance pouvait constituer un levier formidable. Il décida d'en tester immédiatement la validité:

– Ne tancez pas cette jeune fille, Madame... votre fille, n'est-ce pas ? Car si nous avons davantage qu'elle l'expérience des conditions austères, nous sommes flattés qu'elle se préoccupe de notre confort.

Dans la crispation qui creusa les joues de la panthère, il sut non seulement qu'elle était la génitrice de la geisha, mais aussi qu'elle n'avait pas été dupe de la manœuvre et qu'elle s'en voulait d'avoir ainsi dénoncé leur parenté. L'homme, lui, n'avait visiblement rien saisi de ce qui venait de se jouer.

– Si vous voulez bien nous suivre, engagea-t-il.

– Avec plaisir, s'anima enfin Tlaxa (assez fier de son initiative).

Malheureusement, comme il ne la poussa pas jusqu'à se mettre en mouvement avant Sletloc, celui-ci dut donner le signal du départ à sa place, entraînant dans son pas douze Voltigeurs dont l'attitude ressemblait toujours davantage à celle d'un commando spécial qu'à celle de diplomates.

«Secoue-les», subvocalisa-t-il pour son armure, mais il commençait à craindre que ce ne fût en pure perte. «Et ordonne à Hualpa de rassembler les douze Voltigeurs les plus indisciplinés dans la prochaine navette.»

Ce sont des troupes d'élite. Le plus indiscipliné d'entre eux n'est pas même fichu de râler mentalement contre les exercices d'alerte.

« Alors qu'il expédie le primanyme et son maître. Ceux-ci, je suis tranquille que les Organiques ne les prendront pas pour des robots ! »

– Excusez-moi, dit-il à haute voix alors qu'il arrivait à la hauteur des Organiques. Je... enfin nous sommes nombreux dans le vaisseau et son confort ne vaut sûrement pas celui, même minimal, de la Ville, ne serait-ce que pour des questions de dimension.

– Oui ? l'engagea à poursuivre la panthère.

En analysant ses propres schémas mentaux, Sletloc songea qu'il devrait interdire à ses hommes de nommer les Organiques par des sobriquets, même dans l'intimité des quartiers mécanistes ou du Zéro Plus.

– Nous allons organiser des rotations, bien sûr, mais nous avons besoin de savoir de quelle place nous disposons pour...

– Oh ! Ne vous inquiétez pas pour ça. Le secteur que Turquoise vous a alloué est un véritable arrondissement. Alors sauf si vous êtes plusieurs centaines de milliers...

– Nous ne sommes qu'une soixantaine, mentit l'Armurier (mais ce n'était qu'un petit mensonge).

– Dans ce cas, chacun d'entre vous aura le choix entre une bonne centaine d'appartements.

– Dont l'écrasante majorité est dans un état de délabrement pittoresque, ajouta la g... Érythrée.

L'Armurier comprit enfin pourquoi celle-ci revenait sans cesse sur la vétusté de l'habitat que l'AnimalVille mettait à leur disposition. Il s'agissait d'un message : « Nous avons visité la Ville dans tous ses recoins et nous la connaissons mieux que vous ne la connaîtrez jamais. » Il était par ailleurs probable qu'ils aient truffé les quartiers mécanistes de matériel espion et disséminé des pièges un peu partout dans la cité. Il pensa : « Message reçu. » Il dit :

– Nous ferons un peu de ménage.

Le jeu de double langage dans lequel l'entraînaient les Organiques commençait à beaucoup l'amuser.

Dans le domaine des allusions, je crains que nous ne devions d'abord songer à mieux contrôler Hualpa.

« Qu'a-t-il encore fait ? »

Il a déployé le Zéro Plus en configuration de défense.

Tout en se plaçant entre les femelles organiques, qui s'étaient mises en branle derrière le mâle, l'Armurier subvocalisa à l'intention de son armure :

« Donne-moi une liaison directe. Je crois que je vais me fâcher. »

Il t'objectera à raison que la configuration de vol stationnaire est identique à celle de défense, et que ce sont les Comices qui l'ont voulu ainsi sur proposition des Armuriers.

« Nous ne pouvons pas nous permettre la moindre attitude agressive. »

Alors il faut suivre sa première intention et lancer le Zéro Plus sur une trajectoire orbitale. Ainsi il pourra replier le vaisseau dans une configuration intermédiaire.

« Cela ne facilitera pas les navettes entre lui et la Ville. En cas d'urgence, nous… »

Dans le pire des cas, quand nous serons en opposition, le délai d'intervention ne s'accroîtra que de quelques minutes.

« D'accord. Ne me le passe pas. Ordonne-lui de placer le Zéro Plus en vol orbital… Non, dis-lui que, constat effectué, je me range à son opinion première. Puisque me voici diplomate, autant l'être jusqu'au bout. »

Dès l'annonce du retour de la navette, Tecamac s'était glissé dans les coursives. Il avait mis à profit les jours précédents pour cartographier le Zéro Plus afin d'en maîtriser la géométrie efficace et dépouillée. Il en avait étudié les plans, les vues en coupe, les projections. Il avait plongé les doigts dans les hologrammes couleur de fer, caressé de ses paumes les entrailles d'entretoises et soupesé les moignons d'aile, d'un noir absolu, avant d'en éprouver le tranchant. Puis il avait arpenté chaque secteur, les sens aux aguets.

Tecamac n'avait reçu aucune formation d'ingénierie. Il ignorait tout, ou presque, de l'impérieuse nécessité des structures et des lois régissant les alliages. Mais il connaissait les armes et le Zéro Plus en était une parmi les plus parfaites. Il en avait eu la certitude au premier regard et son armure avait partagé son excitation. Durant le fastidieux voyage vers le couple d'étoiles mourantes (si la partie du trajet pendant laquelle l'astronef avait été amarré à un AnimalVille n'avait pas excédé quelques secondes de temps subjectif, les longues semaines qui avaient permis à celui-là de rallier celui-ci avaient été interminables), Chetelpec l'avait poussé à considérer le vaisseau comme un terrain d'entraînement. *Je n'ai pas pu terminer ton éducation, ni celle de ton armure,* lui avait-il transmis au cours d'un de leurs rares instants de solitude. *Il te reste à apprendre à être inattendu.*

Dissimulant son impatience, Tecamac rejoignit l'axe principal du vaisseau. Des gardes le croisèrent sans lui jeter un regard; le carbex qui l'enveloppait lui servait de laissez-passer. De part et d'autre du couloir, constitué de cylindres d'acier noir articulés, s'ouvraient des centres de contrôle secondaires, des dortoirs spartiates dont les couchettes superposées étaient vides d'occupants, des bulbes abritant les canons à plasma. Les servants de quart, leur armure étroitement unie aux commandes des armes, surveillaient leur quadrant d'espace envahi par les masses écrasantes des AnimauxVilles. Tecamac se fondit dans la confusion organisée. Il savait où il allait et cela suffisait à faire de lui, aux yeux de tous, un élément de la vaste machine de guerre qui l'entourait.

Le vaisseau manquait de cette patine qui s'acquiert avec les années, quand le métal s'est adouci au contact de la chair. Tout était trop neuf, trop vif. Les bords aigus des rivets éparpillaient la lumière en éclats parasites. Le réseau numérique qui irriguait l'immense vaisseau était invisible, noyé au cœur des parois, sous plusieurs couches de blindage. Le Zéro Plus était un objet obsédé par sa propre finalité, l'équivalent d'un cri d'attaque, violent et bref. Tecamac se réjouissait à l'idée de le défier sur son propre terrain.

À sa gauche l'attendait un sas d'entretien non gardé, incrusté dans l'articulation de deux plaques de renfort. L'armure de Tecamac le déverrouilla puis s'étira de façon à recouvrir chaque pouce de sa chair.

Le passage en conditions de combat ne prit que deux dixièmes de seconde.

Le sas se referma avec un clic discret. Dans la pénombre, les diodes de contrôle jetaient des éclairs verts. De l'autre côté de la seconde porte s'ouvrait un conduit dans lequel régnait un vide partiel. Les données affichées par l'armure défilèrent en accéléré: pression 432 millibars, température 238 Kelvin. Aucune présence détectée.

Avant de plonger, Tecamac bascula en mode capture omnidirectionnelle, large spectre. Les concepteurs du Zéro Plus l'avaient truffé de détecteurs: analyseurs d'endommagement, jauges de pression locale, capteurs de mouvements ou de chaleur, caméras. Le jeu consistait à les éviter.

Trois étapes: repérage, analyse, contournement. Avec l'aide de l'armure, Tecamac calcula une trajectoire optimale pour bluffer le système nerveux du vaisseau. Elle s'inscrivit en vert sur la grille tridimensionnelle qui s'affichait à la hauteur de ses rétines. La chorégraphie était prête; il ne restait qu'à la danser.

Le guerrier plongea, tête en avant. Il rebondit sur l'extrémité de ses doigts tendus, se maintint un instant en équilibre, puis se projeta de biais vers le mur opposé contre lequel il se figea, le cœur battant. Centimètre par centimètre, il rampa le long du conduit, entre les faisceaux invisibles qui cisaillaient l'espace. L'adrénaline aiguisait ses sens et crépitait le long de ses nerfs tendus comme des cordes d'arc. Le champ de bataille était un gigantesque puzzle multidimensionnel qui cherchait à l'avaler. Il n'avait qu'une fraction de seconde d'avance.

À l'endroit propice, il bondit de nouveau, passant de l'immobilité au mouvement avec la grâce meurtrière qu'il avait volée aux lions. Les jambes repliées sous lui, les bras enroulés le long du corps, il percuta du front un point précis du vaisseau et brouilla les signaux qui tentaient de se faufiler sous la peau de métal. Détente. Basculement en plein vol. Rebond. Immobilisation. Le carbex donnait à chacun de ses gestes une fluidité de mercure.

En parallèle, l'esprit de Tecamac enregistrait chaque détail de la trajectoire. Si nécessaire, il pourrait revenir par le même chemin. La tête plaquée dans l'angle mort d'une caméra, si près qu'il percevait les cliquetis du mécanisme de balayage, il reprit son souffle et se détendit. La moitié du tube était franchie. Avec le renversement de perspective, il avait cessé d'avoir l'impression de tomber.

Le sas de terminaison, au-dessus de sa tête, s'ouvrait directement dans la cale où stationnaient les navettes. Lorsqu'il voulut s'élancer pour l'atteindre, l'armure le retint.

Sa chair s'écrasa contre le métal raidi. Le compte à rebours de sa trajectoire était figé sur le zéro, pourtant ses muscles de carbex refusaient d'obéir. Paralysé, il subvocalisa ses codes d'urgence. La grille d'analyse tridimensionnelle se reforma à hauteur d'yeux; tous les paramètres avaient changé.

Le Zéro Plus est en train de se replier. L'Ingénieur a donné l'ordre de mise en configuration orbitale.

Le tube se contractait inexorablement. La trajectoire qu'il avait calculée n'était plus valide et l'armure ne savait plus où se diriger. Au-dessus et en dessous de lui, les vérins s'apprêtaient à l'écraser entre leurs mâchoires de titane et d'acier. L'armure pouvait résister à l'étreinte du vaisseau, mais la chair mourrait, atrocement.

Près de son oreille, la caméra cessa soudain de cliqueter. Une coque opaque se referma autour d'elle afin de la protéger des chocs durant le repliement. D'une impulsion, Tecamac s'arracha de la paroi. Si d'autres capteurs demeuraient opérationnels, il était mort: Sletloc l'écorcherait vif en découvrant ce qu'il avait fait. Mais l'adolescent connaissait les procédures du vaisseau: la routine, l'immuable routine, déconnectait en même temps tous les appareils d'un secteur donné. Il venait de gagner de précieuses secondes d'invisibilité.

Le bond, mal calculé, le projeta dans une vrille vertigineuse. Il écarta les bras pour ralentir sa rotation. Le vide qui régnait dans le tube était quasi absolu, les derniers atomes d'air avaient été expulsés par les pompes. Tecamac s'étira au maximum, jusqu'à ce que son pied droit effleure la paroi, tout près de la jonction d'un segment. L'armure l'aida à affermir sa prise sur le métal lisse. Tandis que la géométrie du monde se déformait autour de lui, il s'efforça de devenir une partie du vaisseau, de vibrer sur sa fréquence. Les perspectives changèrent. Le sas qu'il cherchait à atteindre fut désormais en dessous de lui et s'éloigna au rythme des soubresauts de la structure.

Tecamac se mit à courir.

Les foulées en quasi-apesanteur étaient presque impossibles à contrôler. Tecamac annula toutes les fonctions intelligentes de l'armure. Plus de signaux, plus de messages chiffrés, plus de conseils. Le carbex redevint une peau, une interface quasi transparente. Le guerrier devait choisir seul l'endroit où poser les pieds, estimer d'instinct les angles d'appel et la force des impulsions. S'il trébuchait, s'il hésitait, le vaisseau le broierait.

De toutes ses forces, il courut le long de la colonne vertébrale du Zéro Plus. Il se faufila dans les étranglements du métal et plongea entre les mâchoires des plaques articulées qui se refermaient derrière lui. Du bout de l'orteil, il se relança vers le haut, les jambes arpentant le vide en foulées puissantes tandis que l'univers se contractait autour de lui. Sans réussir à le mordre.

Le sas de sortie arriva si vite qu'il pirouetta en plein vol afin d'absorber avec les genoux l'essentiel du choc. Derrière lui, le tube n'existait plus. Il empoigna à deux mains le mécanisme d'urgence qui céda sous la poussée. Un dernier réflexe le projeta dans le sas, dont la paroi se referma avec un grincement de rage impuissante.

Le bruit était presque douloureux, mais Tecamac l'accueillit comme un cri de victoire. Le retour du son signifiait que le sas était pressurisé. Il s'adossa à la porte blindée et sentit ses jambes se dérober sous lui. L'armure ressuscitée affichait des chiffres stables : conditions nominales, tous les voyants au vert.

La cale d'accueil s'ouvrait de l'autre côté du sas. La navette, de retour de la Ville, était en train de s'y amarrer. Tecamac lui accorda un regard envieux et décida de regagner le secteur d'entraînement, où son maître devait l'attendre depuis une dizaine de minutes.

Quand l'adolescent entra dans le gymnasium, avec quatorze minutes de retard, Chetelpec ne lui adressa aucun reproche. Il se contenta de l'attendre à l'autre bout de la salle, les bras à demi fléchis, le carbex de son armure expansé à sa capacité maximale.

Ce n'était pas la première fois que le garçon voyait CHETELPEC en configuration de combat. Chaque fois que cela avait été le cas, il avait rapidement compris qu'un manquement aux commandements de son maître en était la cause. Il s'était parfois agi de retard, de désobéissance ou d'un acte d'insolence un peu plus appuyé que ceux dont il était coutumier, mais la sanction avait toujours été la même et il en conservait des souvenirs aussi douloureux qu'humiliants. La doctrine de Chetelpec était simple : « On ne se permet pas une dérogation aux règles tant qu'on n'est pas en mesure de lui survivre. »

Toutes les fonctions de détection de son armure aux aguets, Tecamac s'avança dans le gymnasium à pas feutrés. Il savait que, avant la punition que lui infligerait Chetelpec, il devrait affronter la salle elle-même, programmée pour un de ces parcours d'élimination grâce auxquels le vieux maître l'entraînait depuis le début du voyage. Bien sûr, les I.A. stratégiques lui avaient imposé des combats sans cesse plus vicieux, plus *authentiques* (la moindre approximation, la plus petite imprudence, et il était sanctionné d'une blessure bien réelle qui pouvait aussi bien l'handicaper à vie que purement et simplement le tuer), et il s'en sortait d'une marge toujours plus étroite, chaque fois plus épuisé que la précédente, mais il s'en sortait et il acquérait la certitude que l'exercice suivant ne lui coûterait qu'un peu de sueur supplémentaire. À en juger par les regards furtifs mais chargés de respect que lui lançaient les Voltigeurs très expérimentés de Sletloc, lorsqu'ils le croisaient dans les coursives du vaisseau, cette confiance en ses capacités n'était pas excessive, quoi qu'en pensât Chetelpec.

« Ce n'est pas du respect, c'est de la défiance, modérait celui-ci. Ils savent ce que tu as fait à Titlan et l'Armurier leur communique toutes tes performances à l'entraînement, mais ce n'est pas toi qu'ils craignent, c'est ton armure. »

La prudence de l'adolescent ne lui fut d'aucune utilité : il traversa la salle sans déclencher le moindre piège ; Chetelpec avait décidé de privilégier la punition directe. D'ailleurs, dès que son disciple l'atteignit, le vieux Maître se mit en garde, la jambe droite légèrement en retrait, les épaules de biais, le bras gauche tendu, la main crispée paume ouverte, avec seules les dernières phalanges pliées. C'était une invite à un combat en règle, un duel tel que les Voltigeurs le pratiquaient quand il s'agissait de régler un différend personnel.

Tecamac s'immobilisa et imita la posture de Chetelpec, tendant lui aussi son bras gauche afin que le dos de sa main vînt se plaquer sur celui de son mentor. Ils restèrent ainsi cinq secondes, puis la main de Chetelpec commença à appuyer sur celle de l'adolescent, de plus en plus fort, comme si le Maître cherchait à déséquilibrer son élève sans engager plus que la puissance de son bras. Tecamac ne broncha pas, il se contenta de laisser son armure résister à la pression de l'armure de Chetelpec. Puis, brutalement, celle-ci tenta de prendre le contrôle de TECAMAC en saturant l'interface de carbex qui les unissait.

D'une seule vague invasive, CHETELPEC s'enfonça profondément dans l'éon de TECAMAC. Ni l'adolescent ni son armure ne surent lui résister, parce qu'aucun d'eux ne pouvait prévoir une agression qu'ils n'avaient jamais envisagée; celle-ci fut un viol, d'une brutalité inouïe et contre lequel ils n'étaient pas armés. Pour TECAMAC, cela ressembla à un raz de marée d'explosions qui dévastaient indifféremment toutes les neuroconnexions qu'elles remontaient. Pour l'adolescent ce fut la révélation, odieuse, que son maître était pétri de haines incontrôlables que la fureur pouvait tourner contre n'importe qui; des haines que CHETELPEC mettait à profit pour assouvir sa propre cruauté. Il eut envie de hurler: « Réagissez, Maître, réagissez! Ce n'est pas vous qui êtes capable d'autant de sauvagerie. C'est votre armure. Reprenez-en le contrôle, par pitié. » Oui, l'espace d'un souffle oppressé, sa terreur le poussa vraiment à implorer la clémence de son mentor, comme s'il n'était qu'un gosse effrayé, mais ce dernier réflexe de peur infantile le tira définitivement de l'enfance.

Alors, de la même volonté, son armure et lui freinèrent l'attaque de CHETELPEC, mobilisant la totalité de la puissance de TECAMAC pour la dilater à son expansion maximum, obligeant les vrillons de leur agresseur à se diluer dans le carbex qu'ils envahissaient.

CHETELPEC relâcha sa prise et la salle prit son relais, déclenchant un programme d'élimination que Tecamac sentit plus qu'il ne le vit…

avec un peu de retard, mais pas assez pour que de vulgaires I.A. le perturbent, surtout en ne lui opposant qu'un groupe de personæ armées de lames à plasma. Il se désolidarisa de son Maître et pivota sur une jambe, tandis que l'autre fouettait l'air à hauteur de visage.

Son premier adversaire vacilla avant de se dissoudre dans un hurlement strident et il se retrouva face à un véritable rideau d'hologrammes tueurs, dont la plupart étaient équipés d'armes à induction. Il plongea et roula délibérément entre eux, un éventail de lames monomoléculaires jaillissant de ses talons, de ses coudes et de ses poignets pour faucher têtes, poitrines et bras dans un staccato de coups fouettés. Il se reçut sur les mains, profita de l'inertie pour rebondir et se projeter en sauts de main arrière, alternant moulinets des bras et des jambes dans un ballet dévastateur. Comme à la parade. Sauf que les données affichées par TECAMAC étaient démoralisantes : de nouvelles personæ surgissaient pour remplacer celles qu'il venait d'éliminer et se ruaient instantanément sur lui. Il refit un passage entre elles, aller retour, puis un troisième et un quatrième, revenant sans cesse à son point de départ, dos à Chetelpec, pour constater qu'un nouveau groupe d'adversaires se substituait au précédent.

C'était une épreuve d'un genre nouveau. Un exercice qui ne poussait pas ses compétences de combattant vers leurs limites – de loin s'en fallait – mais qui éprouvait son endurance physique et morale. Toute la question était de savoir au bout de combien de passages il commettrait une erreur, provoquée par la facilité de la répétitivité ou par l'imprécision d'un geste dû à la fatigue. Il pouvait tricher avec la lassitude en modifiant ses enchaînements à chaque assaut. Il ne pouvait pas tricher avec l'acide lactique qui envahirait sa musculature malgré les assistances de l'armure. Conséquemment, il était incapable de réussir l'épreuve avec la seule compréhension qu'il en avait. Il devait donc en découvrir le défaut.

Au huitième passage, alors que TECAMAC examinait des issues de plus en plus farfelues (détruire les I.A. stratégiques de la salle ou les générateurs d'hologrammes ; ce qui nécessitait d'abord de les localiser et, ensuite, de démolir les murs et les écrans qui les protégeaient), il décida d'étudier le problème sous l'angle de la leçon que le maître lui assénait.

Au onzième, il commit une première erreur et reçut une décharge d'inducteur à la jointure de l'épaule et du bras droit. Il n'eut aucune difficulté à s'abstraire de la douleur, mais il perdit l'usage de son bras et l'armure l'informa qu'il lui faudrait plusieurs minutes pour recréer le maillage électronique du carbex dans ce même bras.

Au treizième, il ne fut pas assez rapide et un faisceau de plasma entailla le carbex jusqu'à sa chair à hauteur du plexus. Alors Chetelpec se décida à intervenir. Il saisit l'adolescent à bras-le-corps et l'immobilisa, tandis que son armure lançait des microvrilles fouisseuses le long de sa colonne.

– Suffit ! ordonna-t-il.

Les personæ encore en mouvement s'évanouirent comme elles étaient apparues et Tecamac relâcha tous ses muscles. Il s'affaissa, inerte, entre les bras de Chetelpec, une douleur insupportable assaillant chaque fibre nerveuse de sa moelle épinière. Les microvrilles de CHETELPEC avaient transpercé le carbex et les disques intervertébraux avec une facilité aussi déconcertante que rageuse.

– Sais-tu ce que je pourrais être en train de faire ? souffla le Maître à son oreille.

Oui, l'élève savait. Il ne savait même que trop bien.

– Introduire des nanones envahisseurs dans mon armure.

– Et que font ces nanones ?

– Ils parasitent le carbex en nidifiant dans des cellules inertes, puis ils le fécondent de germes tueurs.

– Ou ils te fécondent toi. Dans tous les cas, tu es mort. Alors peux-tu m'expliquer comment j'ai eu la possibilité de t'ensemencer, alors que ma première attaque ne laissait aucun doute sur mes intentions ?

Le maître relâcha son disciple et s'écarta de lui.

– J'attends ta réponse.

Tecamac se retourna et affronta le regard de Chetelpec.

– Je n'ai pas de réponse satisfaisante, Maître.

– Alors donnes-en une insatisfaisante.

– Je suis un pauvre imbécile sentimental qui croit bien connaître le pauvre imbécile sentimental que vous êtes, Maître… sans vouloir vous offenser.

En toute autre circonstance, l'adolescent était certain que cette insolence eût déstabilisé le vieil homme. Cette fois, il n'en fut rien.

– Il n'y a aucun mal à agir selon ses sentiments, mais cela ne doit pas faire de toi un imbécile. Si on me l'ordonne, je te tuerai.

Même convaincu du contraire, Tecamac donna à son mentor la réplique que celui-ci espérait :

– Si on vous en donne l'ordre, vous ne me tuerez pas, Maître, plus maintenant, mais je veux bien croire que vous essaierez.

Le carbex sur le visage de Chetelpec était illisible, cependant l'adolescent était sûr que, au moins intérieurement, le vieil homme souriait.

– Quelle était la solution au problème que les I.A. te proposaient ? Car tu as compris maintenant, n'est-ce pas ?

Tecamac hocha la tête.

– Vous entraîner au milieu des hologrammes tueurs, en me servant de vous comme d'un bouclier, par exemple, pour vous contraindre à avorter le programme.

– Exact. Et quelle leçon dois-tu en tirer ?

– La solution n'est pas toujours contenue dans le problème.

La réaction de Chetelpec tarda.

– C'est tout ? relança-t-il finalement.

Le garçon interrogea son armure, mais celle-ci ne lui fut d'aucune aide.

– C'est tout ce que mon inexpérience est en mesure de comprendre, Maître.

– Ton inexpérience ? (Le maître s'emporta.) Ton inexpérience de quoi ? Quels que soient notre âge et notre vécu, nous sommes tous inexpérimentés face à l'inconnu, inexpérimentés et pétris de certitudes, parfaitement inadaptées, qu'on se contente de plaquer sur les situations inhabituelles. L'expérience, Tecamac, c'est savoir regarder avec un œil neuf ce qui est nouveau. Alors ? Quelle était la leçon du jour ?

– Le… l'ennemi n'est pas forcément l'adversaire que l'on est en train de combattre ?

– Oui ?

Tecamac avait beau réfléchir, il se savait au bout de l'analyse que le Maître exigeait de lui. Au bout, en tout cas, de celle qu'il pouvait produire.

– Je… je ne sais pas, Maître.

Chetelpec soupira.

– Si l'ennemi n'est pas la personne que tu combats, si celle-ci n'est qu'un paravent, un pantin ou un leurre, à quoi sert-il de la combattre ? Et si tu gagnes ce combat, combien de fois devras-tu affronter d'autres paravents, d'autres pantins ou d'autres leurres sans jamais atteindre ton ennemi ? Et toi-même, es-tu bien certain de ne pas être le paravent, le pantin ou le leurre de l'ennemi de ton supposé ennemi ?

L'adolescent perdait pied, non qu'il ne comprît pas ce que son mentor lui assénait, mais parce qu'il ne comprenait pas pourquoi celui-ci le noyait dans un océan de doutes. Chetelpec vit son désarroi. Il refusa d'en tenir compte.

– La leçon du jour, Tecamac, c'est que, pour ceux qui s'affrontent, l'issue d'un combat n'a pas plus de valeur que le combat lui-même s'ils ignorent l'enjeu de l'affrontement.

– Essayez-vous de me dire que le guerrier ne doit pas être qu'un objet, Maître ?

– Non, bien sûr que non. J'essaie de te faire comprendre que, s'il veut survivre, le guerrier a intérêt à être plus qu'un pion, mais que cela ne fait pas de lui un être humain. Maintenant oublie ça et rends-toi à la salle de navigation. Hualpa t'y attend.

C'était trop pour l'adolescent. Il ouvrit des yeux effarés.

– L'Ingénieur ?

Chetelpec était déjà passé devant lui et traversait le gymnasium.

– C'est ça. Et rejoins-moi ensuite à la cale d'accueil. Il semblerait que tu doives faire connaissance avec les autres Rameaux et ces foutus AnimauxVilles beaucoup plus tôt que prévu.

Iztoatl ne fut pas surpris que Hualpa profitât de la première occasion pour s'entretenir en privé avec le primanyme de Sletloc – l'armure de l'adolescent le fascinait. Il fut par contre sidéré que l'Ingénieur lui demandât d'assister à la rencontre et il mit très longtemps à comprendre ses motivations.

L'entrevue ne se déroula pas dans la salle de navigation, mais dans le poste de commandement qui la jouxtait et qui était réservé aux seuls officiers supérieurs (l'Armurier et son Assistant, l'Ingénieur et le sien). Elle ne fut ni formelle, ni banale. En fait, tant pour le garçon que pour Iztoatl, elle fut extraordinaire.

Pour le garçon, c'était presque une évidence. Que l'Ingénieur le reçût était déjà en soi un événement, mais qu'il le fît avec autant de sollicitude et de chaleur était une marque d'attention tout simplement exceptionnelle. Pour les mêmes raisons, Iztoatl tomba des nues et eut l'impression de découvrir Hualpa, de le découvrir intimement. Lui qui le connaissait depuis des années sous toutes ses facettes, officielles ou officieuses, scientifiques ou politiques, louables ou critiquables, comprit en moins d'une demi-heure qu'il ne savait rien de ce qui le motivait. Rien, au point que cet homme, qu'il admirait par convention, lui parut être un étranger, ou un acteur formidable. Ou les deux. Acteur pour la galerie. Étranger pour son Assistant, parce que celui-ci avait omis de le considérer, ne fût-ce qu'une fois, pour autre chose que le rôle qu'il tenait dans la société mécaniste.

Ainsi, Iztoatl avait toujours su que l'Ingénieur était engagé dans le combat que certaines femmes menaient pour entrer aux Comices. Il l'avait entendu prendre publiquement position. Il l'avait vu houspiller les autorités. Il avait lu les deux lettres ouvertes qu'il avait publiées dans les journaux. Il avait même témoigné en sa faveur lors de l'enquête administrative concernant ses activités politiques (qui n'avait abouti qu'à une admonestation). Il savait, mais il s'était toujours contenté de penser que Hualpa faisait de la politique ou qu'il se positionnait pour se placer, et il n'avait jamais envisagé qu'il pouvait agir par conviction, parce que ces choses lui étaient tout bonnement importantes. Alors, lorsqu'il s'était excusé auprès du garçon…

« Je ne connaissais pas Zezlu. J'ai appris son engagement en même temps que son assassinat, quand on m'a informé de ce que tu avais fait. Je ne peux approuver la justice que tu t'es cru en droit d'infliger à ses meurtriers, mais je t'exprime mes condoléances, au nom d'un Mécanisme que je souhaite en pleine évolution, et je te demande de me pardonner parce que je n'ai pas su le faire évoluer assez vite. »

Comme l'adolescent était hébété, l'Ingénieur avait poursuivi :

« Nous sommes tous responsables de sa mort. Ceux qui résistent au progrès. Ceux qui se taisent par lâcheté ou par intérêt. Et ceux qui, comme moi, parlent trop et qui poussent des geishas dans un combat suicidaire, alors qu'ils ne risquent rien eux-mêmes !

– Elle savait ce qu'elle faisait, avait affirmé le garçon. Elle vous admirait pour l'idéal que vous défendiez, mais elle se battait pour lui, pas pour vous. »

Ensuite, ils avaient parlé de cet idéal d'égalité et de justice qui avait animé Zezlu. Hualpa avait expliqué comment il l'avait découvert et pourquoi il lui semblait primer sur de nombreuses autres urgences. Tecamac avait raconté qu'il n'avait commencé à réfléchir à ce qu'était la geisha qu'après sa mort. Et Iztoatl avait compris que cette réflexion ne débutait vraiment que maintenant, dans le poste de commandement, sous l'influence de Hualpa.

Juste avant que l'entretien s'achevât, l'Ingénieur s'était approché du primanyme et lui avait tendu la main, dans un salut archaïque, et y avait emprisonné la sienne avec chaleur, le temps d'une longue tirade.

« Je te plains et je t'envie, Tecamac. Je te plains parce que ton destin est scellé et qu'il ne t'appartient pas. Je t'envie pour les rencontres que tu vas faire, aussi brèves soient-elles, car tu seras probablement le premier Mécaniste à approcher des Organiques sans haine. Fais ce que je ne pourrais pas me permettre : ne les juge pas et, surtout, ne nous juge pas. Pour la première fois peut-être de son histoire, le Mécanisme est en mouvement et, quelle que soit sa trajectoire, ni Sletloc, ni les Comices, ni moi ne pouvons prétendre savoir où il va.

Certains rouages vont casser et, sur son passage, beaucoup seront broyés, mais cela est nécessaire, comme il est nécessaire que tu joues ton rôle. »

Puis Hualpa avait lâché la main de l'adolescent et s'était tourné vers son Assistant, l'engageant d'un regard à le saluer lui aussi de cette effusion désuète. Iztoatl s'était exécuté et il n'avait pas eu besoin d'intimer à son armure de profiter du contact entre les carbex pour sonder l'éon de TECAMAC. Alors, il eut enfin une idée des motivations de l'Ingénieur.

Quand le garçon eut quitté la pièce, les deux hommes restèrent longtemps sans échanger un mot. L'un n'était pas sûr qu'il soit utile de formaliser des évidences. L'autre attendait qu'un déclic se produisît. Finalement, ce fut ce dernier qui brisa le silence :

– Vous avez décidé de mettre en œuvre les suggestions du Consul Xuyinco, Monsieur, et vous souhaitez m'impliquer. Je... je vous aurais suivi, de toute façon, et vous le saviez. Alors pourquoi m'imposer cette mascarade sentimentale ?

– Parce que, en la matière, vous ne pouvez pas vous contenter d'être direct et efficace, Iztoatl. J'ai besoin de votre pragmatisme, mais je ne peux pas assumer seul la charge émotionnelle de ce qui n'est qu'un coup d'état.

– C'est faire preuve d'un réalisme qui dément votre propos, Monsieur, et ce que vous avez fait à ce garçon est d'un cynisme sans faille.

L'Ingénieur ferma un instant les yeux, comme pour assumer ce dont l'accusait son Assistant. Lorsqu'il les rouvrit, il semblait avoir trouvé une sérénité nouvelle.

– Vous pensez que j'ai empoisonné ses idées, c'est cela ?

– Non, je pense que vous vous êtes servi de votre sincérité et de son innocence à des fins qui ne le concernent aucunement. Comprenez bien : je ne vous le reproche pas. Je voudrais être certain que vous appréhendez toutes les données du problème.

– Auriez-vous vu quelque chose qui m'a échappé, Iztoatl ?

– Je l'ignore, mais...

Iztoatl suspendit sa phrase bouche ouverte. Le déclic venait de se produire.

– C'est moi, n'est-ce pas ? C'est moi qui ai laissé échapper quelque chose ? (Il oublia son interlocuteur et s'adressa à lui même :) De quoi s'agit-il ? Son armure ? Elle...

Il s'interrompit à nouveau. Il repensait à ce qu'IZTOATL avait puisé dans l'éon de TECAMAC lors du bref contact qui avait uni leurs carbex. Un réseau logique encore en train de s'organiser autour d'un univers référentiel pourtant balbutiant, avec l'empreinte des Armuriers en tache de fond et plusieurs systèmes d'exploitation autonomes, contradictoires, se développant autour d'interprétations subjectives : Zezlu, Chetelpec, Hualpa, Tecamac enfant, Tecamac pubère, Tecamac guerrier. Autant d'intégrateurs qui fonctionnaient en redondance sans s'intégrer eux-mêmes dans un ensemble cohérent. Malgré la performance faramineuse de la nouvelle génération de neuroprocesseurs qui le constituait, l'éon de TECAMAC était une véritable bombe logique qui pilotait la plus puissante armure que les Armuriers aient créée.

– Son armure est piégée, conclut-il à haute voix. Les Armuriers ont...

– Toutes les armures sont piégées, Iztoatl, toutes. Les Armuriers peuvent se débarrasser de n'importe qui, n'importe quand, comme ils l'ont fait pour nos prédécesseurs dans nos propres armures. Mais ils ne contrôlent pas le virus qui ronge TECAMAC.

– Alors qui ?

– Le subconscient du garçon.

– Le...

Hualpa hocha la tête.

– Vous m'avez impressionné tout à l'heure, lorsque vous avez prédit le point d'amarrage du vaisseau connecté. Plus exactement, j'ai été impressionné quand vos estimations se sont vérifiées. Néanmoins, je crains que vos compétences en psychologie ne se bornent à l'intégration d'équations purement physiques et je soupçonne les Armuriers de pécher par le même réductionnisme. Il y a un défaut dans l'armure de Tecamac et c'est Tecamac lui-même. Ce qui soulève de nombreuses questions et offre d'intéressantes perspectives.

« D'abord concernant les raisons d'être de cette armure. Car, s'il est indéniable que ses capacités présentent de jubilatoires avantages face à certaines particularités organiques, il vaudrait mieux ne pas oublier qu'elles sont tout aussi efficaces lorsqu'il s'agit de transpercer le carbex d'armures moins... récentes. Or, pour prototypal que soit TECAMAC, je doute que Sletloc et ses semblables soient équipés du même carbex que vous et moi.

– Ce serait en effet surprenant. Où voulez-vous en venir ?

– Sletloc n'est pas ici pour s'assurer que le Zéro Plus mènera sa mission à bien ou que je ne profiterai pas de l'occasion pour suivre les conseils de Xuyinco. Il est ici, au nom des Armuriers, pour s'emparer du pouvoir sur l'ensemble du Mécanisme.

– Les Armuriers ont déjà le pouvoir.

Hualpa chassa la réflexion d'un revers de la main.

– Oui, par pantins interposés, mais pour étendre leur domination à l'ensemble d'une humanité soumise au Mécanisme, les Armuriers ont besoin de remanier les structures politiques de Titlan selon un modèle beaucoup plus pyramidal. C'est en leurs seuls noms que Sletloc revendiquera la réussite de notre mission. Ce qui ne nous laisse, à vous comme à moi, que peu d'avenir.

– Ce qui signifie que le Zéro Plus aussi est piégé.

– Inévitablement.

– Et que Tecamac est une arme de secours au cas où nous parviendrions à déjouer Sletloc.

– Pas forcément ou pas uniquement. Il est même possible qu'il ne soit qu'un leurre. J'ai du mal à percer la stratégie de Sletloc. Ce qui est certain, c'est qu'il ne nous laissera pas aborder Turquoise, probablement pour éviter que nous contactions en secret la Connectée ou les Organiques.

– Aussi, puisque vous ne pouvez plus influer sur les projets de l'Armurier, vous préparez le garçon à se dresser contre lui, tout en l'incitant à se trouver ou à retrouver une foi dans le Mécanisme... votre Mécanisme.

Ce n'était pas une accusation, mais l'Ingénieur l'encaissa comme telle.

– Non, d'autres l'ont préparé avant moi : Chetelpec, Zezlu et les meurtriers de celle-ci. Et si j'avais réellement voulu le manipuler, je lui aurais dit que l'ordre d'assassiner sa geisha avait été donné par les Armuriers. Moi, je lui ai juste offert une cause moins égoïste que la vengeance personnelle. Le Mécanisme selon Sletloc fera le reste.

CHAPITRE 2

Les retrouvailles

Le bourrelet de chair de l'entrée se contracta, dégageant une ouverture si étroite qu'Érythrée dut s'y glisser de profil. Elle frotta au passage sa paume le long de la bordure de cartilage, là où la Ville révélait à ses hôtes une partie de sa dureté profonde, et soupira mentalement :

« Tu pourrais faire un effort ! »

Je suis ankylosée. Je n'ai pas souvent l'occasion d'utiliser certains tissus.

Pour ce qu'en savait Érythrée, l'excuse était recevable. Turquoise était une Ville errante au stade mâle, dont le Beffroi s'élevait très haut au-dessus d'une circonférence de dômes à peine marqués. Il y avait longtemps qu'elle n'avait pas hébergé plus de cinq ou six personnes et ses replis internes étaient envahis de cloisons d'épiderme séché, à l'odeur surie.

En fait, Turquoise n'errait pas vraiment. Il s'apparentait davantage à ces vaisseaux fantômes sillonnant inlassablement les mêmes mers à la recherche de leurs anciens équipages. Autrefois, il avait abrité une population si dense que toutes ses artères avaient fourmillé d'agitation, mais c'était bien avant que l'humanité acquiert la sapience, et ses habitants n'avaient pas survécu à leur soif de connaissances. Aucun AnimalVille n'était moins pressé que lui de grouiller à nouveau de millions de vies qui n'auraient de cesse de croître et de se multiplier jusqu'à se détruire eux-mêmes d'une dernière et fulgurante explosion. Atrophiée par les flammes, marquée à jamais par les stigmates étranges de ses premiers occupants, la mémoire de Turquoise n'avait plus assez d'espace pour accueillir d'autres douleurs.

Érythrée traversa les deux pièces en enfilade – elle avait baptisé «salon» la plus régulière et «salle à manger» la plus grande – dans une pénombre si épaisse qu'elle ne regretta pas la quasi-absence de mobilier. Elle n'osa pas exiger plus de lumière. De toute façon, l'intérieur du dôme de Tachine était identique au sien, elle était capable de s'y retrouver les yeux fermés.

Le temps de reconstituer mes réserves d'énergie et de reconnecter quelques axones et je te promets une luminosité parfaite.

«Comme dans les quartiers mécanistes ?»

C'était une pique gratuite, mais la jeune femme n'avait pu la contenir. Elle comprenait très bien que Turquoise eût en premier concentré son effort d'habitabilité pour ses hôtes les moins habitués aux contacts avec les AnimauxVilles.

En guise de réponse, Turquoise rétracta entièrement les draperies de chair luisante qui barraient l'ouverture de la chambre. Érythrée s'avança, les bras tendus pour éviter de se cogner. Ses pieds nus s'attardèrent sur le seuil élastique, juste avant la bordure de fourrure trop rêche. Elle chatouilla la Ville du bout de l'orteil.

«Où en est la Connectée ?»

Comme d'autres artefacteurs, à commencer par sa mère, Érythrée s'était rendue au pied du Beffroi et s'était plantée devant l'appareil connecté enkysté dans la Ville. Elle s'était enquise de la santé de la passagère, puis elle avait proposé son assistance et essuyé le refus poli de l'Intelligence de bord. L'I.A. n'entendait laisser à personne le soin de s'occuper de sa passagère malade et refusait de préciser de quoi celle-ci souffrait, tout en garantissant qu'il s'agissait d'un mal bénin qu'un minimum de repos suffirait à circonvenir. Plusieurs heures s'étaient écoulées sans que le vaisseau s'ouvrît et les artefacteurs avaient rejoint leurs appartements pour dormir, estimant qu'ils en apprendraient davantage lorsque la Ville retrouverait la lumière artificielle et très relative de la période diurne.

Rien de nouveau.

«Rien de nouveau selon l'I.A. ou d'après tes propres… euh… observations ?»

Rien de nouveau tout court. Tachine dort sur le côté le plus éloigné du lit...

Manquant trébucher sur les vêtements qui gisaient pêle-mêle sur le sol, Érythrée se faufila jusqu'au chevet de sa mère et s'agenouilla:

– Maman ?

« Zut ! » se morigéna-t-elle en souhaitant que Tachine n'eût pas entendu le mot honni (et elle ne l'avait pas entendu).

– Tachine, chuchota-t-elle après s'en être assurée. Tadj ?

Sa mère avait toujours eu le sommeil profond. Elle hésita une poignée de secondes et posa la main sur son épaule, maudissant l'AnimalVille de l'avoir contrainte à venir elle-même la réveiller.

Lorsqu'elle est avec Jdan, elle m'interdit de...

Turquoise s'interrompit: Tachine émergeait.

– Ryth ? demanda-t-elle trop fort.

– Érythrée, corrigea celle-ci (et le regrettant aussi sec, mais Tadj ne pouvait pas comprendre). Habille-toi et ne réveille pas Jdan. Je t'attends dans le salon... Fais vite, c'est important.

Tachine, qui achevait de se vêtir, se contenta de grommeler lorsque sa fille lui tendit un havresac identique au sien avant de l'entraîner hors de son appartement. Elle avait la sensation que ses yeux ne parvenaient pas à s'ouvrir complètement et que sa peau craquelait du sel de sa propre sueur, mais son odorat ne percevait qu'une odeur étrangère. Elle savait que sa fille la subissait beaucoup plus qu'elle. En se coulant derrière elle dans une valvule confinée qui reliait les galeries superficielles de l'AnimalVille à d'autres plus profondes, elle se dit que, de toute manière, pour Érythrée, l'odeur de Jdan était le moindre de ses défauts. Elle ne l'exprimait pas, bien sûr – elle prenait même garde de ne surtout rien exprimer –, mais elle ne lui accordait d'attention que dans la mesure où sa liaison avec Tachine ne lui laissait aucun choix.

« Ma fille, songea-t-elle, Jdan n'est pas moins digne d'intérêt qu'Ereïev. »

Elle devait être maintenant parfaitement éveillée car la comparaison l'amusa au plus haut point. À l'évidence, Érythrée attendait que sa mère se lassât de Jdan comme elle-même s'était lassée d'Ereïev.

« Ma fille, ajouta-t-elle encore pour son seul compte, il faudra que nous ayons une petite discussion. »

– Où m'emmènes-tu ? desserra-t-elle enfin les lèvres.

– Dans l'un des longicardes.

Tachine sursauta. Érythrée lui lança sans se retourner :

– À l'intérieur, oui. Il n'est plus alimenté... du moins, les ventricules sont vides. Et, justement, il va falloir que nous les remettions en service pour une petite transfusion. Nous allons irriguer Notre Mère.

Le temps de franchir le sphincter d'un autre sas, Tachine renonça à choisir entre les questions qu'elle devait poser. Sans être férue de biologie des AnimauxVilles – ce que, à sa connaissance, aucun artefacteur n'était –, elle avait une assez bonne notion du fonctionnement de leurs organes. Elle savait par exemple que, mieux que des pompes auxiliaires, les longicardes étaient de véritables cœurs et qu'ils ne se contentaient pas de relayer *au loin* le travail du primacarde. Même si tous étaient dédiés à la circulation et à la filtration des liquides hématiques, aucune de leurs tâches n'était tout à fait semblable, ne serait-ce que parce qu'ils apparaissaient avec la croissance de l'AnimalVille, suivant ses besoins physiologiques, et qu'ils possédaient leur propre système neural. Elle savait aussi que le dysfonctionnement ou le dépérissement d'un seul d'entre eux pouvait provoquer, outre un profond déséquilibre chimique, des nécroses et des réactions auto-immunes dommageables et parfois fatales, du moins sans une intervention drastique (comme l'amputation de tout un quartier) qu'une Ville malade n'était évidemment pas capable de mettre en œuvre. Elle ignorait par contre qu'un AnimalVille pût « endormir » un de ses organes sans déclencher une dangereuse cascade d'apoptoses. Or, cette capacité mettait sérieusement en cause la notion d'interdépendance entre une Ville et ses citoyens.

– Qui est Notre Mère ? demanda-t-elle.

– Notre Mère des Os. C'est une Ville des Originels, inhabitée... enfin... c'est la résidence d'un Passeur des Morts. Turquoise a été plutôt évasif mais, apparemment, elle a fui la Terre un rien trop brusquement et sans la permission du Charon.

Tachine était outrée :

– Ils lui ont tiré dessus ?

– Il semble que non. Elle s'est blessée en s'arrachant de ses amarres. La chair se ressoudera et l'épiderme cicatrisera, mais ses blessures se sont aggravées durant sa fuite et seul Turquoise est en mesure de lui donner un sang non saturé de toxines et d'hormones sexuelles qu'elle ne supporterait pas.

« Le problème c'est que Turquoise est du genre économe, comme tu as pu le remarquer, et qu'il a réduit son système circulatoire au strict minimum. En gros, il est hors de question de détourner ne serait-ce qu'un pour cent du flux du seul longicarde maintenu en fonction. Donc nous devons en réveiller un autre, déboucher un des conduits principaux, ponter un tube directement dessus et nous assurer qu'il pulsera bien le fluide vital jusqu'à je ne sais quelle veine de je ne sais quel appendice dont nous guiderons l'aiguillon dans...

– Mettre en route une autre pompe, alors que, faute de liquide, la pression est insuffisante, aura le même résultat que vampiriser le primacarde ou le seul longicarde en fonction.

Érythrée attendit que l'AnimalVille leur eût ouvert un autre sas et que sa mère l'eût rejointe dans le tube, qu'une lueur diffuse éclairait très mal, pour répondre :

– Nous avons froid, nous manquons de lumière et les portes s'entrouvrent à peine, parce que Turquoise consacre l'essentiel de ses calories à décongeler le plasma qu'il conserve dans un chapelet de vésicules sous-alimentées en kelvins par le vide interstellaire.

– Sous-alimentées en kelvins ?

– C'est son expression. Bon, mettons-nous au boulot.

Tachine ouvrit les mains en signe d'incompréhension.

– Pour autant que l'analogie soit valable, nous sommes dans l'aorte du longicarde, expliqua Érythrée. Devant nous se trouvent le ventricule et, entre lui et nous, une espèce de toile constituée de vaisseaux capillaires qui en entretiennent la membrane. Nous allons la découper et nous assurer de ne laisser aucun résidu derrière nous pour éviter qu'ils ne se transforment en caillots. (Elle changea de ton:) Turquoise, si tu ne veux pas que nous t'esquintions complètement, il va nous falloir plus de lumière.

Les parois furent parcourues de frémissements fluorescents, par vaguelettes d'une luminosité si douteuse qu'elle ne permettait même pas de se faire une idée de la structure du conduit. Puis les ondes se figèrent doucement et les parois se mirent à rayonner une lumière plus franche, dévoilant le maillage capillaire qui les habillait et l'entrelacs de vaisseaux obstruant le ventricule sur deux mètres cinquante de diamètre. Érythrée tira deux couteaux de son sac et éprouva le fil des lames de céramique rétractiles contre son propre poignet. Elle en choisit un puis tendit l'autre à sa mère:

– Tu glisses la lame contre la paroi et tu coupes au plus près.

Tachine saisit le couteau avec répugnance et regarda sa fille d'un air atterré.

– Comme ça, ajouta Érythrée.

Sans la moindre hésitation, elle planta la lame au centre de la membrane, la tira jusqu'à la paroi et lui fit décrire un arc de cercle qui en suivit les contours par le haut. Instantanément, l'entaille qu'elle avait faite se mit à déverser le sang épais de l'AnimalVille sur elle, mais elle n'interrompit son geste que lorsqu'elle entendit le haut-le-cœur de Tachine. Elle se retourna vers elle brutalement.

– Maman, bon sang!

Tachine était très pâle. Le liquide brun clair engluait les cheveux de sa fille et les transformait en un casque de protoplasme à l'odeur insoutenable.

– C'est écœurant, réussit-elle à articuler.

Érythrée dut faire un effort pour maîtriser la colère qui l'envahissait et trouver un peu de compassion dans son sens du devoir.

– Ce n'est pas de la plus élégante chirurgie, dit-elle, mais c'est vital.

– Je… je ne peux pas faire ça.

– Je ne peux pas le faire seule.

Tachine recula vers le sas.

– Je… je vais t'envoyer quelqu'un d'autre.

– Qui ? À qui vas-tu imposer ça, Tadj ?

Tachine ouvrit la bouche et la referma sans rien dire. Érythrée lui dédia un regard, où se mêlaient autant de tendresse que de fermeté, et revint à la toile de capillaires.

– C'est pour ça qu'il *nous* l'a demandé ?

Tachine était à côté d'elle, sa propre lame déjà engagée entre la paroi de l'aorte et les vaisseaux. Le fil monomoléculaire tailladait les fibres de chair avec un bruit incongru de baiser. Tachine se força à appuyer un peu plus.

– Parce que nous avons tendance à engager la communauté sur la foi de nos seules convictions ? précisa-t-elle.

– Je ne pense pas que Turquoise accorde la moindre importance à notre sens très particulier de l'éthique, Tadj, et je ne me souviens pas qu'il ait demandé quoi que ce soit.

Les deux lames cisaillèrent la toile au même instant.

– Turquoise ne fait jamais rien pour rien, laissa tomber Tachine.

Érythrée entendit parfaitement la rancœur de sa mère dans son timbre de voix.

– Je crois qu'il estime que nous sommes les mieux qualifiées pour mener à bien cette intervention, dit-elle.

Elle écarta le pan de chair rosâtre qu'elle venait de libérer et, s'inondant complètement de sang, passa la moitié du corps dans l'ouverture.

– Termine ici. Je vais dégager ces machins qui ressemblent à des oreillettes.

Tachine hocha sombrement la tête.

– Tu ne me cacherais pas quelque chose ?

– J'attendais que tu sois parfaitement réveillée… Tu l'es ?

– J'ai connu des réveils plus agréables.

Érythrée pénétra entièrement dans le ventricule.

– Merde ! s'exclama-t-elle.

– Qu'est-ce qu'il y a ?

– Il y a que nous en avons pour des heures et que nous ne les avons pas. À moins que…

La phrase resta en suspens, puis Tachine entendit successivement un ahan, un bruit de déchirement suivi d'une chute et d'un chapelet de jurons furieux. Elle fendit la membrane sur une largeur d'un mètre, tira sauvagement sur le pan libéré et s'engagea dans l'ouverture sans se soucier du liquide poisseux qui la trempait.

– Ça va ?

Affalée dans une mare visqueuse, Érythrée recevait une véritable douche de sang. Au-dessus d'elle pendait un lambeau de capillaires dégoulinant dont elle tenait encore l'extrémité gluante entre les mains.

– Ça ira, répondit-elle en se relevant.

Elle attrapa avec rage le réseau de vaisseaux et le déchira sur toute sa longueur, l'arrachant littéralement de la paroi en une seule plaque de fibres entrelacées d'où naissaient des centaines de jets bruns.

– Ryth ! se plaignit Tachine en maîtrisant la nausée qui l'envahissait à nouveau.

– Quoi, Ryth ? Tu sais ce qui nous attend ? (Devant l'absence de réaction de sa mère, Érythrée baissa d'un ton et lâcha d'un trait les explications qu'elle avait tardé à fournir :) Pour l'instant, le cœur se remplit doucement parce que seuls les capillaires s'y déversent et que Turquoise en a interrompu l'alimentation, mais ce sont de véritables rivières qui vont débouler quand il ouvrira les valvules artérielles. Nous respirerons l'oxygène de son propre fluide bien avant que la pompe tissulaire se remette à fonctionner. Et ce qui nous vaut cet honneur ne tient ni à notre capacité de ne pas vomir à l'odeur du sang, ni à notre inénarrable sens des responsabilités. Simplement, Turquoise n'était pas certain que les récentes et douloureuses artefactions de nos compagnons permettraient à leurs embiotes d'assumer une noyade en bonne et due forme.

Érythrée s'interrompit et reprit son souffle par saccades. Tachine s'approcha d'elle. Elle écarta une mèche de cheveux poisseux que le sang avait plaquée à la joue de sa fille.

– La dernière fois que je t'ai vue dans cet état, dit-elle d'une voix douce, tes poumons étaient justement en train d'apprendre à respirer dans un milieu gazeux. Amusant, non ?

– Maman…

– Maman, oui, si tu veux, mais à condition que tu arrêtes de cacher ta peur et que tu fasses ce que je te dis quand il s'agira d'aspirer une grande goulée de sang frais... beurk.

– Maman !

– Désolée. Turquoise aurait dû te prévenir : je me suis déjà noyée... et plus d'une fois... mais toujours dans de l'eau. Note qu'il y a fort à parier que le sang de Turquoise se respire beaucoup mieux. Bien, tu as d'autres surprises en réserve avant qu'on se remette au travail ?

Notre Mère des Os était exsangue et sa chair était encore plus translucide qu'à l'accoutumée. Ses édifices s'étaient repliés sur eux-mêmes ou pendaient, flasques et livides, comme des seins vidés de lait.

Parce que la flotte du Charon l'avait prise en chasse et qu'elle n'avait pas voulu l'aspirer dans sa transduction, elle avait dû brûler en quelques minutes plus d'énergie qu'elle n'en consumait en un an. Ses blessures, avivées par l'échauffement des particules qu'elle libérait, avaient continué à saigner malgré le froid sidéral. Elle avait senti sa vie s'enfuir, alors elle avait appelé le troupeau à l'aide. Pour Gadjio et pour Marine. Pour qu'ils continuent de vivre à travers elle, malgré la flotte lancée à leurs trousses, malgré sa propre fierté de naine albinos, solitaire et recluse, bannie de par sa seule décision.

Elle avait répondu à la question muette de Marine en s'efforçant de mettre dans sa voix une conviction qu'elle était loin de posséder :

Non, poussin, je ne vais pas mourir. Pas si je peux l'éviter.

Alors le troupeau va te guérir ?

Pourquoi : alors ?

Tu ne l'as jamais beaucoup aimé et il ne s'est pas foulé pour te le rendre.

Difficile de cacher quoi que ce soit à Marine. Elle était une seconde entité dans le système nerveux de Notre Mère, une intelligence immature et brouillonne, mais qui avait accès à tout. Aux informations comme aux émotions, aux sentiments comme aux commandes. Elle eût pu actionner chaque organe de l'AnimalVille – et elle le ferait peut-être un jour –, seulement elle l'ignorait. Marine en tout cas pouvait savoir ce que Notre Mère eût préféré taire.

Le troupeau avait voulu la tuer, dès la naissance, comme un animal se débarrasse d'une progéniture non viable. Le troupeau l'avait mise à l'écart ou dédaignée durant toute son enfance. À l'adolescence, le troupeau l'avait vilipendée ou méprisée, en découvrant que sa sexuation ne suivait pas le schéma habituel. Le troupeau dans sa majorité… ou une minorité que les autres laissaient agir. Cela revenait au même. Il n'y avait pas une existence d'AnimalVille qu'elle eût sauvée au détriment de celle du plus exécrable humain, Charon compris.

Je n'ai jamais aimé le troupeau et il n'avait aucune raison de me rendre plus que je ne donnais.

Il va tout de même te soigner ?

Oui… enfin… Turquoise va le faire.

La petite émit une pensée de soulagement, puis elle revint à la charge :

Turquoise, c'est ta mère ?

Un frémissement douloureux en guise de rire :

Non, Turquoise n'est ni ma mère, ni mon père, ni rien qui s'apparente à moi. Ce n'est pas comme ça que ça fonctionne. Turquoise est le samaritain de service.

Le ? C'est un… mâle ?

Nouveau frisson, nouvelle douleur :

Nous ne sommes ni mâles ni femelles, poussin. Nous sommes… Ton père se réveille.

Le fantôme de la petite se retira dans une antichambre virtuelle, mais elle risqua une dernière phrase :

Ça t'arrange qu'il se réveille : comme ça, tu n'as pas besoin de me parler de sexualité !

Notre Mère ne répondit pas, ou alors juste un sourire. Marine finirait par comprendre que l'AnimalVille pouvait tenir plus d'une conversation simultanément. Elle finirait aussi par apprendre à ne plus se manifester par une évanescence évoquant son corps passé. Elle finirait même par ne plus avoir besoin de se cacher à son père. C'était inimaginable ce que Marine avait encore à découvrir. Tout un univers.

À l'inverse, Gadjio en savait plus qu'il ne pouvait tolérer. Il portait la mémoire de tant de morts ! Il détenait tant de secrets que personne n'avait jamais avoués. Tant et tant de fardeaux que sa compassion s'était usée jusqu'à ne plus être qu'un fil. Un fil auquel il se cramponnait car rien d'autre ne le séparait de sa propre chute.

Notre Mère redressa légèrement le dossier du fauteuil sur lequel Gadjio s'était effondré, puis donna un peu de lumière dans ce qu'ils appelaient par jeu le petit salon et qui était une véritable chapelle. Elle appréhendait un peu les premiers mots qu'il allait prononcer (il avait tellement pleuré avant de tomber d'épuisement,) aussi prit-elle les devants :

Nous ne sommes pas très beaux à voir, tous les deux !

Instantanément, il se souvint de la moitié d'armure qui s'était incrustée dans sa chair et sa tête s'affaissa sous le poids de ce cauchemar qu'aucun réveil n'effacerait plus. Puis, juste quand une larme perlait à son œil droit, il releva la tête.

– Nous ?

Même à l'état de fil, sa compassion était si forte que Notre Mère savait pouvoir le raccrocher à la vie en la sollicitant.

J'ai perdu beaucoup de sang et je vais garder des balafres pour au moins l'éternité.

Il se redressa avec une telle vivacité qu'il faillit s'affaler à trois mètres du fauteuil. Le carbex avait démultiplié sa force et le forçait à bouger à son rythme. Il contempla la meurtrissure livide qu'il venait d'infliger à l'épiderme fragile.

– Maudite armure ! cracha-t-il, mais il n'y avait pas de souffrance dans sa voix, juste de la colère.

Tu t'y habitueras.

Cela lui fit l'effet d'une sanction, pourtant il n'y réagit pas. Dans son bulbe rachidien, la chimie de la commisération était entrée en action et il n'avait plus d'attention que pour l'autre.

– Tes blessures sont graves ?

Assez, mais je m'en remettrai.

– À quel point : assez ?

J'ai besoin d'une transfusion et de greffes.

Gadjio blêmit. Il se força à se ressaisir.

– Si tu me dis comment m'y prendre, je peux m'occuper des greffes. Pour la transfusion, par contre…

Ne t'inquiète pas. Il y a toute une équipe de secouristes qui n'attend plus que notre arrivée.

– Des…

Notre Mère jugea que le Passeur était maintenant suffisamment réceptif pour entendre ce qu'elle avait à lui dire.

Quand une supernova en devenir commence à perturber le Ban, toutes les mailles mènent à la singularité qu'elle provoque. Les Alephs voisins se regroupent dans un Aleph d'ordre supérieur, jusqu'à ce qu'il n'en reste plus qu'un, au cœur de l'étoile. En échangeant, je n'avais pas d'autre possibilité que de tomber vers elle.

– Les Retrouvailles ! Sainte Mère ! Nous n'avons pas le droit de nous y rendre !

Le Passeur ne s'était jamais senti aucun droit vis-à-vis de rien. Cela ne l'empêchait pas de tricher lorsqu'il était acculé, mais alors il culpabilisait jusqu'à se renier. Depuis la mort de sa fille, à force de commettre ce que sa morale lui interdisait, il n'avait plus assez d'estime pour se détester. L'éclat d'armure fiché en lui n'était que la matérialisation de sa peur la plus noire. Une partie de son âme avait entrepris de dévorer l'autre.

Je ne suis pas sûre d'apprécier que tu uses de mon nom pour jurer. Ceci dit…

– Pardon.

Notre Mère soupira :

Pardon de quoi, Gadjio ? Pardon d'être toi ? Pardon de subir ? Pardon d'être là où tu n'as pas choisi d'être ? De combien d'actes que tu n'as pas commis vas-tu t'excuser ? Nous ne nous rendons pas aux Retrouvailles, nous y sommes. Et nous y sommes parce que Janos Koriana, Charon en titre de la Fédération Originelle, ne nous a laissé aucune alternative. Invités ou non, notre présence… ta présence et, plus, ta participation a ici la même valeur que celle de n'importe qui. Et même le Charon n'y changera rien.

Gadjio tressaillit :

– Le Charon… mais… il n'a jamais été prévu qu'il… personne de la Fédération ne doit participer aux Retrouvailles. J'ai surpris des conversations de Palais. C'est un arrangement avec les Mécanistes et…

Il a requis l'assistance du Troupeau moins d'une minute après que nous avons disparu de ses radars. Plus exactement, il a appelé Noone et Noone est venu le chercher. Dans quelques heures, demain au plus tard, tu te retrouveras face à lui. D'ici là, tu devras avoir trouvé un arrangement avec les Organiques pour que Turquoise te dote d'un statut qui te protège de sa foudre.

Le Passeur ouvrit la bouche, mais aucun son n'en sortit. Il était plus pâle que les murs de Notre Mère.

Je connais ton aversion à l'égard des Organiques, Gadjio, comme je connais ta peur des Mécanistes et ton mépris pour les Connectés. Je connais tous tes a priori d'humain originel et toutes tes contradictions de créateur de personæ. Parfois je te détesterais pour ça, parce que tu n'es pas à la hauteur de ce que tu vaux. Les différences qui te répugnent chez les autres rameaux ne tiennent qu'à l'opportunité d'être nés tels qu'ils sont.

– Les Organiques ne naissent pas avec un parasite !

Ni les Mécanistes avec une armure, ni les Connectés avec un flagelle, ni les enfants d'Originels avec un corps virtuel qui se nourrira de leurs souvenirs tout au long de leur vie. Mais, parce qu'ils sont nés Organiques, Mécanistes, Connectés ou Originels, on leur greffera un embiote, un ectosquelette, une queue ou une personæ, et ils se haïront mutuellement sous le seul prétexte de leurs différences exogènes. Et le pire, mon ami Passeur, le pire est que vous n'êtes même pas des imbéciles originaux ! Turquoise aurait beaucoup à te dire à ce sujet !

Gadjio plissa les yeux. Notre Mère soupira une fois de plus :

Ça n'a pas été toujours très confortable d'être un AnimalVille malformé. (Gadjio allait poser une question, Notre Mère enchaîna :)

Ce n'est pas important. Ce qui est important, c'est que dix-neuf Organiques s'efforcent de modifier leurs métabolismes pour enfiler des combinaisons inadaptées et s'apprêtent à sortir dans le vide, à seule fin de prélever des lambeaux de tissu superficiel là où j'en ai le moins besoin et de les coudre là où j'en manque désespérément. Ce qui est important, c'est que deux autres Organiques sont en train de se noyer dans un torrent de sang pour que Turquoise me transfuse un peu de sa vie. Ce qui est important, c'est qu'eux seuls peuvent t'aider à vivre avec le carbex incrusté dans ta chair sans que tu lui cèdes ton âme.

La mimique de Gadjio hésitait entre l'incompréhension et la terreur la plus nue.

Les armures mécanistes sont des entités à part entière, douées de mémoire et de conscience. Et celle-ci a été programmée pour altérer et contrôler la personnalité de Koriana. Pour l'instant, son activité se limite à sa propre reconstruction, mais quand les nanones qui la constituent auront fini de dupliquer et de se réorganiser, elle n'aura de cesse de t'investir et de te posséder. Que tu le veuilles ou non, tu es son avenir et elle le sait.

Sous le choc, Gadjio recula d'un pas et l'armure transforma ce pas en un bond qui lui fit percuter des reins le fauteuil de cartilage et de chair. Il ne cria pas. Il ne ressentit même aucune douleur. Simplement il pleura et ses larmes, qu'il imaginait grouillantes de nanones étrangers, le dégoûtèrent. Quand elles atteignirent ses lèvres, il vomit.

Tout en haut du Beffroi, derrière le cristallin qu'ils avaient convenu d'appeler l'Observatoire – et qui n'était que l'une des quatre-vingt-seize coupoles translucides dont Turquoise avait chapeauté ses plus vastes édifices –, dix-neuf artefacteurs gardaient les yeux fixés sur l'objet se précipitant vers eux à plus de trente kilomètres par seconde. Au début, ils n'avaient rien vu, bien sûr (la masse de l'objet avait beau approcher la mégatonne, il n'était guère plus lumineux que le vide lui-même et le volume qu'il occupait dans la portion d'espace observée était insignifiant), puis Turquoise avait accru la distance focale de la coupole et procédé à une discrimination photométrique. Les heures passant, le point brunâtre ainsi révélé était devenu un AnimalVille, une toute petite Ville d'un milliard de kilos dont la trajectoire rattraperait celle de Turquoise dans…

Dix minutes. Nos vitesses respectives seront alors telles que le choc ne sera qu'un heurt. Disons que ceux qui seront encore debout se retrouveront par terre.

Instantanément, neuf des onze concernés rejoignirent au sol ceux qui avaient déjà opté pour son confort poilu. Le sympathe ronronnant dans son cou, Jdan ne les imita que lorsque, le délai écoulé, Turquoise les rappela à l'ordre :

Trente secondes…

Figées par le froid du vide, les lacérations sur les flancs de Notre Mère des Os étaient maintenant bien visibles. Chacun des artefacteurs imagina l'effort que la Ville albinos avait fourni pour s'extraire des crochets fichés en elle et chacun eut mal dans sa propre chair. Mal à en ignorer le choc quand il se produisit.

Juste avant le contact, au moment où Notre Mère occupa tout le champ du cristallin et tandis que celui-ci se brouillait sous les forces de compression, Jdan sentit quelque chose craquer en lui. Ce fut comme si la gangue qui contenait son intelligence depuis des semaines se fissurait d'un coup et que sa volonté profitait de l'aubaine pour reprendre le contrôle de son existence. Cette même volonté qui l'avait autrefois poussé à entrer dans le *club* de Doniets… à devenir un anarque, comme raillait Contre-ut. Être acteur plutôt que spectateur.

Il regarda autour de lui et, derrière les visières fumées des combinaisons spatiales si *étrangères*, il ne vit que le fatalisme effrayé de spectateurs bêlants. Alors il chercha Tachine et il se souvint de la mission que Turquoise avait confiée à celle-ci, et à sa fille, et peut-être plus à sa fille qu'à Tachine elle-même.

Il éclata de rire et, sous son oreille droite, il entendit le ronronnement du sympathe se taire. Une boule de poils qu'il avait nommée Borgia ! Son rire lâcha un dernier hoquet.

« Je n'ai plus besoin de toi, mon petit ami. »

Ce n'était pas vrai et il le savait. Il n'avait plus besoin de la compassion du sympathe maintenant, mais le besoin reviendrait et il ne serait rien d'autre que la dépendance qu'il avait toujours été, pour refouler ses peurs, pour distraire son incapacité à s'assumer.

Le choc. Son crâne ballotta dans le casque trop grand et écrasa deux fois le sympathe contre la paroi de celui-ci sans arracher d'émotion réprobatrice à l'artefact. Car ce n'était qu'un artefact. Jdan s'accorda un petit rire supplémentaire et, avant que qui que ce fût eût esquissé le moindre geste, il était debout.

De l'autre côté du cristallin, si près qu'il paraissait possible de la toucher des doigts, la chair de Notre Mère glissait contre celle de Turquoise. Même s'il n'en était rien, même si le frottement ne se produisait pas à moins de mille mètres de la coupole, tout le Beffroi vibrait. Puis Notre Mère bascula et le noir piqueté d'étoiles du vide revint occuper une partie du cristallin, juste une partie, tandis que des dizaines, des centaines de filaments jaillissaient des rues de Turquoise, comme autant de tentacules, et ondulaient jusqu'à la Ville albinos pour l'amarrer de leurs ventouses.

Je vais dépressuriser le dôme.

À l'annonce de Turquoise, tous les artefacteurs encore au sol se relevèrent et s'entre-regardèrent. Beaucoup avaient peur. Peur que les combinaisons dans lesquelles ils avaient tant peiné à s'engoncer ne fussent pas totalement étanches. Peur que les modifications auxquelles leurs embiotes avaient contraint leurs organismes pour ce faire ne fussent pas parfaitement adaptées. Peur de la désorientation et du mal de l'espace. Peur enfin de se perdre dans l'immensité de ce milieu qu'aucun artefacteur avant eux n'avait jamais affronté : le vide, à l'infini. Pourtant aucune de ces peurs n'était panique. Il leur suffisait de poser les yeux sur les sacs contenant les rouleaux de chevelures tressées, les alènes et les aiguilles d'os blanchis qui les attendaient dans un coin du dôme pour oublier leur propre malaise.

Derrière les sacs, une bouche s'ouvrit dans l'ossature du mur, et le parapet qui ceignait le chemin de ronde du Beffroi apparut. S'interdisant la moindre hésitation, Jdan ramassa un sac, le crocheta à la ceinture ventrale de la combinaison et franchit l'ouverture pour s'avancer sur le balcon.

– Pas la peine de traîner, dit-il dans le com de la combinaison.

Il n'y eut pas de réponse, tout juste quelques grommellements et un soupir, mais il perçut des mouvements dans son dos et deux silhouettes l'encadrèrent alors qu'il enjambait le garde-fou. Il ne jeta aucun regard en arrière, il s'efforça seulement de ne pas baisser les yeux vers la Ville en dessous de lui. Sans trop tâtonner, ses pieds trouvèrent le rebord extérieur du parapet. Il reposa une seconde le haut de ses cuisses sur la rambarde d'os durci, les mains encore en appui sur son sommet, et évalua la distance qui le séparait de Notre Mère.

– Presse-toi un peu, ironisa le com dans son casque.

Il ne se retourna pas. Il ne chercha même pas à reconnaître la voix féminine qui l'asticotait. Elle pouvait appartenir à n'importe laquelle de ses compagnes : toutes étaient capables de la même dérision que Tachine ou Érythrée. D'évoquer ces dernières une fois de plus – et ce qu'elles étaient elles-mêmes en train d'accomplir – lui interdit toute peur.

Il lâcha la rambarde, donna une impulsion des pieds et se laissa tomber vers ce que ses sens percevaient comme au-dessus de lui.

Juste après que Turquoise leur eut annoncé qu'il allait irriguer le longicarde qu'elles avaient dégagé, celui-ci se mit à vibrer tandis qu'un grondement montait depuis les artères. Puis le grondement s'amplifia et le sang afflua comme un torrent, leur fouettant les jambes et les plaquant à la paroi de l'oreillette. Une écume vermillon se colla à leurs cuisses.

– Immerge-toi ! hurla Tachine, mais le vacarme était tel que sa fille ne l'entendit pas.

De toute façon, elle lui avait déjà donné tous les conseils qu'elle avait puisés dans ses multiples expériences. Ne pas résister, sinon à la tentation de chercher l'air en surface. Contracter toute sa musculature pour brûler l'oxygène de son propre sang. Bloquer sa respiration jusqu'à ce que la poitrine ne soit plus qu'un étau. Et boire plutôt qu'aspirer pour déclencher la fausse route dès la première goulée, au moment où les poumons libéraient leur trop-plein de gaz carbonique. Ensuite, un bref moment, la douleur devenait insupportable, mais il était trop tard : les réflexes métaboliques s'étaient inversés et le choc ainsi occasionné provoquait l'évanouissement.

« Combien de temps vais-je rester inconsciente ? avaient été les derniers mots d'Érythrée.

– Quelques secondes, une minute, dix, je ne sais pas. Cela dépend de la capacité de ton embiote à adapter ton organisme à la chimie dans laquelle il baignera. »

C'était une bonne réponse : Érythrée avait une confiance absolue dans les facultés de son embiote, elle ne se demanderait pas dans quelle mesure celui-ci serait capable de remplir sa tâche. Tachine, elle, se le demandait toujours et elle savait que la question valait la peine d'être soulevée, même si elle refusait de tenir compte des réponses insatisfaisantes... qu'elle ne serait alors plus là pour entendre.

Érythrée s'était promis d'appliquer à la lettre les consignes de sa mère, aussi se laissa-t-elle couler bien avant que le liquide hématique atteignît son menton. Elle ne pensait pas ressentir la moindre peur et elle n'avait en tout cas aucun doute. C'était juste un sale moment à passer.

L'appréhension naquit quand elle comprit qu'il lui serait difficile de rester immergée. Ce fut une évidence quasi immédiate : elle flottait. Dans un premier temps, laissant ses fesses et ses reins en surface, elle tenta avec force mouvements des bras de maintenir son buste en immersion. Mais, invariablement, ses seins la tiraient vers le haut et ses épaules finissaient par émerger. Même si elle parvenait à conserver le visage dans le liquide, cela l'agaça et, avec l'irritation, vint la peur que la noyade ne durât plus qu'elle ne devait, puis, avec la proximité de l'air qu'elle sentait sur sa nuque, apparut la tentation de reprendre « l'exercice » à zéro après une profonde inspiration.

« Et pourquoi pas ? se dit-elle. Je respire un grand coup et je recommence. »

Sauf que recommencer ne lui procurerait aucun confort et que l'oppression qu'elle commençait à sentir dans sa poitrine n'avait rien à voir avec l'asphyxie. Qu'elle le reconnût ou non, elle était terrifiée. Il fallait en finir.

Renonçant à mettre en pratique les instructions de Tachine, elle amollit toute sa musculature, écarta bras et jambes et se laissa porter par l'épaisseur du liquide. C'était presque comique : le sang, qui continuait à bouillonner en envahissant le longicarde, la ballottait. Elle eut envie de le goûter et elle le fit, entrouvrant à peine les lèvres pour l'aspirer tout en soufflant doucement par le nez.

C'était tiédasse, un peu visqueux et vaguement sucré. Pas vraiment mauvais, et curieusement familier. Elle s'en emplit la bouche avant d'avaler vraiment et elle expira plus fort par les narines, sans effort, comme s'il existait un principe des vases communicants entre son œsophage et sa trachée.

Ses poumons se vidèrent sans qu'elle s'en aperçoive. Elle sentit juste le moment où, par effet retour, la formidable pompe qu'ils constituaient s'inversa. Alors le sang de Turquoise envahit sa trachée et se répandit en un réseau de flammes dans ses bronches et dans ses bronchioles. Ce fut un raz-de-marée de petites explosions qui lui déchirèrent l'intérieur, jusqu'au diaphragme, et tout son corps se contracta d'une même décharge électrique. Tachine avait raison : pour tout son système nerveux, le choc fut faramineux, mais Érythrée ne perdit pas conscience. Quelque chose le lui interdit. Quelque chose qui amortit une part énorme de la douleur à sa place, sans lâcher plus qu'un hoquet de surprise indignée. Puis Érythrée eut la sensation que cette chose se retira, tout en l'aspirant vers elle.

Non. La chose se retira peut-être, mais l'aspiration fut bien réelle.

Turquoise venait d'ouvrir une valvule et, par une artère qu'il avait prolongée jusqu'au bout d'un appendice perforant, son sang se précipitait, chargé de Tachine et d'Érythrée, vers Notre Mère des Os.

Alors la chose se manifesta à nouveau, se glissant en Érythrée comme Érythrée pénétrait la Ville albinos, intimement, invasivement, mais sans qu'il y eût connivence.

« Notre Mère ? » demanda Érythrée.

Notre Mère ? répéta une conscience étonnée en se servant des neurones d'Érythrée comme d'un vocodeur. *Oh ! je comprends… Non, je ne suis pas Notre Mère. Je l'habite… je veux dire : je l'habite profondément, mais je n'ai rien à voir avec elle. Je suis… je suis seulement Marine.*

Érythrée n'eut pas le temps de répliquer. La voix sous son crâne reprit sur un débit pressé :

Toi, tu es Érythrée, la fille de Tachine, et vous êtes toutes les deux venues pour soigner Notre Mère. Tu as quel âge, Érythrée ? Non, non, ne réponds pas, je le sais. Je t'entends si fort, alors que je n'entends pas ta maman, que je croyais que c'était parce que tu étais une enfant, comme moi, et que…

L'inquiétude foudroya Érythrée, mais Marine répondit à sa question avant qu'elle ne la formulât :

Ne crains rien. Je la perçois, maintenant. Moins fort et moins clair que toi, mais j'entends ses… sa… enfin, je l'entends. Je pense qu'elle était évanouie. Oh ! Je vais devoir te laisser, Érythrée…

« Que se passe-t-il ? »

Rien. Notre Mère me passe un savon. Elle dit que je perturbe ta concentration et que cela pourrait lui nuire, mais je crois qu'elle n'aime pas trop me voir parler à une étrangère. Comme si tu pouvais m'être étrangère en étant ici !

La voix de Marine disparut sur un rire d'enfant gouailleur, pour être remplacée par le timbre typique des AnimauxVilles :

Elle est jeune, tu sais. Pas beaucoup plus que toi, mais elle manque tellement de vécu !

« Notre Mère des Os ? »

Cette fois, oui.

« Qui est-elle ? »

Marine ? La fille de mon Passeur des Morts.

« La fille ? Tu veux dire une… une enfant désincarnée, une astrale, comme les Originels font de… »

Désincarnée, ça oui, à un point que tu ne peux pas imaginer.

Il y eut un silence d'hésitation, puis Notre Mère se lança :

Marine est morte depuis longtemps. Son corps est mort, son esprit aussi, son âme, tout. L'être humain qu'elle était n'existe plus, mais je me suis imprégnée d'elle et je l'ai… disons que je me suis servie de la science des Passeurs des Morts pour l'animer en moi.

« C'est une… Personæ ? »

En quelque sorte, mais pas comme le concevrait son père. Elle… Marine n'est pas un être virtuel. Sa personnalité est entière et s'enrichit chaque jour de ce qu'elle vit dans le corps et avec les sens que nous partageons.

La Ville mit un terme à ses explications en changeant brutalement de ton :

Ta mère et toi êtes en moi, maintenant, et je ne suis pas en état de contrôler longtemps mon système immunitaire. Vous allez donc rejoindre au plus vite la valvule d'où je pourrai vous expulser vers les bronchioles. Ce qui signifie que vous devez vous extraire du courant provoqué par la transfusion, en suivant mes indications et en priant que vos embiotes puissent fournir suffisamment d'énergie pour que vous palmiez efficacement.

Plusieurs fois, Jdan se répéta que le travail auquel ils se livraient ressemblait davantage à de la boucherie qu'à de la médecine. À la limite, ceux qui maniaient les alènes pour recoudre les blessures superficielles de l'AnimalVille pouvaient se féliciter d'actes purement chirurgicaux. Même ceux qui réceptionnaient les plaques de peau et de chair, pour les greffer plus ou moins adroitement sur les plaies les plus béantes, pouvaient encore se considérer comme des chirurgiens mal outillés. Mais lui et les deux artefactrices qui l'assistaient n'avaient que le sentiment d'être de piètres charcutiers, débitant à la tronçonneuse des pans entiers de viande bien vivante.

Ce n'est ni de la peau ni de la chair au sens où tu l'entends.

Depuis qu'ils œuvraient sur les blessures de Notre Mère des Os, Turquoise intervenait souvent. Il guidait, il conseillait, il rassurait, mais surtout il communiquait et il communiquait beaucoup. Beaucoup plus qu'il n'en avait la réputation et même davantage qu'aucune

Ville ne le faisait, du moins pour Jdan – et il était sûr de ne pas être seul dans ce cas, à l'exception notoire de Tachine et, probablement, de sa fille, que les Villes couvaient d'attentions hors norme.

Tu es jaloux ?

Jdan lâcha un rire sincèrement amusé ; pourtant, au fond de lui, il n'était pas certain qu'un rien d'envie ne l'habitait pas.

Les relations privilégiées que nous entretenons entre nous ou avec certains d'entre vous ressemblent à celles que tu appelles intimité pour désigner les liens qui t'unissent à quelques-uns de tes semblables. Elles sont aussi fortes que rares et elles ne sont pas dénuées d'exigences.

Jdan n'avait pas besoin d'un dessin, mais Turquoise le lui servit quand même :

Elles vont bien, mais elles en ont bavé et l'expérience laissera des traces.

Arracher des lambeaux à une Ville était aussi une expérience qui laisserait des traces. Néanmoins, Jdan n'en fit pas la remarque. C'était d'ailleurs inutile.

Encore une greffe et vous pourrez rentrer. Le reste cicatrisera tout seul. Je vous recommande toutefois de ne pas traîner, ni ici, ni sous la douche. La transformation de l'étoile s'accélère et mes derniers invités ne devraient pas tarder à nous rejoindre. Or l'un d'eux aura désespérément besoin de votre assistance.

– Un problème ?

Des problèmes… qui s'entrecroisent. Dépêche-toi, je doute que Tachine puisse s'en sortir seule avec le premier de nos convives.

– Le Passeur des Morts ? J'en ai déjà rencontré. Ils sont carrément inhibés, mais ils ne sont pas particulièrement… euh… embarrassants.

Ce Passeur des Morts-là a le Charon aux fesses et une armure mécaniste volée sur les épaules. En outre, il est atteint d'une mélancolie tenace et la seule chose que vous avez à lui offrir pour soulager ses souffrances le dégoûte autant qu'elle le terrorise.

– Mon sympathe ? Tu crois qu'il est pour lui ?

Je ne me substituerais à aucun artefacteur pour décider de qui mérite son offrande, Jdan ! Le Passeur des Morts a besoin d'un embiote.

Quelque chose n'allait pas.

Plusieurs choses parfaitement plurielles qui n'auraient jamais dû se produire, en tout cas pas comme ça et pas en même temps, alors qu'elle partait d'une quinte de toux toutes les trente secondes pour cracher les glaires d'un sang qui n'était pas le sien.

Ce-pensant, Tachine eut à peine le temps de porter le mouchoir déjà poisseux à ses lèvres pour régurgiter un décilitre du liquide qui lui brûlait les bronches. Bon sang ! Elle avait vomi au moins deux fois ce qu'Érythrée avait expulsé de ses propres poumons ! Deux fois et elle crachait encore presque sans arrêt, tandis que sa fille hoquetait à peine une fois toutes les trois minutes. Le privilège de la jeunesse...

Son embiote évacue le liquide de l'intérieur, par capillarité. Mais c'est vrai qu'il est plus jeune que le tien...

Turquoise n'avait jamais brillé par la délicatesse.

Nouvelle brûlure, nouveau crachat. Et toujours le dégoût dans les yeux de ce maudit pilleur de tombes.

Passeur des Morts.

« Va te faire voir, Turquoise ! Et que lui aussi aille se faire voir avec son racisme au bord des lèvres ! »

Il y eut un bref silence, comme si la Ville acceptait la rebuffade, mais Turquoise n'avait jamais non plus su se faire plus petit.

Arachnophobie... enfin... quelque chose d'approchant. Il te voit comme...

« Une araignée géante prête à l'enfermer dans sa toile pour élever des œufs dans son ventre encore tiède ! Merci du rapprochement ! »

Brûlure, toux, crachat, et le mouchoir qui fuyait entre ses doigts. Des caillots obstruaient ses narines. Si elle ne prononçait pas immédiatement une phrase, elle n'aurait plus le courage d'adresser la parole au Passeur. Comment s'appelait-il déjà ?

– Excusez-moi, Gadjio. Ça devrait passer assez vite. C'est juste que...

– Je comprends.

Une nouvelle quinte empêcha Tachine d'exploser. Il osait prétendre qu'il comprenait ! Le cuistre ! Et Ryth qui ne disait toujours rien ! Ryth qui était assise contre une paroi de cartilage, la poitrine sous la couverture que l'Originel lui avait tendue lorsqu'elle avait émergé d'une valvule de Notre Mère, les jambes nues et poisseuses tendues devant elle. Ryth qui avait juste dit : « Merci » et qui, depuis, attendait... Au fait, qu'attendaient-elles ?

– Quand vous aurez suffisamment récupéré, je vous guiderai jusqu'à la nef, puis nous passerons dans Turquoise où vos amis nous attendent.

Tachine s'étrangla dans une nouvelle glaire de sang.

« Il... Tu... Il *m'entend* ? »

Non. Il ne t'entend *pas. Il interprète tes signaux corporels. C'est sa vocation, tu te rappelles ? Lire les vivants pour écrire les morts.*

« Il me... lit ? Et il me prend pour une araignée ? »

L'analogie avec l'arachnophobie est de moi, Tadj, mais sa répugnance est bien réelle et elle vient pour beaucoup de ce qu'il lit *en toi. Ce qui prouve que vous êtes finalement assez proches, non ?*

Gadjio avait peur, très peur, du moins était-il terrorisé à l'idée de devoir côtoyer de si près et pour une période probablement trop longue des créatures dont l'humanité n'était qu'apparences. Il leur avait tendu les couvertures, ainsi que Notre Mère l'avait exigé, et, puisqu'il ne pouvait pas en être autrement, il les guiderait puis il les suivrait, mais il resterait sur ses gardes, seconde après seconde, pour qu'elles ne le souillent pas.

La vieille ne l'effrayait pas, même si elle ne devait pas être plus âgée que lui et même si elle transpirait la duplicité par tous ses pores. Elle était trop visiblement manipulatrice, jusque dans les rides qu'elle se laissait pousser au coin des yeux pour faire croire que les années ne l'avaient marquée que de rires. Ce rire que les Organiques entretenaient pour cacher leur condition de commensaux.

La jeune, par contre, la jeune était dangereuse. Elle n'affichait aucun de ces horribles stigmates dont ils se déformaient le corps. Elle ne commettait aucun geste inutile, elle s'économisait même l'effort de respirer. À peine un hoquet de temps en temps. À peine un filet d'air sans que sa poitrine se soulève. Et elle ne le lâchait pas des yeux. Oh ! Il prenait bien garde de ne pas bouger. Il surveillait même le clignement de ses paupières, mais elle ne ratait pas un battement de cils, ni une seule des gouttes de sueur qui perlaient à ses tempes. Elle l'épiait, ou elle épiait quelque indice qu'il était incapable de comprendre.

L'armure, Gadjio.

L'armure ? Quelle… Comment…

Elle sait. Ils savent tous. Il n'y a que toi qui l'oublies, Gadjio.

« Je ne l'oublie pas ! Je… Sainte Mère ! Comment voudrais-tu que je cesse d'y penser ? »

Le fragment se sert de tes phobies pour contrôler tes émotions. Il te pousse à te défier d'elles pour affaiblir ta crainte de lui. Regarde-les mieux, la mère et la fille, regarde-les avec tes yeux de Passeur. Écoute leur histoire.

Un instant, Gadjio écouta. Alors, à la mère, il répondit :

– Je comprends.

Et il comprenait vraiment, mais cela ne le rassurait pas. Ne serait-ce que parce qu'il ne comprenait toujours pas la fille, de quelque façon qu'il l'observe.

Marine était un glacier qui déversait un millier de torrents dans l'esprit d'Érythrée. Elle racontait, elle montrait, elle expliquait, elle se reprenait, se mélangeait, se contredisait. Elle se vidait de sa vie, si courte, et de celle, éternelle à son échelle, de Notre Mère. Elle parlait en vrac de tout et de n'importe quoi et chacune de ses phrases n'évoquait que la douleur de sentir son père en perdition. Elle s'exprimait sur un tel débit et avec une telle conviction qu'Érythrée n'avait plus la place de penser à son compte. Pourtant elle ne chercha pas à stopper l'enfant, si tant était que Marine avait encore quoi que ce fût d'une enfant, parce que le raz-de-marée dont elle l'inondait charriait les sédiments d'une kyrielle de drames en train de se nouer pour façonner un seul événement.

L'événement était lié à la supernova, il impliquait toute l'humanité et les Mécanistes semblaient en être le principal générateur. Il y avait urgence.

Érythrée se redressa en rejetant la couverture souillée.

– Nous vous suivons, Gadjio.

En prononçant ces mots, elle eut l'impression de condamner le Passeur des Morts et, sur son visage, elle lut qu'il les recevait comme une sentence.

CHAPITRE 3

Les retrouvailles

Le réveil, comme un arrachement... La souffrance se fraya un chemin le long du flagelle de Nadiane et l'inconscience reflua peu à peu. Une armée de fourmis voraces grimpait à l'assaut de ses jambes; des araignées grouillaient sur son visage. C'était peut-être ça, la vie: des piqûres d'insectes imaginaires pour se préserver du sommeil.

Nadiane s'efforça de cracher la boule cotonneuse qui lui engluait la bouche. Elle était trop sonnée pour tenter de bouger. Un spasme musculaire faisait tressaillir son pied gauche, douloureusement. Entre ses cuisses s'étalait une flaque d'humidité en partie bue par le revêtement de mousse du sol. L'odeur âcre s'accrochait, à peine adoucie par les parfums artificiels du système de purification de l'air.

La marée de données qui affluait sous son crâne était insupportable. Elle distinguait à peine la voix de Joanelis au milieu du vacarme numérique, mais elle savait qu'il était là. En se concentrant dessus, elle pourrait sans doute l'isoler du bruit. Puis la lassitude la reprit à l'idée de tout recommencer une fois de plus. Elle piqua du nez.

– Ouvre les yeux!

Ce fut l'urgence du ton qui la ranima. Elle se hissa avec difficulté jusqu'en haut du puits noir de son crâne, flagellée par les cris de Joanelis. Chaque fois qu'elle se laissait aller, il l'invectivait. Cruellement, avec une précision clinique. Sous ses gifles verbales, elle finit par décoller les paupières. La lumière trop crue taillada ses rétines comme un rasoir, mais elle ne risquait plus de se rendormir.

– Ça va, gémit-elle en roulant sur le côté. Arrête de hurler!

Sa main dérapa dans la flaque d'urine et elle serra les dents pour ne pas crier. Les messages que véhiculait sa propre odeur la terrifièrent.

Arrachée à son inconscience amniotique, elle rampa sur le sol souillé sans savoir où aller. La voix de Joanelis était toujours aussi forte dans son crâne ; elle ne semblait pas avoir l'intention de se taire.

– O.K., O.K. ! J'ai dit stop ! (Avec un succès mitigé, elle tenta d'envoyer vers Symbiase un peu de chaleur numérique.) J'ai horreur qu'on me réveille de cette façon...

– Je ne voulais pas que tu replonges. Tu avais plus besoin d'adrénaline que de câlins. Et, franchement, je commençais à avoir la trouille.

– À ce point ? (Complètement réveillée, Nadiane se massa les mollets en serrant les dents.) Plongée profonde, hein ? Combien de temps ?

– Onze heures. Sept tentatives de réanimation avortées. Tu aurais besoin d'un examen complet mais je ne crois pas que ce soit le moment.

Nadiane tressaillit. Le geste lui arracha un cri de douleur qui résonna dans l'habitacle.

– Sainte Toile de Merde ! Nous sommes encore loin ?

– Nous sommes arrimés à Turquoise depuis neuf heures. La Ville puis les Organiques se sont inquiétés de notre immobilité et Lya a fait savoir que, très éprouvée par le voyage, tu n'étais pas encore en état de quitter le Nexarche. Les Organiques ont proposé leurs soins, mais Lya a refusé d'ouvrir le vaisseau... tu es la seule à pouvoir lui donner cet ordre.

– Il y a un problème ?

– Peut-être. Peut-être pas. J'ai été négligent. Ta sécurité repose uniquement sur toi-même, je ne peux pas me substituer à toi en cas d'urgence. Il semble que Lya fasse parfaitement la différence entre ce que je suis et le Joanelis originel, même si j'en suis incapable.

Les muscles noués de Nadiane lui donnaient l'impression d'avoir été crucifiée sur une table d'acuponcture. Elle parvint néanmoins à se redresser sur les genoux et envisagea même un instant de se lever. Une faim irrationnelle lui tordit l'estomac mais elle était trop avisée pour avaler quoi que ce soit.

Or, à présent qu'elle avait émergé, c'était au tour de Joanelis d'avoir un problème.

– Tu te souviens de ce que tu répétais tout le temps avant que je devienne prospectrice ? Interroge chaque information sous tous les angles pour lui faire avouer ce qu'elle sait ! Alors, vas-y : réfléchis. Tu es capable de parler de toi avec recul, ce qui est une preuve supplémentaire...

En même temps, Nadiane tenta d'émettre ce qu'elle ressentait par l'intermédiaire du flagelle. L'effort la fit hurler intérieurement.

– Il n'y a pas de différence objective entre Joanelis et moi, vu de ta propre perspective, c'est ça ? Je connais l'argument, mais...

– Non ! (Nadiane se sentit vaciller, trop lasse pour choisir ses mots avec le soin requis.) Tu n'es plus Joanelis. Mon frère m'a abandonné il y a plusieurs jours et tu viens de me sauver la vie. Ça te va comme différence ? Dans la situation où nous sommes, c'est de toi dont j'ai besoin. Objectivement et subjectivement !

Puis elle ajouta, parce que le silence était devenu douloureux et qu'elle se sentait à deux doigts de replonger :

– J'ai aussi besoin de Lya. Et je vous remercie tous les deux de m'avoir tirée de là... Maintenant, par pitié, aidez-moi !

Elle se traîna jusqu'à la console et tendit son poignet vers l'unité médicale encastrée dans la base du rack d'appareils. Les palpeurs de test la pénétrèrent en douceur. Elle s'était mise à pleurer sans s'en apercevoir et ses larmes glissaient le long de ses joues comme du papier de verre. Une coupelle les recueillit pour les analyser. Elle sentit les aiguilles trouver ses veines et le murmure de Symbiasc-Copic se dilua dans le courant froid qui remontait le long de son bras.

L'intelligence clinique du Nexarche lui accorda quarante minutes de vrai sommeil. Pas un instant de plus.

Le second réveil fut chimique et immédiat. Durant son inconscience, des bras manipulateurs avaient forcé ses membres à s'agiter pour combattre l'ankylose. Un goutte-à-goutte de glucose l'avait nourrie ; des jets humidificateurs s'étaient chargés de la laver, en terminant par l'intérieur de sa bouche et le coin de ses yeux. Procédure normale en cas de mal des profondeurs. Il lui avait suffi d'émerger pour y avoir droit. Non, en fait, il lui avait suffi de la réclamer, et cela faisait une sacrée différence !

Nadiane tira instantanément les conséquences de cette découverte : les procédures de sécurité du couple Nexarche/Lya étaient déficientes. D'ailleurs, depuis le début du voyage, Lya ne réagissait pas comme elle l'aurait dû. L'intelligence paraissait curieusement absente, repliée sur elle-même dans les recoins inexplorés du Tessaract. Cette apathie avait failli lui coûter la vie. Heureusement, le problème était moins crucial maintenant qu'elle avait abordé l'Animal-Ville.

– Que se passe-t-il de... dans ? (Elle avait d'abord pensé « dehors ».) Je veux dire : les autres sont tous là ? Euh... et où sommes-nous, au juste ? Je veux dire...

De manière paradoxale, pour la simulation de Joanelis, la confusion brouillonne qui précipitait les mauvaises questions aux lèvres de sa sœur annonçait que celle-ci récupérait mieux que prévu.

– Je sais ce que tu veux dire. Dans le désordre, je répondrai que le Nexarche est incrusté sous l'encorbellement du Beffroi de Turquoise, la Ville qui héberge les Retrouvailles. Au moins un membre de chaque Rameau est présent dans ses replis. Mais, pour ce que j'en ai compris, la situation est assez confuse.

– Confuse ?

– Inattendue.

– Bien, alors dis-moi au moins à quoi je dois m'attendre.

– Nous n'en avons aucune idée, répondit Joanelis, tandis qu'en arrière-plan la simulation de Symbiase acquiesçait. Sans doute à rien de ce que tu connais. Mais ça va te tomber dessus plus vite que tu ne le crois.

– D'où vient l'urgence ? Sainte Toile, réalisa Nadiane, j'ai réussi à oublier la supernova. Il y a quelque chose qui ne va pas chez moi !

Ton check-up est normal, réagit Lya.

Nadiane se mordit les lèvres. Un détail la tracassait, une impression diffuse à la périphérie de sa conscience. Intraçable pour l'instant. C'était dans ces moments-là que Joanelis lui manquait le plus. Le contact de ses doigts sur sa peau véhiculait toutes les réponses dont elle avait besoin.

– Lya, montre-moi l'étoile binaire. Je veux la regarder jusqu'à ce qu'on vienne me chercher.

– *Je n'ai pas d'images directes,* répondit l'I.A. *Les parois de la ville font écran, on dirait qu'elles bloquent une partie du rayonnement neutrinique et perturbent les fréquences. J'ai des problèmes avec mes propres capteurs. Tu veux une simulation ? C'est tout ce que je sais faire.*

Sur les derniers mots, l'intonation de Lya avait changé. Elle semblait moins arrogante, moins sûre d'elle. Dans un éclair de compréhension, Nadiane mit le doigt sur ce qui la tracassait. Depuis le début du voyage, Lya donnait l'impression de s'éteindre peu à peu. Au contraire de l'étoile...

– Dis-moi plutôt comment tu te sens, Lya. Donne-moi les informations de base, trois niveaux de détail, pas plus. Je trierai.

– *Grand frère, tu es avec moi sur ce coup-là ?* émit-elle en parallèle vers la simulation de l'archipel.

– *Je te précède,* fut la réponse laconique. *J'avais demandé à Lya de recalculer son record d'improbabilité. Elle en a été incapable.*

– *Donc ?* interrogea Nadiane, la gorge serrée.

– *Elle est en train de perdre le contact avec les couches fines de la réalité. Peut-être le symptôme d'un début d'effondrement.*

Nadiane sentit ses tripes se nouer.

– *Quand en seras-tu sûr ? Conviction intime, je veux dire.*

– *Je le suis déjà. La probabilité que Lya soit stable à long terme est un zéro plus. Je n'arrive plus à y croire.*

– *Merdétoile !* (Elle secoua la tête, sans parvenir à chasser l'impression d'irréalité qui l'envahissait.) *Je veux rentrer, tu m'entends ? Débrouille-toi avec elle, il faut qu'on me ramène sur Symbiase avant l'effondrement final. Sinon, je vais plonger si profond qu'on ne me remontera jamais.*

– *Je ferai de mon mieux pour ralentir le processus, petite sœur. Le Tessaract est toujours opérationnel, et nous n'avons utilisé qu'une infime partie de sa capacité de stockage. Je vais dupliquer un certain nombre d'états stables de l'Archipel qui pourront servir de données congelées. Interactivité simulée par interpolation sur un sous-ensemble réduit de facteurs. Même si c'est grossier, ça devrait t'éviter de sombrer.*

– *Et je te perdrai ?*

Le silence qui suivit était éloquent. Nadiane sentit des ondes de tendresse et d'amertume mêlées effleurer sa moelle épinière.

– *Tu es unique, petite sœur. C'est à moi de veiller sur toi.*

– Voici la simulation de l'étoile, annonça Lya d'une voix neutre, en projetant une image grossièrement pixélisée sur le plafond. Moi, je vais bien. Autre chose ?

Nadiane eut une bouffée de chaleur et sentit la nausée de son premier réveil revenir à la charge de son estomac. Elle traduisit ces symptômes comme l'interprétation que son corps faisait de l'imprécision des réponses de l'I.A. Manque d'informations, absence de repères, déconnexion, son système glandulaire l'inondait d'hormones contradictoires comme autant de signaux d'alarme. « Ça promet ! » songea-t-elle, mais elle préféra se rebeller.

– Laisse tomber les simulations ! L'un de vous deux va-t-il se décider à me dire quelque chose d'utile ?

Son estomac gargouillait. À l'autre bout de son flagelle, les myriades de données disponibles s'organisaient pour lui fournir des informations. Joanelis fit le point :

– Vingt et un Organiques ont voyagé avec Turquoise. Ce sont eux qui nous ont accueillis. Les Mécanistes nous ont précédés de peu, à bord d'un engin qui ressemble à tout sauf à un vaisseau de tourisme. Tu veux le voir ?

– Plus tard ! Continue…

– L'astronef en question orbite à une cinquantaine de kilomètres de la Ville. Toutes les quatre heures, une navette fait le trajet entre lui et Turquoise. Chaque fois un petit nombre de Mécanistes en débarquent et d'autres rembarquent, mais ils ne déchargent que peu de matériel. Le Conseil pense qu'ils essaient de familiariser leurs troupes au terrain très particulier que représente l'AnimalVille. Selon mes observations, ils ne sont jamais plus de trente dans la Ville, ils se déplacent par groupes de quatre et en font systématiquement le tour. Là aussi, je doute qu'il s'agisse de tourisme.

Nadiane fronça les sourcils.

– Tu peux les suivre dans la Ville, grand frère ?

– Non. Je n'ai pas osé expédier de sondes à l'intérieur et Turquoise est opaque aux détecteurs. Je déduis l'activité des Mécanistes des visites que tous font du Beffroi et, plus précisément, du corridor et du sas qui nous relient à la Ville. Pour en finir avec eux, j'ajouterai que les radars de leur navette n'ont pas pu ne pas repérer les sondes extérieures avec lesquelles je surveille leurs allées et venues, mais qu'ils n'en font aucun cas.

– De leur côté ?

– Aucune sonde, aucun palpeur, ils ne se servent que des détecteurs de leur astronef et, à en juger par l'inquisition de certains faisceaux, ils sont mieux équipés que nous, même si nos protocoles de communication leur échappent. J'ignore, par contre, s'ils percent la carapace de Turquoise, mais j'ai toutes les raisons d'en douter.

L'esprit entraîné de Nadiane réagit. Cette analyse ne reposait que sur des intuitions nées, justement, des doutes que son frère prétendait entretenir ou ne pas avoir. Elle faillit s'en inquiéter, mais Joanelis enchaîna :

– Il y a six heures, Lya a repéré une Ville de petite taille qui émergeait de l'aleph le plus proche. Turquoise nous a appris que cette Ville était blessée et qu'elle devait s'amarrer à lui pour qu'il lui prodigue des soins d'urgence. Il nous a aussi avertis que, sans présenter de danger, le choc risquait d'être assez rude. Bien sûr, il avait aussi prévenu les Mécanistes et nous avons eu le sentiment que la nouvelle provoquait chez eux un vent de panique. Les communications entre l'astronef, la navette et leur délégation ici ont centuplé. D'autre part, ils nous ont contactés et, après nous avoir informés que, malgré leurs légitimes exigences, Turquoise se refusait à leur fournir de plus amples explications, ils ont… disons insisté pour que nous leur communiquions tout ce que nous savons et tout ce que nous apprendrions sur l'intruse.

Nadiane devinait aisément ce que pouvait être une pression diplomatique exercée par un responsable mécaniste.

– Qui nous a contactés ?

– L'Assistant Tlaxa au nom de l'Armurier Sletloc, puis l'Armurier lui-même. Le Conseil analyse encore les propos qu'ils nous ont tenus. Il semble d'ores et déjà qu'un accord liait les Mécanistes et les Originels, un accord concernant les Retrouvailles et que l'arrivée de la Ville en question, Notre Mère des Os, remet en cause… ou aurait pu remettre en cause. Parce que, curieusement, dès que Turquoise nous a appris que la Ville ne transportait qu'un seul passager, un Passeur des Morts – information que nous nous sommes empressés de relayer auprès des Mécanistes, qui l'avaient évidemment reçue en même temps que nous –, l'Armurier et son Assistant se sont détendus d'une manière quasi miraculeuse.

– Vu ! Vous avez stocké tout ça, je suppose ? Lya, tu me prépares une synthèse avec l'ensemble des points de vue pertinents. Je l'absorberai par petites doses.

La réponse fut longue à venir. Soit elle était passée à côté d'une donnée importante, soit la frivolité de la requête perturbait Lya.

– Je t'en demande trop ?

Un murmure codé remonta le long de son flagelle. L'inquiétude de Joanelis agit comme un révélateur sur la perception qu'elle avait de la réalité. Une réalité intérieure qu'elle avait oubliée en se concentrant sur celle, extérieure, qu'on lui décrivait. Quelque chose n'allait pas… Elle inspira un bon coup et déclara :

– Lya, lance un check-up complet. Le Nexarche. Toi. Moi. Tâche en priorité basse mais tu peux ralentir la simulation de Symbiase pour gagner de la puissance. Je peux fonctionner quelque temps sur des données congelées. Ce ne sont pas les stimulations qui manqueront durant les prochaines heures.

Sa voix énonçait avec détachement un ordre de routine, mais son esprit bégayait autour d'une pensée itérative. Elle se répétait, en boucle, que le programme de sécurité du Nexarche avait failli la laisser mourir, parce que, pour sa sécurité, Lya n'acceptait aucune autre instruction que les siennes. Elle se servit du flagelle pour coder à l'intention de la seule simulation de Joanelis :

Et si je lui ordonnais une fois pour toutes de t'obéir ? Vous êtes capables de vous surveiller mutuellement, non ?

Non... J'ai réfléchi à ce que tu m'as dit et tu as raison, mais tu es la seule à disposer d'un point de vue extérieur à notre réalité commune, à Lya et à moi. Je ne fais pas partie de la solution, je fais partie du problème.

Merdétoile ! Et si quelque chose foire vraiment, tu m'avertiras ?

À peine exprimée, la question lui apparut dans toute sa stupidité. Sa vie était suspendue à une chaîne dont chaque maillon était à la fois nécessaire et ridiculement fragile. *Ils ont tenu compte du probable comme de l'improbable,* se dit-elle, *et Joanelis s'est chargé de l'impossible. Pour les miracles, ce sera à moi de voir.*

– Check-up lancé. Quoi d'autre ? s'enquit Lya.

– N'importe quoi de chaud, d'épais et de consistant. Mon estomac est encore plus réveillé que moi.

– Priorité haute ?

Nadiane acquiesça machinalement. Une question la tracassait.

– Quand vais-je pouvoir sortir ?

– Nadiane ! la reprit durement Joanelis, tu ne *peux* pas sortir, tu *dois* le faire, et c'est une décision que tu prends seule ! (Sa voix se radoucit :) Tu comprends, petite sœur ?

Oh oui ! elle comprenait. Elle comprenait qu'elle avait une frousse terrible de s'extraire de la matrice protectrice du Nexarche et d'affronter le néant étriqué de... de quelque chose qui ne fourmillait pas des milliards de teraoctets de Symbiase. Elle le formula à haute voix et, cette fois, Joanelis ne chercha pas à la réconforter.

– Aucun de nous ne souhaitait être à ta place, Nadiane. Aucun de nous ne le pouvait. Toi si. Tu peux déambuler dans une Ville plus vaste que toutes nos Symbiases réunies et accepter les silences d'un Animal plus expérimenté que toute l'humanité. Tu peux même entendre le babil des non-connectés et lui trouver un sens moins vide qu'il n'y paraît. Cela ne se fera pas simplement quand tu en seras convaincue. Cela se fera quand *tu* le feras !

Nadiane frissonna. Peut-être que si elle se familiarisait avec la situation, celle-ci cesserait d'être effrayante et redeviendrait excitante.

– Lya, tu me montres le vaisseau mecaniste ?

– Il se trouve actuellement sur l'autre face de la Ville.

– Je me contenterai des données enregistrées. Pendant que tu y es, affiche-moi aussi leur navette et ce qui se passe au-dehors. Je mangerai en analysant les images.

Un Voltigeur les avait accueillis au sortir de la navette et les avait guidés vers les quartiers mécanistes tout en commentant chaque couloir qu'ils empruntaient, chaque bifurcation, chaque escalier, chaque porte qu'ils ignoraient. Il s'exprimait par l'intermédiaire de son armure en subvocalisant ses explications. Il disait ce qu'un commando avait besoin de savoir et son armure complétait son propos de rafales d'informations électroniques qu'enregistraient les armures de Chetelpec, de Tecamac et des douze Voltigeurs les accompagnant.

Une fois dans les quartiers mécanistes, il avait attribué un appartement à chacun des nouveaux arrivants – un appartement complet, composé de plusieurs pièces séparées par des sphincters ! – et il avait énoncé les consignes de l'Armurier avec une précision clinique, insistant longuement sur le principe de familiarisation avec le terrain. Il avait été beaucoup moins précis quant à l'attitude négligée, curieuse et avenante que Sletloc exigeait d'eux, mais il ne faisait aucun doute que celle-ci revêtait une importance particulière. Enfin, il avait conseillé à chacun de profiter des deux dernières heures de phase nocturne pour visiter les quartiers organiques.

– L'odeur est partout la même, vous vous y habituerez. Mais méfiez-vous du sol, surtout là-bas, et évitez de vous frotter aux parois.

Dès son départ, le groupe s'était séparé. Les Voltigeurs s'étaient enfoncés dans les corridors de l'AnimalVille par triplets. Chetelpec avait affirmé à son élève qu'il allait profiter de son appartement pour s'offrir deux heures de sommeil dans un vrai lit. Tecamac en avait déduit que son maître préférait qu'il découvrît seul les recoins de Turquoise, ce qu'il avait entrepris, conscient d'être plus excité qu'il ne l'avait jamais été. Et, puisque le factionnaire du sas leur avait conseillé de visiter les quartiers des Organiques pendant que ceux-ci dormaient encore, et sachant que les Voltigeurs ne manqueraient pas de suivre la recommandation, il avait délibérément choisi de ne pas s'y rendre avant que le jour artificiel ne fît son retour dans la Ville. Alors, comme il l'avait souvent fait dans Titlan, il avait laissé ses pas le guider au hasard, confiant à son armure le soin de relever sa trajectoire et de dresser sa propre topologie des lieux. Très vite, il s'était mis à courir, parce que rien n'était plus grisant que de se perdre à vive allure dans un lieu inconnu.

Une heure et demie plus tard, il remontait un escalier en colimaçon presque trop étroit pour sa carrure, entre deux murs d'os arrondis aux spondyles usés. TECAMAC l'informa qu'il détectait une masse métallique de plusieurs tonnes dans un rayon de moins de cinquante mètres.

– J'imagine que tu sais exactement où nous nous trouvons, subvocalisa l'adolescent.

Bien sûr… et toi ?

– La masse métallique ne pouvant appartenir qu'au vaisseau connecté, nous sommes dans l'axe central du Beffroi. Exact ?

Ce pourrait être l'une de nos navettes.

– Ou un organe d'AnimalVille dans lequel celui-ci secrète des oligo-éléments avant de les diffuser par son système sanguin.

C'est une éventualité acceptable.

– Je ne pense pas que nous soyons jamais descendus de plus de douze mètres par rapport à notre niveau initial, ce qui élimine la thèse de l'organe, et je suis persuadé d'avoir grimpé plus de trois cents marches de cet escalier, ce qui invalide celle d'une navette. Par ailleurs, l'étroitesse du colimaçon m'évoque celle d'un pilier creux, un passage bien pratique pour quelqu'un désirant accéder directement du sous-sol au sommet du Beffroi en toute discrétion.

Bien vu.

– Merci. Maintenant, j'aimerais assez que tu rallumes les données optiques et que tu cesses de te prendre pour Maître Chetelpec.

Pour autant qu'une armure pût glousser, TECAMAC gloussa.

C'est que je ne suis pas loin d'être CHETELPEC *en personne, cher... disciple.*

Tecamac accepta de rire de la pique. Il avait été trop inquiet pour ne pas traiter son angoisse par l'humour. Cela avait commencé lorsqu'il avait quitté l'Ingénieur et son Assistant, quand l'armure l'avait averti que son propre carbex était encore infesté des vrillons de CHETELPEC et qu'elle allait devoir les éliminer pour se reconfigurer normalement.

– Tu veux dire que le Maître m'a réellement ensemencé ? Que...

Oh non, pas lui ! Mais son armure, oui.

– Des nanones tueurs ?

Pas vraiment. Pas pour toi.

CHETELPEC avait profité de la démonstration du vieux Maître pour empoisonner l'éon de TECAMAC de sa noirceur haineuse. Semblable à des nanomémoires périphériques, chacune des vrilles qu'il avait plantées dans la colonne du garçon portait les germes de ses frustrations anthropophobiques. Et chaque fois que TECAMAC en éradiquait une, elle expulsait son lot de mégaoctets avant de mourir. Même si l'armure de l'adolescent avait soigneusement filtré les données avant de les recueillir pour enrichir sa propre expérience, cette minutieuse traque sous forme bactéricide avait été éprouvante.

Tous les souvenirs de CHETELPEC parlaient de mort. Comment l'éviter, comment la donner, comment y prendre plaisir. Une cruauté omniprésente, aussi vieille que le Mécanisme, dont le seul but était de pervertir l'innocence presque enfantine de TECAMAC. Des images de massacres perpétrés des siècles plus tôt s'étaient formés à la surface de son éon. Des meurtres, des agonies par centaines, et toujours les plus sommaires des stratégies pour parvenir à une fin de boucher qui prétendait être la voie du guerrier. Le désir de tuer semblait inscrit au plus profond de la personnalité synthétique des armures, jusque dans l'agencement moléculaire du carbex.

Tecamac avait senti son armure s'éveiller à une nouvelle compréhension de l'univers et des hommes, et à une nouvelle appréhension d'elle-même. Et tout le temps qu'avait duré l'extermination des vrillons de CHETELPEC, il avait redouté que son armure et lui-même n'en fussent à jamais souillés. Ce qui eût peut-être été le cas s'ils n'avaient pas eu à l'esprit l'image du vieux Maître, enfermé depuis des décennies dans cet univers d'abjections, condamné à partager son existence avec une haine se nourrissant d'elle-même et la contenant, la dominant, la repoussant dans un espace si exigu de sa personnalité qu'elle n'avait plus eu qu'à attendre sa mort.

L'adolescent s'immobilisa; un sourire se forma lentement sur ses traits. Il venait de comprendre la nature du dernier cadeau de Chetelpec: son maître lui avait offert un fragment de son propre ennemi, le plus dangereux. Pour qu'il apprenne à le vaincre. Il comprit que, une fois de plus, Chetelpec avait manœuvré CHETELPEC et que ces vrillons et leur message de destruction étaient la clef de voûte de l'enseignement du Maître à son disciple.

Tecamac se concentra sur les données affichées par l'armure. Il s'était assez dépensé (les chiffres disaient qu'il avait parcouru plus de trente kilomètres dans les galeries de la Ville), il lui fallait maintenant reprendre contact avec sa réalité de primanyme, même s'il n'avait aucune idée de ce que cette réalité attendait de lui. Il accrut la résolution de sa vision infrarouge, passa en mode spectroscopique pour détecter une éventuelle issue et reprit sa progression dans l'escalier.

Quatre minutes plus tard, il se retrouva bloqué.

Juste au-dessus de son crâne, les marches semblaient poursuivre leur ascension à travers une trappe de tissus musculaires, mais celle-ci était close. Il tenta de la soulever, constatant une certaine élasticité qui se durcissait chaque fois qu'il augmentait sa pression, et de la faire glisser dans toutes les directions sans provoquer plus que des vaguelettes sur sa couche superficielle. Il l'examina même sous tous les angles, ainsi que les marches et les murs, mais ne décela aucun mécanisme susceptible d'en déclencher l'ouverture. Dans un premier temps, il en déduisit – et cela lui parut somme toute fort logique – que seul l'AnimalVille avait la capacité de déformer le muscle qui lui masquait l'issue… et qu'il n'en avait présentement aucune envie. Puis il poussa plus loin sa réflexion et se demanda, puisqu'il avait affaire à un système biologique, dans quelle mesure celui-ci contrôlait ses mécanismes internes et, plus exactement, s'il n'était pas possible de provoquer une réaction indépendante du contrôle conscient exercé par l'AnimalVille. Une stimulation électrique, par exemple. Mais Sletloc risquait de ne pas apprécier qu'on désobéisse à ses ordres.

Il devait exister d'autres moyens.

Assise à l'avant, une tasse fumante entre les mains, Nadiane observait les images relayées par Lya. L'un des secteurs de la coque montrait le Zéro Plus achevant son orbite autour de l'AnimalVille et, même si sa présente configuration était moins agressive que celle mémorisée par le Nexarche, il avait tout du prédateur. Un autre retransmettait pour la cinquième fois l'approche de l'AnimalVille; l'enregistrement en était au moment où Turquoise avait réceptionné la première navette mécaniste. Un troisième affichait sur un mode panoramique le territoire ocre et brun où s'était enkysté le Nexarche.

– C'est toujours aussi passionnant, commenta-t-elle sur le ton de la dérision.

– Tu n'as qu'à cesser de regarder.

Nadiane avala d'un trait le contenu de la tasse.

– Ça, ça veut dire *tu n'as qu'à sortir.* Ne t'inquiète pas, je vais le faire.

– Mouvement à l'extérieur, l'arrêta Lya.

Nadiane se pencha vers l'image. Elle ne vit rien.

– Ils ne sont pas encore dans le champ de mes caméras. Je détecte seulement un déplacement d'air et j'entends des pas.

Nadiane plaça la main droite en éventail sur son oreille. L'Intelligence Artificielle soupira.

– Même si j'amplifiais ce que je perçois de cent décibels, tu ne distinguerais qu'un vague souffle et une vibration. Ils sont loin.

– Ils ?

– Des Mécanistes, trois. Ils sont un niveau en dessous de nous, dans l'escalier. Ils arriveront par la gauche du couloir.

Moins d'une minute plus tard, le trio entra dans le champ des microcaméras. Les Mécanistes avancèrent jusqu'au vaisseau et s'immobilisèrent face à lui. Trois silhouettes noires en arc de cercle qui, malgré l'absence apparente d'armement, dégageaient une formidable impression de puissance. Comme pour mieux détailler le peu qu'elles apercevaient du Nexarche, elles firent un pas en arrière avec un synchronisme parfait et se figèrent à nouveau.

– Des armures ?

– Des Mécanistes. Il y a des hommes sous le métal.

La jeune femme hocha pensivement la tête. Remontant son flagelle jusqu'à l'arrière-plan de son esprit, Symbiase-Copie tout entière succéda à Joanelis pour l'inonder d'informations. Quatre millions d'intellects harmonieusement connectés lui déversaient leurs connaissances dans un flot de mégaoctets et Nadiane n'avait qu'à emmagasiner. Dieu que c'était bon ! Ensuite, son cerveau n'aurait qu'à brasser, trier, analyser les données pour en tirer ce qui pouvait lui être utile. Mais, pour l'instant, elle se laissait porter par son ivresse.

Saisie d'une impulsion, elle zooma sur chaque visage de Mécaniste. Trois paysages de carbex se succédèrent, l'effet de relief gommé par le noir uniforme des armures. Elle eut beau se concentrer, elle ne distingua que des surfaces identiques... elle, à qui son travail de plongeuse dans la mer d'images recueillies par le pollen numérique, avait pourtant appris à discriminer plusieurs dizaines de nuances de noir.

Mais les guerriers paraissaient identiques. Des éléments d'un pavage uniforme de la nuit.

– Bon sang ! Comment se reconnaissent-ils entre eux ? murmura Nadiane, frustrée, en reposant la tasse vide sur une console.

– Masse, structure générale, manière de se mouvoir. (La voix de Lya était neutre.) Aucune marque apparente, cela dit.

– N'en tire pas trop vite de conclusion, intervint Joanelis. Même si leurs armures sortent toutes du même moule, elles ne sont pas exactement semblables et sont partiellement reconfigurables. Parmi les Mécanistes qui ont défilé depuis que nous sommes arrivés, plusieurs avaient tellement réduit l'épaisseur du carbex sur leurs visages qu'on distinguait nettement leurs traits. D'après des mesures préliminaires, je dirais qu'ils sont deux fois plus lourds que toi, au moins. Et que tu les dépasses tous d'une bonne tête !

« Par ailleurs, les armures communiquent entre elles même si leurs protocoles n'ont rien à voir avec les nôtres.

D'un claquement de doigts, Nadiane annula le grossissement et repoussa son siège, puis elle se mit à arpenter l'espace réduit de l'habitacle. Elle commençait à intégrer les informations de Symbiase-Copie sur le Mécanisme. Pendant cinq minutes, chaque fois que son regard revint sur l'image, celui-ci lui montra les trois silhouettes fuligineuses, toujours aussi immobiles, sauf une fois, alors qu'elle tournait la tête, où elle eut une sensation de flou, comme si les Mécanistes bougeaient. Elle n'eut qu'à s'approcher de la paroi pour vérifier qu'il n'en était rien. Puis ses visiteurs se lassèrent de la contemplation du vaisseau clos et reprirent leur visite de la Ville.

Nadiane les regarda disparaître. Quelque chose remua à la périphérie de sa vision et elle se pencha.

– Agrandissement secteur 1-4-4, murmura-t-elle. Contraste maximum. Toutes fréquences.

Dans le secteur incriminé, noir sur noir, quasi indétectable, quelque chose que son œil exercé ne lâchait plus se précisait. Une silhouette de carbex accroupie sur les talons, entourée d'une aura de chaleur minimale, le dos appuyé contre la paroi luisante du couloir.

– D'où sort-il, celui-là ? Lya !

L'Intelligence Artificielle eut une hésitation avant de se décider à avouer :

– Je l'ignore.

– Alors tu te repasses les dix dernières minutes d'enregistrement en accéléré et tu m'expliques comment un Mécaniste peut se planter devant tes caméras sans que tu le voies et sans que ton ouïe superfine ait perçu le souffle ou les vibrations de ses pas !

Cette fois, la réponse fut instantanée :

– Il est arrivé en même temps que le trio, par l'autre côté, accroché au plafond.

– Pourquoi ne l'as-tu pas...

– Son spectre fréquentiel est aligné sur celui de ses congénères, il se fond littéralement dans leur rythme et dans leur ombre. Même lorsqu'il s'est laissé tomber du plafond derrière eux, il a synchronisé son mouvement sur les leurs.

– Quand ils se sont tous reculés ?

– Exactement.

– Que faut-il en déduire ?

Ce ne fut pas Lya qui répondit, mais Symbiase-Copie, dans un brouhaha d'intellects d'où émergea la conseillère Hazène. Sa personnalité acide la revigora comme un jet d'air frais après un long séjour en scaphe.

– Ce n'est sans doute pas de nous qu'il se cachait. Sers-toi de ce que nous savons. La société mécaniste est fondée sur un principe hiérarchique à double logique, l'une très stratifiée qui ne concerne que les armures, dont la valeur est fonction du nombre d'occupants auxquels elle a survécu, l'autre plus lisse qui n'implique que les individus. La marge de mouvement du couple armure /Mécaniste dans l'ordre établi est très faible. Ce sont des univers clos. Pour s'élever dans la hiérarchie, chaque couple doit se transcender en fusionnant au mieux ses deux composantes. Puis il doit démontrer qu'il réaliserait de meilleures performances que celui exerçant la fonction qu'il revendique.

– Compétitivité.

– Compétition.

Nadiane hocha la tête.

– Ce n'était pas dirigé contre moi parce que je ne peux pas être une rivale pour un Mécaniste, c'est ça ?

– Ni toi ni nous, ni même Symbiase tout entière. Nous nous sommes appliqués à le leur prouver depuis des décennies ! Tu n'es pas une proie valable, point.

Joanelis prit le relais d'Hazène.

– Notre vulnérabilité... *ta* vulnérabilité, petite sœur, est ta meilleure protection. Ce Mécaniste joue à je ne sais quelle guerre avec ses semblables, mais pas avec nous. Il n'empêche que le Mécanisme est tout à fait capable de détruire notre écosystème, par inadvertance, par dépit ou simplement emporté par son élan.

– Ce qui signifie que je dois sortir de mon cocon pour exhiber ma fragilité. Très bien. Alors autant le faire pendant que j'ai encore un spectateur !

La plaque de muscles s'était rétractée lorsque Tecamac l'avait martelée de ses poings, au rythme de sa frustration. Il s'était faufilé dans une poche circulaire d'un mètre de hauteur, d'où partaient deux conduits encore plus étroits, bordés de saillies cartilagineuses. L'un faisait un coude avant de se redresser verticalement pour buter, neuf mètres plus haut, contre une surface noire qui devait être la coupole du Beffroi. L'autre, strié de veines bleutées, plongeait dans les entrailles de l'AnimalVille. Tecamac avait emprunté ce dernier parce que le système d'écholocation de son armure affirmait qu'il croisait une douzaine de conduits horizontaux. Le plus proche se trouvait moins de cinq mètres au-dessus de l'appareil connecté. Il s'agissait ni plus ni moins d'un système de circulation d'air, dont la Ville devait se servir quand elle était ancrée sur un monde à l'atmosphère respirable.

Il n'avait pas eu à ramper longtemps le long du plafond rendu glissant par les sécrétions avant de trouver le corridor, obstrué par un treillis de tissus séchés qu'il répugnait à crever. Alors l'armure l'avait averti que trois Voltigeurs approchaient.

Deux fois, il avait effleuré le voile pour tester sa résistance, souhaitant presque que celui-ci se déchirât de lui-même. Puis il avait insinué deux doigts près du bord et tiré d'un coup sec. Le treillis était venu d'un bloc et il avait subi l'ironie de l'armure lorsqu'il s'était excusé auprès de l'AnimalVille.

Ensuite, tel un singe de roche, il avait progressé de prise en prise, attentif à ne pas trop meurtrir les bourrelets de chair durcie auxquels il se cramponnait. Plaqué sous la voûte du couloir, il avait calqué le rythme des pas des Voltigeurs, jusqu'à les surplomber, face au vaisseau connecté. Facile, comme il avait été facile de se laisser couler sur le sol quand ils avaient reculé. TECAMAC était en configuration de furtivité maximale et les armures des Voltigeurs étaient aussi transparentes qu'elles étaient sourdes. Il pouvait les lire encore plus facilement qu'il avait jadis lu les lions et tous les adversaires virtuels avec lesquels l'entraînait Maître Chetelpec.

Échappant aux capteurs du vaisseau connecté en faisant frissonner le carbex de son armure sur leur propre gamme de fréquences, il avait surveillé ses congénères, si près d'eux qu'il eût pu les tuer sans qu'ils s'en aperçoivent. Lorsqu'ils reprirent leur visite de la Ville, il eut le temps de bondir au-dessus d'eux et d'escalader la paroi jusqu'aux draperies en surplomb tombant du plafond. À cet endroit, la surface de la Ville était aussi grumeleuse qu'un rocher. Il pouvait s'y mouvoir en toute sécurité sans puiser dans les réserves énergétiques de l'armure.

Accroupi sur les talons, en équilibre au bord du vide, il contempla l'ovoïde argenté. *Ils nous ont offert une de leurs larmes*, songea l'adolescent, troublé par cette pensée indigne d'un Mécaniste. Puis, avec patience, il attendit que quelque chose en sorte.

Le vaisseau finit par s'ouvrir, une simple fente qui traversa le revêtement cristallisé avant de s'élargir en triangle. Une femme à la peau presque transparente, nimbée de photoluminescences colorées, en sortit. Nue. Elle fit quelques pas sur le promontoire de chair et s'arrêta, la tête inclinée sur le côté, l'oreille tendue. Soudain, dans une explosion très fluide, sa nudité se couvrit de carbex. Un carbex si fin qu'il moulait parfaitement ses seins, sa taille, ses hanches, ses fesses.

Tecamac contemplait enfin la vision avec laquelle Zezlu et l'Ingénieur Hualpa rêvaient le Mécanisme, et c'était une vision magnifique.

Juste avant de sortir, Nadiane s'était assurée que le Mécaniste était toujours là. C'était absurde, mais sa présence la rassurait. Elle fit quelques pas sur la langue de chair rougeâtre qui enchâssait le vaisseau. Derrière elle, le Nexarche s'illumina un bref instant et devint peu à peu transparent. Une illusion grossière: les pixels de la couche externe étaient calculés en temps réel pour éliminer la trace de l'appareil, avec un léger flou pour accentuer le vertige. Mais cela devait suffire à perturber les systèmes d'analyse du Mécaniste. Enfermés dans leur armure, les guerriers faisaient beaucoup trop confiance à leur vue et négligeaient les autres sens.

Nadiane jeta un œil dans l'angle où il s'était tenu et ne le vit plus. Il lui fallut prendre sur elle-même pour ne pas faire demi-tour. Une, peut-être deux secondes de panique, le temps de sentir son regard dans son dos. Quand le Nexarche s'était ouvert, il s'était caché, bien entendu !

Durant une seconde terrifiante, elle ne sentit plus personne à l'autre bout de son flagelle. Le vaisseau scintillant était devenu une tombe dont elle tentait de s'arracher.

– Ne me laissez pas seule, murmura-t-elle avant de s'avancer, d'un pas hésitant, sur un promontoire de cartilage qui s'affaissa sous son poids.

Elle se sentit lourde, et frissonna. Le sol tiède transmettait à ses pieds un ensemble d'informations tactiles indéchiffrables. L'atmosphère un peu trop riche était chargée d'odeurs étrangères, de relents de sueur saturés de phéromones. Trop de détails la déroutaient, mais aucun d'eux n'était dirigé spécifiquement contre elle. *Je suis en territoire inconnu.*

Elle était en train de faire quelque chose d'absolument fou. L'estomac noué, elle songea qu'elle n'avait toujours pas vu l'étoile mourante.

Elle résista à l'envie de se retourner. De toute façon, elle n'était pas sûre de repérer le Mécaniste sans l'assistance de Lya. Elle progressa de cinq mètres et s'immobilisa. Elle le *sentait* toujours. Elle *sentait* l'activité de son armure, même si c'était complètement irrationnel.

« Ça y est ! se dit-elle. Je n'ai pas fait dix pas en dehors du Nexarche et je suis déjà en manque ! »

Mais elle ne croyait pas que sa sensation fût une chimère due à la privation de stimuli en provenance de Symbiase-Copie. Il était bien là et il n'avait pas besoin de la déshabiller du regard, puisque, pour paraître réellement inoffensive, elle avait choisi de se montrer au naturel. Ou presque : son flagelle était plaqué entre ses fesses, pratiquement invisible de sa position. Il était là et elle devait lui faire comprendre qu'elle le savait, avec subtilité, d'une façon qui lui parut élégante.

Elle envoya un ordre à sa greffe neurale et les nanones de son épiderme se réorganisèrent pour diffracter la lumière de façon différente. Sa peau prit la nuance exacte du carbex de son voyeur clandestin. L'illusion était grossière. Sa peau fragile reflétait imparfaitement la structure en microtubes du métal, et ses mamelons formaient des protubérances incongrues qui ne pourraient jamais passer pour des armes.

« Coucou ! pensa-t-elle. Je t'ai vu. »

Pour qu'il comprît bien le message, elle pivota sur elle-même et ordonna un second réarrangement à ses nanones. L'armure de sa peau se fendit. Des fissures laiteuses firent éclater le carbex. À la surface de son épiderme, les pixels furent pris de frénésie. Son ventre de nouveau nu apparut tandis que des lambeaux de noir se dissolvaient autour de sa bouche. Le long de ses jambes et autour de ses seins, un lacis de chairs vulnérables émergea d'une masse de dentelles couleur de nuit. Il fallut une demi-minute pour que l'illusion d'armures oit entièrement dissoute et une autre pour que naisse celle d'un justaucorps tout en taches de lumières chatoyantes, échancré aux cuisses et aux épaules, et franchement décolleté.

Une goutte de sueur perla sur la lèvre supérieure de Nadiane. Dévoilée, la peau hérissée de chair de poule, elle attendit. À travers la liaison qui les unissait, tout Symbiase attendait avec elle. L'avenir de quatre millions d'intelligences était posé dans la balance, avec son propre destin noyé dans la masse.

Elle lança un dernier regard au Nexarche béant et, à voix haute, commanda :

– Fermeture.

Lya aurait verrouillé le vaisseau, de toute manière, mais c'était le code convenu. Il signifiait que Nadiane était prête, en toute conscience, à affronter pour un temps le silence de son flagelle.

Elle tourna résolument le dos au vaisseau et ordonna à ses jambes de se mettre en mouvement. Ce qu'elles firent, à sa plus grande surprise, sans flageoler. Elle ignorait jusqu'où elles la porteraient sans défaillance, mais elle avait un but – l'amphithéâtre que Turquoise dédiait aux Retrouvailles – et elle savait comment s'y rendre. Moins d'un kilomètre de galeries sous la surveillance de son espion négrescent – car il la suivrait, elle en était certaine… Merdétoile ! Elle était tout de même capable d'y arriver !

Tecamac ne laissa jamais moins de huit mètres entre lui et la Connectée, mais jamais plus de douze. Il lui semblait important d'être discret, même si elle ne se retourna à aucun moment et même si elle était incapable de percer la furtivité de l'armure. Quoi qu'il en fût, il savait qu'elle savait. Elle le lui avait dit. Il avait d'abord cru (peut-être un résidu des vrillons paranoïaques de CHETELPEC) que son exhibition en armure était une démonstration de force, mais TECAMAC avait ricané.

De vulgaires nanones sous-cutanées. Tout juste bons à pixéliser du 2D.

Des nanones, certes, mais des nanones qu'elle contrôlait avec son corps et son esprit.

Arrangements préprogrammés réagissant à des fluctuations hormonales primaires. Elle les commande avec sa sueur.

Les explications de l'armure étaient sûrement exactes ; Tecamac, lui, comprenait simplement que la Connectée s'était adressée à lui et qu'elle avait fait le choix d'une connivence qui en disait long sur ses… euh… qualités diplomatiques.

À un moment, il eut la sensation d'un mouvement étrange dans le bas du dos de la jeune femme et, sans qu'il lui demandât quoi que ce fût, TECAMAC lui asséna un cours sur l'interface électronique que constituait l'appendice caudal appelé flagelle. Pour sa part, il se borna à constater que cet appendice rehaussait la féminité de la Connectée.

Ils avaient parcouru environ quatre cents mètres et changé deux fois de corridor, lorsque la démarche de la jeune femme se fit plus hésitante. D'abord, elle ralentit, puis elle stoppa complètement et tendit les mains vers la paroi comme si elle cherchait des repères.

Elle est malade. C'est pour cela qu'elle n'était pas encore sorti de son appareil.

« De quoi souffre-t-elle ? subvocalisa Tecamac.

Aucune idée.

L'adolescent n'eut pas le temps de s'interroger plus avant. La Connectée se redressa et se remit en marche, les épaules tirées en arrière comme si elle se forçait à garder la tête droite. Les dessins de sa peau perdirent leur netteté. Deux cents mètres plus loin, son assurance se désintégra. Elle tituba, puis s'effondra d'un bloc. Dans sa chute, sa tempe droite frappa lourdement une saillie de la paroi.

Dix interminables secondes, Tecamac espéra qu'elle se relèverait, mais elle demeura inerte, les jambes bizarrement repliées sous elle, le crâne pendant sur sa poitrine. En deux enjambées titanesques, il fut près d'elle. Il s'agenouilla, mais sa peau était devenue si translucide qu'il n'osa pas la toucher.

L'armure ressentit son malaise et un reste de CHETELPEC en elle s'horrifia, mais parce que ses sentiments s'étaient nourris aux mêmes émotions que celles de l'adolescent, elle rétracta le carbex de ses mains.

Du bout de l'index, Tecamac releva délicatement le menton de la Connectée. Ses yeux étaient clos, sa tempe saignait un peu, mais son visage, si près, était magnifique.

Quelqu'un ! l'alerta l'armure.

L'adolescent résista à l'impulsion de fuir. Il allongea doucement la Connectée en protégeant sa tempe meurtrie, et se releva pour faire face à l'arrivant.

Seul un Mécaniste aurait dû pouvoir l'approcher d'aussi près sans qu'il s'en aperçoive. Et pas n'importe quel Mécaniste ! Pourtant, il se retrouva face à une jeune fille, à peine moins belle que la Connectée, à peine plus âgée que lui. Tecamac eut immédiatement peur qu'elle ne se méprenne sur ce qui s'était produit.

– Elle s'est écroulée toute seule. Je… j'étais derrière elle.

– Je sais, assura la jeune fille. Je vais m'en occuper.

Elle le regardait droit dans la yeux et son regard était d'une sérénité incroyable. Elle baissa juste la tête pour lui montrer qu'elle avait vu la peau sous le carbex avant que celui-ci ne recouvre à nouveau ses mains, puis elle se pencha sur la Connectée.

– Je m'en occupe, répéta-t-elle.

Et, sans le moindre effort apparent, elle se redressa avec la jeune femme évanouie dans les bras. Dix secondes plus tard, elle avait disparu, avalée par un repli de la paroi. Tecamac n'avait toujours pas bronché.

– Je crois bien que nous venons de rencontrer notre première Organique, subvocalisa-t-il.

CHAPITRE 4

Les Retrouvailles

– Entrez, Chetelpec, et asseyez-vous.

À l'invite de Sletloc, Tlaxa s'écarta et le vieux Maître franchit la porte qui séparait l'antichambre du salon dont l'Armurier avait fait son quartier général. Ce n'était pas une pièce très pratique pour tenir un conseil de guerre, mais Sletloc n'était pas encore en guerre. Il laissa Chetelpec prendre place dans le fauteuil de cuir mal tanné qui faisait face au sien et fit mine de l'étudier comme s'ils se rencontraient pour la première fois.

Ils se connaissaient depuis longtemps et, à défaut de s'apprécier, ils se respectaient. Eu égard à leurs situations respectives dans la société mécaniste, le respect de Chetelpec pour l'Armurier eût pu sembler normal, mais ce n'était pas le cas. Sans faire de vagues, Chetelpec avait toujours avancé contre vents et marées, refusant obstinément de plier son échelle de valeurs personnelle aux dimensions de la préséance et de la hiérarchie. S'il manifestait aujourd'hui un minimum de déférence vis-à-vis de Sletloc, ce n'avait pas toujours été le cas – même lorsque celui-ci s'était entêté à lui confier des missions que les Comices lui refusaient – et cela tenait essentiellement au rachat de la vie de son disciple. L'Armurier, de son côté, avait pour le Maître une considération qui dépassait l'usage qu'il faisait de lui. En fait, il l'estimait pour ce qu'il était : un mutin sans cesse avorté qui s'acquittait toujours de ses tâches, par devoir. L'insoumission et le sens du devoir étaient deux traits de caractère qu'il aimait voir œuvrer ensemble, surtout chez les subalternes et à condition que ceux-ci n'eussent aucun charisme et aucune ambition politique. Voilà pourquoi il avait manœuvré pour que lui soit confié son primanyme.

– La Ville ayant des oreilles dans tous ses murs, nous subvocaliserons. Nos armures transmettront.

La phrase de l'Armurier ne nécessitant aucune réponse, le Maître resta silencieux. Par le canal des armures, Sletloc reprit :

– Où se trouve votre élève, Chetelpec ?

– Je l'ignore.

Réponse immédiate, franche et sans fioritures.

– Savez-vous au moins ce qu'il fait ?

– Il visite l'AnimalVille.

– Avez-vous convenu d'un rendez-vous horaire ?

– Dans deux heures, ici même.

– Avez-vous un moyen de le contacter plus rapidement ? Un quartier où il pourrait présentement se trouver ? Un passage à heure fixe à un lieu convenu ?

– Non.

Sletloc eut un geste d'agacement, mais il n'était pas agacé. C'était juste pour que le vieux Maître s'imprégnât de son dépit.

– Je ne désapprouve pas ce flou pédagogique, mais je dois vous avouer qu'il m'ennuie. Vous savez qu'une Ville Originelle s'est amarrée à Turquoise et qu'elle ne transportait qu'un Passeur des Morts, je suppose ?

Chetelpec hocha la tête.

– Bien. Lorsque ce Passeur a quitté sa Ville pour entrer dans celle-ci, il a été aperçu par une de nos patrouilles. Comme il était accompagné de trois Organiques, les Voltigeurs n'ont pas pu s'assurer de ce qu'ils ont entraperçu et leur rapport n'est pas très précis. Toutefois, il leur a semblé que le Passeur portait un bouclier de carbex ou quelque chose de très approchant. J'ai besoin de savoir de quoi il retourne. J'ignore où se trouve le Passeur actuellement, mais je souhaite que votre élève se rende dans sa Ville et l'y attende.

Les fentes de carbex autour des yeux de Chetelpec se plissèrent.

– Y a-t-il une raison particulière pour que mon élève soit plus compétent que… disons moi, par exemple, pour remplir cette mission ?

Aucune question sur l'absurdité du rapport des Voltigeurs (un Originel avec un bouclier de carbex !). Directement dans le vif du sujet. Si seulement un dixième des hommes de Tlaxa ou Tlaxa lui-même étaient aussi efficaces !

– Aussi aberrant que cela paraisse, il pourrait s'agir d'une armure ... d'une armure très particulière.

Cette fois, Chetelpec tiqua.

– Une armure aussi particulière que celle de mon élève ?

– Tout de même pas. TECAMAC est unique. Mais... Bon sang, Chetelpec ! Je ne sais même pas ce que je peux vous dire !

C'était une façon de rappeler que, officiellement, l'Armurier était aux ordres de sa caste et des Comices.

– Dites-moi ce que mon élève a besoin de savoir pour mener sa tâche à bien.

Intérieurement, Sletloc sourit.

– Les personæ dont vous disposez pour entraîner votre élève sont les fruits d'un échange avec les Originels. Leur contrepartie était une armure, destinée au Charon. Nous nous sommes assurés que cette armure ne nous nuirait jamais et que nul autre que le Charon ne puisse l'endosser. Néanmoins, son carbex est presque de la même génération que celui de TECAMAC. Alors, pour autant que le rapport des Voltigeurs se vérifie, je crains d'embarrassants dysfonctionnements. D'un autre côté, si seule la notion de bouclier était avérée, je ne serais que partiellement rassuré, car cela signifierait que les Originels ont réussi à copier des bribes d'une technologie dont nous les croyions absolument incapables. Vous me suivez ?

Le Maître ignora la question.

– Que doit faire mon élève de ce qu'il aura découvert ?

– Dans l'immédiat, rien. J'aviserai selon ce qu'il me rapportera.

– Et s'il est... agressé ?

Sletloc se leva. L'entretien était achevé.

– Qu'il réduise son adversaire en bouillie, carbex inclus.

Depuis que l'AnimalVille albinos l'avait abordé, Turquoise s'imposait localement de nombreuses modifications physiologiques et anatomiques afin d'activer la reconstitution de leurs cellules hématiques. Pour que le flux sanguin pulsé par le longicarde principal circule convenablement, ses articulations se distendaient, ses cartilages se réarrangeaient et des excroissances violacées se formaient de façon erratique sur ses parois intimes. Cependant, parce qu'il veillait à ne pas indisposer ses invités – en évitant notamment d'altérer la structure des quartiers mécanistes –, la plupart de ceux-ci n'avaient aucune conscience des efforts qu'il produisait. En revanche, les artefacteurs s'accommodaient d'infimes désagréments, qu'ils savaient nécessaires et dont ils avaient déjà l'expérience. À l'exception du Passeur des Morts.

Pour Gadjio, qui n'avait accepté un logement dans Turquoise qu'à la condition qu'il lui permît un accès rapide à Notre Mère des Os, les reconfigurations de l'AnimalVille étaient un véritable cauchemar. Non qu'il fût moins habitué que les Organiques à habiter une structure vivante, même si Notre Mère éprouvait rarement le besoin de se réagencer, mais parce que l'éclat d'armure incrusté dans sa chair s'était mis à paniquer.

Incapable de comprendre ce qui se passait, l'armure avait peur et, produit d'une culture paranoïaque, elle traitait sa peur comme une agression extérieure. Dès les premières vibrations de l'AnimalVille, elle avait tenté de contrôler le réseau musculaire du Passeur des Morts pour le contraindre à réagir contre un ennemi invisible. Elle lançait fibrille de carbex sur fibrille de carbex à l'assaut de son système nerveux, se répandant comme une chevelure dans la moitié de son corps et actionnant de manière désordonnée tout ce dont elle s'emparait. Gadjio s'était mis à suer, tressauter, donner des coups de pied et de poing en tous sens sans pouvoir faire mieux que ressentir la douleur quand ses coups atteignaient la chair durcie de l'appartement qu'on lui avait alloué.

Par moments, lorsque les réarrangements de la Ville se calmaient ou qu'ils s'éloignaient vers d'autres quartiers, Gadjio retrouvait la maîtrise de ses membres et de ses pulsations cardiaques, mais le réseau de radicelles dont l'armure l'inondait croissait avec une efficacité redoublée. L'affolement de l'armure l'amenait à s'emparer de lui plus vite que sa programmation ne le prévoyait.

Elle n'est pas programmée pour toi et elle est incomplète...

Il ne savait pas qui, de Turquoise ou de Notre Mère, avait émis cette pensée. Il n'était même pas certain que ce fût une pensée ou qu'elle émanât d'un AnimalVille. Il distinguait mal les sons, il ne voyait que par flashes des bribes de scènes incompréhensibles, dont une part incalculable était le fruit de son imagination puisqu'il y apercevait Marine, à cinq, à six ou à sept ans, quand elle avait encore toute une existence devant elle. Il ne parvenait jamais à entendre ce qu'elle cherchait à lui dire.

Puis la Ville se remettait à trembler ou à se déformer, et son corps, comme son esprit, lui échappait.

Il avait hurlé.

Il avait trouvé une force dans ses entrailles et un passage dans sa gorge pour l'air qui lui brûlait les poumons. Il avait hurlé, de tout ce qui lui restait de personnalité, à l'aide.

Cela l'avait libéré, partiellement. Sa vue s'était désopacifiée et il avait découvert qu'il n'était pas là où il croyait être et qu'il n'y était pas seul. Il se trouvait dans une espèce de hangar ou d'entrepôt immense, vide et à ciel ouvert, un ciel aussi épais qu'un mur, un ciel au milieu duquel le Beffroi de Notre Mère se penchait vers lui. Notre Mère qui était arrimée à Turquoise et qui buvait à son sang la vie que l'inconscience de son Passeur avait failli lui arracher. Notre Mère couturée de balafres mal refermées par des chirurgiens improvisés et... organiques.

La mère – comment s'appelait-elle déjà ? – la mère était adossée à une paroi, vingt mètres sur sa gauche, dans une robe plus digne que la couverture qu'il lui avait jetée après que...

La fille lui faisait face, à portée de... Non ! La fille le regardait droit dans les yeux, sans crainte, sans haine, dans une posture qui ne laissait pourtant aucune place au doute.

Derrière elle, il y avait… Jdan, l'écorché – cela, il l'avait ressenti à la seconde où leurs regards s'étaient croisés, quand il les avait accueillis, lui et… Tachine et Érythrée, après qu'ils avaient rallié Turquoise par un sas improvisé. Jdan et sa boule de poils ronronnante qui l'apaisait.

Jdan était compassion. Tachine observait. Non, elle *jaugeait*. Et son monstre de fille combattait le pantin qu'actionnait l'armure, sans même transpirer.

– Il est revenu, laissa tomber Tachine.

Instantanément, Érythrée relâcha sa musculature et se recula, mais ses yeux demeurèrent braqués sur lui. Elle n'était plus en garde, juste en veille.

– Où sommes-nous ? Pourquoi m'avez-vous amené ici ? Que me faites-vous ?

Les questions jaillissaient sur les lèvres de Gadjio sans que son esprit les eût formulées.

Tachine s'immobilisa à deux mètres de lui. Elle paraissait beaucoup moins vieille qu'il lui avait semblé dans Notre Mère.

– Nous sommes dans ce qui fut jadis un jardin, au pied du dôme que vous avez choisi pour séjourner près de Notre Mère des Os. Nous ne vous avons pas amené. Vous nous avez appelés à l'aide et vous nous avez agressés quand nous avons pénétré dans votre secteur. Nous avons préféré vous entraîner dans un lieu où vous ne pourriez pas commettre de dégâts irréparables.

– Ce n'est pas vrai. Je n'ai pas demandé votre assistance. Pas à vous, pas…

– Vous avez demandé de l'aide et vous savez pertinemment que nous sommes les seuls à pouvoir vous secourir. Aussi le ferons-nous, malgré… Vous excuserez ma rudesse, Gadjio, mais je ne sais pas combien de temps durera votre lucidité et vous êtes porteur d'un problème que je ne peux ni ne veux laisser devenir insoluble. Il en va de notre sécurité et il en va aussi de votre vie et du bon déroulement des Retrouvailles.

– Je… Ça va, mentit Gadjio. J'ai repris le contrôle. Je ne causerai pas d…

Il s'arrêta avant que Tachine ne l'interrompît. Il savait ce qu'elle allait lui rétorquer et à quel point elle avait raison. Elle ne prit d'ailleurs même pas la peine d'une fioriture :

– J'ai longuement discuté avec Notre Mère, Gadjio, et je communique encore avec elle. Elle pense que vous ne reprendrez jamais le contrôle et elle affirme que vous n'êtes déjà plus le Gadjio qu'elle connaît depuis trente ans. Même votre fille a du mal à vous reconnaître. Alors, quoi que vous prétendiez, je me fierai à leur jugement. Si elles disent, comme c'est le cas pour votre dernière phrase, que ce n'est pas vous qui vous exprimez, je ne tiendrai aucun compte de vos paroles.

Il n'y avait rien à répliquer. Gadjio se contenta de hocher la tête en signe d'assentiment, et cela aussi, il eut conscience de ne pas le faire seul. *Votre fille ?*

– Bien. Je suis certaine que vous avez compris que l'armure, dont vous portez un fragment, était un piège destiné à Koriana dans le but de l'asservir et, à travers lui, de contrôler la fédération originelle.

Tout le côté gauche de Gadjio tressaillit. Érythrée se remit en garde.

– Ça va, affirma-t-il cette fois sans mentir. C'est juste une... une réaction réflexe. Le Fragment n'apprécie pas d'être percé à jour, mais il est trop intéressé par ce que vous dites pour ne pas se maîtriser.

Tachine plissa les yeux :

– C'est ce que vous déduisez ou ce que vous ressentez ?

– C'est une... sensation. On dirait qu'il cherche à communiquer.

Le visage de l'artefactrice se contracta.

– Désolée, cela ne fait que confirmer l'intuition de Notre Mère. Le Fragment a déjà accès à une fraction considérable de vos fonctions supérieures et vos deux personnalités sont maintenant indiscernables. En tout cas par vous.

– Cela signifie que personne ne peut plus me faire confiance ? Pas même moi ?

– Cela signifie qu'il vous faut réviser la définition de votre identité et qu'il vous faudra probablement le faire encore pendant quelque temps avant que celle-ci ne se stabilise. Si toutefois vous souhaitez la stabiliser.

– Je ne comprends pas.

Nul doute pour personne que cette incompréhension était surtout le fait de l'armure.

– Vous n'êtes ni Gadjio ni l'armure. Vous êtes une symbiose des deux identités, du moins dans l'absolu, car l'armure est programmée pour effacer la personnalité de son symbiote... ce que nous pouvons empêcher. Néanmoins, que ce qui est Gadjio en vous ne se leurre pas : vous ne serez plus jamais ce que vous avez été.

À son tour, Jdan s'avança.

– Vous connaîtrez une période où les deux ego s'affronteront, puis ils collaboreront et la conscience qui en découlera sera celle d'un être aussi unique et indivisible que n'importe quel autre.

Gadjio avait l'impression qu'il manquait un détail important dans l'exposé qu'on lui faisait. Le Fragment lui souffla la question qu'il devait poser :

– Que deviendront les personnalités de l'armure et de Gadjio ?

– Des souvenirs, des rêves, des réflexes, des réminiscences... une subconscience, mais qui se constituera elle aussi de deux essences mêlées.

La réponse pouvait satisfaire le Fragment, elle ne répondait pas au sentiment d'omission qu'éprouvait le Passeur des Morts.

– Vous avez dit que l'armure était programmée pour effacer la personnalité humaine et que vous pouviez l'en empêcher. Je... Comment allez-vous vous y prendre ?

Les trois Organiques échangèrent un bref regard, puis Tachine répondit :

– Nous allons vous greffer un embiote.

La personnalité de Gadjio disparut de ses traits et ses jambes le propulsèrent vers les Organiques. Les doigts tendus, durs comme la pierre, de sa main droite se ruèrent sur la gorge de Tachine, son poing gauche fermé visait la poitrine de Jdan. La fille, le monstre, était déjà sortie du champ de vision du Fragment.

Érythrée et Tachine remontaient des entrailles de Turquoise, du moins du dernier sous-sol avant l'accès aux filaments. La couche de tissus striés avait tellement durci qu'elle était devenue une carapace, bien avant d'être ensevelie sous les strates créées pour ses habitants successifs. L'air y circulait mal et son odeur était celle de la moisissure sèche.

– Turquoise est plus âgé que Lapis Lazuli ou Girasol, laissa tomber Érythrée pour briser le silence.

– Turquoise n'a qu'un aîné vivant, et c'est plus une légende qu'une Ville.

Elles arpentaient un véritable dédale de boyaux et d'escaliers étroits dont les marches n'étaient parfois qu'un souvenir.

– Tu en sais beaucoup plus que moi sur les Villes, n'est-ce pas ?

– Probable, quoique je n'aie pas la moindre idée de ce qu'elles te racontent.

– Nous ne parlons pas assez.

– Depuis quelque temps, peut-être, et peut-être parce que nous avons trop parlé avant. Tu as une vie à construire, Erythrée, et elle est déjà suffisamment imprégnée de la mienne pour que ni toi ni moi n'éprouvions le besoin d'en rajouter.

– Tu aimes Jdan ?

L'embiote empêcha Tachine de buter contre une marche. Il lui semblait que sa fille avait trop mûri ces derniers mois pour émettre encore ce genre de question, surtout à l'improviste, et elle faillit répondre à l'enfant qu'elle avait été. Puis elle comprit qu'Érythrée n'exprimait que sa curiosité.

– Il y a longtemps que je l'apprécie et j'ai de plus en plus de mal à me passer de lui. Je ne serais toutefois pas étonnée que ton… indépendance soit pour beaucoup dans ce rapprochement.

– Peur de vieillir seule ?

Cette fois, l'embiote ne put empêcher Tachine de trébucher. Elle s'arrêta.

– Puisque tu sais où tu veux en venir, j'aimerais autant que tu m'épargnes les étapes désagréables.

Bien qu'étriqué, l'escalier permettait aux deux femmes de se tenir côte à côte. Érythrée se posa sur une marche, Tachine s'assit tout contre elle.

– Je pense à la Connectée et au Mécaniste qui s'est inquiété de sa santé, au Passeur des Morts et au fantôme de sa fille qui se demande comment veiller sur lui. Ils sont comme nous. Ils sont seuls, au milieu d'une multitude de semblables qui ne les empêcheront pas de vieillir esseulés.

– Tu reprends ton cheval de pagaïe ?

– Je ne l'ai jamais abandonné.

– Je sais. J'espérais seulement que les manœuvres mécanistes t'avaient permis de le domestiquer.

Érythrée eut un sourire las.

– Quelles manœuvres ? Leur dérisoire tentative de contrôler la Fédération Originelle avec une armure ? Bon sang, Tadj ! En terme de politique, ce n'est pas l'intention qui compte. Regarde à quel résultat ils sont parvenus. Un tout petit grain de sable dans...

– D'accord, ils se sont plantés parce qu'ils ne pouvaient pas prévoir que Gadjio s'en prendrait à Koriana. Il n'empêche que...

Érythrée posa la main sur le bras de sa mère et pencha la tête sur le côté pour lui décocher un regard navré.

– Si tu as l'intention de poursuivre ton propos en m'assommant avec d'obscures motivations institutionnelles, je vais t'appeler maman et te traiter d'anarque.

Tachine se redressa pour se récrier, mais sa fille l'en empêcha :

– Pas toi, Tadj, pas nous. Je veux dire : pas nous, gentils enfants de l'anarchie artefactrice. Nous n'avons pas à tenir compte des institutions et de leurs manipulations, nous avons juste à faire en sorte qu'elles aient le moins de prise possible sur l'individu. Et cela ne nécessite que d'élargir l'éventail des choix qu'offrent les institutions aux individus. L'équité, c'est la liberté, et la liberté, c'est le choix, tu te souviens ?

– Je ne comprends pas ce que tu veux me dire.

– Nous regardons les autres Rameaux comme s'ils étaient des blocs uniformes, au lieu de considérer chacun de leurs membres avec le même égard que nous accordons à n'importe quel artefacteur. C'est une forme de racisme aussi primaire, méprisante et vicieuse que celle enseignée par le Mécanisme à chaque enfant mécaniste. Je crois qu'il est grand temps de s'apercevoir que ce qui divise les Rameaux tient moins de leurs différences que de leurs similitudes, dont le racisme et l'autosatisfaction sont les pires exemples.

Tachine resta un moment silencieuse. Il lui était à la fois impossible de nier que sa fille ait raison et difficile de s'engager avec elle sur la seule base d'un constat. Elle savait trop combien une théorie, aussi irréprochable soit-elle, résistait mal à sa mise en application.

« Je suis une vieille réac », se reprocha-t-elle, mais ce reproche aussi ne lui était d'aucune utilité.

Elle se remit debout.

– On remonte ?

Érythrée hocha la tête et lui emboîta le pas dans l'escalier.

– Parle-moi de la Connectée.

– Nadiane ? Nous n'avons eu qu'un bref contact.

Deux heures plus tôt, après l'avoir récupérée inconsciente dans un couloir, Érythrée avait porté la Connectée jusqu'à un appartement libre du quartier réservé aux artefacteurs. Elle l'avait allongée sur le lit de la seule chambre fonctionnelle et l'avait examinée du bout des doigts, écoutant l'organisme de la jeune femme avec toute l'acuité de son embiote. À part une légère carence en vitamines et en sels minéraux, elle n'avait rien décelé d'anormal, si ce n'était une activité chimioélectrique inhabituelle qu'elle mit sur le compte des particularités neurales propres aux habitants de Symbiase. Puis la jeune femme avait repris conscience et lui avait expliqué qu'elle était en état de manque et qu'elle souffrait de *privation de données.*

– Si j'ai bien compris, relata-t-elle à sa mère, les Connectés vivent en symbiose avec l'infosphère qui les réunit tous. Ils ne peuvent pas davantage se passer du Réseau que nous de nos embiotes et, lorsqu'ils se déconnectent, cela équivaut à une plongée en apnée. Si cette apnée se prolonge, ils perdent le sens d'eux-mêmes. Ensuite, suivant leur résistance et la durée de la plongée, ils finissent par tomber dans un coma catatonique.

Tachine ne faisant aucun commentaire, Érythrée supposa que ses explications lui étaient familières et poursuivit :

– J'ai dû la reconduire à son vaisseau. Il semble que celui-ci soit équipé pour la ressourcer. Elle m'a promis qu'elle ferait d'autres tentatives et que ses performances iraient en s'améliorant, même si son état ne risquait lui que de s'aggraver. Je crois que nous avons bien accroché. Elle est… elle a peur de ces fichues apnées et de je ne sais quoi qui m'échappe et qui concerne son frère…

– Elle n'est pas seule ?

– Si, enfin pas vraiment. Son vaisseau est piloté par une Intelligence Artificielle. Il y a aussi des simulations de son frère et d'autres Connectés. Mais, apparemment, l'I.A. ne fonctionne pas comme prévu. Bref, elle a peur de perdre sa source de données vitales. Pourtant elle est au moins aussi curieuse que moi de rencontrer les représentants des autres Rameaux. Le Mécaniste, par exemple…

– *Le* Mécaniste ? Quel Mécaniste ?

Érythrée raconta sa rencontre avec le Mécaniste qui avait essayé de secourir Nadiane et ce que celle-ci lui avait dit de ses propres observations.

– Il n'est manifestement pas comme les autres.

– Point de vue de deux jeunes filles qui ne connaissent aucun autre Mécaniste.

– Maman ! (Une fois de plus, Érythrée s'en voulut d'avoir usé du mot honni, mais elle se dit que sa mère l'avait bien cherché.) J'en croise suffisamment pour faire la différence entre une espèce d'androïde amélioré, qui tourne la tête pour ne pas affronter mon regard, et un type qui s'affole à l'idée que je me méprenne sur ses intentions alors qu'il a rétracté le carbex de ses mains pour examiner le visage d'une Connectée.

– Il a fait quoi ?

Érythrée décrivit la scène qu'elle avait entrevue et attendit la question suivante, qui ne vint pas. Tachine s'était plongée dans un silence méditatif.

– Tu as au moins raison sur un point, émergea-t-elle, nous ne survivrons pas sans dialogue. Le problème, c'est que tout le monde ne parle qu'à son alias. Les Mécanistes à leur armure, les Connectés au Réseau. Même les Originels à la personæ qu'ils se préparent à devenir. Quant à nous…

– Nous ne parlons pas à nos embiotes !

– Aux embiotes, non. Mais quand tu te vautres nue dans les couloirs vierges de Turquoise, c'est quoi ? Et inutile de me demander comment je le sais. J'ai eu ton âge, et j'ai aussi pratiqué ce genre de rapports.

– Pourquoi as-tu arrêté ?

– J'ai arrêté quand j'ai cessé de penser à donner mes artefacts pour ne plus m'occuper que de ce que la Ville m'offrait.

Quand Gadjio revint à lui, il n'était plus ni dans l'entrepôt, ni dans sa chambre, et il était attaché, debout. Non, pas attaché. Ses pieds, ses mains et l'arrière de son crâne étaient pris dans une sorte de mousse solidifiée. Son horizon se limitait à un couloir mal éclairé dont le fond se perdait dans sa propre obscurité. En baissant les yeux, il aperçut une chevelure et le sommet d'un front : Jdan.

– Ah ! fit celui-ci. Vous voilà de retour.

L'artefacteur se remit sur ses jambes (il devait être assis en tailleur, car cela se fit sans à-coup). Il avait le bras droit plié contre son ventre, la main bien ouverte, son animal de compagnie allongé entre son poignet et son coude.

– Nous avons dû vous malmener un peu et vous immobiliser, reprit-il. Le Fragment nous aurait contraints à vous tuer plutôt que se reconnaître impuissant. Il est terrorisé à l'idée que vous acceptiez notre offre.

Trop d'informations incompréhensibles. Gadjio ne put choisir entre les questions qui se bousculaient dans sa bouche. Jdan s'en rendit compte.

– Si l'armure avait été complète, vous ne seriez plus qu'un souvenir et Tachine ou Érythrée n'auraient pas hésité à la priver de votre corps. J'en aurais été incapable, comme la plupart d'entre nous, mais elles, elles… disons qu'elles ont un sens aigu de leurs responsabilités. Vous comprenez ?

Ce n'était pas le cas, alors l'Organique poursuivit :

– Nous sommes fondamentalement non-violents, mais nos embiotes suppléent largement à notre manque d'entraînement. Je ne crois pas qu'Érythrée ait jamais tué personne, elle n'en a pas eu l'occasion… je veux dire, elle n'a pas voyagé… enfin, merde ! Je m'embrouille. Vous savez que nous voyageons, n'est-ce pas ? Eh bien, il nous arrive de croiser des Mécanistes et… Gadjio, les Mécanistes cultivent la haine et le meurtre. Ils organisent des chasses pour entraîner leurs jeunes. Parfois, nous sommes le gibier qu'ils ont choisi de traquer. Il arrive que l'un d'entre nous y laisse la vie ou en revienne traumatisé par la façon dont il a survécu. Tachine a connu ça trois fois. Elle… elle a beaucoup voyagé.

– Je ne sens plus le Fragment, lâcha Gadjio.

C'était la meilleure phrase qu'il avait trouvée pour ramener l'Organique vers le sujet qui le préoccupait.

– Voilà qui est prometteur, commenta Jdan. Notre Mère nous a fait part de vos angoisses quant à la relation symbiotique. Pour être franc, Turquoise et elle nous ont engagés à n'en tenir aucun compte. Cela n'a pas été formulé, mais je crois qu'ils étaient partisans de ne pas prendre votre avis. Il semble que Notre Mère soit très inquiète pour votre intégrité psychique et que Turquoise ne tienne pas à conserver un piège Mécaniste en état de marche dans ses murs. En tout cas, quoi qu'ils en pensent, il est hors de question que nous vous imposions quoi que ce soit.

– Cela n'explique pas pourquoi je ne sens plus le Fragment.

Le regard de Jdan disait qu'il n'aimait pas être bousculé. En d'autres circonstances, Gadjio se fût excusé.

– J'y viens, j'y viens. Euh... j'imagine que vous n'avez aucune idée de ce que sont les embiotes, n'est-ce pas ?

Le Passeur essaya de secouer la tête, mais son crâne était toujours pris dans la mousse qui le retenait.

– Aucune, fit-il (s'étonnant de ne ressentir ni peur, ni dégoût).

– De façon très schématique, disons qu'il s'agit de colonies de créatures monocellulaires constituées de nucléotides humains et de nucléotides d'AnimauxVilles. Ces colonies agissent un peu comme des virus. Elles ont la faculté de se développer très vite et de façon très variée. Elles se glissent dans le génome humain et le modifient pour assurer le bon fonctionnement organique de leur hôte. Entendons-nous bien : à l'inverse de la relation qui vous unit aujourd'hui au Fragment, la relation embiote/humain n'est à aucun moment duale ; la seule intelligence qui gouverne la symbiose est humaine. Il ne s'agit donc pas pour nous d'apprendre à vivre avec, mais à utiliser... et à nous assurer que l'instinct de reproduction de l'embiote ne prenne pas le pas sur l'intelligence humaine. Je reviendrai sur ce point plus tard... à moins que vous n'ayez entendu parler du musée de Brumée ou que...

– Le Fragment, recentra Gadjio.

Jdan ouvrit de grands yeux ronds, l'air de dire : « De quoi croyez-vous que je parle ? »

– Le Fragment, oui, bien sûr. (L'artefacteur caressa la boule de poils sur son bras.) Puisque nous ne tenons pas à vous imposer un embiote et qu'il est difficile de maîtriser le Fragment sans vous blesser, Turquoise a proposé de vous immobiliser dans ses chairs et d'en profiter pour tester votre réaction à... euh... certaines hormones d'AnimauxVilles, de la même nature que celles synthétisées par les embiotes. Si vous ne sentez plus le Fragment, c'est que ces hormones ont stoppé sa progression dans votre organisme ou que celle-ci s'effectue sur un mode moins invasif... plus consensuel, si vous préférez. Toutefois, comme vous l'a dit Tachine, la perception d'une identité unique ne doit pas vous berner : vous n'êtes plus Gadjio et je suppose que seule Notre Mère est capable de vous dire dans quelle proportion l'armure constitue votre présente personnalité. En ce qui me concerne, je peux seulement vous affirmer que…

La suite ne venant pas, Gadjio relança l'Organique :

– Que ?

– Rien. Enfin… je ne vous connais pas. Je veux dire : je ne vous connaissais pas. Il serait malvenu de ma part d'émettre une opinion sur des comportements probablement événementiels ou…

– Vous avez toujours du mal à terminer vos phrases, Jdan, ou s'agit-il seulement d'un malaise… euh… événementiel ?

L'artefacteur encaissa en souriant.

– J'ai tendance à réfléchir après en avoir trop dit, admit-il. Quant à vous, puisque vous y tenez, vous me paraissez beaucoup plus affirmé et combatif que vous ne l'étiez il y a encore quelques heures. Ce qui, pour ce que j'en sais, est plutôt un trait de caractère mécaniste.

Il y eut un long silence pendant lequel le Passeur mesura le poids et la réalité de la dernière phrase de Jdan, sans s'en formaliser le moins du monde, et que l'Organique mit à profit pour flatter son animal. Puis Gadjio laissa ce qu'il savait être le pragmatisme du Fragment s'exprimer pour lui :

– Parlez-moi de cet instinct de reproduction, Jdan.

– Avec plaisir, s'empressa l'Organique, mais avant, laissez-moi vous offrir un présent.

– Un présent ?

– Un cadeau de bienvenue, en quelque sorte. Une clef pour franchir la porte que vous ne pouvez pas ne pas franchir.

Gadjio fronça les sourcils.

– Rien que de très innocent, rassurez-vous. Du moins pour vous.

– Je n'ai pas pour habitude d'accepter à l'aveuglette les…

Jdan fit glisser la boule de poils de son avant-bras à sa paume et la présenta à deux mains soulevées au Passeur.

– Oh ! Lui ? Pourquoi pas ? Je n'ai jamais eu d'animal de compagnie. Vous êtes sûr qu'il ne va pas vous manquer ?

– Aucune chance.

– Dans ce cas...

L'artefacteur avança d'un pas et posa délicatement le sympathe sur l'épaule de Gadjio. Instantanément, celui-ci se mit à ronronner et le Passeur ferma les yeux. Cinq secondes après, son souffle prit le rythme du sommeil et, pour la première fois de son existence, l'armure s'endormit.

En remontant le couloir pour aller rendre compte de sa conversation avec le Passeur aux autres artefacteurs, Jdan eut envie de se vomir. Alors, à voix haute et tout en le maudissant intérieurement, il demanda à Turquoise pourquoi celui-ci n'avait pas confié cette mission répugnante à Tachine.

Pourquoi Tachine, Jdan ?

– Parce que ici, de nous tous, elle est la seule manipulatrice.

Jdan, mon ami Jdan, vous l'êtes tous. La différence, c'est que Tachine est la seule à pouvoir se regarder dans un miroir après avoir sauvé quelqu'un malgré lui, parce qu'elle est la seule à accorder plus d'importance à la vie d'autrui qu'à son opinion d'elle-même.

– Puisque le libre arbitre commence avec le respect d'autrui, la mort comme l'autodestruction doivent être des choix personnels. Celui qui prive son prochain de cette liberté s'interdit l'indépendance quant à ses propres choix.

J'espère que tu sauras le lui rappeler quand elle décidera de mettre fin à ses jours. Car tu te croiseras les bras, n'est-ce pas ?

– Va te faire voir !

Pas avant de t'avoir expliqué que c'est à toi que j'ai demandé de sauver le Passeur, parce que je ne comprenais pas pourquoi tu n'avais pas encore remercié Tachine de t'avoir tiré de Brumée. Maintenant, à la lumière de tes récriminations, je commence à me faire une idée. Bien sûr, si je me fourvoie, je compte sur toi pour m'éclairer plus avant.

– Va te faire voir !

Moi aussi, je t'aime bien.

Notre Mère des Os n'était pas une Ville. Notre Mère des Os était quelque chose dont les vrillons de CHETELPEC se souvenaient comme faisant partie d'une ville à l'époque où l'homme en bâtissait encore. Cette chose s'appelait cathédrale et c'était un lieu de culte. Tecamac n'avait qu'une très vague idée de ce qu'était une religion et il en ignorait les pratiques et les édifices. On lui avait seulement appris qu'ils étaient nés du croire et que le croire était l'inverse du savoir. On pouvait le modeler, on pouvait s'en servir, mais il ne fallait pas en attendre plus que des syllogismes et des postulats.

Tecamac n'avait rencontré aucune difficulté pour pénétrer dans Notre Mère. Le vestibule qui la reliait à Turquoise était grand ouvert et rien ni personne n'en interdisait l'accès. Pourtant, dès qu'il était entré dans les corridors de chair blafarde, il avait éprouvé une gêne indéfinissable. Il avait d'abord eu la sensation d'être observé, mais l'armure lui avait affirmé que la Ville était vide de tout occupant. Puis il lui avait semblé entendre des chuchotements, comme des murmures que portait une brise glaciale, mais là encore l'armure avait infirmé ses impressions. Alors, essayant de faire abstraction des mirages qui assaillaient ses sens, il s'était enfoncé dans les couloirs et les salles obscures, des salles si hautes qu'il n'en distinguait pas le sommet et qu'elles paraissaient étroites jusqu'à l'oppression.

Il lui avait fallu moins d'une heure pour faire le tour de la Ville, une heure pendant laquelle il s'était retourné maintes fois pour surprendre un adversaire invisible, mais TECAMAC s'était obstiné à prétendre qu'il était seul. Tous deux s'étaient ensuite inquiétés d'une relation entre les sensations de l'adolescent et les microvrilles de CHETELPEC. L'armure était certaine de les avoir toutes filtrées et éliminées, mais elle ne pouvait offrir aucune garantie quant à des séquelles de nature subliminale. Or, ils avaient déjà constaté au moins une altération profonde des fonctions armoriales.

TECAMAC percevait CHETELPEC, pas de façon constante, ni aussi précisément que si elles avaient établi une liaison com, mais elle *savait* ce que l'armure du vieux Maître *pensait* à son intention. Elle avait su, par exemple, que Chetelpec cherchait Tecamac et que celui-ci devait se rendre dans Notre Mère. Ce que l'armure du Maître avait laissé dans celle du garçon les liait d'une manière étrange et incontrôlable. En soi, cette communication n'était pas malsaine, mais quels autres avatars cela cachait-il ?

Une fois sa visite achevée, Tecamac décida d'attendre le Passeur des Morts dans une nef de la Ville albinos. Il s'installa dans la dernière rangée de bancs, dos au portail, mais l'impression d'être scruté par des yeux invisibles le fit plusieurs fois changer de place. Finalement, il se posa au premier rang, face au chœur, et se perdit dans la contemplation du sanctuaire, se contraignant à ne pas tourner la tête et à ne pas tressaillir chaque fois que l'atteignaient les murmures que son armure n'entendait pas.

Malgré son inconfort, il patienta deux heures dans une immobilité parfaite avant de sentir la somnolence l'envahir. Il lui eût été facile de résister, il préféra fermer les paupières et se laisser sombrer dans un demi-sommeil. Il se contraignit même à rester entre l'éveil et l'endormissement quand les chuchotements se firent plus pressants, et plus proches. Dans cet état, il leur trouvait presque un sens.

– Tu dors ?

Il sursauta – le chuchotis était tout proche de son oreille –, mais il n'ouvrit pas les yeux. D'abord, la voix était celle d'un enfant, une fillette. Ensuite, il avait moins peur d'elle que de ne plus l'entendre.

– Non, je ne dors pas.

Un moment, les murmures redevinrent lointains et inintelligibles. Il força son corps à se relaxer et son esprit à s'oublier.

– Mon père ne viendra pas.

Voilà, de nouveau il distinguait clairement les mots et les intonations. Mieux, il comprenait ce qu'ils ne disaient pas.

– Le Passeur des Morts est ton père ?

Le mot « père » n'avait aucun sens pour la plupart des Mécanistes, mais la mémoire de CHETELPEC lui en attribuait un que Tecamac goûta comme une saveur nouvelle.

– J'étais sa fille.

– Tu ne l'es plus ?

– Je suis morte.

Même cela, il le comprenait.

– Tu es une personæ.

Le rire qui lui dégoulina dans les tympans était celui des joies enfantines, du moins tel qu'il concevait les joies enfantines d'une Originelle.

– Je suis un fantôme.

– Les fantômes n'existent pas.

– Moi si.

Il ouvrit les yeux et pivota brusquement. Il était aussi seul qu'il l'avait toujours été. Alors la voix, encore plus proche, lui susurra :

– Tu as peur des fantômes ?

Il eût aimé penser que quelqu'un lui jouait un tour : les restes de CHETELPEC ou Notre Mère des Os, mais il *savait* qu'il n'en était rien. La fillette était morte et elle lui parlait. Point.

– Je n'ai pas peur. Je… je suis plutôt intrigué.

– Tu as raison de ne pas avoir peur. Je ne te tuerai que si tu touches à mon père.

La voix était toujours celle d'une fillette, mais sa conviction avait la force d'une menace d'adulte. Tecamac fit semblant de la prendre au sérieux.

– Je te suis reconnaissant de m'avertir, mais je ne nourris aucune intention contre ton père.

– Pour l'instant.

– Pour l'instant et tant que lui-même ne me fera aucun mal.

– Pour l'instant et tant qu'on ne te donnera pas l'ordre de le tuer.

Elle aussi *savait*. Cette fois, Tecamac frissonna.

– Et pourquoi me donnerait-on cet ordre ?

– Je l'ignore. Je ne sais que ce que tu sais. Et tu sais que cet ordre peut venir. Alors je te tuerai.

La menace était devenue une promesse.

– Et comment me tueras-tu ?

– Ça aussi je l'ignore. Je sais juste que je peux le faire. Il me suffit d'être en colère. Tu ne veux pas me mettre en colère, n'est-ce pas ?

– Pas si je peux l'éviter.

– Alors retourne vers ton Maître et dis-lui que mon père n'a pas volé l'armure du Charon. C'est elle qui s'est jetée sur lui avant de se déchirer. Il porte ce qui reste d'elle, un fragment.

– Un… fragment ?

– Un fragment. Dis aussi à ton Maître que ce fragment est inoffensif maintenant. Et après, reviens me voir, Tecamac. Amène la Connectée avec toi, je crois que je peux l'aider.

Tecamac frémit. *Elle savait jusqu'à son nom !*

– Et je sais aussi le sien. Tu veux le connaître ?

Il hésita un instant de trop.

– Tu dois t'en aller. Tout de suite.

– Tout de suite, mais…

– Notre Mère va recevoir la visite de ses médecins organiques. Tu tiens tant que ça à les rencontrer ?

– Je…

Tecamac ne répugnait pas à rencontrer des Organiques. Il était même plutôt curieux à leur égard, et particulièrement à celui de la jeune fille qui avait emporté la Connectée, mais c'était davantage pour apprendre ce qu'il était advenu de celle-ci que pour être de nouveau confronté à celle-là.

– Elle n'est pas du nombre. Maintenant, va-t'en.

L'adolescent cessa de résister. Il se leva, traversa la nef et franchit le portail dans le même mouvement. Il se sentait complètement égaré.

Juste avant qu'il ne quittât Notre Mère des Os, la fillette fantôme s'adressa une dernière fois à lui, comme TECAMAC, directement entre ses oreilles :

Je m'appelle Marine. La Connectée se nomme Nadiane. Tu veux aussi le nom de l'Organique ?

Il ne voulait rien. Il sentait juste l'angoisse de l'armure rebondir sur la sienne et cela n'avait rien à voir avec la petite inquiétude que leur avaient procurée les vrillons de CHETELPEC.

Elle s'appelle Erythrée.

CHAPITRE 5

Les Retrouvailles

Noone piqua vers Notre Mère à travers les vagues d'espace saturées de radiations dures. L'instant des retrouvailles approchait – un terme dont il était difficile d'ignorer l'ironie – et le Ban replié gémissait comme un animal en cage. Autour d'elle, les accouplements avaient temporairement cessé; les Villes repues reconstruisaient la géométrie du troupeau originel et se préparaient à se rapprocher de l'étoile binaire, au stade fer – 2.

Noone percevait le cœur surcompressé comme un accroc dans la trame de l'espace-temps. Au rythme familier de l'univers était venu se superposer un battement asynchrone – un espoir, mais si léger qu'il paraissait prêt à s'évanouir à la moindre sollicitation. La Ville avait vécu assez longtemps pour savoir à quel point ses stratégies étaient illusoires, mais elle avait accompli tout ce qu'elle avait pu. Les autres Villes étaient presque toutes venues, même si la plupart d'entre elles n'avaient fait qu'obéir à un instinct dont elles ignoraient la finalité.

Et les humains s'étaient rassemblés, comme prévu.

Dans le filet aux mailles de chair et de rêves qu'elle avait déployé dans ce coin d'espace, là où tout pouvait encore recommencer, elle connaissait le rôle et la place de chacun. Elle dériva loin des détecteurs du vaisseau Mécaniste, glissa avec difficulté son énorme masse entre les agrégats de Villes aux filaments enchevêtrés. Il y eut de nombreuses salutations, qu'elle rendit, et des questions, qu'elle ignora. Le vide enveloppait son épiderme d'une caresse glacée qui faisait frissonner son âme, tandis que le Charon titubait dans ses entrailles, incapable de trouver le repos.

Il n'aurait pas dû être là, elle en était consciente. À quelques heures près, elle n'aurait pas pu rebrousser chemin pour répondre à son appel. Mais l'effondrement du vieillard avait précédé le sien, à l'instant exact où elle choisissait de se mettre en route pour son dernier voyage. Elle acceptait sa présence comme un cadeau.

Il savait ce qu'elle avait fait, elle ne lui avait rien caché d'essentiel. Depuis, il avait retrouvé la force de bouger. Même si l'armure déchirée avait cessé de vivre, il possédait une monnaie d'échange suffisante pour acheter n'importe quelle forme d'immortalité disponible. Il pouvait défier Sletloc, il se croyait capable d'orienter la partie en cours à son avantage et d'y jouer ses cartes jusqu'à la victoire finale.

Noone aurait volontiers sacrifié la moitié de sa chair en échange d'une certitude de ce genre.

Elle distingua Turquoise près d'un groupe de Villes organiques. La tâche pâle de Notre Mère était plaquée sur sa face inférieure, dont elle occupait à peine un dixième de la surface. En s'approchant, Noone fut engloutie dans un raz-de-marée: la souffrance de la ville albinos chantait comme les voix les plus aiguës d'un chœur; Turquoise, électrique, menait cinquante conversations en même temps; tel un moustique, le vaisseau Mécaniste tournait autour d'elle en lui expédiant sporadiquement ses navettes aiguilles; l'intelligence artificielle du vaisseau Connecté sacrifiait sa propre mémoire à son appétit de vivre.

Le brouhaha de questions, de sentiments et de stratégies couvrait presque le cri ininterrompu de l'étoile mourante. Il n'y avait rien d'autre à faire qu'attendre. Noone se savait trop peu douée pour l'improvisation; d'ailleurs ce qui se jouait ici avait été prévu et calculé si longtemps à l'avance qu'il était illusoire d'espérer maîtriser l'ensemble des paramètres. Elle avait œuvré à rendre certaines choses inévitables, il était trop tard pour corriger quoi que ce soit. Elle n'en avait même plus le désir.

Le Charon martelait de ses poings l'opercule cartilagineux qui barrait le couloir où elle l'avait temporairement emprisonné. Elle ne possédait plus de rêves en réserve, mais lui en avait encore. Elle pouvait lui offrir de quoi remplir les dernières heures qui les séparaient de la supernova. Sa course ne menait nulle part, l'univers qu'il avait tant voulu marquer de son empreinte n'était qu'un ballon à demi dégonflé, mais c'était mieux que de se battre contre un mur de chair qui ne rendait pas les coups.

Avec tendresse, elle le libéra et le guida jusqu'en haut de son beffroi, le long des marches d'os en spirale qui craquaient sous son poids. Elle lui offrit – et s'offrit également – un détour par leur premier itinéraire sensuel. Engoncé dans l'exosquelette, le Charon était trop maladroit et trop lourd pour déclencher autre chose que des souvenirs, mais c'était tout ce qu'elle lui demandait.

Turquoise était toute proche; sa couronne de filaments violacés se déployait sur toute sa circonférence, sauf à l'endroit où Notre Mère était cousue à elle. Noone devait négocier l'amarrage, une manœuvre que la présence de la Ville albinos rendait délicate. Elle permettrait ainsi au Charon de rejoindre les retrouvailles et lui offrirait sa dernière illusion d'éternité avant de redécoller. Vers l'étoile.

Le flux brutal de données qui remonta son flagelle arracha Nadiane à son cauchemar préprogrammé. Depuis longtemps, les trames oniriques que lui choisissait Joanelis en période de crise oscillaient entre une angoisse insidieuse et la terreur pure. Elle en émergeait plus alerte, l'esprit acéré comme une dague. Les interminables rêves de chute de son enfance avaient peu à peu fait disparaître ses vertiges et elle aimait se réveiller en repoussant victorieusement les images usées de son sommeil. Cette fois néanmoins, parce qu'elle savait que sa situation d'éveil était pire que le pire de ses cauchemars, le stimulant n'agit pas. L'esprit englué de visions à demi digérées, elle roula sur le côté et se débattit avant de retrouver un semblant de lucidité.

– Mon cycle est déjà fini ? résista-t-elle.

– Ton troisième, oui, répondit Joanelis. Je ne peux pas t'en accorder un autre, les Retrouvailles vont débuter.

Les Retrouvailles… Nadiane frissonna à l'idée de ce que cela signifiait pour elle.

– Je ne suis pas prête !

– Pour te permettre de récupérer et à la demande des Organiques, les Mécanistes ont déjà accepté de repousser la première réunion de deux heures. Turquoise doute – et moi aussi – qu'ils patientent davantage.

Nadiane se redressa d'un coup de reins, regrettant aussitôt que son corps ait réagi plus vite que son esprit.

– De quoi peuvent-ils s'inquiéter ?

– De la cargaison qui leur est destinée.

– Le cadeau protocolaire ?

– C'est ça… sauf qu'ils en connaissent la teneur car elle a été âprement négociée.

Joanelis laissa l'information faire son chemin dans l'intellect de sa sœur, puis il reprit :

– C'est la dernière partie d'un engagement pris il y a plus de vingt ans. Un contrat que nous ne pouvons pas ne pas respecter. Nous avons besoin du répit qu'il nous accordera.

Un vertige la prit. Le brouhaha des voix de Symbiase-Copie avait diminué et ses propres signaux corporels ne lui fournissaient plus que des informations contradictoires. Elle s'agenouilla sur un bloc de mousse et s'efforça de contrôler ses nausées. Sur la peau de son ventre et de ses cuisses, des tâches de couleur aléatoires rampaient comme des insectes pris de folie.

– Auto-test dès que possible, souffla-t-elle à Lya.

Puis, saisie d'une inspiration, elle ajouta :

– Pour moi comme pour toi. Je veux savoir tout ce qui déraille !

– Pas le temps… (Lya avait repris sa voix boudeuse.) Je dois surveiller ce qui se passe et me parler à moi-même. Et m'occuper de tous ceux qui ne sont pas encore partis.

La douleur de ses tempes atteignit un point critique mais Nadiane cessa brutalement de s'en soucier. Elle expédia un train d'interrogations paniquées à travers son flagelle.

– Je voulais t'en parler… (Joanelis donnait l'impression de se cacher derrière une muraille de glace qui allait en s'épaississant.) Lya s'effondre, nous ne pouvons plus inverser le processus, seulement le ralentir jusqu'à l'heure de la supernova. Par tous les moyens.

– Tu n'as quand même pas...

– Si. J'ai profité de ton sommeil pour réduire la finesse de la simulation de Symbiase et éliminer une partie de l'Archipel.

Cette fois, Nadiane fut incapable de s'empêcher de vomir. Des filets âcres coulèrent sur son menton. Elle ne prit pas la peine de les essuyer.

– Combien sommes-nous ? hurla-t-elle mentalement. Combien en as-tu tués ?

– Nous l'avons aidé, intervint Hazène, au milieu du brouhaha de voix du Conseil. La décision a été prise en commun, en vertu de notre statut de copie.

– Mais vous, vous êtes toujours là ! (Elle sanglotait sans s'en apercevoir, horrifiée des perspectives qui s'ouvraient à elle.) Tu es devenu comme eux, grand frère... Les choix inacceptables, tu te souviens ? Tu avais toujours refusé.

Elle s'essuya les yeux et demanda de nouveau :

– Qui n'est plus là ?

– Nous avons effacé les trois premiers Symbiases. Il reste un peu moins de huit cent mille individualités simulées dans les réservoirs et nous risquons d'en perdre les neuf dixièmes dans les prochaines heures si Lya continue à régresser.

« Nous l'avons fait pour te sauver. Ta vie est infiniment plus importante que la leur. Admets-le !

Contrairement à ce que prétendait Joanelis, Nadiane eut l'impression qu'on avait tranché les derniers fils qui la maintenaient en vie. Dans l'univers étroit du Nexarche, empli de son désordre et de toutes les traces de chimie personnelle qu'elle y avait semées – urine, vomissements, sueur et larmes – elle vit son être s'enfuir et elle renonça à le retenir. Elle ne possédait de toute façon plus rien qui puisse la raccrocher à l'existence. N'avait-elle pas été condamnée d'avance ? Et l'échéance était maintenant si proche...

– Le Mécaniste est revenu, annonça Lya.

Involontairement, Nadiane tourna la tête en direction des écrans, mais ceux-ci demeurèrent opaques. L'effondrement en cours ne concernait pas seulement la personnalité de l'I.A. et les réservoirs de données du Tessaract. Les systèmes primaires du Nexarche étaient eux aussi affectés.

– Le même Mécaniste ?

– Même masse, même fluidité furtive. Il s'appelle Tecamac. Je peux parler avec son armure. C'est la seule qui accepte de me répondre.

– Tecamac ? (Le nom avait quelque chose de familier mais il fallut une poignée de microsecondes à Nadiane pour retrouver la référence.)

– Ton soi-disant partenaire sexuel, renvoya Joanelis avec une pointe de sécheresse. Le nom dont tu t'es servi comme sésame pour t'ouvrir un passage entre les AnimauxVilles.

– Que fait-il ?

– Son armure teste la paroi, répondit Lya. Elle essaie de s'insinuer dans le métal. Ça chatouille !

Lya avait terminé sur un timbre d'enfant. Ni la simulation de Joanelis ni Nadiane n'y prêtèrent attention.

– Tu devrais lui demander ce qu'il veut.

– Il te trouve très belle, déclara Lya.

– Hein ?

– Il a stocké des souvenirs de toi, haute résolution, dans la mémoire de son armure.

Nadiane haussa les épaules.

– Surveille-le. Je ne tiens pas à ce qu'il endommage le sas.

Le silence revint brutalement dans l'habitacle du Nexarche. Lya était retournée à ses bouderies. Joanelis préférait qu'Hazène ou un autre Conseiller se charge d'asticoter sa sœur et ce qui restait de l'Archipel simulé attendait que les neurones de celle-ci se reconnectent totalement. Ce qu'ils acceptèrent enfin de faire, sur le mode du fatalisme.

– Quelle est donc cette cargaison que les Mécanistes attendent avec tant d'impatience et que vont-ils nous offrir en échange ?

– Servez-vous donc de votre intelligence, Nadiane ! réagit Iainzo. Extrapolez !

– Que voulez-vous que j'extrapole alors que vous avez tout fait pour me désinformer ? La désinformation elle-même ?

– Entre autres... Quelle question avons-nous laissée en suspens ? De quoi vous a-t-on toujours chargée ? En quoi l'armure de *ce* Mécaniste est-elle si différente des autres ? Quel rapport existe-t-il entre les événements qui jalonnent votre vie ?

Nadiane s'écria :

– Les nanones ! *Mes* nanones ! Ceux dont j'avais ensemencé l'astéroïde et que vous avez laissé les Mécanistes voler.

La simulation du Conseil au complet émit un murmure de satisfaction, relayé par Hazène.

– Il y a vingt ans, alors que nous piétinions sur le projet Éternité, nous avons marchandé une poignée de nanones contre l'éon d'une armure vierge. Ces nanones, qu'aucun ingénieur de Titlan n'était capable de créer, étaient les ancêtres de ceux que tu cultivais. Ils ont manifestement été copiés et constituent l'essentiel du carbex de ton Mécaniste.

– Ce n'est pas *mon* Mécaniste.

– De son côté, l'éon nous a permis de progresser dans la conception des I.A. indispensables au projet Éternité. On peut dire que cet échange de technologies a profité aux deux parties. Un autre volet des tractations concernait l'avenir de nos relations diplomatiques. Les Mécanistes s'engageaient à éviter et à préserver notre secteur galactique. Nous leur garantissions un suivi nanotechnologique. Et inversement, bien sûr, mais leurs compétences scientifiques ne nous intéressent pas et ils nous savent parfaitement inoffensifs. Comme prévu, ni eux ni nous n'avons respecté cet aspect de l'accord. Ils ont truffé notre espace de matériel espion et de pollen numérique grossier. Nous leur avons caché chaque progrès majeur et nous avons longtemps et innocemment cru que ce modus vivendi leur suffirait. Ils ont fini par nous demander des comptes, très officiellement.

« Dans l'urgence, nous leur avons fourni une masse d'informations colossale sur toutes nos recherches infructueuses. De quoi les occuper quelques années. C'est là que tu entres en scène. Nous savions qu'ils ne se contenteraient pas longtemps d'échecs et de théories inutilisables. Il était matériellement plus simple de nous asservir. Alors nous avons joué le compromis : une génération de nanones pour nous désuète, mais pour eux toute nouvelle et, surtout, annonciatrice d'un progrès révolutionnaire. Tu les as ensemencés, ils les ont volés et ce fut notre tour de demander des comptes. Oh ! pas à leur façon ! Nous nous sommes bien gardés de les accuser. Nous leur avons enjoint de respecter leur partie du contrat en protégeant mieux notre espace et en retrouvant le matériel dérobé, un matériel que nous avons présenté comme une étape vers une génération aboutie de nanones que nous leur destinions. C'est la cargaison que tu es censée leur remettre.

Nadiane leva les yeux vers le plafond.

– Ils peuvent aussi bien venir la chercher.

Il y eut un long silence dans le réseau simulé, comme si Hazène avait baissé les bras et que personne n'était pressé de prendre son relais.

– Alors ? relança Nadiane.

– Alors il faut sauver ce qui peut l'être, s'anima Iainzo. Nous nous cantonnons aux hypothèses, et l'hypothèse la plus probable aujourd'hui est que les Mécanistes sont dans une logique de guerre. Symbiase n'est pas forcément concernée, mais il n'y a pas de place pour nous dans un conflit. Nous devons conserver notre indépendance, ce qui nous contraint à anticiper les désirs mécanistes.

– Je ne suis pas sûre de comprendre... Je ne dispose pas de l'ensemble des données, c'est ça ? Il y a un plan à l'intérieur du plan, ou alors vous êtes tous dingues et je serai bientôt morte.

Il y eut un silence à l'autre bout du Réseau. Nadiane se hissa hors de la cale. Sa peau couverte de chair de poule réagissait au froid en affichant des courbes de niveau de température. En réponse, le Nexarche s'efforçait de la réchauffer sans y parvenir. La glace venait du plus profond de son esprit et refusait de fondre.

– *Dis-moi que j'ai raison, grand frère... J'ai besoin de savoir !*

– J'ai peur que ce soit encore plus compliqué que cela, soupira

Iainzo. Nous avons fait beaucoup trop d'hypothèses fragiles pour être sûrs de nous. Nous ne sommes pas des stratèges, tandis que les Mécanistes sont des maîtres en la matière. Il était inutile de les affronter sur leur terrain ; nous avons abordé le problème autrement.

« Les guerres détruisent plus de données qu'elles n'en créent. C'est un gaspillage, bien sûr, mais aussi une dangereuse réduction des perspectives. La réalité devient blanche et noire ; eux ou nous. Jusqu'à présent, c'est notre sens de la nuance qui nous a permis de survivre. Il n'y a pas de place pour nous dans un conflit si nous ne conservons pas ce qui fait notre force.

« Alors, non, nous n'avons pas de plan. Ce que nous possédons, c'est la cartographie fractale d'une stratégie si complexe qu'aucun d'entre nous, pris individuellement, n'en distingue les motifs. La chaîne d'actions est multimodale, avec des niveaux d'imbrication tels que toute tentative de compréhension binaire est vouée à l'échec. Les Mécanistes ne sont tout simplement pas capables de comprendre comment nous pensons.

– Nous n'avons pas de plan, mais nous jouons avec une stratégie si absconse qu'elle nous conduit à remettre nos dernières générations de nanones aux Mécanistes. Ça non plus, je ne suis pas certaine de comprendre !

En réponse, Nadiane reçut l'équivalent d'un jet de tuyère en régime d'accélération, le bruit de huit cent mille sourires fondus en une seule voix. Les survivants de la simulation de l'Archipel s'amusaient de sa remarque, l'obligeant à se remettre en question et à intégrer différemment les informations qu'elle accumulait depuis son départ de Symbiase. L'obligeant à retrouver le goût de son jeu préféré, l'essence même de sa vie : multiplier les points de vue.

Délicatement, Iainzo se chargea de mettre en place la clef de voûte de son édifice mental.

– Le concept des armes binaires est très ancien. Il est basé sur l'assemblage de plusieurs composants inoffensifs lorsqu'ils sont pris séparément, mais qui deviennent mortels au contact les uns des autres. Primitif, mais quasi indécelable sans la tournure d'esprit adéquate. Les Mécanistes ont cet état d'esprit à un degré incroyable :

enfermés dans leurs armures, murés dans leur propre reflet, ils se conçoivent comme la forme ultime de ce type d'arme. Et ils ont sans doute raison.

« Nous n'avons pas vraiment tenté de penser comme eux, nous avons choisi de créer des nanones qui soient le reflet de notre façon d'être. Lorsqu'ils coopèrent, les résultats peuvent être… inattendus. Ainsi, le cadeau que vous allez leur offrir est un fragment d'une masse critique orientée vers la coopération et la résolution de conflits. Ce sont des nanones ambassadeurs, tout comme ceux qu'ils ont volés. Nous incorporons cette fonction dans l'ensemble de nos modèles depuis des années afin d'être sûrs que suffisamment de ces nanones soient rassemblés sur un éventuel champ de bataille. Nous ignorons ce que les algorithmes génétiques intégrés dans leurs structures de décision sont capables de faire. Nous n'avons aucun moyen de les guider ou de les arrêter, mais quelle que soit la stratégie mécaniste, nos nanones s'organiseront pour s'y opposer. Voilà sur quoi nous avons joué votre vie et la nôtre.

Les jambes coupées, Nadiane se laissa tomber sur le bloc de mousse le plus proche.

– C'est si… fragile, murmura-t-elle. Et… merdétoile ! je ne sers à rien ! Vous auriez tout aussi bien pu envoyer Lya seule !

Joanelis se glissa en douceur dans la conversation :

– Ils l'auraient détruite, par méfiance. Tu incarnes notre faiblesse, petite sœur, donc notre honnêteté, notre très soumise honnêteté. J'ai accepté cette idée, c'est ce qu'il y a de plus atroce. Mais nous n'avons rien d'autre.

Nadiane hocha la tête.

– Plus ils me voient faible, moins ils réfléchissent, c'est ça ? Ils ne veulent rien d'autre, ni promesses ni soumission. Ce qu'ils désirent, c'est d'être capable de prendre ce dont ils ont envie.

– Ils possèdent déjà tout, dit sombrement Iainzo.

– Et je ne peux pas repartir avant la supernova ?

Personne ne prit la peine de lui répondre. De l'autre côté des parois de métal et de chair qui l'entouraient, l'étoile binaire était en train de mourir, au rythme d'une horloge intérieure devenue folle. Et elle ne l'avait toujours pas vue.

– *Et moi, pourquoi tu ne veux plus me parler?*

La voix de Lya couvrit le bruit de fond de Symbiase. La puissance du Réseau refluait par à-coups, provoquant des microcoupures affectives qui minaient son équilibre. La tendresse de Joanelis était devenue discontinue. Nadiane haussa les épaules. Elle avait refusé d'affronter le problème aussi longtemps qu'elle l'avait pu mais il était désormais trop tard pour reculer. Son propre environnement était en train de s'effondrer plus vite que la supernova.

– D'accord, ma sœur/miroir... Raconte-toi.

À l'autre bout, le Nexarche demeura silencieux. Lorsqu'elle comprit qu'elle était seule, Nadiane tendit le poignet vers le bloc médical et réclama un trou noir chimique de quatre heures.

Gadjio eût aimé hurler. Plus exactement, il savait qu'il n'eût dû être qu'un cri depuis que Turquoise lui avait greffé l'embiote sur la nuque, mais il n'éprouvait aucune douleur et il n'existait pas de lien entre sa conscience, terrorisée, et le havre de paix qu'était devenu son subconscient. Le sympathe lui interdisait de sombrer.

Il était appuyé, nu, contre un prie-Dieu, un des rares artefacts humains dont il avait meublé Notre Mère. Il tournait le dos à un miroir posé sur un lutrin, et se torturait les cervicales pour observer le reflet de sa colonne vertébrale... de ce qu'il en était resté, sous l'épaisseur de carbex qui la recouvrait, et de ce qu'elle devenait depuis que l'embiote l'avait envahi.

Au début, l'embiote n'avait été qu'une espèce de protozoaire brunâtre de trente centimètres carrés, un cataplasme gélatineux ventousé entre ses épaules, entre celle qui était encore humaine et l'autre que l'Éclat s'était accaparée. Puis l'amibe avait étendu ses pseudopodes, infesté la chair vierge et empiété sur le territoire de l'armure. Elle s'était étalée, croissant de seconde en seconde sans perdre en volume, comme si elle se nourrissait du terrain qu'elle venait occuper.

«Il faut des années pour qu'un embiote intègre complètement le métabolisme d'un enfant, lui avait dit Jdan. Dans votre cas, cela sera beaucoup plus rapide. D'une part votre croissance est achevée depuis longtemps et vos cellules sont moins réactives. D'autre part, cet embiote est… disons qu'il est génétiquement programmé pour votre… euh… situation. »

Gadjio ne pouvait pas sentir l'invasion intérieure de l'embiote, mais il la ressentait à travers ce que l'Éclat, paniqué, lui communiquait. L'embiote ne se contentait pas de se diluer dans son corps, il était une usine chimique dissolvant tous les tissus qu'il atteignait pour les reconstruire augmentés de son génome. Et il traitait indifféremment les cellules humaines et les nanones mécanistes.

Maintenant, dans le miroir, son dos ressemblait à un camaïeu de gel, d'épiderme et de métal fondus, et l'épidémie se propageait à ses bras, à son bassin et à ses flancs, le carbex s'atténuant sur les parties qu'il dominait pour se répandre dans les chairs qu'il n'avait pas atteintes de lui-même. C'était à la fois fascinant et horrible.

Dans quelques semaines, tu seras redevenu comme avant. Un peu plus jeune, un peu plus ferme, mais tu ne garderas aucune trace de l'Éclat et l'embiote sera lui aussi invisible… du moins si tu le contrôles dans cette optique.

– Si je le contrôle ?

Le Passeur avait presque crié. Les ronronnements du sympathe gagnèrent instantanément plusieurs décibels. Notre Mère prit un ton amusé :

L'embiote est une baguette magique, Gadjio. Si tu veux te changer en crapaud, il te permettra de le faire. Si tu préfères te ressembler, il se contentera de s'assurer que ton corps fonctionne au mieux. Ce sera à toi de décider.

– Je ne veux être que moi… physiquement et mentalement.

Mais tu es toi ! Tu es toi maintenant.

– Maintenant, je suis un monstre !

Alors change-toi ! C'est justement à ça que sert l'embiote.

– Tu sais très bien ce que je veux dire !

Oui. Je sais que, comme la plupart des êtres humains, tu as toujours eu du mal à vieillir. Ton intellect digère mal ce que tu considères être des péchés de jeunesse, parce que tu en es à la fois fier, comme d'une gloire passée, et honteux, comme d'une incomplétude dramatique. Et ton ego ne supporte pas les modifications de ton corps : les cheveux qui blanchissent, la peau qui s'assèche, les muscles qui rechignent, les articulations qui peinent. Tu rêves d'être une personæ inaltérable et tu n'es qu'un tableau en cours d'effacement.

« Malheureusement, dans un univers entropique, l'évolution tend vers l'altération, les expériences enrichissent autant qu'elles corrodent. Elles ne laissent jamais indemnes. Or l'éclat d'armure et l'embiote font aujourd'hui partie de ton expérience personnelle.

Gadjio eut l'impression que Notre Mère s'était interrompue au milieu de son discours et il en attendit la suite, mais elle n'avait aucune intention de reprendre.

– Tu ne m'es pas d'un grand secours, laissa-t-il tomber.

Je trouve cette remarque assez ingrate.

Gadjio n'avait pas lâché le miroir des yeux, il le fit enfin et pivota sur le tabouret.

– Excuse-moi.

Grand Ban ! Des excuses ? Mais on dirait que mon Passeur des Morts est de retour ! Ou s'agit-il d'une manière armoriale d'exprimer la détresse ? La seule chose que je peux te garantir, c'est qu'il ne s'agit pas d'une attitude embiotique.

Malgré lui, Gadjio sourit et, sur ses cuisses, le sympathe s'apaisa.

– Je... je ne sais ni qui je suis, ni ce que je ressens, et il n'y a aucun rapport entre ce que je pense et ce que je... je... ce qu'il y a dans mes pensées. Le sympathe me déconnecte à la fois de la réalité et de ce que j'en perçois. C'est comme si je rêvais sous stupéfiant. Entre ça, l'armure et l'embiote, il n'y a strictement rien de vrai en moi, tu comprends ?

Tout est vrai.

– Objectivement oui, et même subjectivement pour toi, pour Jdan ou pour n'importe qui. Mais pas pour moi. Je... je n'ai même pas pensé à Marine depuis... Sainte Mère ! Je me vois... je veux dire : le Passeur des Morts voit le mourant et cherche ce qu'il va pouvoir tirer de ce que celui-ci exige de sa personæ. Je connais son histoire et il me demande d'en raconter une autre ! Tu disais que l'univers est entropie ? Moi je sais que la mémoire de l'univers est mensonge.

Bien sûr, puisque c'est toi qui l'inventes.

Gadjio resta bouche bée.

– J'invente quoi ?

Ta propre identité. Je ne te parle pas de ce qui se passe présentement, entre toi et tes... symbiotes. Je te parle du souvenir que tu as de toi-même. Car tu n'es pas le Gadjio dont tu te souviens... c'est une chose admise... mais tu ne l'as jamais été !

Si le sympathe l'avait autorisé, le Passeur se serait effondré une fois de plus. Au lieu de cela, il prit encore un peu de recul.

– Je ne peux me fier à rien, c'est cela ? Je ne peux même pas compter sur moi ?

Si, mais n'oublie pas le principe d'incertitude. Tu ne peux pas à la fois connaître le présent, le passé et l'idée que tu t'en fais.

– Cela revient au même et cela ne me dit pas ce que je dois faire.

Ce que tu dois dépend du contexte, de ce que tu veux et des moyens que tu te donnes. Pour l'heure, le contexte est celui des Retrouvailles, ce que tu veux est impossible et tes moyens inadéquats. Mais tout va basculer quand tu te retrouveras face au Charon au milieu des Mécanistes...

– Il arrive bientôt ?

Il est déjà là et les Mécanistes vont très vite s'en apercevoir.

Le premier message de l'Ingénieur avait été : « Un AnimalVille s'est détaché du groupe fornicateur et approche Turquoise. » Sletloc s'était contenté d'accuser réception. Il se doutait que Hualpa avait attendu d'être absolument certain de la manœuvre de l'arrivant avant de l'informer *parce qu'il* ne pouvait plus faire autrement. Cela faisait partie du jeu de pouvoir qui les opposait. En ne manifestant aucune inquiétude, l'Armurier se contentait de rendre le coup.

Le second message, par contre, exigeait une réaction.

« L'arrivant vient d'effectuer une manœuvre de retournement. Les deux AnimauxVilles devraient entrer en contact dans moins de dix minutes. »

Sletloc dut se précipiter vers le sas derrière lequel patientait l'une des navettes du Zéro Plus pour obtenir une liaison directe avec l'astronef. Ce qui lui fit perdre cinq minutes. Car, même si Tlaxa avait donné l'ordre à ses hommes de s'éparpiller dans la Ville, il en disposait de trop peu pour couvrir ne serait-ce qu'un dixième de ses quartiers.

– Où s'effectuera le contact, bordel ? hurla-t-il dès que la communication fut établie.

Il n'entendit pas le rire qu'étouffa l'Ingénieur, il le devina.

– Dans une partie de la Ville à laquelle vos hommes n'ont manifestement pas accès.

– Comment ça : pas accès ?

– Eh bien, soit le relevé que votre Assistant a fourni à nos I.A. est inexact, soit aucun Voltigeur n'a visité le quartier concerné. En fait, nous ne nous en serions sans doute jamais aperçu si… Excusez-moi, mon Assistant me signale que quelque chose bouge à la surface de Turquoise. Je vous rappelle dans une minute.

Sletloc ne prit pas la peine de protester – il savait que Hualpa avait éteint le com de la salle de commande – mais il était furieux. Il était certain que les renseignements transmis par Tlaxa étaient précis au millimètre près et que toutes les parties habitables de la Ville y figuraient. Donc, soit l'Ingénieur se moquait de lui et le contact s'effectuerait sur l'autre face de Turquoise (dans ses structures de fonctionnement), soit quelqu'un avait commis une erreur aussi navrante que dangereuse dans ses relevés topographiques.

Soit l'AnimalVille lui-même se foutait d'eux et trichait avec ses « perspectives » pour tromper la parallaxe des capteurs armoriaux. Mais cette éventualité supposait qu'il était capable de reconfigurer certains de ses volumes en temps réel…

Il ne laissa pas à Hualpa le loisir de parler quand celui-ci rétablit la communication.

– Transmettez-moi une image-écran, ordonna-t-il, et expédiez une navette au point de contact. Que ses hommes se tiennent prêts à débarquer. Je crois que notre Ville hôte ne joue pas franc-jeu.

Pas plus que les techniciens, qu'Iztoatl sollicitait pourtant de manière permanente, Hualpa ne parvenait à détacher son regard de l'écran principal. Rien ne l'avait préparé à assister d'aussi près à un spectacle d'une telle démesure. Autant l'approche de Notre Mère des Os lui avait semblé normale, dans le sens où elle évoquait l'abordage d'une base stellaire par un appareil de moyen tonnage, autant celle du nouvel arrivant, dix fois plus massif que Turquoise, le bouleversait. Et il s'agissait bien d'un bouleversement de ses valeurs, car il ne lui paraissait plus possible d'envisager le Zéro Plus autrement que comme un moustique. Un moustique certes dangereux, mais un moustique tout de même, qu'un mouvement malencontreux ou un geste d'agacement aurait écrasé sans que les Villes s'en aperçoivent.

L'arrivant avait littéralement piqué sur Turquoise avant de se servir de sa vitesse inertielle pour basculer sur ce qui lui tenait lieu de proue, se dressant à angle droit au-dessus de son congénère, occultant d'une seule ombre tout ce que percevaient les instruments du Zéro Plus dans un champ de cent quatre-vingt degrés. Puis il était tombé, au ralenti, menaçant de broyer les dômes de Turquoise et le moustique mécaniste qui évoluait pourtant à cinquante kilomètres d'eux. Il s'était ensuite laissé glisser contre le flanc de son congénère, le frôlant de si près que la navette exigée par l'Armurier n'eût trouvé aucun passage entre eux. Sans à-coup, sans hésitation, avec juste ce qu'il fallait d'ondulations et de frémissements pour que les saillies de l'un caressent celles de l'autre sans réel contact. Intuitivement, l'Ingénieur comprit qu'aucun réseau d'ordinateurs, soit-il de la dernière génération connectée, n'aurait pu calculer cette trajectoire à cette distance et à cette vitesse. Il devina aussi qu'il aurait fallu des années d'entraînement à un Mécaniste et à son armure pour parvenir à une telle maîtrise de leurs mouvements dans l'espace. Alors, pour la première fois de son existence, il ressentit du respect pour ces créatures qui étaient bien plus que des animaux.

– Il s'est immobilisé, annonça Iztoatl.

Cela ne dura qu'une poignée de secondes. Le temps que quelque chose – des filaments – jaillisse de Turquoise, se plaque contre l'arrivant, ondoie de manière étrange et se rétracte pour disparaître dans les replis de la Ville.

– Une... copulation ? demanda un technicien.

– Une livraison, affirma Iztoatl.

Hualpa penchait aussi pour cette interprétation. Il était même prêt à parier que la livraison s'était effectuée à destination de Turquoise et que Sletloc n'en apprécierait pas la nature. Ce qui le réjouit. Il se reconcentra sur le communicateur :

– J'expédie la navette, mais je doute qu'il reste grand-chose à voir. (Déjà, l'AnimalVille s'écartait de Turquoise et accélérait vers l'espace profond.) Vous aurez peut-être plus de chance par l'intérieur... quoique si Turquoise avait souhaité nous tenir informer de ce qu'il réceptionnait...

Il ne termina pas sa phrase. Ce n'était pas à lui d'entretenir les soupçons de l'Armurier, même s'il partageait son opinion quant aux manipulations topographiques de la Ville. De toute façon, celui-ci se contenta de grommeler et coupa la communication. L'Ingénieur se tourna vers son Assistant.

– Je n'aimerais pas être à la place de Sletloc, dit-il (essentiellement pour les oreilles des techniciens). Entre la Réunion et la recherche de ce que Turquoise a bien pu recevoir...

– Nous risquons d'être nous-mêmes rapidement surchargés de travail, Monsieur.

– Rapidement ?

Iztoatl hocha la tête et désigna le poste de commande des officiers. Hualpa l'y suivit en fronçant les sourcils.

– Alors ? s'enquit-il dès que le sas se fut refermé derrière eux. Que souhaitiez-vous me dire qu'aucun espion de notre ami Armurier ne pouvait entendre ?

Aucun d'eux n'était sûr que cette pièce fût plus fiable que le reste du vaisseau, mais il n'avait pas d'autre choix que faire semblant.

– Nous connaissons cet AnimalVille, Monsieur.

– Le… celui qui…

– Oui, Monsieur. Il s'agit de celui que nous avons dû chasser du système de Titlan alors que nous rentrions d'une manœuvre d'essai.

À la stupeur dont lui-même fut saisi, l'Ingénieur comprit pourquoi son Assistant avait préféré ne pas en avertir Sletloc. Cette Ville n'avait pas seulement violé l'espace stellaire de la capitale mécaniste, elle connaissait aussi certaines particularités du Zéro Plus, dont sa puissance de feu et ses facultés de déplacement instantané.

– Ce n'était donc pas une Ville sauvage, commenta-t-il. J'espère que nous n'allons pas à la rencontre d'une très grosse et très désagréable surprise, Iztoatl.

– Désirez-vous que l'Armurier soit informé ?

– Informé de quoi ? Vous l'avez entendu ? Il est déjà tellement suspicieux qu'il s'apprête à précipiter les événements sans avoir la moindre idée de ce que prépare l'adversaire. Il est si piètre tacticien qu'il oubliera ses talents de stratège à la première occasion !

– Vous craignez qu'il déclenche trop tôt les hostilités ?

– Je ne le crains pas. J'en suis certain. J'espère seulement qu'il me laissera le temps de déployer le Zéro Plus avant de jouer à la guerre. Que ce soit lui ou quelqu'un d'autre qui le façonne, l'avenir du Mécanisme dépend de notre seule réussite, Iztoatl.

Alors que son armure achevait d'examiner les systèmes de sécurité de l'appareil connecté en les testant de l'intérieur même du métal qui le recouvrait, Tecamac reçut l'ordre de forcer le Nexarche et d'en extraire son occupante pour la conduire à l'amphithéâtre où allaient se dérouler les Retrouvailles. Ce n'était pas un ordre formel et il ne s'adressait pas directement à lui. C'était une injonction de l'Armurier à Chetelpec. *On va voir ce que vaut votre protégé, demandez-lui…* Mais il ne pouvait pas s'agir d'un test; l'Armurier savait de quoi TECAMAC était capable: il l'avait conçue. Ou alors, s'il s'agissait d'un test, il ne concernait pas l'armure.

Le jeune homme ne se demanda pas d'où il tenait la certitude que, parmi tous les Armuriers, Sletloc était celui qui avait créé TECAMAC.

C'était une évidence qui s'emboîtait dans d'autres évidences. L'une d'entre elles voulait que Sletloc connaisse précisément l'endroit où se trouvait le garçon. Une autre ne doutait pas qu'il sache que Chetelpec disposait du moyen de communiquer avec lui. Toutes supposaient que, sans être omnipotent, l'Armurier détenait de nombreuses clefs de ce Mécanisme que l'Ingénieur Hualpa tentait d'ouvrir.

Il ne se demanda pas davantage s'il était en mesure de pénétrer dans le Nexarche. Le carbex de TECAMAC était syntonisé avec le nanorythme de l'enveloppe du vaisseau, il pouvait aussi aisément en fendre le métal que l'I.A. de bord. Il suffisait de réorganiser l'enchevêtrement des molécules, comme il l'avait déjà fait pour pénétrer le carbex des assassins de Zezlu. Sauf qu'il n'était pas en guerre avec Nadiane, et qu'il n'avait pas officiellement reçu l'ordre de la contraindre.

CHETELPEC est en route et Sletloc lui a adjoint deux Voltigeurs. Nous avons peu de temps.

L'armure comprenait parfaitement l'état d'esprit de Tecamac. Des chiffres s'affichèrent sur sa rétine gauche et le décompte commença : moins de huit minutes.

– Je sais que vous m'entendez, dit-il trop fort. (Il se racla la gorge et baissa la voix :) Je vais vous brusquer un peu, mais je vous demande de m'écouter attentivement et de vous décider très vite. Mes supérieurs s'impatientent. Ils souhaitent que les Retrouvailles aient lieu dès maintenant et ils exigent votre présence. Trois hommes sont en route pour me communiquer l'ordre de vous accompagner jusqu'à l'amphithéâtre. Lorsqu'ils seront ici, je n'aurai pas d'autre choix que m'exécuter. Je sais que vous êtes malade et qu'il vous sera pénible de traverser la moitié de la Ville. Je vous prie d'accepter mon assistance.

Il ne voyait rien à ajouter. Cinq interminables minutes s'écoulèrent.

Affalée sur le bloc de mousse, Nadiane n'avait pas bougé depuis une demi-heure. Tout au plus avait-elle cillé un peu plus vite que nécessaire lorsque le Mécaniste s'était mis à parler. Lya ayant fini par pixéliser partiellement trois mètres carrés de paroi pour lui montrer ce qui se passait à l'extérieur du Nexarche, elle s'était contentée d'observer l'image en mosaïque de son visiteur. Dès les premiers mots, elle avait compris que son immobilisme avait pris fin.

– Joanelis ? demanda-t-elle.

– Nous recevons en ce moment même une injonction de l'Armurier Sletloc. Si tu n'es pas en état d'ouvrir le Nexarche, ses hommes le feront depuis Turquoise. Si tu n'es pas capable d'assister aux Retrouvailles, ils *réceptionneront* ta cargaison ici même.

– Bien.

– Il serait préférable que tu ouvres à ton... au Mécaniste qui est déjà sur place et que tu le suives.

Il s'agissait de la voix d'Hazène, évidemment.

– Telle est bien mon intention.

Nadiane eut la sensation de percevoir des milliers de soupirs de soulagement.

– Lya, implante-moi quelques térabits de données congelées à effet retard, un puzzle logique ou je ne sais quoi de soluble par itération. Je vais avoir besoin de me raccrocher à un mirage.

– Cela ne servira pas à grand-chose, objecta Iainzo.

– J'en suis seule juge. Comment se présente la... cargaison ?

Derrière elle, un compartiment coulissa. Elle fit pivoter le fauteuil et tendit les bras pour saisir l'objet qu'elle découvrit.

– Pas très impressionnant, remarqua-t-elle.

La « mallette » ressemblait à un étui de violon ou de cithare, triangulaire, métallique et dépolie. Elle était munie d'une poignée et d'une simple fermeture magnétique, sans sécurité, sans codage. Elle n'excédait pas un mètre de long, mais elle pesait près de trente kilos.

– Merdétoile ! jura-t-elle lorsqu'elle voulut la soulever.

Elle la posa au sol, se redressa, la poussa du pied jusqu'à la paroi où Lya reproduisait toujours l'image en vitrail du Mécaniste et envoya un ordre à sa greffe neurale pour que les nanones de son épiderme simulent une combinaison bigarrée de couleurs mates. Quelque chose de beaucoup plus sobre que ce qu'elle avait déjà montré au Mécaniste.

– Ouverture.

Tecamac se morfondait. Plusieurs fois, il avait ouvert la bouche pour tenter à nouveau de convaincre la Connectée, mais il n'avait pas su comment s'y prendre. En fait, il lui semblait avoir tout dit, du moins tout ce qu'il pouvait dire, et il était certain d'avoir usé des bonnes formes. Il commençait à envisager que Nadiane ne l'avait pas entendu, parce qu'elle était inconsciente, et il s'interrogeait sur l'opportunité de pénétrer dans le Nexarche avant que Chetelpec l'eût rejoint. Alors l'armure lui annonça que l'I.A. du vaisseau était en train de créer une fente dans la paroi. Il se recula de deux mètres.

Elle était parée d'une pixélisation moins troublante que celles qu'il lui connaissait déjà, mais elle était toujours aussi grande et aussi belle, et elle avait l'air plus en forme que lorsqu'il l'avait abandonnée à l'Organique. Pour éviter de bafouiller ou, en tout cas, de commettre un impair, il garda le silence, mais il ne la lâcha pas des yeux.

D'une jambe, elle poussa vers lui un étrange objet et ordonna la fermeture du vaisseau derrière elle. Puis elle lui parla :

– Je vous sais gré de votre sollicitude et je suis désolée de devoir en abuser, mais ce… ce truc est un peu trop lourd pour moi.

Il se précipita vers l'objet et le ramassa comme s'il n'avait rien pesé. D'ailleurs, à ses muscles, il ne pesait rien. Le décompte sur sa rétine gauche était proche de zéro ; un hologramme en transparence s'affi-cha juste en dessous, il figurait les galeries menant au vaisseau connecté et les trois Mécanistes approchant sous forme de silhouettes jaune orangé. Tecamac avait le temps d'une ou deux phrases, pas plus, il choisit ses mots avec soin :

– Je connais quelqu'un qui peut vous aider. Je vous conduirai auprès d'elle après la cérémonie des Retrouvailles, mais il est préfé-rable que mes semblables l'ignorent.

Le regard qu'elle lui offrit en retour lui procura une joie intense qui remonta toute sa colonne vertébrale et lui donna la sensation que ses neurones s'ouvraient à une nouvelle compréhension de l'univers. Elle était à la fois complètement décontenancée et reconnaissante, incrédule et soulagée. Elle l'acceptait, pour ce qu'il voulait lui donner et pour ce qu'il était, sans se soucier qu'il soit Mécaniste et elle Connectée.

– Merci, dit-elle simplement.

Chetelpec et les Voltigeurs venaient d'apparaître dans le corridor.

Tandis que le plus petit des quatre Mécanistes – qui s'était présenté comme Chetelpec, sans faire la moindre allusion à l'identité de ses congénères – débitait des phrases de convenance (non sans jeter de fréquents coups d'œil vers celui qu'ils avaient rejoint et dont il était manifestement le supérieur hiérarchique), Nadiane sollicitait son implant mémoriel pour se rejouer l'échange auquel elle venait de participer. Avec la désagréable impression qu'elle n'avait fait qu'y assister ou que son rôle s'était réduit à celui de marionnette. Car le Mécaniste la manipulait – elle en était certaine – et cela durait depuis la seconde où elle avait aperçu son ombre pour la première fois. Avec le recul, il était même évident que tout ce qu'il faisait s'adressait directement à elle.

À moins qu'Hazène n'ait raison, et qu'un mur se soit sérieusement lézardé dans la maison mécaniste. Se pourrait-il…

Elle n'osait même pas y penser. Pourtant l'armure de ce Mécaniste était bel et bien la première dont le carbex se constituait de nanones connectés, les ancêtres de ces fameux nanones ambassadeurs qu'elle allait remettre à l'Armurier Sletloc.

Lorsque Noone s'était apparié à Turquoise, un sas en forme de sphincter s'était ouvert entre deux filaments entrelacés et les replis, en se contractant, avaient expulsé le Charon de l'autre côté. Le contact – chair froide contre chair desséchée – avait été bref et limité. Puis Noone s'était enfui dans l'espace saturé de radiations, le plus loin possible des murailles du troupeau qui se massait autour de l'étoile binaire. Le vieillard lui avait envoyé un adieu muet et il s'était mis en marche.

Turquoise l'avait accueilli dans un boyau sombre et glacé qui s'achevait en cul-de-sac. L'exosquelette luisant de sécrétions cliquetait à chacun de ses pas à la façon d'un compte à rebours. Il portait l'armure déchirée en travers du ventre, au contact de la peau. Des crépitements d'électricité statique jaillissaient du carbex en lambeaux et le Charon en tirait une illusoire confiance. Comme lui, l'armure, son morceau d'éternité, n'était pas tout à fait morte. Pourtant, à eux deux, il ne leur restait probablement pas assez de forces pour trouver le Passeur et lui arracher le reste. Ce que le corps ne pouvait plus accomplir, le cerveau le ferait. Et le cerveau de Janos Koriana renfermait tant de secrets que d'autres corps se plieraient à sa volonté. Des corps en armures contre lesquels il ne servirait à rien à Gadjio d'implorer.

À certains signes – des vagues dans la chair des parois contre lesquelles il s'appuyait pour reprendre son souffle –, il sentit qu'on venait à sa rencontre. La douleur aiguisait ses sens ; il perçut l'odeur d'ozone d'une escouade de Mécanistes, cette exhalaison si particulière des armures en configuration de combat. Il s'immobilisa et il attendit. Puisque le hasard exauçait ses vœux, du moins puisqu'il anticipait ses besoins, il convenait de se ménager.

Neuf Mécanistes se retrouvèrent tout à coup face à lui. L'un d'eux se tenait en retrait au milieu du groupe comme s'il était le dernier sacrifiable. Les armures étaient si noires, si épaisses et si lisses qu'aucun visage n'était reconnaissable, mais celui que les autres encadraient ne pouvait pas être Sletloc – l'Armurier n'eût jamais mis sa précieuse existence en péril dans une expédition sans filets. Il devait donc s'agir de son âme damnée.

– Je suis heureux de vous voir, Tlaxa, salua Koriana.

Comme prévu, la stupeur des Mécanistes redoubla. Ils étaient si sûrs de l'anonymat de leurs armures, tellement certains qu'aucun représentant des autres Rameaux ne saurait jamais les différencier !

– Charon, souffla l'Assistant en se dégageant du groupe (mais ce n'était pas un salut, juste l'expression de son incrédulité), Charon, vous… vous ne devriez pas être là !

Il avait achevé sa phrase avec toute la fermeté froide que requérait son arrogance de guerrier supérieur.

– Vous avez rompu notre accord !

Koriana préféra ne pas gâcher ses forces en haussant les épaules. L'ironie de sa voix d'outre-tombe devait suffire.

– Êtes-vous aveugle, Tlaxa ?

Il laissa tomber le morceau d'armure à ses pieds.

– Ce vestige de carbex suffit-il, pour vous, à remplir votre part de l'accord ? Je suis ici pour réclamer mon dû : une armure vierge en parfait état de fonctionnement. Une armure intègre.

Même sans pouvoir lire les traits de l'assistant de Sletloc, le Charon devina qu'ils se déformaient d'une joie cynique. Tlaxa était pétri de certitudes et il avait retrouvé toute sa morgue.

– Votre manque d'autorité est seul responsable des actes de votre Passeur des Morts, Charon. (Cette fois, il avait craché le titre.) Nous vous avons remis une armure intègre et *vous* n'avez pas su la garder. Votre présence ici est donc bien une trahison !

Koriana écarta les bras.

– J'ai tellement trahi, Tlaxa, et tant de gens... mais aucun Mécaniste encore, croyez-moi. Et d'ailleurs pourquoi vous trahirais-je alors que l'intégrité de mon armure, donc ma vie, dépend de vous seuls ? Vous comprenez ? Comment pouvez-vous douter de mon silence, alors que je suis spécialement venu vous permettre de vous en assurer ?

– Et achever votre interminable carrière comme maître chanteur, c'est cela ? Je ne sais si je dois admirer votre courage ou me réjouir de votre stupidité, mais je vous garantis que je vais m'en assurer personnellement de votre silence !

L'Assistant fit deux pas en direction de Koriana, mains tendues vers lui comme pour l'étrangler. Celui-ci accepta alors de gâcher un peu de sa trop rare énergie et se redressa de toute sa hauteur.

– Espérez-vous me faire peur avec ce jeu idiot, Tlaxa ? Nous savons tous que vous n'oseriez même pas aller pisser sans l'autorisation de Sletloc. Alors me tuer... Demandez donc à vos hommes de m'offrir leurs bras et conduisez-moi jusqu'à lui.

Le Mécaniste s'était figé, indécis. Il n'hésita pas longtemps.

– L'Armurier me reprochera peut-être de vous avoir éliminé, j'en conviens. Par contre, je suis certain de prendre un savon énorme si un

Organique ou qui que ce soit vous aperçoit pendant que je vous ramène. Désolé, Charon. Maintenant, je peux vous éliminer sans que personne sache jamais que vous…

Koriana éclata de rire.

– Dans un… AnimalVille ? manqua-t-il s'étouffer.

Le rire du vieillard n'était qu'un croassement rauque arraché à ses poumons en lambeaux. Mais c'était un rire venu d'un endroit si lointain et douloureux que Tlaxa perdit son assurance. Puis le rire rebondit sur les parois de chairs et celles-ci se mirent à frémir. Tlaxa eut même la sensation que d'autres rires se joignaient à celui du vieillard. Alors, il s'écarta et regarda le Charon passer entre ses hommes comme un fantôme et s'éloigner dans une odeur de chair gangrenée.

CHAPITRE 6

Les Retrouvailles

Même réarrangé, l'amphithéâtre était trop vaste. Il avait été conçu à l'origine pour accueillir cinq mille spectateurs assis en quart de cercle sur des gradins plongeant vers la scène centrale. Les parois irrégulières convergeaient vers un sommet conique, percé d'une épaisse lentille d'épiderme qui s'ouvrait directement sur le vide. De longues draperies carmin tombaient du plafond en couches gélifiées; des concrétions osseuses jaillissaient du sol, offrant dans leurs creux une eau pure et glacée. Une odeur de sueur, vaguement sucrée, montait des recoins derrière la scène.

L'AnimalVille avait supprimé les cinq sixièmes des gradins depuis le haut, lissant l'effet d'escalier en déboîtant ses articulations pour que les rangées de sièges se fondent en vagues molles, couleur de sang séché. Il ne subsistait que le parterre et la moitié des deux rangées immédiatement supérieures, mais elles auraient pu accueillir quatre cents personnes, alors que la scène seule suffisait déjà à contenir tous les hôtes de la Ville.

Turquoise prétendait que les Retrouvailles avaient toujours été ouvertes à l'ensemble de l'humanité et que, s'il comprenait les considérations politiques poussant chaque Rameau à sélectionner chichement les membres qu'il y expédiait, il se devait de montrer qu'elles ne se justifiaient d'aucun impératif technique. Il affirmait même que des milliers de Villes étaient prêtes à se joindre à lui pour héberger autant d'humains qu'il s'en présenterait. Pour Tachine, il s'agissait moins d'un franc mensonge que d'une vérité douteuse, et gratuite. Néanmoins, elle voulait bien croire que Turquoise et une centaine de ses semblables se souciaient encore de l'humanité et des Retrouvailles qu'ils avaient eux-mêmes instituées. Assurément, ceux-ci étaient déçus.

Je t'assure qu'il n'en est rien. Mais tu as raison sur un point : vous n'êtes pas le centre de l'univers.

Qu'aurait répliqué Érythrée, l'Érythrée de Contre-Ut ? Ah oui !

« Quel est l'équivalent d'anthropocentrique pour un Animal-Ville ? »

Turquoise répondit du tac au tac :

Inconséquent.

« Le terme ne cacherait-il pas une certaine tendance à la fatuité ? »

C'est réellement ce qu'aurait dit Érythrée, ça ?

« À n'en pas douter. »

Quelle famille !

Un silence puis :

Tu t'inquiètes de son retard ?

Comme s'il ne le savait pas ! Tachine organisa ses pensées pour qu'elles ne formulent aucune réponse. Ses émotions suffisaient et la Ville y avait un accès permanent. Elle promena son regard sur la petite assemblée qui était en train de se constituer, avec maladresse et embarras, pour assister à cette parodie de cérémonie que personne n'orchestrait. À l'instigation de Turquoise, Sletloc et elle s'étaient pourtant rencontrés deux fois, en tant que porte-parole des communautés les plus représentées, pour convenir d'un protocole minimal. Durant ces deux très brefs entretiens, tenus ici même, le Mécaniste s'était montré enthousiaste, conciliant et rétif à tout formalisme. Par la suite, alors que l'I.A. du vaisseau de Nadiane avait demandé délai sur délai afin que sa passagère fût en état de participer aux Retrouvailles, il avait paru irritable et de plus en plus pressé de se débarrasser d'une corvée diplomatique sans enjeu. Maintenant, il était le dernier Mécaniste à ne pas avoir rejoint l'amphithéâtre.

Après s'être excusé du retard de l'Armurier, son conseiller, le très martial Tlaxa, avait pris place derrière une table installée dans le quart nord-est de la scène (selon sa propre et arbitraire nomenclature cardinale), dos à ce qui avait jadis été l'une des entrées des artistes. Tachine et Jdan se tenaient dans le quart nord-ouest, à six mètres des Mécanistes. Nadiane était perchée sur un bourrelet à peu près plat, surmonté d'une crête osseuse percée d'un trou où passait son flagelle. Son épiderme la démangeait au contact de celui de la Ville et elle devait faire appel à toute sa discipline pour ne pas se gratter. Quant à Gadjio, Turquoise l'avait isolé au fond de la scène. Ses jambes étaient prisonnières d'un étau de chair qui les massait avec douceur. Le fragment d'armures se tenait tranquille mais la Ville ne voulait prendre aucun risque. Le Passeur des Morts gardait la tête levée vers le ciel, indifférent en apparence à ceux qui l'entouraient.

Notre Mère a un cadeau pour toi, lui avait glissé Turquoise avant de l'engloutir. *Tu as toutes les raisons du monde de nous en vouloir pour ce que tu as déjà reçu, je le sais. Mais l'embiote n'est pas seulement un parasite inévitable, c'est une prise directe vers les Villes et leurs secrets. Ceux de Notre Mère en particulier.*

« Tu veux dire… »

Oui, Gadjio, ta fille. Tu ne pourras plus jamais ignorer sa présence.

Après divers tâtonnements, chacun avait fini par trouver sa place. S'il s'était agi de tenir un débat contradictoire devant un public partisan et partagé, cette disposition n'eût pas été parfaite, mais elle respectait une certaine forme de logique. Dans le cadre de ce qu'ils avaient à échanger, elle n'était même pas pratique. Égarés par petits groupes sur les trois premiers niveaux de gradins, vingt-quatre Mécanistes et dix-huit Organiques s'efforçaient de paraître décontractés et patients. Toutefois, il était visible que les Artefacteurs doutaient de l'intérêt tant du fond que de la forme de ce cérémonial, et que la répartition pseudo aléatoire des Mécanistes dans l'amphithéâtre était stratégiquement désordonnée.

« Si, d'une manière ou d'une autre, nous sommes représentatifs de l'humanité, songea Tachine, alors, en tant que groupe, l'humanité est pitoyable. »

Elle s'attendait à ce que Turquoise lui donne la réplique. Il ne s'en priva pas :

Si l'humanité avait été un groupe, nous n'aurions pas eu à vous offrir la Dispersion. Et si vous êtes ici représentatifs de quelque chose, c'est uniquement de cette Dispersion. Sauf peut-être Gadjio, à qui il ne manque qu'un appendice caudal et une greffe neurale pour être le premier humain cosmopolite malgré lui.

Et le plus pitoyable d'entre eux.

Contrainte et épanouissement font mauvais ménage. Il semble que l'être humain – mais cela concerne toutes les espèces scientantes, crois-moi – ne trouve sa plénitude que dans le libre arbitre et que sa quête du bonheur individuel dépend étroitement de son exercice de l'autodétermination… dont les excès le conduisent parfois au suicide ou à l'extermination. Tiens, que penses-tu de la Connectée et de son chevalier servant ?

Deux Mécanistes se tenaient derrière Nadiane, debout, très raides, les mains croisées dans le dos, mais la question de l'AnimalVille ne concernait qu'un seul d'entre eux. Celui aux pieds duquel reposait l'étui contenant les cadeaux connectés. Celui qu'Érythrée trouvait si différent des autres. Tachine essaya de l'étudier comme elle l'eût fait de n'importe qui, elle s'efforça même de discerner dans la noirceur et l'immobilité de son armure d'infimes mais subtils détails qui lui auraient donné à penser qu'il était plus qu'un soldat anonyme. Elle ne décela rien. Ni geste, ni regard, ni frémissement. Il était aux ordres, point.

Nadiane, par contre, tournait de temps en temps la tête vers lui, comme pour s'assurer qu'il était toujours là, et la pâleur maladive de ses traits cachait mal les questions qu'elle se posait à son sujet. Elle était dubitative et inquiète. Elle donnait l'impression d'avoir découvert quelque chose en laquelle elle ne pouvait croire.

« Pour être franche, je n'en pense rien. Nadiane ressemble à un fantôme sur le point de s'évaporer et le Mécaniste à une caricature de Mécaniste. Bon sang ! Combien de temps Sletloc va-t-il encore nous faire attendre ? Et que fiche Érythrée ? »

Elle savait que la Ville ne répondrait pas à ces interrogations. C'eût été déroger à son très fantasque sens de l'éthique – Turquoise n'était pas d'une discrétion exemplaire sur l'intimité de ses hôtes, mais il marquait un point d'honneur à ignorer ce genre de sollicitations. Elle se leva, contourna la table et s'approcha de celle où était censé se tenir l'Armurier. Puis elle se pencha vers son supposé conseiller.

– Excusez-moi, Tlaxa, murmura-t-elle, mais cette jeune femme est malade (elle désignait Nadiane) et vos amis comme les miens commencent à s'impatienter. Si Sletloc n'est pas en mesure d'assumer ses fonctions, je vous serais reconnaissante d'officier à sa place.

Elle avait soigneusement choisi ses mots pour le placer dans une situation intenable vis-à-vis de la hiérarchie mécaniste. Il ne *pouvait* pas remplacer l'Armurier, il n'en avait ni le mandat ni la compétence. Il ne pouvait pas davantage ignorer la requête. Il s'en tira de la seule façon possible :

– Je dépêche immédiatement quelqu'un et je vous renouvelle nos plus plates excuses.

Tachine n'en demandait pas plus.

Sletloc était indécis et son indétermination n'avait pas d'issue qu'il fût certain de maîtriser. Il détestait ça. Il détestait tout ce qui sortait du cadre défini et tout ce qui n'était pas dûment quantifiable. L'arrivée du Charon bouleversait jusqu'à ses pires prévisions. Il ne savait pas quoi faire de lui. Pour l'instant, seuls les Mécanistes étaient au courant de sa présence ici. Malheureusement, Turquoise l'était aussi. Or tout ce qui rendait son problème insoluble résidait dans ce seul énoncé : Koriana ne pouvait pas disparaître sans que Turquoise le sache.

Et l'arrogance du vieillard était inimaginable. En faisant grincer son exosquelette incroyablement primitif, il lui avait tendu l'armure mutilée en disant : *Considérez ceci comme mon cadeau de retrouvailles. La preuve d'un échec est toujours un don précieux puisqu'il vous permet de vous améliorer. Remerciez-moi !*

Sletloc n'avait pas su quoi répondre. La trêve des Retrouvailles lui interdisait de le tuer. Elle l'empêchait même de le laisser mourir, ce qui aurait de toute façon pris trop de temps, malgré l'état de délabrement du vieillard. Au mieux, il pouvait le tenir au secret et lui mettre un bâillon sur la bouche. Car il lui suffisait de parler de leur accord. Il lui suffisait de dire à haute voix ce qu'aucun AnimalVille ne devait entendre.

Mais que se passerait-il si Turquoise réclamait la présence du Charon dans l'amphithéâtre ? Comment réagirait celui-ci face au Passeur des Morts ? Il était incapable de se contenir. Il n'y avait qu'à juger de l'arrogance avec laquelle il exigeait de Sletloc son armure enfin intègre ou une armure identique ! Sénile et dément, au dernier degré.

L'Armurier lui avait accordé un quart d'heure d'entretien dès que Tlaxa l'avait ramené. Un quart d'heure pendant lequel il avait supporté l'alternance de ses menaces et de ses jérémiades, tout en lui expliquant qu'il n'était pas possible de reconstituer l'armure déchirée et qu'il ne disposait pas d'armure vierge dans la Ville.

«– Faites-en descendre une du Zéro Plus ! Donnez-moi celle de votre meilleur ingénieur ! Tous vos hommes sont sacrifiables, Sletloc, mais pas moi, parce que ce serait la fin de vos projets.

L'Armurier ne pouvait courir aucun risque tant que le Zéro Plus n'était pas déployé autour de l'étoile binaire. Il avait promis d'accéder aux revendications du vieillard. Il avait annoncé qu'il allait de ce pas donner les ordres nécessaires au vaisseau et il avait effectivement abandonné Koriana, dans la chambre que neuf Voltigeurs gardaient, pour appeler Hualpa depuis la navette.

À l'Ingénieur, il avait seulement résumé la situation et ordonné l'expédition immédiate de quatre escouades de Voltigeurs vers la Ville. Et, pour une fois, Hualpa n'avait pas cherché à tergiverser ni à oser la plus infime ironie. Lui aussi mesurait le danger. Lui aussi percevait l'urgence que renforçaient les alarmes des capteurs branchés vers l'étoile primaire. Sans compter qu'il devait se réjouir de voir une partie des Voltigeurs de réserve quitter son vaisseau. Le présomptueux.

Ensuite Sletloc était retourné voir Koriana pour lui assurer que son armure avait quitté le Zéro Plus et qu'il s'occuperait en personne de son conditionnement, ce qui devrait permettre au vieillard de l'endosser d'ici douze à quinze heures.

Difficile de dire si le Charon était dupe. Tellement difficile que, après l'avoir quitté sans le réduire au silence, l'Armurier avait conscience, malgré ses préparatifs, de n'avoir arrêté aucune décision et d'en être toujours incapable.

L'arrivée du messager, que Tlaxa lui avait envoyé pour l'informer que les Organiques s'impatientaient, le contraignit pourtant à en prendre une. Quelque chose comme une demi-mesure. Il se tourna vers le Maître Voltigeur qui avait la charge de Koriana :

– Attendez cinq minutes, comme pour me laisser le temps de m'éloigner, et entrez dans la chambre, seul. Secouez-le un peu, mais sans lui faire de mal et expliquez à cette vieille carne que beaucoup de Mécanistes désapprouvent mon manque de fermeté à son égard. Faites-lui peur. Qu'il comprenne bien que sa vie ne dépend que de ma bienveillance et que s'il ne tenait qu'à Tlaxa, à vous ou aux autres Maîtres de Voltige, il serait déjà mort. Ensuite attachez-le sur le lit et bâillonnez-le.

Pour toute marque de son acceptation et de sa compréhension des ordres, le Voltigeur hocha sèchement la tête.

– Quand je reviendrai, je serai obligé de vous passer un savon en sa présence. Je vous mettrai aux arrêts, je vous informerai que j'exigerai des Comices qu'ils vous retirent le privilège de Maître et je vous giflerai sévèrement. Il va de soi que tout cela sera fictif.

Une étincelle d'amusement traversa les yeux du Maître de Voltige. Pour l'Armurier, c'était l'assurance que le garde avait parfaitement compris sa mission. Il en conçut un intense soulagement.

L'arrivée de Sletloc sur la scène de l'amphithéâtre ne fut pas saluée par des soupirs – les Organiques savaient se tenir – mais elle fut particulièrement remarquée. Surtout qu'il ne s'arrêta ni à la table qui lui était impartie, ni devant celle des Organiques, mais devant celle de Nadiane, pour qui il s'inclina, sans exagération.

– Avoir tant de retard après vous avoir ainsi bousculée, j'espère que vous me pardonnerez.

Il avait l'air aussi sincère que si ses excuses ne s'adressaient pas en fait aux artefacteurs. Nadiane lui dédia un sourire.

– Nous avons tous nos contraintes.

Elle aurait juré le voir tressaillir, mais ce fut à peine perceptible. Il jeta un regard en direction de la mallette, hocha la tête et gagna enfin sa place, posant brièvement la main sur le bras de son Assistant, comme pour le remercier de s'être substitué à lui durant son involontaire absence. En fait, il se servait de l'interface de son armure pour lui transmettre plus d'informations qu'il n'aurait pu en subvocaliser avec sa greffe larynguale.

– Je vous remercie de m'avoir attendu, adressa-t-il à toute l'assemblée. J'en aurais beaucoup voulu à nos ingénieurs de m'avoir fait rater une seule seconde de cette cérémonie.

– Un problème ? s'enquit Tachine.

– Mineur, rassurez-vous. Une fuite dans le système de refroidissement d'un transducteur qui perturbe la qualité de l'atmosphère du Zéro Plus. J'ai dû prendre la décision d'évacuer le vaisseau le temps que les techniciens réparent. Les navettes devraient aborder la Ville d'ici une petite demi-heure, l'équipage est ravi. Tout va bien.

– Si de quelque façon nous pouvons vous être utile…

– Croyez bien que nous apprécions votre offre, Tachine, mais… (il eut un sourire gêné)… il s'agit d'une technologie que nos ingénieurs devraient maîtriser sans assistance… euh… extérieure.

Manière de dire que les Mécanistes se passaient très bien de l'incompétence notoire des Organiques en matière de sciences et de technologies.

– Nous ne sommes effectivement pas très férus de… euh… mécanique, convint Tachine avec un sourire indubitablement espiègle. En tout cas, votre équipage est le bienvenu, et nous saurons l'accueillir comme il convient.

Manière de dire que, dans une Ville, les conditions étaient exclusivement organiques.

Malgré son épuisement et la difficulté qu'elle éprouvait à faire remonter les données congelées par Lya, Nadiane se serait beaucoup amusée de cet échange, s'il avait été moins évident que l'équipage si expressément évacué ne se constituait pas uniquement de soldats.

– Avant toute chose, reprit Tachine, notre hôte souhaite s'adresser à nous. Turquoise ?

La totalité de l'amphithéâtre vibra de ce qui ne pouvait être qu'un titanesque éclaircissement de gorge.

« La Ville ! » se dit Nadiane. « Merdétoile ! La Ville va nous parler ! »

Elle savait, elle avait toujours su que les AnimauxVilles daignaient parfois communiquer avec des humains. Ainsi, dans Symbiase, Iainzo était en quelque sorte leur interlocuteur privilégié, du moins celui qui traitait en général avec eux. Mais, même en venant ici, elle n'avait jamais songé que ses propres oreilles entendraient la voix d'une Ville.

– Si je parle trop fort... attaqua Turquoise en manquant de peu déchirer tous les tympans humains.

– Par pitié, l'interrompit Tachine en criant, baisse d'au moins cinquante décibels !

– Hum, excusez-moi. (Cette fois, tout en restant audible dans tout l'amphithéâtre, l'AnimalVille s'exprima avec beaucoup moins de puissance.) Je n'ai pas l'habitude d'user de ce mode de communication et il est très difficile de faire vibrer mon épiderme sur les bonnes fréquences. Comme ça, ça va ?

– C'est parfait, assura Tachine.

– Tant mieux.

La Ville donna une nouvelle fois l'impression de s'éclaircir la gorge et Nadiane comprit que l'exercice auquel elle se livrait avait été longuement étudié, et peut-être répété avec Tachine elle-même.

– Je serai moins long que mon prédécesseur, se lança Turquoise avant de lâcher un petit rire incongru. Mais vous ne vous en rendrez bien sûr pas compte, puisque aucun de vous n'était présent aux dernières Retrouvailles. Et pour cause, n'est-ce pas ? Je me demande parfois ce que serait une vie de Ville si elle était aussi foudroyante que les vôtres. Car ce qui est inconcevable pour nous, c'est la vitesse à laquelle vous consumez non pas vos existences mais ce qui leur donne un sens. L'entourage, l'environnement, la mémoire, les certitudes... Les certitudes ! Combien de fois me suis-je retrouvé perplexe, démuni, stupide face à votre art de la certitude ? Vous consacrez vos vies à composer des certitudes pour vous-mêmes et pour vos semblables. Vous courez après, vous les conservez jalousement, vous vous les échangez, vous les vendez, vous vous affrontez pour elles et vous les oubliez ou vous les jetez sans état d'âme. Sincèrement, en une vie, depuis celles rebelles de l'adolescence jusqu'à celles réactionnaires de la sénescence, en passant par toutes les convictions de contagion nées du fait établi, pour combien de certitudes différentes et contradictoires vous damnez-vous ? C'est inimaginable !

« Mais mon propos n'est pas de digresser sur mon ignorance et sur l'incompréhension qu'elle engendre. Il n'est même pas de vous parler de la Dispersion. La Dispersion comme les ségrégations qui l'ont motivée et qui perdurent vous appartiennent, vous en faites ce que vous voulez. Je veux juste attirer votre attention sur l'événement qui marquera ces Retrouvailles comme un événement similaire a déjà marqué les précédentes. La mort d'une étoile.

« Cette fin représente à la fois l'extinction d'une voix dans le chœur de l'univers et le tarissement d'une source de vie. Autant de métaphores, autant de symboles qui sont aussi loin de vos préoccupations que nous nous sommes éloignés d'eux. Car nous avons déjà oublié ce que vous n'avez pas encore découvert. L'univers est un écosystème, aussi instable et fragile qu'un biotope planétaire. Il évolue perpétuellement. Vous diriez que les lois physiques qui le définissent changent. Nous dirions que la trame qui le constitue se déforme.

« Certaines altérations sont « visiblement » locales, comme celles provoquées par une supernova. D'autres régionales, comme la rencontre de deux galaxies. D'autres se produisent sur des échelles plus vastes encore. Mais aucune n'est indépendante du tout. Les tensions exercées sur une ou plusieurs mailles déforment l'ensemble de la grille multidimensionnelle. En ce moment même, le Ban a disparu. Il attend, au cœur de l'étoile mourante, l'instant de sa renaissance.

« Voilà, je conclurai en disant que, en vous conviant à ces Retrouvailles, nous vous invitions moins à régler vos différends qu'à assister avec nous à l'un des événements majeurs qui jalonnent la mue de l'univers. J'espère que vous pourrez vous sentir concernés, au moins à votre échelle.

L'AnimalVille se tut et plus de deux minutes passèrent avant que quelqu'un comprît qu'il avait fini. Ou peut-être l'avait-il d'emblée compris et attendait-il qu'un autre prît la parole ? Nadiane doutait, par exemple, que Tachine fût moins vive que son compagnon, même si l'air de profonde perplexité qui marquait ses traits ne lui semblait pas moins sincère que l'ahurissement dans lequel le discours de Turquoise l'avait elle-même plongée.

Jdan s'était levé.

– Je me sens un peu déphasé, avoua-t-il pour stigmatiser la stupeur générale, et je ne sais pas très bien ce qu'il convient de dire. Difficile en effet de déclarer ces deuxièmes Retrouvailles ouvertes, alors que nous nous côtoyons en toute simplicité depuis l'équivalent de deux jours. Chacune de nos délégations est porteuse d'un message et de cadeaux officiels. Je propose donc que nous limitions les convenances en nous les délivrant avec cette même simplicité. Et, puisque nous connaissons tous l'état de fatigue de notre amie connectée, personne ne verra d'inconvénient à ce que je lui cède immédiatement la parole. Nadiane ?

Allongé sur le ventre, les jambes pliées vers le haut pour que ses pieds et ses mains soient noués du même lien, Janos Koriana n'avait qu'un très faible champ de vision. En fait, il ne voyait que le drap sur lequel sa joue gauche s'écrasait, le bord du lit, deux mètres carrés du pelage ras recouvrant l'épiderme du sol et l'angle inférieur d'une draperie incarnate. Le soldat, ou plutôt l'officier qui l'avait molesté avait pris un malin plaisir à l'attacher dans la position la plus inconfortable qui fût, après avoir déconnecté son exosquelette. Il ne vit donc pas l'Organique pénétrer dans la chambre. Il entendit juste le curieux mélange de bruit de succion et de déchirement que produisirent les muscles d'une paroi en s'écartant. Une paroi que ces imbéciles de Mécanistes prenaient pour un mur de prison et dont la Ville faisait évidemment ce qu'elle voulait. Dieu que leur bêtise était crasse !

S'il avait été honnête, Koriana eût dû admettre que lui-même ne savait que peu de chose sur les AnimauxVilles. Il ignorait, par exemple, qu'ils étaient capables d'altérer si vite et si profondément leur structure tissulaire. Et il s'en foutait. L'important était que Turquoise avait ouvert un passage secret pour que quelqu'un vînt le tirer de son inconfort. Que ce fût une Organique ne l'intéressait pas davantage. Elle n'était qu'une incidente dans le combat qu'il avait engagé contre sa propre mort.

Il sentit qu'elle tranchait la corde entre le nœud bloquant ses poignets et celui immobilisant ses jambes. Celles-ci retombèrent brutalement sur le lit. Mais elle ne desserra même pas le bâillon et le chargea en travers de ses épaules sans lui adresser un mot. Efficacité et silence. Il pouvait apprécier. Ensuite elle se glissa avec son fardeau dans la chair gluante et tiède de la Ville. Koriana se demanda combien de temps mettrait la plaie pour cicatriser. Il soupçonnait que les Mécanistes se retrouveraient face à un mystère insondable.

Quand Marine l'avait alertée, en se servant sans son accord de l'empathie de Notre Mère, Érythrée avait dû batailler avec Turquoise pour qu'il lui facilite la tâche. Pas plus que son congénère albinos, l'AnimalVille ne souhaitait prendre parti dans les affaires humaines, du moins dans celles qui concernaient leurs querelles et en tout cas pas de manière directe.

– Dégage-moi un passage ou je me l'ouvre toute seule, l'avait menacée Érythrée, le poignard à la main.

Tu vas précipiter un événement qui nous dépassera tous.

– Si je ne fais que le précipiter, c'est qu'il est inévitable, non ?

La forme qu'il prendra sera incontrôlable.

– Incontrôlable par qui ? Par toi, qui prétends ne pas avoir à t'immiscer dans nos mesquineries ? Merde, Turquoise ! Essaies-tu de me dire que vous êtes encore en train de jouer avec le destin de l'humanité ? La Guerre des Rameaux et la Dispersion ne vous ont pas suffi ?

Cela ne concerne pas que l'humanité.

– Mais le Troupeau en est seul juge.

Le Troupeau n'est pas plus une entité que l'humanité.

– Alors tu magouilles seul.

Presque.

– Comme moi donc. Et en l'occurrence, nous nous opposons. Bien.

Nous réglons ça comment ? (Elle avait agité la lame.) Au couteau ou tu as autre chose à proposer ?

N'essaie pas de te faire plus méchante et déterminée que tu n'es. Nous savons tous deux que tu es incapable de me blesser.

– Non, je suis tout juste bonne à me noyer dans ton sang pour sauver ta petite copine... mais tu n'es pas près de m'y reprendre, rassure-toi !

Quand Marine s'en était mêlée, malgré la désapprobation de Notre Mère – mais la Ville avait beaucoup perdu de son emprise sur l'enfant, Turquoise s'était fait plus conciliant. Quand la fille du Passeur des Morts s'était mise à évoquer la méconnaissance qu'avait le petit groupe d'AnimauxVilles concernés de ce qu'ils pensaient devoir se produire, et qu'au moins l'un d'entre eux avait provoqué, Turquoise avait cédé, ne serait-ce que pour ne pas avoir à en révéler davantage à Érythrée. L'Artefactrice lui avait alors promis qu'il ne s'en tirerait pas aussi facilement et qu'elle reviendrait à la charge dès qu'elle aurait fait ce qu'elle avait à faire: conduire le Charon à l'amphithéâtre et l'amener, lui et les Mécanistes, à s'expliquer sur certaines embarrassantes tractations.

Dès qu'ils eurent rallié des boyaux moins poisseux, obscurs et étroits, Érythrée posa le Charon et le maintint debout d'un bras contre une paroi veinée, le temps de reconnecter les servomoteurs principaux.

– Je vais vous ôter votre bâillon. Ensuite nous gagnerons l'amphithéâtre dans lequel se tient la première réunion entre les représentants des différents Rameaux.

La fureur dans le regard du vieillard lui fit comprendre qu'il n'était pas au courant. Elle poursuivit :

– Pour notre sécurité à tous deux, je vous recommande le silence tant que nous n'aurons pas atteint l'amphithéâtre. Une fois là-bas, malgré votre rancœur, j'espère que vous vous comporterez aussi dignement que votre charge l'exige, particulièrement en ce qui concerne Gadjio.

Les yeux du Charon manifestèrent sa compréhension.

– Je peux compter sur vous ?

Le Charon ferma longuement les paupières.

– Tant mieux, car de la même façon que j'ai accepté de vous tirer des griffes des Mécanistes, j'ai accepté de le protéger quoi qu'il en coûte.

Elle arracha le bâillon d'un coup sec. Une larme perla au coin de l'œil droit du vieillard, mais il ne se plaignit pas. Il se contenta d'une question posée sur un ton où ne perçait qu'un soupçon d'ironie :

– Qui donc peut bien s'intéresser à ce point à la vie du Passeur ?

– Sa fille.

– Elle est morte !

– C'est pourtant à elle que vous devez de ne plus être ligoté sur un lit.

Il eut une mimique d'étonnement.

– Ne cherchez pas à comprendre, le secoua Érythrée. Marine a survécu d'une façon que vous ne pouvez même pas imaginer. Elle ne vous croit pas plus capable de pardon que de compassion, mais elle craint que Sletloc ne soit pire que vous et elle sait qu'il est beaucoup plus dangereux.

– Sletloc m'a trahi !

Érythrée haussa les épaules.

– D'après ce que dit Marine, vous n'imaginez même pas à quel point ! Venez.

– Attendez. Que voulez-vous dire ?

– L'armure était piégée, Charon. Entière, elle aurait pris le contrôle de votre corps et de votre esprit. L'éclat que vous étiez prêt à récupérer sur Gadjio a failli le détruire et a si profondément altéré sa personnalité que vous ne le reconnaîtrez pas. Maintenant, il faut y aller.

Ainsi que l'avait souhaité l'Organique, la *cérémonie* se déroulait sur un rythme soutenu. Sletloc commençait pourtant à trouver qu'elle traînait en longueur. Un quart d'heure plus tôt, la Connectée lui avait remis son tribut de nanones. Il avait eu du mal à cacher sa jubilation lorsqu'il avait ouvert l'étui et découvert les récipients emprisonnés dans leurs champs de stase. Puis Nadiane lui avait tendu une sphère translucide dans laquelle était enchâssé un flocon de neige géant, d'un blanc aveuglant, qui avait poussé en apesanteur. Un ruban de minuscules diodes clignotantes ceinturait l'équateur de la sphère, à l'image du Réseau de Symbiase. Le symbole était incroyablement grossier.

– Nous sommes fragiles, avait dit Nadiane en lui remettant le flocon. Cette fragilité est notre cadeau.

Sletloc avait dissimulé son mépris de son mieux. Depuis, il attendait que vînt son tour de débiter son message hypocrite et de se débarrasser de la verroterie officielle: des prothèses de carbex originellement destinées aux Intendes pour certains travaux de force... des exosquelettes de membres ou de demi-membres, dont n'importe quel Mécaniste pouvait prendre le contrôle à distance pour les transformer en entraves.

Outre les usines à nanones des Connectés, il avait été gratifié d'un *Memento Mori* constitué d'une calotte crânienne noyée dans de l'or gris, que le Passeur des Morts avait dû piocher dans sa collection personnelle pour ne pas en être en reste (un cadeau aussi oiseux que le discours qui l'accompagnait), et d'une perle de nacre noire de la taille d'un poing qu'une Organique, au crâne difforme et à la peau parsemée de touffes poilues, lui avait cérémonieusement offerte, les mains en coupe et les yeux brûlants de soulagement. Son armure avait beau lui affirmer que la perle ne recelait aucune bombe et aucun mécanisme espion, il ne ressentait rien de plus urgent que de la faire analyser.

Tachine était encore en train de délivrer le message des Organiques quand SLETLOC l'informa que les renforts avaient pris position dans les coulisses de l'amphithéâtre. Il perçut distinctement la relâche musculaire de son Assistant et se détendit lui-même. Si un incident, maintenant improbable, venait à se produire, il maîtrisait la situation. Il se décida à prêter une oreille plus attentive à ce que la voix sereine de Tachine disait.

– ... comme quatre espèces étrangères qui se respectent mais préfèrent s'ignorer. Loin de nous l'idée qu'il faut mettre un terme à la

Dispersion, mais peut-être pouvons-nous à court terme multiplier les rencontres ou, du moins, instaurer un protocole de communication qui banalise les contacts entre Rameaux et démystifie ou démythifie les a priori concernant chacun. Il peut s'écouler des centaines, voire des milliers d'années avant que nous butions les uns sur les autres au cours de notre expansion. Il serait alors préjudiciable que nous soyons devenus encore plus étrangers que nous ne le sommes déjà.

Autrement dit : ne changeons rien. Sletloc admira en connaisseur. Au sein de la caste des Armuriers, il avait longtemps joué de l'art d'exposer les raisonnements les plus statiques en les présentant comme d'audacieuses avancées. Il se dit qu'un tel tour de force dialectique méritait d'être salué et écarta les bras pour applaudir, mais son élan d'ironique sympathie fut interrompu net par l'ouverture d'un opercule de cartilage sur le rebord de la scène : le trou du souffleur. Une demi-seconde plus tard, la chevelure de la fille de Tachine en émergeait, puis le crâne poli et marbré du Charon surmonté d'une couronne d'épines métalliques.

L'Armurier subvocalisa instantanément une rafale d'ordres qu'il espérait bien ne plus avoir à donner.

Koriana se laissa soutenir par Érythrée jusqu'en haut des marches, puis il se dégagea et s'avança dignement vers le centre de la scène. Tachine était interdite, Gadjio terrorisé. Le vieillard ressemblait à l'image de la mort des primitifs flamands, avec son exosquelette interminable qui lui allongeait les jambes et creusait sa poitrine. Sa respiration sifflait. Les crampons de métal de ses pieds tracèrent un sillage sanglant sur le sol brun.

Au calme dont il faisait preuve en le regardant dans les yeux, l'Armurier crut un instant que le Charon lui épargnerait le pire. Mais, lorsqu'il fut arrivé à sa hauteur, le vieillard pivota brutalement vers le Passeur et hurla :

– Trahison !

Puis il revint sur Sletloc et, du même doigt avec lequel il avait dénoncé Gadjio, il répéta avec encore plus de force :

– Trahison !

Les phrases qu'il avait préparées dans son esprit furent balayées par un flot de haine hystérique :

– Croyiez-vous vous en tirer comme ça, Sletloc ? Pensiez-vous sérieusement échapper à ma colère ? Et toi, mangeur de cadavres, pilleur de tombes, qu'as-tu vendu pour...

Sletloc saisit le premier objet à sa portée. La sphère contenant le flocon frappa le vieillard à la tempe gauche, avec une telle violence que celui-ci décolla du sol et s'écrasa aux pieds de Gadjio. Les servomoteurs crissèrent frénétiquement en essayant de le remettre debout. La sphère roula sur le sol et se fendit.

Les Voltigeurs de réserve envahirent la scène. Ceux de la salle se répandirent autour des Organiques. Tous étaient en configuration de combat, au maximum des capacités de leurs armures. Aucun de leurs adversaires n'avait esquissé le moindre geste et leur impassibilité était tellement inexplicable que l'Armurier mit plusieurs secondes à comprendre qu'ils ne bougeraient pas. Ils s'attendaient à ce coup de force et ils s'y étaient préparés ! La Ville, bien sûr ! La Ville les avait prévenus de l'arrivée des escouades de réserve comme elle les avait avertis de la présence de Koriana !

– Turquoise ! hurla Sletloc. Si tu tentes quoi que ce soit, j'exécute tout le monde !

Seul le silence lui répondit, un silence mat et oppressant. Sletloc s'avança au milieu de la scène, à l'endroit même où s'était tenu le Charon avant qu'il ne le fasse taire. Il ne ressentait aucune peur. Il se méfiait. Il parcourut le visage de ses prisonniers un à un, en commençant et en terminant par Tachine. Les mains croisées sur la table, la tête droite, elle était encore plus immobile que ses semblables. Elle ne le suivait même pas des yeux, elle attendait que son regard revienne sur elle.

– Que va faire la Ville ? lui demanda-t-il.

– Rien. Elle vous l'a dit : nos affaires ne la concernent pas.

– Elle vous a pourtant informés que nous détenions le Charon !

– Elle n'y est pour rien, intervint Érythrée. J'ai aperçu vos hommes le transférer vers vos quartiers. En fait, Turquoise a même cherché à m'empêcher de le libérer. Je comprends maintenant pourquoi.

Érythrée était figée debout à moins de trois mètres de l'Armurier. Comme les autres, elle suivait scrupuleusement le conseil mental de Turquoise.

Ne résistez pas. Ne leur offrez aucune tentation de vous massacrer. J'espérais que nous n'en arriverions pas là, car je suis incapable de vous venir en aide sans avoir à regretter la perte de la majorité d'entre vous.

Les Mécanistes étaient de toute façon trop nombreux pour que, en cas d'affrontement, un seul artefacteur s'en tirât intact.

– Sletloc, reprit Érythrée, tâchons de maîtriser cet… incident. Le Charon est gravement blessé.

– Et alors ?

– S'il y a mort d'homme, la Trêve sera rompue. Les Villes renonceront à leur neutralité. Vous comprenez ?

Sletloc comprenait surtout qu'il devait tout faire pour que la Trêve se prolonge jusqu'à ce que le Zéro Plus soit déployé. Après, le comportement des Villes n'aurait plus la moindre importance. Il subvocalisa un ordre. Les Voltigeurs qui se trouvaient sur les estrades rejoignirent la scène. Il ordonna alors aux prisonniers de tous descendre dans la fosse et de s'asseoir dans la première rangée de fauteuils. Puis deux de ses hommes ramassèrent le Charon et l'emportèrent dans les coulisses.

– Puisque vous tenez tant à vous occuper de Koriana, venez avec moi, ajouta-t-il à l'intention d'Érythrée avant de se retourner.

Érythrée ne broncha pas.

– Il faut aussi ramener Nadiane dans son vaisseau. Elle ne tiendra pas longtemps sans son assistance.

L'Armurier tourna juste la tête.

– N'en faites pas trop.

– Cela ne vous coûte rien.

– Ma fille a raison, s'en mêla Tachine. Nadiane souffre de déconnexion et cela risque de s'aggraver. Son appareil est équipé pour la prendre en charge.

Sletloc subvocalisa un ordre pour Tecamac. La requête des Organiques lui suggérait une idée à laquelle il s'étonna de ne pas avoir pensé avant.

– Soit. Koriana et la Connectée seront portés dans le Nexarche, sous la responsabilité médicale de votre fille… et la surveillance de mes meilleurs hommes.

Il était après tout beaucoup plus facile de conserver un otage organique dans l'engin connecté que dans une Ville de chair. Il n'eut pas besoin de s'assurer que Tachine avait très bien saisi le message.

Tecamac agissait par automatismes, et ce n'était pas seulement qu'il se contentait de répondre aux commandements de Sletloc, de Tlaxa ou de Chetelpec. Il avait perdu pied lorsqu'il avait vu l'Armurier s'emparer du flocon pour le projeter sur le Charon. Jusque-là, même s'il ne comprenait pas ce qu'il voyait et ce qu'il entendait, il avait considéré la situation comme normale, orchestrée et gérée par ceux qui avaient la responsabilité de ces très étranges Retrouvailles. Dès l'instant où Chetelpec lui avait intimé de passer en mode de combat rapproché (alors que la sphère de verre n'avait pas encore quitté la main de l'Armurier,) il avait eu la sensation que son esprit s'écartait de son corps, ou que celui-ci n'avait plus à tenir compte de celui-là. La guerre avait commencé. Il était devenu un soldat anonyme. Il obéissait.

Mais de quelle guerre s'agissait-il et pourquoi n'y avait-il pas eu de combat ? Pourquoi les Organiques étaient-ils restés passifs ? Pourquoi personne, à part lui, ne semblait surpris ? Dans quel camp se trouvait Nadiane ? Quelle perversion de la personnalité le poussait à s'inquiéter de la Connectée alors que le Mécanisme était en cause ?

Cette dernière question était la seule à laquelle il pouvait répondre et, si son Maître en avait connu la réponse, il aurait eu honte de lui. Mais lui ne s'en formalisait pas. Il s'était seulement senti soulagé lorsque l'Armurier lui avait ordonné d'escorter Nadiane, l'Organique et le Charon jusqu'au Nexarche, et de veiller à ce qu'ils n'en sortent pas.

« Tu réponds d'eux sur ta vie, lui avait communiqué Chetelpec par le canal de leurs armures. Moi, je dois suivre Sletloc. Fais-moi honneur. »

Un vieillard mourant, une malade aux os fragilisés par la pesanteur et une Organique dont le parasite ignorait tout des particularités de TECAMAC. Le garçon s'étonna que le vieux Maître fût si solennel.

Tecamac avait atteint la plénitude de ses capacités. Il était enfermé avec ses trois prisonniers dans une boîte de métal inerte et exiguë. Aucun d'eux ne pouvait faire le moindre geste à son insu, aucun murmure ne pouvait lui échapper. Il ne s'était pourtant jamais senti aussi peu sûr de lui.

« Qu'est-ce qui ne va pas ? » demanda-t-il à son alter ego armorial.

Nous n'avons pas été formés à garder des agneaux.

« Frustration ? »

Incompréhension.

« J'ai peur de ne pas comprendre. »

C'est exactement là qu'est le problème.

Tecamac reçut l'assertion comme une gifle, mais il ne riposta pas. L'armure était aux prises avec le même désarroi que le sien et la définition qu'elle en donnait reflétait une réalité indéniable. Ils avaient peur et cette peur ne faisait pas partie de celles que les Mécanistes apprenaient à combattre dès l'enfance.

Nadiane, agenouillée sur un bloc de mousse, ne parvenait pas à retrouver son état normal. Le filet d'informations qui jaillissait de Symbiase-Copie s'était dangereusement appauvri. Elle comprit que son frère avait encore fractionné la simulation. L'illusion d'une présence en continu dépendait de la puissance de calcul disponible. Les personnalités numériques, hachées en temps partagé, perdaient peu à peu leur cohérence et se défaisaient en un ensemble de tropismes agaçants. De simples personæ babillardes et inutiles.

Nadiane n'avait pas l'habitude de penser plus vite que le reste de l'univers et cela la terrifiait. C'était peut-être ce qui provoquait l'effondrement de Lya : le sentiment d'être seul au sommet de la trajectoire, sans possibilité de transcendance. Pour faire naître une I.A.

de nouvelle génération, il fallait mobiliser la totalité des I.A. disponibles afin de créer une matrice virtuelle assez large pour l'incuber. Lya savait qu'elle n'était qu'une étape vers la perfection mais le projet Éternité l'obligeait à demeurer sans descendance. Et elle n'avait pas supporté cette idée.

Durant l'échange mental, Tecamac s'était avancé vers le bloc de commandes. Nadiane tendit la main pour le retenir et suspendit son geste en voyant le carbex se hérisser sous ses doigts.

– Ne me touchez pas ! (Contemplant les rides du métal sur son bras, là où les doigts de Nadiane avaient failli se poser, il fronça les sourcils comme si quelque chose lui échappait.) Vous n'auriez pas dû provoquer cette réaction… Votre intelligence du bord est-elle responsable de ça ? Pourquoi essaie-t-elle de communiquer avec mon armure ?

– Lya a besoin qu'on l'écoute, répondit Nadiane en jonglant avec les possibilités réduites qui lui étaient offertes. Elle n'est pas en train de vous envahir, elle veut juste échanger des données fraîches.

« Comme je la comprends », se dit-elle avec amertume. Les signaux en provenance de son propre corps devenaient alarmants. Elle allait avoir besoin d'un système permanent de régulation endocrinienne pour l'empêcher de céder au mal de la déconnexion. Les données qui transitaient par son flagelle avaient la même consistance que les rations de survie prémâchées des modules de secours.

Elle serait bientôt réduite à utiliser son scaphe, qui lui fournirait un semblant de protection. En songeant à cela, elle réalisa qu'elle était à moitié nue, les pixels de sa peau inactifs comme de la neige électronique au cœur d'un hologramme. Elle n'émettait rien, elle était presque transparente.

– Mon armure a aussi besoin d'être peuplée, dit lentement Tecamac, et Nadiane eut du mal à renouer le fil de leur conversation. Elle est la première de sa lignée, elle n'abrite personne d'autre que moi.

– Vous supportez d'être seul ?

– Il n'existe pas d'autre choix !

Nadiane secoua la tête. Ils étaient si loin l'un de l'autre que cela lui donnait le vertige. Elle *voyait* l'endroit exact où rebondissaient leurs silences. C'était comme un impénétrable mur de vent.

– Devons-nous vraiment nous parler ? demanda Tecamac en écho. Je veux dire, est-ce que ce n'est pas... illusoire ? Artificiel ?

Il déplia les doigts, l'air concentré, comme s'il vérifiait le bon fonctionnement d'un mécanisme délicat. Sa paume de carbex était lisse, il lui manquait une ligne de chance. Nadiane haussa les épaules :

– Je suppose que nous n'avons pas le temps de bâtir des règles d'échange. Les messages essentiels ont été transmis et je pense que vous ne répondrez à aucune de mes demandes.

– Que voulez-vous savoir ?

La question la dérouta. Elle n'avait pas vraiment eu le temps d'y réfléchir.

– Vous m'avez espionnée, quand je suis sortie. Pourquoi ?

– Vous étiez l'ennemi, biaisa Tecamac.

– Et ?

– Vous l'êtes toujours.

Une crispation soudaine durcit sa mâchoire, puis le carbex envahit doucement ses joues et son visage. Un rideau impénétrable s'abaissa devant ses yeux aux pupilles contractées. L'armure devint lisse comme un écran ouvert sur le néant.

Nadiane eut l'impression qu'on tranchait un des derniers fils qui le maintenaient en vie. Dans l'univers étroit du Nexarche, empli de son propre désordre et de toutes les traces de chimie personnelle qu'elle y avait semées – urine, vomissements, sueur et larmes – elle se vit en train de se perdre et s'en effraya. Lya ne reflétait plus rien sur les parois autour d'elle. Lorsqu'elle baissa les yeux vers le torse du guerrier mécaniste dont les postures étaient une langue étrangère qu'elle n'avait même plus envie de déchiffrer, elle fut prise d'un frisson incoercible.

À cet instant précis, le Charon poussa un long soupir qui s'acheva en crachotement.

– Il ne reprendra pas conscience, annonça Érythrée.

De là où il se tenait, Tecamac ne voyait que le haut de son corps – elle était agenouillée à côté du vieillard allongé à même le sol, près du rack médical dont les extensions palpaient sa poitrine et ses reins. Il s'avança :

– Comment pouvez-vous en être sûre simplement en l'examinant ? Même un médecin ne…

Elle se tourna vers lui et s'écarta légèrement pour qu'il vît sa main sur le visage du Charon, sa main dont les doigts disparaissaient dans le crâne du vieillard. Tecamac eut un geste de recul. On lui en avait pourtant beaucoup dit sur les facultés répugnantes des Organiques ! Mais ça !

– Il était déjà fragilisé par une tumeur importante et une maladie dégénérative des astrocytes. Deux anévrismes se sont formés à la suite du choc et je ne peux pas résorber l'un sans rompre l'autre. Par ailleurs…

– Je vous crois.

– Bien. (Elle se redressa.) Tu veux savoir combien il lui reste à vivre ?

Tecamac hocha la tête, non sans surveiller les signes infimes qui annonceraient qu'elle se jetterait sur lui.

– Ne le lui dis pas ! murmura Nadiane.

Érythrée lui sourit.

– Pourquoi ?

– Il préviendrait Sletloc.

Le sourire de l'Organique s'élargit.

– Comment ? Les communications Mécanistes ne franchissent pas les parois de Turquoise et il ne peut pas quitter le Nexarche. Il n'est pas moins prisonnier que nous, tu sais ? N'est-ce pas, Tecamac ?

Difficile de ne pas en convenir, mais le Mécaniste savait des choses que ses prisonnières ignoraient. Que Sletloc embarquerait pour le Zéro Plus dans les minutes qui venaient, par exemple, et que TECAMAC était parfaitement capable de se servir du Nexarche pour communiquer avec l'astronef.

– Combien de temps ? demanda-t-il.

Érythrée fronça les sourcils.

– Ainsi tu penses pouvoir joindre Sletloc. Les rats quittent la Ville, c'est ça ? Non, bien sûr que non… juste Sletloc. Il refile les otages à

Tlaxa. Il vous laisse assumer seuls les conséquences de sa félonie. Bon sang, Tecamac ! Comment pouvez-vous confier la destinée du Mécanisme à de pareils lâches ?

Elle renifla et s'adressa à la Connectée :

– Voilà ce qui arrive quand une collectivité exclut les femmes de sa prise en charge. Tu imagines ça ? Toute une communauté qui vampirise ses membres parce qu'elle ignore qu'ils sont ses enfants... Elle devrait les choyer comme la chair de sa chair et elle en use comme de la chair à canon.

Nadiane était aussi ahurie que Tecamac mais un flot de données hachées remonta le long de son flagelle. La simulation d'Hazène comprenait parfaitement ce que l'Artefactrice était en train de faire. L'étau qui emprisonnait la poitrine de la Connectée se desserra.

– Pour avoir abandonné le pouvoir aux hommes, dit-elle, les femmes de Titlan portent la même responsabilité qu'eux dans les dysfonctionnements de la société mécaniste.

– Tu veux dire que c'est une forme de démission ? À l'origine peut-être, mais que veux-tu qu'elles fassent avec leurs dents et leurs ongles contre... (elle secoua deux fois la tête...) contre cette espèce de carapace qu'ils n'ôtent même pas pour pisser ?

– Elles les éduquent, non ? Elles pourraient leur apprendre la tendresse, la compassion, l'amour...

– Tu te vois faire l'amour avec ça ?

Nadiane n'eut pas à se forcer pour avoir l'air dégoûté.

Dans son armure, Tecamac frissonna. Des coulées de sueur froide descendirent depuis sa nuque jusqu'à ses reins. Il revivait le moment où TECAMAC s'était ouvert pour accueillir Zezlu, il sentait le grain de sa peau contre sa peau et le mélange de leurs sueurs, et l'émail de ses dents, et le goût de sa salive. Il revivait ce que si peu de Mécanistes avaient vécu avant lui. Et il revoyait le corps fracassé de la geisha sur la margelle de la fontaine. Alors, enfin, il assuma le deuil de Zezlu.

Malgré la couche d'aérogel qui masquait son regard, Nadiane et Érythrée virent que Tecamac pleurait.

– Trop tard pour revenir en arrière, dit sombrement Sletloc. Le déploiement aura lieu plus tôt que prévu.

L'Armurier avait plaqué son armure contre celle de Tlaxa pour lui transmettre ses ordres. Ainsi arc-boutés, crâne contre crâne, ils ressemblaient à deux fauves en train de s'affronter pour le contrôle de la horde.

– Je retourne à bord. Turquoise est désormais sous votre responsabilité.

– Les otages ?

– Sacrifiables. Je veux que le troupeau se tienne tranquille et qu'il laisse le Zéro Plus rejoindre les abords de l'étoile. Utilisez tous les moyens à votre convenance pour assurer cet objectif. Y compris Tecamac. Je l'ai volontairement maintenu à l'écart en lui confiant la garde du Nexarche mais les particularités de son armure en font une arme absolue contre les Organiques.

– Bien compris, Armurier.

– Empêchez le Charon de communiquer avec qui que ce soit jusqu'à ce que le vaisseau soit hors de portée. Il en sait trop…

– Est-il utile de le garder en vie, Monsieur ?

– Je vous l'offre. (Sletloc haussa les épaules, puis se ravisa.) Non, rectification : sa mort risquerait de déclencher une réaction disproportionnée de la Ville. Gagnez du temps, donnez-leur l'illusion qu'une réconciliation est encore possible, jusqu'au tout dernier moment.

« Puis, quand la Toile sera tissée, vous pourrez vous mettre en chasse !

Enfin déchargé du rôle de composition que l'Armurier l'avait contraint à tenir depuis qu'ils étaient dans la Ville, Tlaxa rayonnait, et ses Maîtres de Voltige avec lui. Les Voltigeurs, eux, se contentaient du plaisir de l'action, même si celle-ci se limitait à une domination écrasante sans réelle démonstration de puissance. Ils avaient vaincu sans combattre parce que leur supériorité était évidente. Ils soumettaient avec jubilation.

« Nous aussi, nous avions des cadeaux à votre intention, avait triomphé l'Assistant de Sletloc après que celui-ci lui eut confié la garde des prisonniers. Ce serait injuste de vous en priver, n'est-ce pas ? »

Un par un, il avait contraint les Organiques à enfiler les gantelets et les guêtres de force, puis il avait subvocalisé l'ordre de verrouillage et les prisonniers avaient senti leurs membres se figer dans les étaux de carbex. Avant-bras paralysés sur les accoudoirs des fauteuils, pieds cloués au sol et jambes entravées, ils n'étaient plus que des statues soumises. Cette soumission, cette absence de dignité écœuraient Tlaxa. Aucun d'eux ne s'était débattu, ni n'avait protesté. Ils étaient pétrifiés, dociles et, bien qu'il ne leur eût pas imposé le silence, parfaitement muets. Rapidement, cette passivité dont il ne tirait qu'une faible jouissance l'agaça. Puis il se demanda ce qu'elle cachait, jusqu'à ordonner à deux Voltigeurs de vérifier l'intégrité des entraves, jusqu'à ce que le doute l'envahît et qu'il se transformât en soupçon.

Il se planta devant Jdan.

– Pourquoi avez-vous refusé le combat ?

– Nous respectons la trêve des Retrouvailles.

La voix de l'Organique était aussi assurée et tranquille que s'ils discutaient en toute convivialité.

– La trêve est brisée.

– Ce n'est pas à nous d'en décider, s'immisça Tachine sur le siège accolé à celui de Jdan.

Il la gifla d'un revers de la main.

– Taisez-vous ! (Il revint aussitôt au mâle:) Et que ferez-vous lorsque Turquoise aura officiellement déclaré la trêve rompue ?

Ce fut encore Tachine qui répondit :

– Nous tenterons de vous raisonner.

Il se déplaça vers elle et lui asséna deux aller-retour qui lui ballottèrent le crâne d'une épaule à l'autre. Puis il lui releva le menton et se pencha vers elle pour la toiser de très près.

– Vous avez quelque chose à ajouter ?

Un filet de sang s'échappa de la commissure de ses lèvres.

– Je constate que nous éprouverons quelque difficulté, mais je ne désespère pas…

Cette fois il lui éclata le nez d'un coup de poing et il se redressa brutalement.

Aucun Organique ne bronchait. Ils regardaient pourtant tous dans la direction de sa victime et ils ne pouvaient avoir aucun doute sur la masse sanguinolente qu'elle avait maintenant au milieu du visage.

– D'autres amateurs ?

Tachine cracha un mélange de morve et de sang.

– Vous devriez me tuer, Tlaxa. Je suis très rancunière.

Il leva de nouveau la main, mais celle-ci resta un moment en l'air avant de revenir à sa position initiale. Le nez de l'Organique était en train de se reformer, à vue d'œil.

– Donnez-moi seulement une occasion !

Dès l'arrivée du Charon, Gadjio avait tenté de se libérer de l'étreinte de Turquoise mais la Ville avait resserré sa prise sur ses jambes. *Ne bouge pas. Tant que je ne sais pas exactement ce qui se passe, j'ai besoin de vous avoir tous sous contrôle.* Impuissant, le Passeur s'était contraint au calme.

Puis la situation avait commencé à dégénérer.

Deux Voltigeurs s'étaient postés dans son dos et il sentait leurs regards méprisants posés sur lui pendant l'interrogatoire des Organiques. Il comprenait ce à quoi il assistait; simplement, cela ne le concernait pas. Tout au plus s'étonna-t-il que Tlaxa prît la peine de frapper Tachine. Non qu'il n'en fût pas choqué, mais son indignation n'impliquait aucune émotion. Même l'Éclat d'armure ne parvenait pas à expliquer le geste du Mécaniste.

Les Organiques étaient vaincus, paralysés, et la maîtrise de leurs tissus était telle qu'aucun tortionnaire ne pouvait efficacement exercer de pression physique sur eux. Ils contrôlaient leurs souffrances et s'autorégénéraient à une vitesse démoralisante. Qu'espérait Tlaxa d'une démonstration de force ?

À défaut d'en abuser, il use de son pouvoir. Plus exactement, il le teste, autant qu'il teste l'impuissance des artefacteurs, et la mienne.

Sporadiquement, Turquoise lui lâchait quelques phrases, comme pour l'aider à se tenir tranquille. La réplique de Gadjio fut sardonique :

« Ton impuissance ? Le fou ! »

Je suis impuissant. Je le suis même à un point dont ni Sletloc ni lui n'ont idée.

Gadjio avait accompli son devoir de convivialité. Il avait fait l'effort d'une réplique, il n'était pas obligé de se violer pour en inventer une autre. Puisque la Ville désirait entretenir la conversation, c'était à elle d'en assurer le plus gros volume.

Je ne peux pas intervenir sans mettre vos vies en péril.

Gadjio avait repris la contemplation de la noirceur étoilée qui coiffait l'amphithéâtre.

Je ne peux même pas assurer la sécurité de Notre Mère. La situation a l'air plus grave que prévu. Sletloc vient de partir... Tiens-toi tranquille jusqu'à ce que je te fasse signe, c'est tout ce que je te demande !

La vue de l'étoile binaire l'aidait à oublier le sympathe qui l'aidait à oublier l'embiote qui lui-même circonvenait l'Éclat d'armure. Ce n'était pas très harmonieux, mais cela ressemblait à un de ces arbres de souvenirs qu'il fallait effeuiller, élaguer, bonsaïfier pour en extraire l'image du défunt. Le sympathe, l'embiote et l'Éclat ne méritaient pas de figurer dans sa personæ. Gadjio décida de jouer son rôle de Passeur des Morts vis-à-vis de lui-même. Il s'imposa de se souvenir des choses essentielles le concernant, de dégager de sa gangue mémorielle sa propre essence. Le sympathe l'avait déjà compris : il ne ronronnait plus, il était niché contre son ventre et il s'abreuvait de la paix que lui apportaient ses divagations.

... Une étoile qui volait à l'autre la matière dont elle avait besoin pour continuer à se consumer jusqu'à l'explosion... Des Villes qui s'appariaient dans tous les interstices possibles, avec une imagination seulement limitée par les effets moralisateurs de la gravité... Des rameaux humains dispersés depuis trop longtemps, venus se combattre ou se trahir sous le masque des Retrouvailles... Lui-même, un accouplement forcé entre le métal et la chair, qui se raccrochait au souvenir de sa fille arrachée à la mort pour ne pas devenir fou furieux.

La supernova imminente avait rassemblé toute une collection de péchés en un même lieu, de quoi faire sourire les dieux si de telles aberrations existaient encore. Partout ailleurs, l'univers était vide et froid. Mais ici, dans la poche de radiations autour du système binaire, ils avaient reconstitué quelque chose de très proche de l'enfer des anciens. Et ils attendaient le moment où s'allumerait le brasier qui les consumerait tous pour l'éternité.

Ton armure et l'embiote sont comme les deux étoiles du système. L'une dévore l'autre avec une telle boulimie qu'elle va en exploser.

Ah ! Une autre conversation. La politesse voulait qu'il l'alimentât.

« La supernova ? »

La relance n'était pas très élégante, mais elle prouvait qu'il faisait plus qu'écouter. À en juger par son intérêt pour le sujet, l'Animal-Ville devait pouvoir monologuer de longues minutes sans le solliciter de nouveau.

Papa !

À l'époque où il avait encore du talent, il eût peut-être tenté de *passer* l'étoile binaire, de lui accorder, pour le moins, la métaphore d'une impossible *anima*tion. Il aurait recueilli sa mort pour mieux la réincarner ensuite.

Papa ! Tu dois écouter Turquoise. Tu dois aider les Organiques, Nadiane et Notre Mère.

Oui, à l'époque où il avait vraiment du talent, il était papa.

Papa, fais-le pour moi.

À cette époque, il était même le meilleur Passeur des Morts de toute la Fédération. Mais il était un si mauvais papa que Marine en était morte.

Ce n'est pas vrai, papa. Tu sais très bien que ce n'est pas vrai ! Tu sais très bien que tu ne pouvais pas m'aider. Mais maintenant tu le peux. Maintenant j'ai besoin de toi.

Une boule de poils tiède remua sur son ventre. Une boule qui se mit à ronronner si fort que deux Mécanistes se retournèrent brutalement.

– Marine ?

Il avait prononcé le nom à voix haute, inondé d'une compréhension qui le transfigura. Marine existait vraiment... Ce n'était pas seulement un fantôme recréé par Notre Mère pour l'empêcher de devenir fou. L'embiote le forçait à sentir la personnalité de sa fille enkystée dans la chair de la Ville. Elle était là, elle vivait ailleurs que dans sa mémoire et elle l'aimait toujours.

Sous le choc, il tenta de s'extraire de Turquoise. Les Voltigeurs se braquèrent sur lui.

Je suis avec Notre Mère, papa. Je suis une part d'elle, maintenant, et nous avons besoin de ton aide.

– Tu as un problème, croque-mort ? s'approcha un Voltigeur.

Le sternum de Gadjio était à la hauteur du genou du Mécaniste et celui-ci se tenait trop près. Le coup de pied qu'il reçut en plein plexus ne fut pas aussi violent que prévu. Mais, si l'embiote parvint une fois de plus à détourner la douleur, il mit de longues secondes à lui permettre de retrouver son souffle. Et, quand le Passeur réussit enfin à remplir ses poumons, il ressentit une colère faite de tant de haine qu'il sut que l'Éclat en était seul initiateur et que le Voltigeur avait eu de la chance qu'il fût emprisonné dans la chair de Turquoise.

Tlaxa avait surveillé la scène du coin de l'œil. Il eut un sourire à peine plus discret que la joie manifestée par les autres Mécanistes.

– On ne parle que si je l'autorise, se pavana-t-il. Vous ne l'aviez pas compris... croque-mort ?

Gadjio ne le regarda même pas.

« Dis-moi comment je peux t'aider, Poussin. »

CHAPITRE 7

Les Retrouvailles

Turquoise avait recommandé aux artefacteurs de ne rien tenter avant que Sletloc et le Zéro Plus soient hors de portée. En attendant que la situation se décante, Érythrée s'efforçait d'accorder son attention à Nadiane et surtout à Tecamac. D'une certaine façon, c'était facile. Le jeune Mécaniste était en train d'oublier son rôle de geôlier.

Nadiane et lui en étaient même venus à parler d'eux-mêmes. À travers les souvenirs qu'ils échangeaient, la relation qui s'établissait entre eux ressemblait à l'idée qu'Érythrée s'était faite des Retrouvailles et, au-delà, à ce qu'elle espérait d'une réelle fusion entre les Rameaux. Elle ne parvenait toutefois pas à se dégager d'arrière-pensées très calculatrices. En entendant le récit de la mort de Zezlu, par exemple, en vérifiant l'humaine fragilité de Tecamac, elle n'avait songé qu'à la façon de le manipuler pour qu'il se retournât contre les siens. Ensuite elle avait compris que c'était inutile, que Tecamac s'était exclu du Mécanisme en aimant puis en vengeant la geisha et qu'il en avait pris conscience en la pleurant. Vouloir se servir de l'attrait que Nadiane exerçait sur lui était superflu. Il suffisait de l'entendre parler de l'Ingénieur Hualpa – du combat politique que celui-ci menait pour l'émancipation des femmes dans la société mécaniste – pour deviner qu'il franchirait le pas à la première sollicitation.

De son côté, Nadiane parlait de son frère et du projet Éternité, de l'admiration qu'elle avait pour l'un et de l'enthousiasme que lui inspirait l'autre. Mais son admiration confinait à un amour transcendant la fraternité, alors que son enthousiasme n'était qu'intellectuel. Quelque chose de claustrophobe en elle l'empêchait de diluer ses émotions dans le cocon que bâtissaient ses semblables.

En leur donnant la réplique, Érythrée pensait ne pas beaucoup révéler d'elle-même et surtout rien de ce que la collectivité artefactrice lui inspirait. Elle se leurrait : même le détachement qu'elle affichait était une mise à nu. Bien sûr, rien de ce qu'ils découvraient d'elle ne leur eût permis de prétendre qu'ils la connaissaient, mais il ne leur était plus possible de limiter leur perception à son appartenance au rameau organique.

Après une heure de ces échanges sans faux-semblants, durant lesquels Tecamac s'était enfin décidé à abandonner le vouvoiement, même Érythrée commença à oublier la teneur de leur situation. Turquoise la ramena brutalement à la réalité.

Le Zéro Plus est maintenant trop loin pour faire demi-tour et j'ai du mal à comprendre les intentions de Sletloc. Quelque chose de sérieux se prépare. L'arrivée du Charon a forcé les Mécanistes à se dévoiler plus tôt que prévu mais vous étiez de toute façon condamnés à devenir leurs otages. Votre capture était trop bien préparée.

« Pourquoi fallait-il empêcher le Charon de parler ? (Turquoise ne répondit pas.) De toute façon, il est mourant. Le projectile lancé par Sletloc l'a heurté à la tempe, il ne reprendra pas conscience à moins d'un miracle. »

– *Il faudra en fabriquer un ! Nous avons besoin de savoir ce qu'il sait, et vite. Vu la fébrilité de Tlaxa, je doute qu'il se contente encore longtemps de jouer les gardes-chiourme.*

« Que veux-tu dire ? »

Il se contient de moins en moins et il n'a pas reçu d'ordre explicite vous concernant. J'ai peur qu'il cherche à minimiser les risques. Il vient déjà d'envoyer une patrouille vers Notre Mère et une autre vers vous. Je crois que vous devriez tenter votre chance.

« Tu crois que nous devrions ? Merde, Turquoise ! C'est toi qui nous as demandé de patienter ! »

Les données étaient différentes.

Érythrée attendit des explications qui tardèrent.

« Que me caches-tu encore ? »

Tous les artefacteurs sont entravés par des… disons des menottes de carbex. Tout était prémédité, tu vois ? Certains auront la force de s'en défaire seuls, d'autres n'y parviendront pas. Gadjio devrait pouvoir se servir du fragment d'armure pour les libérer, mais il ignore comment s'y prendre. J'ai consulté Lya et Symbiase-Copie pour savoir si leur connaissance des langages-machines mécanistes pouvait nous aider, mais Joanelis dit que le problème est cryptologique et qu'il faut disposer de certaines clefs pour enclencher la procédure de déverrouillage. Ces clefs sont stockées dans l'antémémoire de l'éon de TLAXA, *à laquelle je n'ai pas accès. De toute façon, même si j'en étais capable, je ne saurais pas quoi chercher. Seul un éon le peut.*

« Tecamac ? »

TECAMAC, *peut-être.*

« Ça ne coûte rien de le lui demander. »

C'est plus compliqué que ça. Non seulement ce que tu considères comme établi, à savoir que Tecamac trahira les siens, n'a rien d'évident. Mais, de plus, sa participation volontaire à l'entreprise pourrait ne pas suffire... Il se peut que son armure refuse purement et simplement de jouer le jeu ou que son éon soit plombé pour interdire la diffusion de ce type de données.

« Joanelis est en train d'implanter un programme de décryptage dans la greffe neurale de Nadiane et Marine se tient prête à... disons à déjouer la méfiance de l'armure. Notre Mère et moi servirons de relais. D'ici là, il faut que tu aies conduit Nadiane et Tecamac à Notre Mère. Le bloc médical du Nexarche s'occupera du Charon en votre absence.

« Je veux bien, mais je ne comprends pas pourquoi nous allons là-bas. Si Notre Mère et toi relayez... »

Cela tient essentiellement à la représentation mentale que Tecamac se fait de nous, AnimauxVilles, et de Marine, en tant que désincarnation d'une enfant à peine pubère hantant Notre Mère. Pour que l'implant de Nadiane dispose de la poignée de nanosecondes nécessaire à son intervention, il faut que l'armure n'ait aucune raison de se méfier d'une intrusion psychique. Cela ne marchera peut-être pas, mais nous nous devons d'éliminer toutes les embûches connues ou suspectées. Vois-tu, Érythrée, s'il n'existe qu'un seul moment où il est possible de donner un sens aux Retrouvailles, c'est celui-là, parce que chacun de nos talents y est indispensable. Nadiane sait ce qu'elle a à faire. À toi de jouer.

Tecamac avait conscience de vivre un moment magique. Il savait aussi que tous ses rêves d'enfant, puis d'adolescent, n'avaient tendu que vers cette magie. Partager. Des mots, des émotions, un petit bout d'espace vital dans un morceau de temps suspendu. Bien sûr, il avait connu quelques instants privilégiés avec Maître Chetelpec, des instants où ils avaient été presque intimes, mais rien de comparable avec ce qu'il vivait maintenant, ne serait-ce que parce qu'il n'y avait aucun enjeu.

Il n'avait pas oublié pourquoi ils étaient tous les trois enfermés dans le Nexarche, mais il l'avait relégué sur un plan lointain de ses préoccupations. Le déclin de Nadiane l'inquiétait davantage. Car, si elle avait semblé soulagée dès qu'elle avait retrouvé le contact avec l'I.A. du Nexarche, ses traits recommençaient depuis à se liquéfier et sa voix perdait sans cesse de ses intonations. Elle finit même par ne plus se mêler à la conversation que par monosyllabes. Puis elle ferma les yeux et sa respiration se fit de plus en plus rare.

– *Je vais tenter quelque chose,* émit-elle vers Joanelis. *Ne t'inquiète pas !*

– *Tes paramètres vitaux déclinent.*

– *Tu te conduis comme un processus d'alerte, grand frère ! Tu ne me parles que quand tu as une information à fournir.*

Le silence qui suivit s'éternisa et Nadiane dut se forcer à expirer. Le système nerveux de fibres optiques et de relais numériques ne transmettait plus que de brèves impulsions. Le fluide de données circulait par à-coups. Sous ses pieds, le Tessaract pulsait d'une lumière appauvrie au rythme des personnalités simulées qui choisissaient de mourir pour que le système survive. Un holocauste aux couleurs froides, préfigurant celui qui attendait l'Archipel.

– *Je suis en train de tendre vers zéro,* admit finalement Joanelis. *Je me suis fractionné en sous-unités distinctes qui se partagent le peu de puissance disponible. C'est un peu saccadé. Tu m'en veux ?*

– *Je crois que je pourrais hurler mais ce n'est pas le moment… Tu vas garder le contact ?*

– *J'essaierai.* (Une ultime trace de tendresse remonta le long du flagelle de Nadiane et se dissipa trop vite.) *L'étoile brouille nos émissions et j'ai besoin de tellement d'énergie pour me souvenir de moi-même…*

– *J'ai déjà été isolée en espace profond, je me débrouillerai.* (Le mensonge lui noua la gorge. Elle avait envie de crier *ne me laisse pas seule !* et se dépêcha de changer de sujet.) *Est-ce que Notre Mère est dangereuse ?*

– *Elle est en principe habitable. Évite juste de te frotter à sa chair, une réaction allergique est toujours possible.*

– *Prends soin de toi,* émit Nadiane en sentant le signal s'éloigner.

Puis elle entreprit de simuler une crise de déconnexion.

– Nadiane, ça va ? se décida à demander Tecamac quand il devint évident qu'elle était au plus mal.

La Connectée rouvrit les yeux et répondit sans quasiment remuer les lèvres :

– Le Tessaract est presque épuisé. Je… je crois que tu vas devoir me conduire à cette personne qui peut m'aider.

Paniqué, Tecamac bafouilla :

– Marine, mais… mais…

– Et, cette fois, je crois que tu devras me porter, ajouta Nadiane dans un souffle.

Le Mécaniste était complètement désorienté.

– Marine vit dans Notre Mère des Os. Je ne peux pas t'y emmener. Ce serait… Sletloc…

Érythrée était déjà debout, tout contre le fauteuil sur lequel gisait Nadiane.

– Tecamac est coincé, lui dit-elle. C'est moi qui vais te porter.

Elle passa les bras sous les épaules et les reins de la Connectée et la souleva.

– Ce n'est pas possible ! s'affola Tecamac. Comprends-moi, Érythrée, j'ai des ordres. Je…

Elle haussa les épaules avec la même aisance que si Nadiane n'avait pas été dans ses bras.

– Je ne t'oblige pas à venir avec nous et je ferai bien gaffe d'éviter tes semblables, alors fais pas chier avec tes ordres. Ouverture, Lya.

Mentalement, Nadiane relaya l'ordre. Dans son dos, Tecamac sentit la paroi se fendre. Il écarta stupidement les bras pour empêcher l'Organique de passer avec son fardeau. Érythrée secoua la tête, les yeux au ciel, et fit deux pas dans sa direction.

– Je t'en prie, Érythrée, ne me force pas à… à…

Elle s'immobilisa et fit mine d'attendre qu'il terminât sa phrase, puis son visage se ferma d'un coup et devint aussi froid que s'il avait été de carbex.

– Nadiane va très mal, Tecamac, et je ne la laisserai pas dans cet état. Alors soit tu t'écartes, soit *je* t'écarte, mais je n'ai pas l'intention de négocier sa vie contre tes ordres débiles. Est-ce que toi aussi tu me comprends ?

Elle franchit les deux mètres qui les séparaient et le toisa. Il n'y avait pas le moindre doute dans son regard. Le Mécaniste essaya de se faire aussi dur qu'elle :

– Je ne suis pas un vulgaire Voltigeur, Érythrée. Tu n'as pas l'ombre d'une chance contre moi.

TECAMAC n'attendait qu'une subvocalisation pour passer en mode de combat.

– Je vous en prie, laissa tomber Nadiane d'une voix sans force.

Tecamac en fut tellement déstabilisé qu'il perdit une demi-seconde. Quand il récupéra le contrôle de ses émotions, Érythrée s'était déjà débarrassée de la Connectée en la lui collant dans les bras et elle l'avait contourné. Il pivota instantanément, mais il était trop tard : l'Organique était dans la Ville, les mains sur les hanches, l'œil impatient mais dénué de toute expression triomphale. Et lui sentait les mains de Nadiane croisée sur sa nuque. Sa nuque à nu. Il pria pour que l'armure ne rétractât pas un centimètre carré de carbex supplémentaire.

« À quoi joues-tu ? » lui demanda-t-il.

Tu veux dire : à quoi jouons-nous ?

– S'il te plaît, geignit Nadiane contre sa poitrine.

Tecamac quitta le Nexarche et emboîta le pas à Érythrée. Il n'avait pas le sentiment de bafouer ses ordres, il faisait ce que Chetelpec lui avait appris à faire : il les modulait. Son interprétation était peut-être critiquable au sens mécaniste du terme, mais elle lui permettait de tenir sa promesse d'aider la Connectée tout en respectant l'esprit de la mission confiée par l'Armurier.

Nous avons laissé le Charon dans le Nexarche et l'Organique est de nouveau dans la Ville. Sletloc et Tlaxa auront du mal à considérer notre abandon de poste comme un simple contournement de leurs ordres.

Tecamac frissonna. Difficile de dire si l'armure lui adressait un reproche ou si elle cherchait seulement à le culpabiliser. En tout cas, il ne servait à rien de lui objecter que Koriana mourrait sans reprendre conscience et qu'ils étaient assez forts pour contrôler Érythrée dans son environnement.

Nous en sommes capables, c'est vrai.

Le Mécaniste n'eut pas le temps de souhaiter que TECAMAC lui épargnât son commentaire.

Mais le voulons-nous vraiment ?

Ce n'était toujours pas une mutinerie, pas même une désertion, mais Tecamac était soulagé de constater que l'armure faisait toujours corps avec lui. Jusqu'à l'irréparable.

– En douceur, ordonna Sletloc. Avancez tout droit mais lentement et répétez le message en boucle.

Le message disait simplement :

« Nous souhaitons voir l'étoile avant que la mort l'emporte, afin de l'assister dans ses derniers instants. »

La phrase était d'Iztoatl, métaphorique et absurde comme seuls les AnimauxVilles savaient en formuler. Mais l'Armurier avait dû reconnaître que l'Assistant cernait correctement la psychologie du Troupeau.

Sur l'écran principal du poste de pilotage, ce qui n'avait été qu'un mur de Villes agglutinées s'était distendu, fendillé d'un millier de craquelures en mosaïque qui s'étaient atténuées par endroits et ressoudées ailleurs, celles qui avaient perduré convergeant autour d'une trouée obscène à peine plus large que le Zéro Plus. L'Ingénieur et ses techniciens y avaient glissé le vaisseau et le guidaient précautionneusement dans le passage tout en méandres que leur dégageaient les Villes. Ils s'enfonçaient entre elles depuis maintenant une heure.

– Je persiste à penser que nous aurions eu meilleur compte de les contourner, maugréa Hualpa. Nous ignorons jusqu'à l'épaisseur de ce... de ce...

– Nous en ignorons aussi l'étendue, abrégea Sletloc. Or, selon vos propres estimations, calculées sur la distance nous séparant du Troupeau et le rayonnement des étoiles qu'il nous masquait, il nous aurait fallu au minimum six heures pour nous positionner. Je doute que Turquoise nous laisse une telle marge.

Hualpa objectait par principe, cherchant plus à justifier auprès des techniciens sa prise de pouvoir, qu'il considérait désormais comme inévitable, qu'à reprocher son choix à l'Armurier. Il n'insista pas. Personne à bord n'appréciait les risques que Sletloc leur faisait prendre, à eux ainsi qu'à la mission.

– On dirait qu'elles accélèrent le mouvement, annonça Iztoatl.

Sur l'écran, le labyrinthe des Villes commençait à se déformer autour d'eux. Le tunnel devenait moins étroit, malgré les couronnes de filaments qui jouaient à les effleurer au passage.

– Nos instruments détectent un accroissement des flux radiatifs. Nous allons émerger.

La cage de chair s'entrouvrit brutalement, comme si les Villes cherchaient à expulser le Zéro Plus vers la fournaise en formation. Le vaisseau n'était pas encore sorti du magma vivant, mais l'étoile binaire était maintenant accessible. Un instant l'écran devint noir, puis il s'éclaircit progressivement jusqu'à retrouver sa luminescence normale. Plusieurs couches de blindage s'étaient refermées sur les appareils externes de mesure. Une cascade de filtres numériques gérait le rafraîchissement des écrans.

– Nous les tenons ! martela Sletloc avec orgueil.

Hualpa et Iztoatl échangèrent un regard rapide. Entre eux, aucune décision n'avait été arrêtée. Ils connaissaient simplement celle qui devrait l'être et ils en acceptaient la fatalité. D'une certaine façon l'absence de préméditation, donc de plan, les rassurait.

– Où en est l'analyse des nanones Connectés ? demanda l'Armurier, les yeux rivés sur les masses en mouvement qui entrelaçaient avec brièveté leur couronne de filaments vermillon avant de se séparer.

– Tests terminés, répondit une voix dans les haut-parleurs. Une fois activés, les échantillons ont produit des îlots d'arséniure de gallium isolés de 10 nanomètres, auto-organisés en archipels réguliers sur une base carbonée. Les molécules de base ont ensuite commencé à s'autoassembler pour former des structures supramoléculaires à macroéchelle.

– Ce n'est pas ce que je vous demande !

– Ça fonctionne, Armurier, conformément à nos spécifications. Il ne semble pas y avoir de piège ; les capacités des nanones sont trop sommaires pour gérer des instructions élaborées. Je pense...

– Suffit, l'interrompit Sletloc. Je n'imaginais pas que les Connectés oseraient se dresser contre nous ! (Il pensait : qu'ils empoisonneraient leur cadeau.) Déployez l'intégralité des nanones disponibles sur les sites de tissage et attendez mon signal.

Dans son dos, deux aides de camp s'activaient autour des simulations tridimensionnelles. Leurs armures participaient à l'excitation ambiante en échangeant des messages sur leurs canaux privés. Sletloc sentit les couches de carbex qui l'enveloppaient durcir dans une érection formidable de tout son être.

– Alerte Noire, dit-il d'une voix exaltée. Hualpa, l'heure du Zéro Plus est venue. Je vous donne l'ordre formel de rejoindre l'étoile et de l'asservir !

Sous ses pieds, les moteurs du vaisseau haussèrent la voix. Un hurlement de métal surexcité se mêla aux plaintes lancinantes des sirènes d'alerte.

– Iztoatl, estimation de trajectoire ? demanda l'Ingénieur d'une voix extraordinairement calme.

– Géodésique minimale calculée. Arrivée au point stationnaire dans quarante-neuf minutes, en ultra-propulsion. Nous apercevrons le système binaire dans trois cent quarante secondes. Je crains toutefois que l'étoile principale soit terriblement proche du stade fer. Notre marge de sécurité risque d'être très restreinte !

– Alors félicitez-vous que nous n'ayons pas suivi votre idée et contourné le Troupeau ! railla Sletloc. Quant à notre marge de sécurité... vous n'avez qu'à réduire le seuil d'alarme, supprimer les procédures de test et éliminer les redondances.

– Ceci relève de ma seule compétence ! intervint violemment Hualpa.

Il s'était exprimé suffisamment fort pour que tous les techniciens entendissent l'avertissement dans son timbre de voix. Par décret des Comices, l'Armurier dirigeait peut-être la mission, mais l'Ingénieur commandait seul le Zéro Plus et personne à bord ne pensait que la mission dépendait d'autre chose que du bon commandement du vaisseau. Pour la première fois, Hualpa se sentait prêt à commettre ce qu'aucun Mécaniste n'avait osé faire avant lui.

Les deux hommes s'affrontèrent sans ciller, mais Sletloc détourna les yeux le premier.

– L'étoile est à vous, murmura-t-il. Votre vaisseau est ce que le Mécanisme a produit de plus parfait. Tâchez de vous montrer digne de lui !

Il sortit sans se retourner, aussitôt suivi par ses aides de camp. Le bruit de leurs pas, parfaitement synchronisés, se noya dans le rugissement des moteurs.

Hualpa ne chercha pas à vérifier dans les yeux d'Iztoatl que celui-ci partageait son soulagement. Épaule contre épaule, ils posèrent leurs paumes ouvertes sur les picots de la double table de pilotage. Un faisceau de minuscules aiguilles pénétra leur épiderme. Leurs terminaisons nerveuses dénudées transmirent l'impatience du vaisseau et sa puissance si longtemps contenue. Les affichages du compte à rebours tournèrent à une vitesse folle, puis s'immobilisèrent.

– Cette fois, c'est parti ! commenta Hualpa.

Il manquait d'enthousiasme et la fébrilité qu'il ressentait n'avait aucun rapport avec celle de l'excitation. Par l'interface de carbex de leurs bras en contact, il vérifia que son Assistant n'était pas moins inquiet ou indécis que lui. Simplement, Iztoatl considérait ne pas avoir à prendre de décision.

Érythrée avait prétexté l'état de Nadiane pour presser le pas et Tecamac n'avait pas rechigné, mais elle avait senti qu'il n'était pas dupe. Peut-être avait-il flairé ses semblables lorsqu'ils étaient passés à moins de deux mètres d'eux, dans une artère parallèle à celle que la patrouille envoyée par Tlaxa empruntait ? Peut-être supposait-il seulement qu'elle ne s'intéressait pas qu'à la santé de la Connectée, ou que celle-ci en feignait la gravité ? En tout cas, il avait deviné quelque chose.

Turquoise les conduisit par des chemins détournés jusqu'aux filaments de contact qui reliaient les deux AnimauxVilles. Les derniers mètres avant la jonction eurent lieu dans un boyau où ruisselait une eau glacée. Une fine cascade de brume tombait sur leurs épaules tandis que la Ville les entraînait au fond d'un cul-de-sac de chair. Puis Turquoise les engloutit d'une simple contraction de ses membranes, avant de les recracher de l'autre côté, dans la Ville albinos.

Les parois étaient devenues d'un rose pâle, presque translucide. Les yeux mi-clos, Nadiane examina le fin entrelacs de veinules qui pulsait sous l'épiderme, étonnée d'y retrouver des motifs familiers. Le flux d'octets irriguant les parois des Symbiases circulait suivant une géométrie organique. Cela la revigora un peu, mais elle se força à refermer les yeux pour ne pas se trahir.

Ils atteignirent Notre Mère avec une avance de dix minutes sur le détachement mécaniste. La seconde patrouille avait déjà dû faire demi-tour pour informer Tlaxa qu'ils n'avaient pas pu pénétrer dans le Nexarche. Ou peut-être s'obstinait-elle à en marteler les parois en se demandant pourquoi Tecamac refusait d'ouvrir.

Deux d'entre eux retournent à l'amphithéâtre au pas de charge. Les autres surveillent le Nexarche. L'état du Charon s'améliore, Lya lui a injecté des nanones de réparation.

« Dans combien de temps Tlaxa saura-t-il… »

Six minutes.

« Ralentis-les. »

Ils ne sont pas stupides au point de ne pas s'en rendre compte et aucun de nous n'aimera les conclusions qu'en tirera Tlaxa. Si Marine ne réussit pas à forcer TECAMAC *ou si nous n'en retirons rien d'exploitable, il vaut mieux que Tlaxa ne me soupçonne pas de collusion avec toi.*

Turquoise a raison, tu sais.

« Marine ? »

Tlaxa a déjà frappé Tachine deux fois, juste pour le plaisir. Notre Mère ne voulait pas que je te le dise, mais c'est idiot. Tu risques d'avoir besoin de toute ta colère pour vous sortir de ça.

Non sans mal, Érythrée retint le flux de haine pure qu'elle destinait à Turquoise. Elle comprenait l'arrière-pensée de la Ville. Et elle comprenait aussi l'intention de Marine. Il était préférable de conserver son énergie pour ses véritables ennemis.

« Bon sang ! Voilà que je les vois comme des ennemis ! Moi ! »

Ceux-ci en sont.

L'Artefactrice ne chercha pas à discuter la sanction de la Ville. Elle conduisit Tecamac et son fardeau humain jusqu'à la nef principale. Le diaphragme de chair d'une blancheur crayeuse, imprégné de l'odeur des fleurs séchées et des parfums mortuaires, s'ouvrit juste assez pour qu'ils puissent passer.

– Mène-la jusqu'à l'autel, lui dit-elle. Marine va s'occuper d'elle.

Turquoise lui avait dit que Marine et Nadiane interviendraient avant que le Mécaniste ait atteint le fond de la salle. Elle se posta à l'entrée de la nef, aux aguets.

Tecamac savait qu'il devait déposer Nadiane sur l'autel avant qu'Érythrée le lui dise. Marine le lui avait soufflé à l'oreille, comme on confie un secret. Puis elle lui avait fait don d'une pensée de bienvenue.

Je suis heureuse que tu sois revenu.

Il n'osa pas répondre à haute voix, de peur de se ridiculiser devant les deux jeunes femmes.

Tu peux me parler comme tu parles à ton armure.

Le Mécaniste murmura d'une voix contrainte :

– Je suis content de t'entendre, Marine.

La voix désincarnée rit.

Pas comme ça, grand nigaud ! Subvocalise !

À son tour, Tecamac rit. Non qu'il acceptât la rebuffade, mais il était vraiment heureux d'entendre Marine, de partager avec elle comme il avait partagé avec Nadiane et Érythrée, de n'être rien d'autre qu'un grand nigaud. Et TECAMAC était heureux avec lui, d'un bonheur d'enfant qui découvrait l'univers.

C'est l'une des deux choses que nous avons en commun.

Tecamac grimpa les trois marches qui menaient à l'autel.

« Quelle est l'autre ? »

Il se pencha pour poser délicatement la Connectée sur l'ivoire poli.

Nous découvrons que l'univers appartient aux adultes et que ce qu'ils en font est horrible.

Il eut juste le temps d'un soupir. Marine le frappa de toute l'énergie psychique de Notre Mère, pénétrant aussi vite et aussi profondément que CHETELPEC l'avait fait, s'enfonçant directement dans l'éon de l'armure pour percuter son antémémoire de plein fouet. Simultanément les doigts de Nadiane se crispèrent sur sa nuque, fichant leurs ongles dans sa peau. Alors, bien que le vieux Maître l'eût précisément averti contre une attaque de ce type, bien qu'il l'eût connue dans la douleur et par l'exemple, il regarda ses défenses voler en éclats. Il vit aussi son tout nouvel univers s'effondrer. Ce fut ce qui sauva l'intégrité de TECAMAC. Ce qui poussa l'armure à repousser d'un bloc l'agression qu'on lui infligeait en projetant Nadiane sur l'autel.

Le dos de la Connectée percuta l'ivoire avec une telle violence que ses poumons se vidèrent d'un souffle. L'invasion cessa instantanément. Dans une rage désespérée, Tecamac hurla :

– Pourquoi, Marine ? Pourquoi ?

Parce que nous n'avions pas le choix.

Ce n'était pas le ton léger de la fille du Passeur, ni son sérieux d'enfant meurtri. C'était la voix d'une Ville.

Et parce que nous ne l'avons toujours pas.

Avant que les messages d'alerte ne s'affichent devant sa cornée, il avait interprété le ton de la Ville et il avait fait volte-face, l'armure sur un mode de défense, prête à passer en configuration de combat. Ce qu'il découvrit le sidéra.

Érythrée était debout au milieu de l'allée centrale, à une dizaine de mètres de lui, de dos. Elle avait les jambes légèrement écartées, rebondissant sur ses chevilles sans que la pointe de ses pieds quittât le sol. S'il n'avait pas connu son aplomb, il eût juré que ce tressaillement élastique était un signe de peur panique. Il lut dans leur attitude que c'était exactement ce que pensaient les Voltigeurs qui lui faisaient face. Une Voltige au complet : huit soldats et leur Maître. L'agression conjointe de Marine et Nadiane avait empêché TECAMAC de percevoir leur intrusion.

Tout en laissant six mètres entre chacun d'eux et l'Organique, les Voltigeurs se déployèrent en arc de cercle, enjambant au passage les bourrelets de muscles et de cartilages jaunis qui servaient de prie-Dieu. Ils étaient trop sûrs de leur supériorité pour s'en sortir indemnes, mais pas assez pour que la jeune femme en emportât plus d'un avec elle. Elle bougeait à peine la tête, mais Tecamac devina qu'elle prenait la mesure de ses adversaires. À un infime changement de rythme dans son tressaillement, il sut quel Mécaniste elle prit pour cible. Il en eut la confirmation lorsque ses genoux se dissocièrent et qu'elle décala l'alignement de ses pieds.

« Mauvais choix », pensa-t-il.

Elle avait opté pour le Maître de Voltige, exactement au centre de l'arc de cercle, et celui-ci l'avait lu dans son changement d'appui. Il donnait déjà des ordres pour que la nasse se refermât à la seconde où elle se jetterait sur lui. TECAMAC évaluait les positions et calculait les trajectoires. L'engagement ne durerait pas deux secondes. Le Maître de Voltige briserait lui-même la nuque de la jeune femme.

Alors qu'il n'en avait reçu ni l'ordre ni l'autorisation. Alors qu'il ne pouvait pas, pas plus que Tlaxa, deviner que sa patrouille tomberait sur eux dans Notre Mère. Tecamac comprenait maintenant pourquoi Érythrée leur avait fait emprunter un détour pour rallier l'Animal-Ville albinos. Pourquoi elle leur avait imposé une allure soutenue. Pourquoi il avait eu la sensation qu'ils n'étaient pas seuls dans les galeries de Turquoise. *Nous n'avions pas le choix*, avait dit l'Animal-Ville. Le jeune Mécaniste ignorait à quoi ce choix se rapportait, il pouvait juste supposer qu'il était lié au comportement de Tlaxa, à un changement d'attitude qui mettait la Ville et ses hôtes en péril. Mais pourquoi Tlaxa outrepasserait-il les consignes de l'Armurier ? Pourquoi le Maître de Voltige recourait-il à la violence, au risque de rompre trop vite la Trêve, alors qu'il lui suffisait d'exiger la reddition de l'Organique ?

La posture d'Érythrée n'était pas celle de quelqu'un prêt à baisser les bras.

La violence est en nous, lui asséna l'armure. *Ainsi que le culte de la gloire, l'esthétique du combat et la haine des Organiques. Tlaxa et le Maître de Voltige n'outrepassent pas les consignes de Sletloc. Ils respectent celles du Mécanisme, ressassées heure après heure depuis leur petite enfance.*

C'était ce à quoi Zezlu voulait mettre un terme à travers la vision de l'Ingénieur Hualpa. Tecamac eut envie de s'asseoir, de se prendre la tête entre les bras, de fermer les yeux et d'attendre. C'est peut-être ce qu'il eût fait si Nadiane n'avait pas gémi. Il détourna le regard de l'autre bout de la nef – Érythrée rebondissait toujours sur ses chevilles, les Voltigeurs s'étaient immobilisés à un peu plus de quatre mètres d'elle – et le posa sur la Connectée. Il ne pouvait rien pour l'Organique, elle suivait son chemin de vérité. Nadiane, par contre, n'avait choisi ni sa maladie ni la brutalité avec laquelle il l'avait repoussée. Il la sauverait. Il s'agenouilla pour que son visage fût à la hauteur de celui du sien et lui caressa le front.

– Comment puis-je t'aider après ce que je t'ai fait ?

Les yeux de Nadiane étaient embués de larmes de douleur. Elle les planta dans les siens et chercha à voir à travers lui, derrière lui. Puis elle releva la tête de quelques centimètres et donna un coup de menton vers le fond de la nef.

– Aide-la, elle.

Tecamac béa mais ne broncha pas. La tête de la Connectée retomba sur l'ivoire.

– Aide-la, répéta-t-elle.

Il ne trouva même pas la force de pleurer. Il était ahuri, abruti, les muscles paralysés. La voix de Marine se percha sur ses épaules :

Tu ne peux rien pour elle. Moi si. Laisse-la-moi.

– Mais je…

Il avait crié avant de se souvenir de ce que Marine lui avait dit. Il subvocalisa :

« Je ne veux pas qu'elle meure. »

Elle ne mourra pas. Pas maintenant. Érythrée si, et je ne peux pas l'empêcher. Alors rends hommage à Zezlu. C'est la meilleure façon de faire honneur à ton Maître.

Tecamac releva la tête, pour chercher en vain dans les draperies presque translucides qui tombaient de la voûte en ogive le visage de cette fillette qui en savait tant sur lui et qui avait tant de sagesse. Alors que lui se lamentait encore comme un enfant.

Les amplificateurs de TECAMAC effleurèrent ses tympans d'un mouvement infime derrière lui. Un glissement de pieds. Devant sa rétine droite, les coordonnées de position des neuf Mécanistes et de l'Organique n'avaient pas changé. Simulé à la limite de son champ de vision, juste au-dessus de ses sourcils, le chronomètre poursuivait deux courses en parallèle. Celle de l'heure standard, telle que les Comices l'avaient définie depuis sept siècles, et celle qui remontait le temps depuis la nanoseconde où l'armure l'avait alerté de l'intrusion de la Voltige. Il s'était écoulé douze secondes. Une éternité de seulement douze secondes. Pour la troisième fois, l'univers de Tecamac bascula.

L'armure ne prit pas la peine de lui signaler que cette dernière métamorphose avait trop duré. En se redressant et en pivotant pour bondir, il vit qu'Érythrée, alarmée par le glissement de pieds du Maître de Voltige, avait perdu patience.

Maintenant ! avait hurlé Marine.

Érythrée attendait cet instant depuis dix secondes, depuis que Notre Mère lui avait affirmé que Tecamac était au bord de la rupture. Elle savait qu'aucun AnimalVille n'était capable de percer les secrets de la conscience et du subconscient humains, mais Notre Mère les lisait avec l'acuité acquise à l'aune de son Passeur des Morts. Quoi que fût aujourd'hui Gadjio, il avait été un maître dans son art.

Le sang saturé d'hématocrites, Érythrée se projeta, la poitrine vers l'avant, les genoux pliés très bas, droit sur le Maître de Voltige. Celui-ci recula d'un pas. Ses sbires se rabattirent sur elle d'un même élan. L'embiote foudroya son système musculaire d'une décharge d'adrénaline, deux centièmes de seconde avant qu'elle bloque sa course sur sa jambe droite. Ses articulations plièrent dangereusement sous le poids de tout son corps et restituèrent l'énergie de l'inertie dans ses muscles. L'embiote poussa avec elle. Elle bondit latéralement, presque à l'horizontale, le poing se détendant vers le crâne d'un Mécaniste ahuri. Le second sur la droite du Maître de Voltige. Sous l'impact, la tête du Voltigeur bascula vers l'arrière, tandis que son torse poursuivait sur sa trajectoire initiale. Les cervicales se brisèrent net.

Érythrée percuta le corps sans vie et s'affala avec lui, pivotant latéralement pour balayer le Voltigeur le plus proche. Elle le faucha comme une quille et le vit entraîner son voisin immédiat dans sa chute. Elle essaya de rouler à l'abri, mais un pied pénétra douloureusement entre ses côtes et la renvoya contre ses attaquants. Le souffle coupé, elle sentit un bras se refermer sur son cou et un autre lui labourer le flanc. Au-dessus, le pied qui l'avait frappée revenait à la charge. Il visait son visage.

Une fusée noire traversa son champ de vision, emportant avec elle le possesseur du pied. Une jambe s'enroula autour de son bassin, une main se plaqua sur ses yeux. Le bras lui défonçait la carotide. Elle suffoquait, mais l'embiote continuait à diffuser l'oxygène dans ses muscles. Elle se contorsionna, réussissant à glisser contre la poitrine du Mécaniste qui l'enserrait pour l'obliger à changer de prise. Lorsqu'il le fit, elle se vrilla littéralement, se déchirant plusieurs tendons, et se retrouva sous lui, poitrine contre poitrine. Le temps qu'il use de sa puissance pour se redresser et la coincer entre ses cuisses. Des deux mains, il la serra à la gorge.

Elle n'eut qu'à l'attraper par la taille et à presser le carbex comme un fruit trop mûr. L'embiote modifia la chimie de ses doigts et leur ouvrit un chemin dans le métal, puis dans la chair. Quand elle sentit la tiédeur des entrailles du Voltigeur, elle referma les poings et arracha les organes qu'ils emprisonnaient. Le Mécaniste se tendit d'un hurlement et s'effondra sur elle.

Elle sollicita encore l'embiote pour l'écarter et bondir sur ses pieds, mais l'effort fut trop violent et son métabolisme était tellement bouleversé qu'une de ses chevilles céda. Elle tomba sur un genou, tenta de se relever et renonça au deuxième essai. La douleur commençait à diffuser dans tout son corps. Elle était au bout de ses forces. Le Mécaniste qui se tenait devant elle n'avait qu'à frapper. Il choisit de lui tendre la main.

Quand la main d'Érythrée se posa dans la sienne, quand le sang qui en dégoulinait entra en contact avec celui qui baignait son carbex, Tecamac se demanda s'il devait se réjouir de ce nouveau symbole de partage. Il la releva et, sans savoir pourquoi, il la serra un moment contre lui.

– Merci, lui dit-elle en s'écartant.

Il savait qu'elle le remerciait plus pour son geste d'affection que pour l'aide qu'il lui avait apportée et il en conçut une fierté immense. Il regarda alors autour de lui et se demanda si les hommes qui gisaient dans la nef avaient jamais ressenti le bonheur d'être aimés, ne serait-ce que fugitivement, pour ce qu'ils étaient.

Il n'avait pas éprouvé de remords après avoir tué les assassins de Zezlu. Il se découvrit une pitié pour les sept qu'il venait de massacrer. Car ce n'avait été qu'un carnage, une vulgaire formalité de boucherie. Ils étaient si lents, si faibles, si fragiles, si… Ils étaient comme leurs victimes usuelles. Pire : ils étaient les proies qui s'ignoraient d'un prédateur qu'ils avaient eux-mêmes créé.

Son regard tomba sur les deux Voltigeurs qu'Érythrée avait tués. Deux Mécanistes surentraînés, suréquipés. Deux machines de guerre façonnées par une communauté de soldats qu'elle avait défaites à mains nues. Non, pas à mains nues. Les Organiques avaient fait de leurs corps des armes. Mais l'avaient-ils fait parce qu'ils voulaient plier l'environnement à leurs désirs ou s'étaient-ils seulement adaptés à lui, aux prédateurs qu'il leur destinait, au Mécanisme ? Et cela faisait-il une différence ?

Il tourna la tête vers Érythrée. Elle était assise sur un prie-Dieu et regardait en pleurant ses mains souillées par les organes du Voltigeur.

Oui, lui murmura une voix enfantine, *ça fait une grosse différence.*

Il hocha la tête.

– Que vouliez-vous m'arracher, tout à l'heure ? interrogea-t-il d'une voix forte et claire. Qu'est-ce qui était si important que vous n'avez pas pris la peine de me le demander ?

En arrivant dans la salle de contrôle secondaire, Sletloc renvoya son escorte. Il avait envie d'être seul. Les prochaines heures appartenaient à Hualpa. Même s'il répugnait à se l'avouer, il souffrait de ne plus avoir de rôle à jouer dans le dernier acte. Tout s'était déroulé conformément à la stratégie prévue, avec une précision dont il pouvait s'enorgueillir, mais qui le laissait vaguement frustré.

Le Zéro Plus plongeait en rugissant vers le système binaire. Les ordres de Hualpa étaient relayés en phonie par les haut-parleurs du vaisseau, une précaution classique dans un milieu saturé de radiations qui empêchait toutefois Sletloc de s'enfermer dans ses pensées. Avec un haussement d'épaules, il se pencha au-dessus de la table de commandement et l'activa d'une pression du pouce.

Les astrophysiciens du Mécanisme avaient conçu une maquette holographique tridimensionnelle de l'étoile binaire. Une intelligence castrée – cadeau du Charon – était chargée de la faire évoluer en temps réel à partir des informations que les analyseurs du vaisseau réussissaient à capter. Des gerbes de particules multicolores simulaient les émissions de rayonnement et les jets de plasma. Sletloc avait passé des heures à l'étudier. Il était raisonnablement certain de comprendre le déroulement de la supernova annoncée, au moins de façon superficielle.

Lorsque le vaisseau-scorpion piqua à travers les derniers canyons violacés qui s'ouvraient dans le labyrinthe des Villes, l'armurier transforma la totalité des écrans de la pièce en fenêtres virtuelles ouvertes sur l'espace. Puis il se tint prêt à affronter l'étoile.

Rien n'aurait pu le préparer à cette vision.

Le système binaire était en train de s'auto-dévorer. A l'origine KDT 1822+17 était constitué de deux géantes rouges très voisines, mais l'astre primaire s'était transformé en étoile de Wolf-Rayet en phase finale de combustion. Il ne restait d'elle qu'un noyau dense alimenté par de la matière volée à sa sœur stellaire massive, qui débordait largement de son lobe de Roche. Le résultat était un immense disque d'accrétion dont l'étoile primaire compacte occupait le centre, entourée d'écharpes de gaz incandescents. De l'autre côté du disque, la tache chaude engendrée par l'impact du courant gazeux arraché à l'étoile secondaire brillait comme l'intérieur d'un creuset d'alchimiste.

Cela, les astrophysiciens l'avaient prédit et modélisé jusqu'à la quinzième décimale. Ce qu'ils n'avaient pas pu deviner, en revanche, c'était l'incroyable puissance convulsive du phénomène. Les gaz arrachés à la couronne de l'étoile secondaire s'enroulaient lentement autour du puits gravifique de l'étoile primaire, en éjectant des arcs de plasma d'un blanc aveuglant vers le noyau.

L'Armurier zooma vers la surface en fusion, grêlée de cratères de convection. Le maelström visqueux du disque d'accrétion tournoyait lentement – une durée de révolution de plusieurs kilosecondes dont il faudrait tenir compte lors du déploiement de la Toile.

D'un ordre bref, Sletloc changea les paramètres d'affichage. Des strates irrégulières, restituées en fausses couleurs, indiquèrent les zones de contraintes gravifiques maximales, puis les courants de température autour de l'étoile. L'Armurier jeta un coup d'œil aux indicateurs d'échelle. Aucune bonne surprise à attendre, c'était aussi chaud que prévu. Aussi turbulent.

Aussi mortel.

Loin de l'abattre, cette constatation le plongea dans l'état d'exaltation qui lui était habituel avant chaque combat. Il avait regardé l'adversaire en face et affronté le souffle brûlant du vent stellaire sans baisser les yeux. Maintenant, le Zéro Plus tranchait le vide de son dard et Sletloc pouvait presque *sentir* le Ban en train de se résorber dans le vortex à très hautes énergies qui dévorait l'étoile de l'intérieur. Le tissu de l'espace se froissait sous la pression et créait des irrégularités dans la trame des réseaux énergétiques. Autour de l'étoile primaire, la matière stellaire bouillonnait comme un magma.

Ici, l'univers affichait enfin sa vraie dimension: une poche étriquée, peuplée de rares amas stellaires que les mirages gravitationnels démultipliaient dans l'espace et le temps. Il n'y avait pas d'infini, juste un effet de lentilles truquées. Les AnimauxVilles, qui voyageaient entre les mailles du Ban, le savaient depuis toujours. Les théoriciens Mécanistes avaient dû tâtonner durant des siècles avant de bâtir le modèle d'univers froissé à l'origine du projet Zéro Plus. Pour les Villes, cet univers étriqué devait être une prison. Pour les Mécanistes, il était devenu un champ de bataille à leur mesure.

Sletloc se félicita du travail accompli, éteignit la plupart des écrans et se concentra sur les embûches à venir. La majorité d'entre elles n'étaient que des potentialités, dont il avait considérablement réduit le risque d'éclosion, mais il en existait une sur laquelle il n'arrivait pas à se prononcer. Hualpa, dont la sédition, pour inévitable et contrôlée qu'elle fût, posait tout de même quelques problèmes.

Tout était question de timing.

Depuis que deux des hommes de la patrouille qu'il avait envoyée vers le Nexarche étaient revenus, Tlaxa était immobile et silencieux. Il avait écouté leur rapport et il réfléchissait. Tachine était incapable d'imaginer quel cheminement suivait sa réflexion, mais elle n'avait aucun doute sur ce qui en ressortirait. Cela se produisit plus vite qu'elle ne s'y attendait. Il traversa la scène où il s'était installé au départ des patrouilles et descendit dans la fosse. Cette fois, il s'adressa directement à elle et ne perdit pas de temps en explications.

– Turquoise peut-il communiquer avec votre fille à l'intérieur de l'appareil Connecté ?

Il se tenait debout, bras croisés sur la poitrine et il fixait un point au-dessus de la tête de Tachine.

« Où en êtes-vous ? » émit-elle à l'intention de Turquoise et, à voix haute, elle répondit :

– Je ne pense pas.

Il la gifla, sans y mettre trop de force. C'était juste un avertissement.

– Je ne vous demande pas de penser. Je vous demande une réponse.

Tachine décida de s'attirer une deuxième gifle.

– Je suis désolée. Il y a des choses que je sais et d'autres que je pense. C'est la différence entre nous. Vous, vous savez que Turquoise peut communiquer avec l'I.A. du Nexarche, mais vous êtes incapable d'y penser.

Gagne du temps.

Tlaxa ne prit même pas la peine de lever la main.

– Vous savez ce qui se passe, n'est-ce pas ?

– Je suppose que vous n'avez pas de nouvelles du Nexarche.

Il lui donna un coup de pied dans la rotule. Tachine s'y attendait si peu qu'elle dut étouffer un cri.

« Que se passe-t-il ? »

– Réponse, exigea Tlaxa.

– Non, je ne sais pas, mais je sais additionner au-delà de un et un.

Tecamac réagit mal et neuf Mécanistes viennent d'entrer dans Notre Mère.

À titre préventif, Tlaxa lui asséna une nouvelle claque.

– Turquoise peut-il intervenir dans le vaisseau Connecté ?

La question était stupide. Tachine renifla.

– Non. Il peut le broyer si cela lui chante, mais ce qui est à l'intérieur demeure hors de sa portée…

Aller retour. Le Mécaniste détestait passer pour un imbécile.

« Qu'Érythrée ne prenne aucun risque. Nous allons trouver une autre solution. »

Il n'y en avait pas. Quatorze de ses compagnons étaient incapables de digérer leurs entraves de carbex et l'organisme de ceux qui étaient en mesure de le faire serait trop affaibli pour supporter deux secondes de combat. Tachine elle-même n'ambitionnait que de passer ses doigts derrière la carotide de Tlaxa. Même si Turquoise transformait la chair de l'amphithéâtre en tremblement de terre, il y avait peu de chances pour que les Mécanistes en soient plus incommodés que les artefacteurs. Cela ne leur offrirait en tout cas qu'un court répit.

Manifestement l'Assistant de Sletloc subvocalisa des ordres, car plusieurs Voltigeurs quittèrent l'amphithéâtre.

– Pouvez-vous communiquer avec votre fille ?

– Pardon ?

Cette fois, le coup de pied faillit lui briser un tibia. Tachine déclencha de profondes modifications dans son métabolisme et entreprit de dissoudre le carbex dans la chair de ses poignets et de ses chevilles.

Ce ne sera peut-être pas utile. Tecamac a décidé de collaborer.

L'artefactrice stoppa l'activité de son embiote et ricana.

– Vous nous prenez pour des magiciens ?

En même temps, elle demanda :

« Comment va Érythrée ? »

Un peu secouée. Ne t'occupe pas d'elle. Tecamac est un véritable ouragan. Je te préviendrai quand nous serons prêts.

Tlaxa se détourna d'elle et arpenta la rangée de ses prisonniers, leur accordant à chacun un regard méprisant. Puis il revint vers Tachine, mais il ne s'adressa pas à elle.

– Turquoise ! Je ne sais pas ce que tu es en train de trafiquer, mais si Érythrée et la Connectée ne sont pas là dans dix minutes, j'exécute un Organique. (Il se tourna vers Jdan.) Vous ferez parfaitement l'affaire.

Jdan l'apostropha tandis qu'il remontait sur la scène.

– Tlaxa ! Je crois que je ne vous aime pas du tout.

L'ultimatum approchait de son terme. Tlaxa était venu s'asseoir sur le bord de la scène, face à Jdan, et il balançait négligemment son pied droit, s'arrangeant pour effleurer le visage de l'artefacteur à chaque passage. Plusieurs mètres derrière lui, Gadjio était en train de s'enfoncer dans la chair de la Ville, mais il ne le voyait pas, pas plus que les Voltigeurs qui encadraient le Passeur. Seule la tête de Gadjio dépassait encore quand un Mécaniste prit conscience que la Ville engloutissait l'Originel.

– Eh ! cria-t-il.

Tlaxa bondit sur ses jambes et se précipita, mais il était trop tard. Avec un bruit de succion inconvenant, Gadjio disparut dans les entrailles de Turquoise. L'Assistant perdit quelques secondes à marteler inutilement la chair et retraversa la scène dans un état de folie furieuse.

– Tu veux jouer avec moi ? défia-t-il la Ville en sautant dans la fosse.

Au moment où il retombait devant Jdan, les indicateurs que TLAXA projetait sur ses cornées s'affolèrent, tous à la fois, et l'amphithéâtre versa dans la démence.

La scène se souleva et se mit à onduler telle une mer en furie, projetant les Mécanistes au sol ou contre les parois, comme autant de pantins dont on aurait tranché les ficelles. Par endroits, le cal superficiel se crevassa et plusieurs Voltigeurs furent partiellement engloutis dans la chair à vif, tandis que leurs armures étaient enduites d'une sécrétion visqueuse et acide qui affolait les capteurs. D'autres furent ensevelis sous les draperies de derme séché qui tombaient de la voûte et qu'ils crevèrent à coups de poing avec des bruits de baudruche en train de se dégonfler. Beaucoup hurlèrent, à l'unisson de leurs armures désorientées, au lieu de subvocaliser les ordres simples qui leur auraient permis de se réfugier dans la fosse.

Quelques-uns seulement conservèrent leur sang-froid ou eurent la chance d'être si proches des gradins qu'ils y furent projetés. Deux Maîtres de Voltige furent parmi ceux-ci, deux esprits rigides qui déclenchèrent la procédure d'évasion des armures en difficulté, déconnectant leurs éons de la personnalité de leurs occupants. Libres de toute interférence émotionnelle, les éons reconfigurèrent les armures pour une réaction optimale aux problèmes posés par Turquoise. En une poignée de secondes, onze Voltigeurs de plus se retrouvèrent dans la fosse, indemnes mais prisonniers passifs du carbex, obligés d'attendre que les Maîtres de Voltige leur rendissent le contrôle des armures, obligés de s'en remettre à l'expérience de celles-ci. Inadaptée.

Sous le regard incrédule de Tlaxa, occupé à mitrailler ses hommes de plusieurs ordres subvocaux par seconde, les Organiques se dressèrent d'un bloc, libres de toute entrave. Presque tous s'égaillèrent dans les travées en direction de deux fentes que Turquoise avait ouvertes dans ses parois. Mais, même si leur seul souci était d'atteindre ces issues, si leurs trajectoires ne déviaient pas de leur objectif, ils ne fuyaient pas comme des rats pris de panique. Chaque fois qu'un Voltigeur se dressait sur leur passage, ils le percutaient ou ils l'écartaient avec une efficacité martiale. Leurs bras ou leurs jambes frêles et sans protection se détendaient avec une précision clinique, leurs pieds et leurs poings frappaient avec l'intention de traverser leurs opposants. Et parfois ils traversaient, du moins ils transperçaient. Plus rarement, ils volaient comme des pierres de fronde et allaient s'écraser, inertes, dans les gradins.

Tlaxa vit tout cela alors que ses jambes pliaient sous lui, qu'un œil sanguinolent s'échappait de ses doigts sans vie et que l'armure hurlait ses messages de « dysfonction létale ». La main gauche de Tachine l'avait frappé à hauteur de cou sans que le carbex l'arrête, et lui avait broyé carotide et trachée. Le poing de Jdan avait visité l'intérieur de son abdomen avec la même facilité dévastatrice malgré l'horrible blessure de son orbite. Les genoux du Mécaniste cédèrent d'un coup. Avant de mourir, il eut juste la satisfaction d'écraser l'œil du mâle organique sous son poids. Une piètre compensation pour une débâcle que son armure seule put mesurer.

Quatorze des vingt Organiques avaient disparu par les fentes en cours de cicatrisation des parois de Turquoise. Derrière eux, ils ne laissaient que six cadavres, pour dix-neuf dépouilles mécanistes. S'ils venaient à l'apprendre, les Comices pourraient toujours se féliciter d'une aussi faible disproportion alors que l'AnimalVille s'en était mêlé. Mais que penseraient-ils de la débandade des survivants, se dispersant sans combattre et dans la confusion la plus complète à travers les galeries d'une Ville désormais hostile ?

CHAPITRE 8

Les Retrouvailles

L'intérieur du Zéro Plus résonnait de messages entrecroisés. À l'exception des hommes de faction dans les huit unités d'armement distribuées le long de la colonne vertébrale du scorpion, tout l'équipage se consacrait à la manœuvre orchestrée par l'Ingénieur et son Assistant. Sous le contrôle des chefs d'unité, on déploya les voiles de refroidissement.

Celles-ci se constituaient de capillaires micrométriques emplis d'un mélange d'azote liquide et de gel monomoléculaire. Lors du réchauffement, les capillaires gonflaient et s'étiraient pour former des structures proches des cristaux de neige. Le Zéro Plus se retrouva vite au centre d'un brouillard impalpable, scintillant d'un million d'arcs-en-ciel nés de la diffraction des radiations. La masse neigeuse s'épaississait autour des zones les plus chaudes. Sous l'effet des champs électriques engendrés par le bombardement de photons à haute énergie émis par l'étoile, de nouveaux sites de refroidissement se formaient à l'intérieur du cocon argenté dévidé par le vaisseau. La capacité d'absorption du dispositif était phénoménale au regard de l'expérience humaine. Mais, face au déferlement d'énergie du système binaire, il ne pouvait offrir que quelques minutes de répit.

Hualpa courait le risque de recevoir un excès de signaux, d'overdoser sous la pression des influx qui se déversaient directement dans son cerveau à travers la grille de pilotage neuronique. Le Zéro Plus volait au-delà de ses limites, dans la zone terrifiante où chaque membrure craque et se plaint de façon discordante, où les champs de force retiennent leur souffle en attendant de s'effondrer brutalement. Il sentait le vaisseau lutter pour conserver son intégrité. Le stade des alertes était dépassé depuis longtemps, les dispositifs qui lâchaient le faisaient sans bruit, sans même un soupir.

Pendant ce temps, l'étoile déchirait le silence du vide, au point de couvrir le bruit des moteurs.

Relayée par les senseurs du vaisseau, la conscience démultipliée de l'Ingénieur s'étendait aussi loin que portait son regard. Son corps réagissait à la présence de toute cette énergie enchevêtrée que les dispositifs du Zéro Plus s'épuisaient à esquiver. L'armure projetait des éclairs de feu dans les zones périphériques de sa vision. Il sentit des courts-circuits nerveux se produire dans son cerveau. Des flashs de souffrance remontaient de ses doigts ensanglantés. C'était l'essence même de l'univers qu'il tentait de harnacher, cette masse dévorante qui cherchait à se goinfrer jusqu'à l'explosion. Un mécanisme au-delà de la rupture, magnifique dans sa boulimie.

Tandis qu'Iztoatl passait au crible les données numériques des analyseurs, les yeux rivés sur la mosaïque des afficheurs lumineux, Hualpa volait dans l'espace, plongeant vers le cœur noir de l'étoile primaire, les bras tendus, les yeux grands ouverts pour se brûler encore plus.

– Les valeurs changent d'échelle à chaque seconde, lâcha Iztoatl entre ses dents serrées. Nous entrons dans la zone imprévisible !

– Accélérez le déploiement. Nous y sommes presque.

Dans le creuset de l'étoile dévoreuse, les réactions de fusion atteignaient leur paroxysme. L'analyse du spectre neutrinique du noyau central montrait une concentration d'éléments de plus en plus lourds. La proportion d'atomes de fer était critique.

Une cascade de surtensions dans un panneau de commande provoqua un début d'incendie dans le plafond. Les diffuseurs de mousse entrèrent en action avec un hululement lugubre et le poste de pilotage s'emplit d'une fumée à l'odeur âcre que les armures ne parvinrent pas à filtrer en totalité. C'était une puanteur familière, celle du combat à coups de rayons calorifiques, quand un projecteur ionique parvenait à percer les blindages de protection.

La prochaine odeur serait celle des morts.

Quand le Zéro Plus atteignit la zone de turbulence, une ligne de fracture régulière apparut le long de l'axe central. De part et d'autre de la cage, les unités autonomes de tissage se préparèrent à quitter la structure principale.

Le Zéro Plus se reconfigurait grâce à des blocs à mémoire de forme situés aux points de jonction principaux de la structure. Hualpa dériva une partie de l'énergie des moteurs vers les champs de protection externe et affecta le reste à la séparation. Il sentit le vaisseau se cabrer lorsqu'il le força à ralentir.

La dernière phase commençait. Les systèmes centraux de survie se déconnectèrent l'un après l'autre et les unités de contact optiques se rétractèrent dans leur logement. Les vérins de séparation coulissèrent le long des anneaux supraconducteurs. Chacune des pattes noires et luisantes s'arracha du corps dans un jaillissement de particules ionisées. Le cocon de protection se déchira; des ailettes de refroidissement se déployèrent à l'extrémité non protégée de chaque sous-ensemble et le vaisseau entama son ultime métamorphose.

La fracture centrale s'agrandit. Esquivant les langues de matière incandescente émises par l'étoile, Hualpa pianota la séquence de déverrouillage. Le choc de séparation le projeta en arrière. Ses doigts perdirent un instant le contact avec la table de pilotage et la souffrance de cet arrachement faillit lui faire perdre connaissance. Les dents serrées, il força ses paumes ensanglantées à se plaquer de nouveau contre les picots aiguisés et s'immergea dans le maelström.

Les tuyères secondaires crachèrent des jets de plasma énergisé que des tores électromagnétiques orientèrent le long des courants gravifiques pour hâter la séparation. Le Zéro Plus donna l'impression d'exploser. Un des segments de queue, déséquilibré par une panne des gyroscopes, partit en tournoyant, entraînant son équipage vers l'étoile.

– Corrigez! lança sèchement Hualpa. Activation des jets de réserve.

Un technicien s'étonna:

– Nous ne pourrons pas les récupérer si nous leur faisons gaspiller leur énergie dans...

– Corrigez !

Le bloc annelé, hérissé d'ailettes, oscillait dangereusement près de la frontière d'attraction de l'étoile primaire. Dans une tentative désespérée, toutes les unités de propulsion actives crachèrent un arc de plasma d'un blanc bleuté. Mais cela ne suffit pas à les arracher à l'impitoyable marée gravifique. Le bloc plongea en tournoyant vers le noyau.

Iztoatl prit sur lui d'annuler tous leurs dispositifs de survie. Leur agonie n'en serait que plus courte.

Soutenant Jdan, dont l'orbite vide commençait à puruler, Tachine pénétra la première dans Notre Mère. Les quinze artefactrices survivantes la rejoignirent par petits groupes, s'entraidant du mieux qu'elles pouvaient. Toutes étaient blessées, beaucoup mettraient plusieurs jours à effacer les traces physiques du combat – leurs personnalités en seraient définitivement altérées –, une seule était inconsciente et si proche de la mort que son embiote ne lui permettrait pas d'émerger avant deux, peut-être trois semaines. À part Jdan, aucun homme ne s'en était sorti. Ils n'avaient pas pris plus de risques que leurs compagnes ; simplement, par stupidité machiste, les Voltigeurs s'étaient acharnés contre eux. Cette même stupidité qui avait permis à Tachine de frapper mortellement Tlaxa, tandis qu'il se concentrait sur l'attaque de Jdan.

La Ville les guida jusqu'à la nef principale, où Gadjio et Nadiane les attendaient. Tecamac et Érythrée étaient invisibles.

– Où est ma fille ? s'inquiéta immédiatement Tachine.

– Lya nous a informés que le Nexarche subissait l'assaut d'une Voltige. Érythrée n'a pas voulu laisser Tecamac y aller seul.

Assise au pied du maître-autel, la Connectée était aussi livide que lors de la cérémonie des Retrouvailles, mais elle s'exprimait sans difficulté.

Nous la dopons avec la mémoire de Notre Mère. Pour l'instant, elle va mieux, mais son intérêt pour la vie s'enfuit à vue d'œil. Ta fille va bien. Tecamac la protège.

Marine semblait s'être trouvée une forme de maturité qui la rendait tranchante comme une lame.

Je veille sur mon père.

Tachine n'était pas sûre que ceci expliquait cela. La violence des événements devait participer pour beaucoup à la responsabilisation de la fillette.

Je commence à comprendre pourquoi tu n'aimes pas qu'on t'appelle Maman ! Tu sais, je suis morte il y a un moment et, même à l'état de fantôme, on grandit...

Dans d'autres circonstances, Tachine se fût excusée. Elle accompagna Jdan jusqu'à Gadjio et l'aida à s'allonger sur le banc que le Passeur occupait. Celui-ci releva à peine la tête, mais il eut une mimique de compréhension.

– C'est mon tour de prendre soin de lui.

Il se décala de quelques centimètres et souleva le crâne de Jdan avec une infinité de précautions pour lui offrir ses cuisses comme oreiller. Tachine s'efforça de le décontracter.

– Son œil repoussera en trois jours et l'embiote lui épargnera la douleur. Il a surtout besoin de repos. Je vais aller voir comment Érythrée et Tecamac se débrouillent et je m'offrirai ensuite une très longue cure de sommeil.

Elle s'éloigna du Passeur et entreprit de remonter l'allée marbrée de meurtrissures, consciente que la lourdeur qui ralentissait ses jambes n'était pas due à la fatigue physique. Elle n'était pas blessée – elle était même la seule artefactrice dans ce cas – et son embiote n'avait que peu puisé dans ses réserves énergétiques lorsqu'il avait dû accélérer son métabolisme. Par contre, sa gorge souffrait d'une boule imaginaire et son estomac lui envoyait des signaux de nausée. Des mensonges du subconscient que l'embiote était incapable d'effacer.

Érythrée et Tecamac s'en sortent très bien. Tu devrais t'asseoir un moment.

« C'est ma fille, Turquoise ! »

Ta fille vient de tuer son troisième Mécaniste en moins de vingt minutes, et Tecamac est si rapide qu'aucun des treize Voltigeurs qu'il a occis dans le même temps n'a pu le toucher. Les alentours du

Nexarche sont libres et j'ai enfermé les Mécanistes survivants dans un labyrinthe tridimensionnel dont ils ne sont pas près de s'échapper ! Ta fille ramène le Charon ici.

Au passage, rien ne l'obligeait à affronter son dernier adversaire. Simplement elle ne voulait pas que Tecamac assume seul cette boucherie.

« Bon sang ! Que veut-elle prouver ? »

La réplique vint de Notre Mère:

Que les Mécanistes ne sont pas les seuls à pouvoir transcender leurs valeurs et leur culture pour servir l'humanité.

« Pas *les*, mais *un* Mécaniste, un seul ! »

Et une seule artefactrice, j'ai bien compris, mais ce n'est pas à ton honneur. Par ailleurs, tu te trompes. Tecamac est ce qu'il est parce que son précepteur l'a éduqué ainsi et parce qu'il a croisé le chemin d'autres Mécanistes qui ne considèrent pas le Mécanisme comme une fin en soi. Pas plus que Turquoise, Girasol, Lapis Lazuli ou moi ne considérons que l'animalité et l'humanité soient mutuellement exclusives. Pendant quelques minutes, deux Villes, des Originels, des Connectés, un Mécaniste et au moins une Organique ont collaboré. C'est exactement ce qu'Érythrée est venue chercher autour de la supernova. Elle ne veut tout simplement pas que ça s'arrête. Je suis sûr que tu peux comprendre ça.

Tachine se décida à s'asseoir. Il lui semblait que Notre Mère venait d'avouer que des Villes – peut-être en très petit nombre, mais dont elle connaissait certaines intimement – nourrissaient des projets similaires à ceux de Contre-Ut. Peut-être même étaient-elles à l'origine de l'investissement d'Érythrée ou l'avaient-elles encouragé ?

Ce serait plutôt le contraire. L'enthousiasme de ta fille est assez contagieux. (Ça, c'était Turquoise.) *Toutefois, nos motivations sont moins nobles et nos préoccupations plus limitées. Je cherche d'abord à sauver ce qui peut l'être de ces Retrouvailles si mal commencées. C'est pour ça qu'Érythrée ramène le Charon ici afin que nous puissions l'interroger tous ensemble.*

Le système KDT était situé suffisamment loin du cœur de la galaxie pour que la densité d'étoiles apparentes soit faible. Mais l'effondrement de l'étoile primaire créait un effet de lentille gravitationnelle tel que la voûte céleste semblait s'emplir de points brillants. C'était comme si toutes les étoiles de l'univers avaient décidé de se regrouper autour de leur sœur mourante; l'univers se repliait sous son propre poids, multipliant les échos lumineux.

L'effet était terrifiant. D'un côté, les jets de gaz brûlants tendaient leurs filets destructeurs vers ce qui restait du Zéro Plus. De l'autre, un raz-de-marée de lumière semblait se diriger vers eux. Hualpa comprit soudain pourquoi le Ban ne fonctionnait plus à l'approche des supernovæ. Même si l'univers n'était qu'une poche minuscule emplie de mirages, on pouvait plonger le regard dans les profondeurs du ciel et en retirer une illusion d'infini. Sauf à cet instant précis. Tous les lieux se rassemblaient en un même point, la membrane fragile du firmament se repliait sur eux. Et ils étaient au cœur du maelström.

– Premiers signes d'instabilité, annonça Iztoatl d'une voix tendue. Paramètres en hausse, accélération du tassement des couches superficielles. Le diamètre apparent se réduit, disruption de l'activité convective à la surface. Les ondes de choc de grande amplitude se formeront bientôt. Temps estimé avant la phase de fer: deux kilosecondes.

Et il ajouta, à mi-voix, comme s'il avait peur de rompre le charme:

– Les écrans tiennent toujours.

– Déploiement du voile de confinement dans cent vingt secondes, énonça Hualpa.

Puis il orienta les tuyères du corps de commandement suivant une trajectoire qui le conduirait de l'autre côté de l'étoile primaire, séparé d'elle par son étoile compagnon. Le Zéro Plus avait perdu près de la moitié de sa masse et plus des deux tiers de sa puissance motrice. Les champs de protection multiphasés peinaient sous le bombardement incessant des particules. Pourtant, le vaisseau tenait bon. Hualpa le sentait se tordre sous ses doigts. Il entendait craquer ses membrures, percevait chaque arrachement de rivet comme un coup au plexus. Les effets des courants gravifiques étaient mal compensés par les générateurs de contrechamp. Les battements du cœur stellaire sur le point d'exploser étaient instables. Mais le Zéro Plus tenait.

Les éclats cylindriques du vaisseau étaient au nombre de trente-six. Deux d'entre eux étaient déjà perdus. Le premier s'enfonçait vers le cœur magmatique de l'étoile; le second, englouti par une langue de matière en surfusion, ne répondait plus aux messages et s'éloignait en suivant une trajectoire erratique. Une traînée de particules ionisées se forma dans son sillage. Les cris des intelligences artificielles de pilotage se noyèrent dans les parasites, puis le cylindre disparut dans une explosion de métal.

Les autres segments se déployèrent autour du noyau central en formant une cage icosaédrique. À l'intérieur des chambres de tissage situées à chaque extrémité du cylindre, des grappes de nanones Connectées étaient soumises à un bombardement d'énergie calibrée avec soin, dans un environnement saturé de gallium et de titane. Les nanomachines primitives avaient commencé à collaborer. Une toile d'épaisseur infinitésimale se formait, couche après couche, au rythme de leur progression. Chaque nanone fabriquait des pièges magnétiques où venaient s'encastrer des atomes de gallium. Autour des cristaux semi-fluides ainsi formés se déposait une enveloppe de titane pur.

Dès qu'un fil assez long était disponible, des nanones d'un type plus élaboré le noyait dans une gaine de protection refroidie à l'azote, avant de le nouer en rosace tridimensionnelle et de l'entrelacer aux autres. La toile obtenue se constituait d'un matériau multicouche à surface fractale conçu pour réfléchir une partie du flux de neutrinos de l'étoile. Elle était si fragile qu'elle ne pouvait être manipulée directement, sous peine de se déchirer. Des bras magnétisés la repliaient avec douceur, sans la toucher, et l'enroulaient autour des capillaires de déploiement, en attendant l'ordre de largage.

La phase préliminaire du tissage avait commencé beaucoup plus tôt. Les nanomachines récupérées dans le Nexarche s'étaient d'abord multipliées comme leur tropisme de base le leur commandait. Leur niveau de croissance était contrôlé par la proportion d'ultraviolets dans la lumière qui les baignait – la longueur d'onde de 177 angströms était la clef de leur développement. L'atmosphère de chaque chambre de tissage était envahie d'une soupe épaisse de nanones qui s'échangeaient des particules d'information à chaque collision.

Quand le niveau de saturation franchit la barre fatidique, une révolution se mit doucement en place. Sans qu'aucun des capteurs installés dans les chambres puisse s'en apercevoir.

Chaque nanone isolé cessa de se comporter comme un univers à lui seul. Il devint partiellement conscient de l'existence des autres et commença à *collaborer*. Il continua à accomplir ce pourquoi il était conçu – il n'y avait aucun moyen de changer cela – mais il le fit de façon organisée, structurée, réfléchie, ainsi que les Connectés l'avaient désiré.

Les nanomachines commencèrent à améliorer la toile de base pour la rendre plus solide. Afin de renforcer l'efficacité des pièges à neutrinos, elles doublèrent chaque fil d'un autre fil torsadé en hélice. Elles rajoutèrent une couche supplémentaire à la toile, sans cesser de se multiplier. La vitesse de tissage s'accrut légèrement pour compenser ces modifications, que les capteurs grossiers installés dans les chambres ne parvinrent pas à détecter. Un grand nombre de nanones de réparation se laissèrent enfermer dans les nœuds de la trame afin d'être prêts à intervenir.

À l'intérieur de chaque module, un Mécaniste entra en agonie. Cela avait été modélisé. Les champs-boucliers des sous-ensembles du Zéro Plus étaient trop minces pour réverbérer la totalité des radiations létales. La température à l'intérieur des postes de commandement augmentait à chaque seconde et le surcroît de protection fourni à la chair par le carbex ne pouvait que retarder l'échéance. Les trente-deux techniciens enfermés dans leurs bulles de vaisseau étaient gavés de drogues inhibitrices bloquant les messages de douleur au niveau de la moelle épinière. Les armures contrôlaient leurs spasmes tandis qu'ils surveillaient le bon déroulement du tissage, sans un regard pour les soubresauts de la couronne extérieure qui allait bientôt les engloutir. Les noyaux de souffrance qui naissaient au niveau de leurs pommettes, dont les veines éclataient en taches violettes, ou de leurs yeux transpercés par des particules à haute énergie étaient impitoyablement ignorés.

Amputé de ses membres tentaculaires, le cœur du Zéro Plus disparut en direction de l'étoile compagnon qui lui servait de bouclier. Les modules étaient désormais plongés dans un océan de lumière et de bruit blanc qui saturait les capteurs extérieurs et rendait toute communication impossible. Les intelligences castrées du bord perdirent peu à peu la raison lorsque leurs circuits de redondance et d'autocontrôle fondirent sous le bombardement incessant des particules. Certaines cessèrent d'émettre, d'autres se contentèrent de hurler à la mort jusqu'à ce qu'on les déconnecte.

Les pilotes étaient abandonnés à eux-mêmes. Ils devaient rectifier leur position dans l'espace sans le moindre repère, en économisant le carburant. Le noyau autour duquel ils s'étaient satellisés ne mesurait que quelques milliers de kilomètres de diamètre mais sa frontière était floue. Les modules dansaient sur les courants d'énergie et se laissaient peu à peu déporter vers le centre du tourbillon.

Insensible à leur destin, le tissage s'accélérait.

Les voiles furent prêtes bien avant l'instant prévu, mais il ne subsistait plus à bord d'intelligences capables de s'en étonner. Au fond des yeux calcinés par les radiations ne brillait plus qu'une étincelle proche de la folie. Les corps maltraités au-delà de l'inacceptable n'aspiraient qu'à mourir. Chacun à leur tour, sans se soucier du planning de largage minuté avec soin, les Mécanistes déclenchèrent le compte à rebours qui éjecta l'opercule des salles de tissage et lança le déploiement des voiles.

Ceux qui le pouvaient encore surveillèrent le lent dépliement des mâts de nanotubes surcompressés noyés dans un gel de graphite, au bout desquels des senseurs de proximité tâtonnaient sur toutes les fréquences à la recherche les uns des autres. Les fragments de toile d'un gris moiré s'étirèrent dans le vide à la façon d'ailes de chauves-souris et se gonflèrent sous le vent solaire. Les modules se stabilisèrent tout autour de l'étoile, aux points nodaux de l'enveloppe ainsi formée.

Puis, lorsque les voiles furent totalement déployées, les techniciens sacrifiés donnèrent le signal de leur propre extinction. Les armures les broyèrent, sans fioritures inutiles. Elles évacuèrent les résidus organiques et se préparèrent à attendre.

Dans la salle de commandes secondaire, le seul commentaire de Sletloc fut :

– Nous avons réussi.

Il était temps de regagner la salle de commandes principale et d'offrir sa chance à l'Ingénieur de ce magnifique projet.

Voici ta fille, annonça Notre Mère.

Les Organiques rassemblés dans la nef réagirent à la vue de la silhouette noire de Tecamac, qui fermait la marche. D'une interjection sèche, Érythrée rétablit un semblant de calme avant de chercher sa mère des yeux. Elles échangèrent un salut muet, chargé de la promesse d'explosions à venir, puis la jeune fille redressa le Charon qu'elle transportait en travers de ses épaules et lança d'un ton désinvolte :

– Je le mets où ?

Près de la Connectée, lui répondit Notre Mère. *Je vais avoir besoin d'elle pour relayer son frère.*

Ils installèrent le vieillard inconscient sur un matelas de chasubles défraîchies. L'exosquelette, empêtré sous plusieurs épaisseurs de broderies, ne risquait plus de blesser l'épiderme de la Ville albinos déjà meurtri par les combats. Un nuage de poussière qui sentait la myrrhe et le détergent irrita les narines sensibles de Nadiane.

Le teint du Charon était cireux. L'hématome de sa tempe s'était à peine résorbé, laissant une trace livide près de son oreille. Les drogues nanoactives injectées par le rack médical du Nexarche comportaient des traceurs colorés sous-cutanés mais le diagnostic était difficile à déchiffrer sur la peau tavelée du vieillard. Érythrée, qui le monitorait, secoua la tête d'un air dégoûté.

– Même s'il tient le coup plus de deux phrases, je doute qu'il se montre très coopératif.

C'est Gadjio qui conduira l'entretien, annonça Notre Mère.

Le Passeur eut un mouvement de recul.

– Il ne me répondra pas.

Tu as créé sa personæ. Il te parlera.

– Je ne sais même pas quoi lui demander.

Mets-le seulement en confiance. Joanelis l'interrogera par l'entremise de sa sœur.

D'expérience, Gadjio savait qu'il ne servait à rien de discuter avec Notre Mère quand elle avait pris une décision. Il se tut. Nadiane, qui s'était écartée de l'autel pour échapper au contact du vieillard, s'en rapprocha de deux pas.

– Joanelis ? Mais…

Je ne connais pas ton frère, sinon par l'image que tu as de lui, mais je pense ne vexer personne en affirmant qu'il serait dommage de se priver de ses capacités d'analyse et de synthèse. Bien sûr, je ne peux pas le simuler comme Lya le fait, mais je peux relayer ce qu'elle transmet en me servant de ton flagelle. J'ai seulement besoin du contact de ton dos. Si tu ne veux pas t'installer trop près du Charon, appuie-toi contre le pilier à gauche de l'autel.

Nadiane contourna le vieillard et s'adossa contre le pilier que désignait la Ville albinos. Aussitôt celui-ci tiédit et se mit à vibrer, puis de petites boules de chair durcie se mirent à rouler entre les omoplates de la jeune femme, la massant doucement depuis la nuque jusqu'au sommet de son appendice caudal. Nadiane frissonna et se laissa emporter par le bien être que lui diffusait la Ville. Elle sentit à peine la chair s'ouvrir pour emprisonner son flagelle.

Ça va, petite sœur ?

– Il revient à lui, annonça Érythrée en retirant précipitamment sa main du front du Charon. Gadjio, approchez-vous.

Le Passeur s'exécuta mollement.

– Bon sang ! Vous avez peur qu'il vous morde ? Ayez un peu de compassion ! Il va mourir ! Prenez-lui la main, souriez-lui… je ne sais pas, quoi… soyez humain.

La colère de l'Organique ne toucha pas Gadjio. Il s'assit tout contre le vieillard et enferma une de ses mains décharnées dans les siennes. Aussitôt Koriana se redressa et, d'une voix chargée de haine croassa :

– Sletloc ! Traître d'Armurier maudit !

Ses yeux béants fixaient Gadjio sans le voir.

– Maudit ! répéta-t-il.

Comme sa main libre se levait sans force vers lui dans un geste menaçant, le Passeur se décida à parler :

– Sletloc a quitté Turquoise, Charon.

Les yeux du vieillard se plissèrent. Il dévisagea Gadjio puis regarda autour de lui. Ce qu'il vit ne sembla pas éveiller le moindre intérêt en lui.

– Vous êtes en sécurité, reprit Gadjio. Tlaxa est mort ainsi que la plupart des Mécanistes. Nous contrôlons les…

– En sécurité, ha ! (Janos Koriana braqua sur lui un regard empli d'un mépris incommensurable.) Vous avez laissé Sletloc s'enfuir et vous croyez contrôler la situation ? Mais Sletloc vous a déjà vaincus, pauvres fous que vous êtes ! Et maintenant, il s'en prend à l'étoile !

Il éclata d'un rire dément, mais une quinte de toux secoua sa carcasse avachie et il cracha plusieurs fois avant de retrouver sa respiration. Alors il releva la tête et daigna cette fois reconnaître Gadjio pour ce qu'il était.

– Je garde mes malédictions pour toi, Passeur. On m'a dit que l'armure que tu portes te dévore, je la sens grouiller contre ta peau et je m'en réjouis.

– Vous auriez pu être à sa place, intervint Érythrée. Qu'aviez-vous donc de si précieux à offrir en échange de ce piège de carbex ?

Koriana renifla.

– Tu es transparente, jeune fille… et moi, je vais mourir. Pourquoi gaspillerai-je le peu de temps qu'il me reste à te répondre ?

– Pour ne pas être seul ? suggéra tranquillement Érythrée. Pour vous venger de Sletloc ? Par haine de vous-même ? Que sais-je ?

– Ha !

– Pour ne rien emporter avec vous, laissa tomber Gadjio.

Il reposa avec précaution la main du vieillard sur ses jambes et s'efforça de le regarder au plus profond de lui-même.

– Je ne peux vous offrir que le silence. Je vous ai volé sans l'avoir voulu et j'ai accouché de votre personæ sans vous avoir vraiment connu. Quand vous nous aurez dit ce que Sletloc prépare, vous pourrez partir aussi nu que vous l'avez souhaité. Je me chargerai d'effacer vos traces.

– Vous ne m'avez jamais vraiment trahi, c'est cela ?

– Il aurait fallu que je vous comprenne.

Le vieillard ferma les yeux. Un râle caverneux monta de sa poitrine.

– Les Mécanistes m'ont acheté le moyen de reconfigurer le Ban à leur seul usage. Tu es content, Passeur ?

Tachine lâcha une exclamation d'incrédulité et Turquoise se manifesta enfin :

C'est exactement ce que je craignais.

Tu ne le crois pas ? émit-il vers Tachine. *Moi si. La mission du Zéro Plus est de désynchroniser le Ban en se servant de la singularité engendrée par la supernova. Cela nous empêchera de voyager d'un aleph à l'autre comme nous savons le faire et l'univers tout entier deviendra le terrain de chasse des Mécanistes.*

L'espace de dix secondes, le cerveau de Tachine fut incapable d'émettre la moindre pensée cohérente. Elle s'efforça à respirer lentement pour en retrouver l'usage. Puis elle se contrôla jusqu'à pouvoir énoncer, l'esprit calme :

« Ce n'est pas la meilleure nouvelle que j'aie jamais entendue. »

Ce n'est pas la pire.

Elle n'avait aucune idée de ce qui pouvait être pire qu'un monopole mécaniste du voyage instantané et ne tenait guère à l'apprendre, mais Turquoise ne lui laissa pas le choix.

Les Mécanistes n'ont pas pu réaliser leur plan tout seuls. Les Villes en portent partiellement la responsabilité – au moins l'une d'entre elles. Et je crains de savoir laquelle.

Nadiane suivait l'échange sans y comprendre grand-chose, mais l'urgence dans le ton de l'AnimalVille la secoua. Depuis le début, les options disponibles étaient en trop petit nombre pour qu'elle se sente réellement libre de ses choix.

J'ai besoin d'informations complémentaires, émit Joanelis. *Tu peux relayer ? J'essaie d'analyser en temps réel mais je manque de puissance.*

Les quelques Organiques rassemblés autour du Charon le contemplaient d'un air horrifié. Gadjio se servait d'une manche de chasuble pour s'essuyer le front, inconscient de l'image qu'il offrait. Nadiane se glissa jusqu'à lui et son flagelle se tendit vers le vieillard.

– Vous en avez trop dit, ou pas assez. Qu'est-ce que les Mécanistes savent qui les rend capables de s'attaquer au Ban ?

– Je leur ai simplement appris que l'univers est fini. Ce n'est qu'un simulacre, un ballon froissé d'un diamètre minuscule, même s'il paraît gigantesque à notre pauvre échelle humaine. L'illusion d'immensité naît des déformations de la structure de l'espace, des mirages gravitationnels…

« J'ai fait travailler mes savants sur ce problème pendant des décennies, s'anima le vieillard. Ils ont bâti le modèle dynamique de la réalité, ils ont modélisé le Ban comme un ensemble de singularités, chacune avec sa propre fréquence. Les fameux alephs. Imaginez une grille tridimensionnelle à peu près régulière qui remplirait l'univers. À chaque nœud un aleph, comme une voix qui chante dans la nuit. Pour passer d'un nœud à l'autre, il suffit de vibrer à l'unisson de la fréquence d'arrivée. Simple quand on est une Ville et impossible quand on est un Mécaniste. C'est pour ça qu'ils vont casser ce magnifique jouet qu'ils ne peuvent pas utiliser.

« Tu sais que c'est vrai, hein, Turquoise ? Chaque étoile qui s'effondre pour former une supernova crée une tension locale telle qu'elle avale le Ban. Puis celui-ci se redéplie au moment de l'explosion. Mais si on perturbe l'explosion, si on canalise l'essentiel de l'énergie produite dans une seule direction grâce à une toile nanotissée avec un grand trou au milieu, on obtient un Ban mal déplié dont les Villes ne peuvent plus se servir.

« Voilà ce qui vous attend : un univers trop petit où vous ne pourrez vous cacher nulle part.

Les gens de Symbiase ont fourni au Mécanisme leurs dernières générations de nanones tisseurs, émit Joanelis. *Ils sont en train d'envelopper le noyau de l'étoile primaire dans une toile réverbérante.*

– Je confirme, dit Nadiane.

À l'arrière-plan de son esprit, la plainte de l'étoile mourante relayée par Notre Mère avait un effet curieusement hypnotique. Joanelis s'était retiré pour analyser ce dont il disposait – il avait effectué ses propres recherches sur la structure de l'univers durant la série de sauts qui les avait conduits ici. Livrée à elle-même, la Connectée regardait le Charon dont le visage se marbrait de tâches bleuâtres. Elle fut la seule à voir les traceurs colorés de sa tempe virer brutalement au rouge.

La mort, comme une mer, envahit son cerveau. Gadjio sentit le souffle du vieillard s'éteindre, tandis que les bras décharnés l'étreignaient dans un dernier spasme. Son armure fut saisie de panique. Elle tenta désespérément de recueillir l'agonie du Charon avant de renoncer, frustrée. Il lui ferma les yeux et laissa retomber le corps au milieu des chasubles. Autour de lui, les regards que s'échangeaient les Organiques étaient emplis de panique. Tachine fut la première à réagir :

– Nous devons arrêter Sletloc et nous ne pouvons le faire qu'avec ton aide, lança-t-elle à Turquoise. Le troupeau peut-il attaquer le Zéro Plus ?

Non. Je ne le convaincrai pas de rompre la trêve avant que l'étoile n'explose.

– Et toi ?

Quoi, moi ? Tu veux que je me lance à l'assaut d'un appareil de guerre avec vous dans mes entrailles ? Réfléchis un peu, Tachine. Si la toile est déjà déployée, nous pouvons seulement espérer qu'elle soit inopérante.

– Tu comptes aussi sur ma fille pour te débarrasser des Mécanistes qui encombrent tes couloirs ?

Inutile de persifler. Je partage en partie le sentiment d'Érythrée.

J'étais là lors des précédentes Retrouvailles et l'énergie de la supernova m'a rendue sourde au Ban durant des semaines. Sletloc n'est qu'un humain. C'est sans doute insuffisant face à une étoile. Et, Tachine…

– Oui ?

Il n'y a plus de Mécanistes vivants dans mes couloirs.

Je suis de retour, transmit Joanelis.

« *Information : Ce qu'a dit le Charon au sujet du Ban recoupe ce que Symbiase supposait. Le plan mécaniste peut réussir, même si leur probabilité de succès est impossible à évaluer. Je ne dispose plus d'assez de puissance pour simuler une supernova.*

« *Information : Les nanones dont se servent les Mécanistes sont d'un type différent de ce qu'ils attendaient. Leurs tropismes de collaboration donneront des résultats imprévisibles. Ils peuvent faire échouer le plan mécaniste. C'est la seule chance qui nous reste.*

« *Déduction : Nous devons empêcher Sletloc d'intervenir dans le développement de la toile, ce qu'il tentera probablement de faire dès qu'il découvrira qu'elle n'évolue pas comme prévu.*

– L'empêcher comment ? se hérissa Tachine.

Lya dispose des codes de verrouillage des armures mécanistes. Si elle parvient assez près du Zéro Plus, elle est capable d'infiltrer leurs intelligences de bord et de paralyser tout l'équipage.

– Non, murmura Nadiane. Ne m'envoie pas là-bas, grand frère, ne me demande pas ça. Je t'en prie. Il doit y avoir une autre solution !

Les secondes qui suivirent l'étourdirent de silence. À l'autre bout de son flagelle, les sentiments de Joanelis n'étaient plus que des approximations grossières, hachées. Pour survivre, la simulation de son frère avait dû renoncer à trop de choses et s'auto-effacer presque en totalité. Sans doute ne se souvenait-il même plus qu'il l'aimait.

Lorsque Tecamac tendit gauchement une main vers son épaule, la jeune fille se raidit en fermant les yeux. Puis elle se laissa glisser sur le sol de chair translucide qui se creusa pour l'accueillir.

Dépêchez-vous de la ramener à bord, dit Joanelis. *Il nous reste vraiment peu de temps.*

Quand Sletloc entra dans la salle de commandes principale, accompagné de Chetelpec, Hualpa comprit qu'il avait trop attendu. Il ne retira toutefois pas ses mains de la table de pilotage, il atténua simplement le flux de données que les picots déversaient dans le carbex sous ses doigts. À ses côtés, Iztoatl fit de même.

– Si vous le permettez, Ingénieur, je vais vous relayer.

Aucune menace dans le timbre de voix de l'Armurier, c'était inutile. Il ne demandait pas, il proposait. Quelque chose comme un arrangement à l'amiable.

– Nous sommes dans la phase la plus délicate de notre manœuvre, Armurier. La phase finale. La moindre erreur serait fatale à l'ensemble du projet.

Sletloc sourit.

– J'ai suivi tout le déploiement depuis la salle de commandes secondaire, Ingénieur. Je vous adresse d'ailleurs mes plus vives félicitations. La manœuvre comme la préparation étaient parfaites. Je suis aussi très sensible à votre souci de prolonger cette perfection jusqu'à son achèvement et je ne doute pas que vous y réussiriez à merveille. Je puis d'ailleurs vous garantir que j'entends bien vous faire honneur et je vous assure que je ne fais *jamais* d'erreur, particulièrement en ce qui concerne le matériau humain.

Ce n'était toujours pas une menace, mais l'avertissement était à peine voilé. Le terrain devenait glissant et Hualpa commençait à y prendre un plaisir rageur.

– J'entends bien, Armurier. Cependant le Zéro Plus ne se comporte pas comme un *être* humain.

– Vous avez parfaitement raison, Ingénieur. Diriez-vous plutôt qu'il se comporte exactement comme une armure ?

Sletloc ne se vantait pas : il maniait parfaitement la psychologie humaine. Hualpa ne pouvait pas lui répondre sans se mettre en porte-à-faux, aussi laissa-t-il l'Armurier revenir à la charge.

– Car c'est bien dans cet esprit que vous avez conçu le Zéro Plus, n'est-ce pas, Ingénieur ?

– Je l'ai conçu selon le cahier des charges voté par les Comices, en tous points.

Hualpa ferma les yeux. Il aurait presque pu faire la réplique de Sletloc à sa place.

– Les Comices voulaient une armure à la taille du Mécanisme. Croyez-moi, c'est exactement ce que vous leur avez offert. Et ce n'est pas le moins habile des Armuriers qui vous le dit !

Il s'approcha de la table de pilotage et tendit une main au-dessus de celles de l'Ingénieur.

– D'Armurier à Armurier, vous permettez ?

Il n'existait qu'une alternative. Le Zéro Plus pouvait poursuivre sa mission en roue libre pendant six, peut-être sept minutes. Hualpa ordonna aux I.A. de dériver le contrôle interne du vaisseau vers la table de pilotage. Ensuite, très rapidement, il isola la salle de commandes et verrouilla tous les sas de sécurité. Contre son épaule, il sentit l'approbation d'Iztoatl.

– Vous n'êtes pas qualifié, égrena-t-il calmement.

Sletloc se recula brusquement, comme s'il était vexé qu'on mît ses compétences en doute. Hualpa chercha à le localiser, ainsi que Chetelpec, sur la grille figurant le sol du poste de pilotage. Il ne se faisait aucune illusion sur l'issue d'une rixe entre le vieux Maître, l'Armurier, Iztoatl et lui-même. L'armure de Sletloc était du même carbex que celle de Tecamac et, malgré son âge, Chetelpec serait venu à bout de tous les techniciens et assistants présents dans la pièce en quelques secondes. Il était de loin préférable de piéger leurs armures dans un champ électromagnétique. Et si les deux hommes en mouraient, cela épargnerait aux techniciens d'avoir à choisir leur camp.

– Vous m'obligez déjà à insister, revint à la charge l'Armurier. Ne me forcez pas à vous rappeler nos prérogatives réciproques.

C'était une erreur, Hualpa s'en saisit immédiatement :

– Nous en avons déjà parlé. Vous dirigez la mission, je commande le vaisseau. Ayons la sagesse de ne pas nous prétendre mieux éclairés que les Comices ayant défini les rôles de chacun.

Il retint un cri de victoire. Il était parvenu à verrouiller Chetelpec et Sletloc dans deux microvortex électromagnétiques du plancher. S'ils bougeaient, les vortex les suivraient comme leurs ombres. S'ils devenaient menaçants, Hualpa n'aurait qu'à ordonner leur amplification.

– Vous avez accompli votre travail, Ingénieur. Le Zéro Plus est en place, la Toile est déployée. Laissez-moi donc accomplir le mien et conduire notre mission jusqu'à son terme.

Enfin sûr de lui, Hualpa ne s'embarrassa pas de fioritures :

– Sletloc, cessons ces simagrées, voulez-vous ? Nous savons tous ici que ce ne sont pas les Comices qui vous ont mandaté, mais la Caste des Armuriers qui vous a imposé aux Comices. Voilà pour vos prérogatives. Quant à vos compétences…

Sletloc l'interrompit sans hausser la voix :

– Je suis au regret de vous relever de vos fonctions de commandement, Ingénieur Hualpa, et je vous prie de quitter incessamment le poste de pilotage. Il va de soi que vous n'aurez pas accès au poste secondaire.

Comme l'Ingénieur ne bougeait pas, l'Armurier se tourna vers Chetelpec.

– Maître Chetelpec, je vous serai reconnaissant de conduire l'Ingénieur à sa cabine.

Chetelpec fit deux pas en avant. Hualpa envoya l'ordre d'amplification. Chetelpec continua à marcher sur lui, tandis que les contre-mesures de son armure déjouaient les efforts du vortex censé l'immobiliser. Sletloc s'approcha et se plaça juste derrière l'Ingénieur et son Assistant. Puis il posa une main sur l'épaule de chacun d'eux. À haute et intelligible voix, il dit :

– Je suis désolé que nous en arrivions là.

Hualpa était blême. Par le canal intime du carbex, SLETLOC cracha :

Quelle piteuse mutinerie ! Sans préparation, sans plan, sans objectif ! Qu'espériez-vous ? Que je vous laisse faire ? Car vous refusiez d'y croire mais vous saviez parfaitement que je vous surveillais seconde par seconde ! Et vous auriez dû vous douter que je contrôlais la totalité du vaisseau ! Je pourrais vous pardonner votre naïveté et votre absence de jugeote, mais pas votre prétention. Cette arrogance qui vous autorise à croire que le Mécanisme a besoin de vous alors que vous n'avez aucun projet pour lui. Cette fatuité avec laquelle vous jugez ceux qui lui consacrent leurs existences. Pour ces vanités, je vous méprise. Pour le reste, je vous plains. Être aussi brillant que vous l'êtes, Hualpa, et n'avoir aucun sens du relief, aucune vision d'ensemble ! Être aussi intelligent que vous l'êtes, Iztoatl, et n'avoir aucune imagination et aucun désir de créer ! Rassurez-vous, la dernière fois je vous ai tués un peu vite. Cette fois, vous aurez le temps de méditer tout cela, car je compte bien vous présenter devant les Comices. Il n'appartient plus qu'à vous de déterminer si ce sera en tant que traîtres ou en tant que héros.

Quand Chetelpec eut emmené l'Ingénieur et son Assistant vers le réduit que l'Armurier avait choisi pour les enfermer, celui-ci plongea les doigts dans les picots de la table de pilotage. Il ne lui fallut qu'un millième de seconde pour défaire ce que Hualpa avait fait et revenir sur la gestion externe du Zéro Plus. La sensation de vertige qui l'assaillit lui procura une joie intense. Il n'en profita qu'un court instant et s'enfonça dans le dédale des informations que lui communiquait le vaisseau.

Les capteurs à spectre large et les analyseurs de champs magnétiques étaient couplés à des détecteurs neutriniques pour surveiller l'évolution de l'étoile, même s'ils n'étaient pas conçus pour suivre en temps réel la progression d'une structure aussi impalpable que la Toile. Sous l'afflux d'énergie, celle-ci se développait à la façon des flocons de neige, en faisant croître des micro-aiguilles de gallium sur la face obscure. Les vagues de radiations détruisaient les couches externes de nanones mais les survivants cannibalisaient les microscopiques cadavres et s'autoreproduisaient aussi vite qu'ils le pouvaient.

Seconde après seconde, la Toile s'épaississait.

À l'intérieur de l'espace ainsi confiné, le bouillonnement stellaire avait changé de nature. D'énormes bulles crevaient la surface boursouflée de l'étoile, au ralenti. Des éruptions locales projetaient des gouttelettes incandescentes qui demeuraient un instant suspendues comme de minuscules soleils avant de retomber. Les couleurs ne signifiaient plus rien. Le spectre des radiations s'étendait bien au-delà du visible et ce coin particulier d'univers hurlait sur toutes les fréquences à la fois.

Les premières ondes gravitationnelles atteignirent la couronne extérieure. Enfermé dans la sphère de simulation globale, Sletloc écoutait le cœur de l'étoile primaire battre au rythme de son effondrement. Les palpitations gravifiques étaient converties par les intelligences artificielles en voix murmurantes, graves ou haut perchées, dont le chœur discordant accompagnait l'agonie.

Sletloc sentit que les voix étaient en train de s'harmoniser. Entouré d'images reconstituées en fausses couleurs, par-dessus lesquelles la Toile était redessinée comme une sphère quasi parfaite avec un trou exactement centré au-dessus du pôle externe, il avait l'illusion d'orchestrer la mort de l'étoile et s'en réjouissait. Aucun guerrier avant lui n'avait affronté un tel adversaire.

À l'extérieur, la réalité était totalement différente.

La Toile, imparfaitement gonflée, oscillait lentement sur elle-même. Le trou créé par l'absence de mâts de renforts structurels était en train de se résorber. À la frontière, les nanones proliféraient de façon anarchique et lançaient de fragiles filaments dans l'espace, vers l'autre bord. Ces filaments croissaient sans cesse, répétant inlassablement, génération après génération, leur leitmotiv de nanones ambassadeurs.

Les Villes se rapprochaient du cœur de l'étoile primaire. Le Zéro Plus triomphait, enfermé dans la fausse sécurité de ses écrans. Malgré les simulations élaborées, les stratégies et les plans, plus personne ne maîtrisait quoi que ce soit.

CHAPITRE 9

Les Retrouvailles

Tecamac portait Nadiane en travers de ses bras nus. Le carbex avait reflué pour former des replis dans son dos. Les jambes interminables de la jeune fille étaient plaquées contre sa poitrine. Elle avait enfoui son visage au creux de son coude, dans un geste de bébé, et sa respiration lente s'accompagnait de petits bruits de succion. Le flagelle inutile était lové contre ses fesses.

Turquoise les conduisit par le chemin le plus court jusqu'au Nexarche. Au-delà de la tige violacée du Beffroi, l'opercule translucide qui les séparait de l'espace montrait un spectacle de fin du monde. Le ciel s'était refermé comme un couvercle de mercure sur les alentours du système binaire. Les courants turbulents qui agitaient l'espace rassemblaient les Villes en masses désordonnées qui s'amarraient l'une à l'autre comme des radeaux.

Il n'y avait plus d'horizon, plus la moindre illusion d'infini. L'étoile primaire elle-même était enveloppée d'un cocon réfléchissant qui en brouillait les contours. La Toile continuait de s'épaissir malgré les brutales variations de température et les jets à haute pression qui jaillissaient de la photosphère. Sous l'afflux d'énergie qui perturbait leurs programmes, les nanones se reproduisaient en exemplaires dégradés, à la durée de vie trop courte pour continuer le tissage. Mais les cadavres s'empilaient en couches épaisses qui renforçaient les pièges à neutrinos. Le plan mécaniste avait trop bien réussi…

Une onde de choc, si violente que ses effets étaient visibles à l'œil nu, se propagea dans l'axe médian du système binaire, mais la Toile encaissa le choc sans se déchirer. Le trou équatorial par où devait s'échapper le gros de l'énergie de la supernova était entièrement refermé, comme Joanelis l'avait prédit, mais ce n'était que temporaire. De l'autre côté du système, hors de portée de tous les détecteurs, le Zéro Plus se préparait à frapper.

– Il est sans doute trop tard, murmura Tachine en se détournant.

Il était impossible d'affronter le spectacle plus de quelques secondes. Malgré l'atténuation du filtre de chair, qui veinait de violet sombre le blanc insoutenable de l'étoile primaire, les remous lumineux blessaient leurs rétines.

Le troupeau affirme que non. Le stade fer est très proche mais pas imminent.

– Ne fais pas semblant de ne pas comprendre, tu veux ? répliqua Tachine à haute voix. J'ai passé l'âge des engouements romantiques pour les causes désespérées. Les humains n'ont pas leur place ici et Nadiane moins que tous les autres. Elle est mourante, Turquoise ! Comme l'étoile, comme nous tous si on ne trouve pas le moyen de ficher le camp d'ici avant que ça pète.

Il n'y a plus d'endroits où aller... Et tu as au moins raison sur un point : le temps presse !

Ils plaquèrent Nadiane contre le Nexarche et attendirent que la paroi s'ouvre. Le revêtement de cristaux s'illumina brièvement avant de se fendre. Les processus automatisés déroulèrent la procédure d'accueil mais Nadiane, plongée dans un cauchemar en boucle dont elle ne parvenait pas à s'extraire, était incapable de s'en rendre compte.

– Nous devons lui enfiler son scaphe, dit Tachine. Érythrée, il est censé être dans la cale, fouille jusqu'à ce que tu le trouves ! Tecamac, allongez-la au milieu d'un espace dégagé.

L'odeur âcre de sueur et d'urine qui régnait dans l'habitacle renforçait le sentiment d'exiguïté engendré par l'opacité des parois. Érythrée dégagea la trappe d'accès et se pencha prudemment par l'ouverture.

– Lya, lumière !

Stupide, réalisa-t-elle avec un temps de retard. *Il ne reste plus aucune intelligence en état de marche à bord, et de toute façon elle ne m'obéirait pas.* Elle se laissa glisser, pieds les premiers, et tâtonna dans la pénombre, guidée par les marquages fluorescents des conteneurs. La silhouette cadavérique du scaphe était suspendue tout près de la proue. Elle le projeta à travers l'ouverture et se contorsionna à sa suite.

Tecamac, accroupi sur ses talons, contemplait la Connectée étendue sur le dos. Le carbex affluait lentement jusqu'à ses doigts.

– Elle n'est pas en état de piloter, énonça-t-il d'une voix plate. Cette navette est incapable de résister aux radiations plus de quelques minutes, les ondes de choc la briseront comme du verre. Et vous l'envoyez contre le Zéro Plus qui est environ trois mille fois plus gros qu'elle !

– Nous, Tecamac, pas *vous* ! (Tachine fit un effort visible pour se contrôler et n'y parvint qu'à demi.) *Nous* avons besoin de l'intelligence conjuguée de Nadiane et de Lya pour contrer Sletloc et l'empêcher de tordre l'univers d'une façon que je ne peux même pas imaginer. *Nous*, ça veut dire tous ceux qui sont ici. Ça veut dire *moi aussi*, et c'est suffisant pour me flanquer des cauchemars jusqu'à la fin de mes jours. Mais je ne peux pas rejeter ça sur quelqu'un d'autre, et toi non plus.

– La responsabilité m'appartient, dit la voix de Joanelis à travers le système de phonie. Laissez-moi au moins ça !

Nadiane battit des paupières en entendant la voix de son frère. Un instant, ils crurent qu'elle allait émerger de sa transe profonde mais sa tête roula sur le côté et elle replongea dans le silence malgré les objurgations de Joanelis.

– Enfilez-lui le scaphe et branchez le réservoir de données congelées. Ça devrait la réveiller. Lya prendra le relais quand ma simulation cessera d'exister.

« Et, si vous survivez, venez me raconter sa mort. Parlez-moi simplement d'elle, puisque les données manquent. Je comprendrai. Mais je ne veux pas vivre avec une image incomplète de ce qu'elle a été et de ce qu'elle n'est plus.

« Je vous dis adieu…

Le silence qui suivit fut brouillé par une rafale de parasites issue du tableau de bord. Tecamac fut le premier à se ressaisir. Il enfila les jambes de Nadiane dans le scaphe, déplia son flagelle à l'intérieur du logement dorsal et rabattit le casque numérique sur son visage. Puis il commença à lui masser la poitrine, guettant les modifications de son souffle. Érythrée se pencha pour l'aider, mais le bouillonnement du carbex qui recouvrait les épaules de l'adolescente interrompit son geste à mi-course.

– Parlez à la Ville, murmura Tecamac sans lever les yeux. Qu'elle se rapproche de la Toile autant qu'elle le peut en attendant que le Nexarche soit prêt à décoller. Je m'occupe d'elle.

– Je pourrais…

– Viens, Érythrée !

Tachine, avec douceur, saisit l'épaule de sa fille et la tira vers elle. Le bloc respirateur du scaphe bourdonnait ; sur les panneaux du rack médical, les voyants d'analyse s'allumaient les uns après les autres, inexorablement verts.

Nadiane ouvrit la bouche et cria avant d'ouvrir les yeux. Tecamac posa ses pouces au coin des paupières pour les empêcher de se refermer. Sur son propre visage, la couche de carbex était si épaisse qu'on ne pouvait pas lire quoi que ce soit sur ses traits.

Il maintint la pression de ses pouces jusqu'à ce que Nadiane soit capable de les écarter toute seule. Puis il se releva d'un mouvement fluide et s'abîma dans la contemplation des voyants.

– Vous devez partir, dit Nadiane avec difficulté. Lya ? Lya, tu es là ? Il faut qu'ils s'en aillent.

Des larmes perlèrent au coin de ses yeux. Elle prit une grande inspiration et répéta :

– Lya ? Parle-moi, je t'en prie.

Il n'y eut aucune réponse mais la paroi extérieure se fendit pour laisser sortir Tecamac. Tachine voulut entraîner Érythrée mais celle-ci résista. Avec une grimace, elle prit sa bille de suie et la soupesa une dernière fois. L'ectomorphe était toujours aussi impénétrable. Lorsqu'elle la posa au creux du ventre de Nadiane, elle eut l'impression d'offrir un cadeau qui la dépassait et dont elle ne connaîtrait jamais la véritable valeur.

Turquoise avait en partie rétracté les bourrelets de chair violacés qui enserraient le Nexarche. Une série de contractions péristaltiques entraîna le vaisseau vers l'opercule d'éjection. La Ville demeurait silencieuse, sourde aux questions de Tachine et aux frustrations d'Érythrée. Elle piquait vers l'étoile binaire, bouclier en avant, et les autres Villes l'imitaient avec un temps de retard. Tachine distingua brièvement la masse sombre de Noone qui planait au-dessus d'eux, puis la paroi donnant vers l'extérieur s'opacifia.

Vous devriez retourner vers mon centre, dit finalement Turquoise. *J'expulserai le Nexarche plus tard, quand je serai proche de la Toile. Son accélération combinée à ma vitesse devrait lui faire gagner un peu de temps.*

– Tu es en contact avec Nadiane ?

J'évite d'interférer… Excuse-moi, Érythrée, mais j'ai mes propres problèmes ! Notre Mère est en train d'encaisser l'essentiel des radiations et je ne peux pas me retourner tant que vous êtes trop proches de l'extérieur. Alors tu redescends, s'il te plaît, et tu m'épargnes la scène d'adieu.

La bouche sombre du corridor les avala. Derrière eux, le Nexarche brilla une dernière fois comme une larme d'argent avant de se fondre dans la pénombre.

– Lya ?

Nadiane était toujours allongée à la même place, les yeux obstinément fermés. Le flot de données congelées agissait comme un coup de fouet sur ses sens engourdis. Le Nexarche bougeait sous ses fesses, lentement, en attendant le signal de l'expulsion. La souffrance due à l'interruption brutale de Joanelis s'estompait peu à peu, remplacée par une compréhension horrifiée de ce qu'il avait dû endurer en attendant son retour. L'idée de Joanelis enfermé seul dans son univers en effondrement sans rien d'autre à faire que *ralentir* sa propre fin était épouvantable. Même s'il avait fait de sa mort un dernier défi, même s'il s'était dirigé vers le zéro absolu par le chemin le plus long, il avait été conscient tout au long de sa trajectoire du sort qui l'attendait.

Il avait réussi à ne pas devenir fou. Nadiane lui devait d'en faire autant.

– Je te raconterai tout, murmura-t-elle.

Un espoir absurde la parasitait, celui d'être capable de revenir saine et sauve afin de déverser la totalité de ses souvenirs récents dans la mémoire commune de son peuple. Les voix apaisantes des données du réservoir – seize secondes du bruit de fond des Symbiases, en boucles démultipliées – ranimaient sa faculté de rêver. Mais le prix à payer était une désorientation fantasmatique, une fuite loin de la réalité.

– Sainte Toile, murmura Nadiane. Lya, au nom de Joanelis, réponds. Sinon, je vais devenir folle !

Je ne veux pas !

La violence de l'émission qui traversa son flagelle secoua Nadiane comme un arc électrique. Elle eut un spasme et la bille noire d'Érythrée roula le long de son ventre, vers ses cuisses. Elle la rattrapa d'un geste machinal et la serra aussi fort qu'elle le put, les yeux toujours obstinément clos.

– Diagnostic, émit-elle. Tu vas bien ?

Joanelis ne veut plus me parler et personne d'autre ne me répond. Tout le monde est parti.

– Je suis là...

Je te déteste !

Les secousses agitant le Nexarche s'interrompirent un bref instant. Dans un éclair de lucidité, Nadiane sentit que l'expulsion était imminente. Il était trop tard pour s'y préparer, trop tard pour tout, en fait. Elle plissa encore plus fort les paupières et murmura :

– Ordres prioritaires : Protection maximum, enclenchement des déflecteurs de champs, dérivation de toute l'énergie disponible vers les unités de confinement. On pique vers l'étoile primaire en trajectoire minimale, à travers la Toile s'il le faut. Dès qu'on aura capté le signal du Zéro Plus, on se verrouille dessus jusqu'à la fin. Bien compris ?

Silence.

– S'il te plaît, Lya ? En attendant que Joanelis revienne, il n'y a plus que moi.

Il n'y eut aucune réponse mais Nadiane sentit les générateurs couplés aux moteurs se mettre en marche. Au même moment, les contractions reprirent avec violence. Nadiane eut un haut-le-cœur et se décida enfin à ouvrir les yeux.

– Accroche-toi, petite sœur. On y va !

Le Zéro Plus se trouvait à proximité du point troyen L5, au large des deux étoiles. Deux arcs irréguliers de gaz ionisés bordaient le disque d'accrétion qui unissait les masses stellaires. L'étoile primaire achevait de voler le supplément de matière dont elle avait besoin pour se transcender en supernova. La masse centrale de matière dégénérée était très proche de la limite de Chandrasekhar. Sa température dépassait largement les cinq milliards de degrés et elle avait achevé la combustion de son silicium. Heureusement, l'essentiel de l'énergie du cœur ne rayonnait plus. On entrait dans la zone d'accalmie qui précédait l'explosion.

Au cœur du maelström, le Zéro Plus avait découvert un point nodal où l'amplitude des secousses était minimale. Il tournait sur lui-même pour évacuer le maximum de chaleur et luttait contre l'attraction gravitationnelle qui variait sans cesse. Les remous des vents stellaires s'amplifiaient peu à peu, tandis que le noyau surcompressé de la primaire s'affaissait sous son propre poids au milieu des rafales d'ondes turbulentes.

La Toile se déployait à proximité, cent fois détruite par les chocs et cent fois retissée. Sletloc avait modifié en hâte les paramètres de la simulation pour l'incorporer comme variable. Un ovoïde entièrement fermé englobait l'étoile primaire et se gonflait sous la pression imperceptible des bouffées de neutrinos. D'après les analyseurs de flux encore en activité, l'efficacité des pièges neutriniques créés par les nanones était supérieur d'un ordre de magnitude aux prévisions les plus optimistes des ingénieurs mécanistes. La stratégie des Connectés était désormais claire et Sletloc sentait la panique le gagner. La Toile ne correspondait pas aux spécifications mais, au lieu de saboter le travail comme on aurait pu le craindre, les Connectés l'avaient amélioré.

Malgré l'efficacité des protections du Zéro Plus, malgré les champs disrupteurs renforcés de ses quartiers, l'Armurier savait qu'il avait déjà encaissé trop de radiations pour survivre. Les alarmes ne hurlaient plus – quelqu'un s'était enfin décidé à les interrompre définitivement – mais les râles des moteurs traversaient même le carbex de son armure. Quarante minutes plus tôt, il avait supprimé l'affichage de ses propres paramètres vitaux, afin de ne pas être distrait par l'évolution de son état physique.

À deux reprises, il avait précipité l'avant du vaisseau-scorpion à travers la Toile, à l'endroit où les mâts s'entrecroisaient. Le choc les avait brisés, arrachant au passage les derniers lambeaux des voiles de refroidissement du vaisseau, mais les nanones avaient poursuivi leur patient travail de tissage, stimulés par les échanges d'énergie entre les deux étoiles. La déchirure avait été comblée en moins de quatre minutes.

Eux et leurs foutus cadeaux, songea amèrement Sletloc. *Leur soi-disant fragilité. Rien d'autre qu'un désir anarchique de croissance pour échapper à l'extinction. Mais je peux quand même achever la mission !*

Il balaya d'un geste la surface de la table de simulation, forçant celle-ci à se réorganiser suivant d'autres paramètres.

– Vaisseau en coupe, orientation poupe-proue, ordonna-t-il. État de la puissance de feu, zones d'endommagement critique. Je veux savoir jusqu'où on peut encore accélérer !

– Moteur un inutilisable, Armurier, crachota la voix synthétique de l'intelligence générale du Zéro Plus. Moteurs deux et trois quasi nominaux, mais des défaillances sont à craindre dans les six prochaines minutes. Les tuyères de positionnement fonctionnent en principe, mais nous avons perdu les auto-tests de bâbord.

– La structure ?

– Situation rubis. Tous paramètres dépassés, endommagements hors tolérance. Je ne dispose pas d'instructions pour traiter ce cas.

L'hologramme du Zéro Plus était parcouru de parasites multicolores. Un quart de l'image était indéchiffrable, sans que Sletloc puisse déterminer si c'était dû à des dégâts structurels ou à une panne du réseau local.

Hualpa l'aurait su sans avoir besoin de consulter les données, ragea Sletloc. *Pas le choix. Les unités d'armement semblent intactes et je peux les contrôler d'ici. L'essentiel est de créer une poche d'évacuation asymétrique pour l'énergie de la nova. Même si ça veut dire gaspiller toutes nos armes sur la Toile juste avant l'explosion.*

Un coup d'œil sur les analyseurs de spectre neutrinique lui fit passer un frisson entre les omoplates. C'était court, une véritable course contre les horloges atomiques qui rythmaient l'agonie de l'étoile.

– Accélération immédiate, ordonna-t-il à travers le réseau général des armures. On contourne l'étoile primaire par le chemin le plus court et on carbonise l'autre extrémité de la Toile à coups de missiles !

Aucune réponse ne parvint du système de phonie. Les poussées cataclysmiques de radiations avaient définitivement rendu hors d'usage les systèmes de transmission. Mais SLETLOC reçut les confirmations de ses consœurs encore actives et les moteurs poussèrent un rugissement désespéré. Puis s'interrompirent.

– Cet ordre peut détruire le vaisseau, annonça la table de commandement avec la voix de Hualpa. Annulation en l'absence de code d'urgence !

L'Ingénieur avait lui-même programmé les alertes de sécurité du Zéro Plus. Les intonations de l'intelligence artificielle qui secondait le pilote pour les tâches exaspérèrent l'Armurier.

– Foutu Hualpa ! jura-t-il. Code bleu, violet, ambre, ambre. Reprise immédiate de l'accélération.

– Code inopérant en situation rubis, déclara calmement l'I.A. Ordre ignoré.

Relie-toi immédiatement à HUALPA, ordonna Sletloc à son armure. *Liaison maître-esclave. Je descends lui parler !*

Le réduit central où Iztoatl et Hualpa étaient emprisonnés possédait une double paroi tapissée intérieurement d'un gel de microbilles de carbex. C'était sans doute, comme Sletloc s'en fit l'amère réflexion, l'un des secteurs les mieux protégés du vaisseau.

L'Ingénieur se redressa à son arrivée, malgré les colliers magnétiques qui le plaquaient à la paroi. Son visage était recouvert d'un masque lisse, en violation flagrante du protocole.

– Vous connaissez notre situation, dit l'Armurier.

Ce n'était pas une question. L'armure de Hualpa était truffée de capteurs qui le maintenaient en relation étroite avec le Zéro Plus et Sletloc le savait.

– Nous devons gagner l'autre côté de l'étoile primaire, poursuivit-il. Mais le vaisseau est mourant et les moteurs menacent de nous lâcher. Le système refuse d'obéir à mes ordres.

– Il vous manque les codes d'urgence.

– Entre autres choses. (Sletloc haussa les épaules.) Je ne possède pas non plus votre habileté et je suis incapable de piloter le Zéro Plus en échappant aux pièges gravifiques du système. C'est vous qui le ferez. Par loyauté envers le Mécanisme, ou par la contrainte.

– Vous parlez à un cadavre, Armurier.

– Je ne perdrai pas mon temps à vous menacer. Mais il vous reste une dernière chance de sauver votre foutu vaisseau et d'accomplir la mission qui lui a été confiée. Si vous réussissez, toutes les armures du bord se souviendront de vous comme du meilleur pilote de l'univers.

Le masque de carbex qui dissimulait les traits de Hualpa se fendit au niveau de la bouche, juste assez pour que Sletloc puisse l'entendre rire.

Prends le contrôle, ordonna Sletloc à son armure d'une voix lasse.

Le rire de Hualpa s'interrompit net lorsque sa propre armure lui brisa les cervicales. Sletloc fit face à Iztoatl.

– Je possède tous les codes zombies des armures du bord, pilote. M'aiderez-vous de votre plein gré ?

Iztoatl hocha la tête un rien trop vite.

– Je ne vous crois pas, soupira Sletloc.

Il fit demi-tour tandis que le craquement des os de l'assistant se mêlait à ceux des poutrelles du vaisseau. Puis il libéra les armures sans maîtres et leur ordonna de le suivre jusqu'à la salle de commandes principale.

Le puits gravifique de l'étoile primaire finissait d'avaler les derniers filaments du Ban. Des rafales de radiations jaillissaient de la tache chaude, là où les courants de gaz arrachés à l'étoile secondaire venaient s'écraser à la surface du disque d'accrétion.

Noone dérivait, seule. Sur la voûte céleste, les échos lumineux de la supernova en devenir s'éteignaient l'un après l'autre. Pour les sens hyperdéveloppés de la Ville géante, les limites de l'univers-prison étaient clairement visibles. C'était une expérience éprouvante, presque mystique, mais il y avait trop longtemps que Noone se savait enfermée du mauvais côté du mirage. Elle pouvait faire abstraction de la sensation d'écrasement et se contenter de glisser dans l'espace, en attendant le moment où il lui faudrait rassembler l'ensemble du troupeau pour la dernière fois.

Depuis sa position, au nadir de l'étoile primaire, elle avait observé l'attaque mécaniste et la riposte des autres rameaux, consciente que le plan qu'elle avait si minutieusement élaboré risquait de tourner au chaos. Quand la Toile avait fait son apparition, elle avait repris courage. Mais le Charon était mort peu après et elle avait senti sa chair s'engourdir partout où il l'avait autrefois touchée. Des pans entiers de sa mémoire avaient disparu avec lui.

L'un dans l'autre, un bilan contrasté.

Lorsque l'appel d'urgence de Turquoise l'atteignit, elle se lança à sa poursuite. Toute diversion était la bienvenue en attendant le moment de plonger. Elle ne voulait plus s'entendre penser.

Juste avant que Noone la rejoigne, Turquoise bascula sur elle-même, un demi-tour qui fit pointer son Beffroi vers le cœur brûlant du système. La Ville albinos était toujours accrochée à son bouclier comme une excroissance maladive. Puis un minuscule ovoïde s'éjecta en direction du pôle et glissa comme une perle de mercure sur les lignes de force magnétiques qui se croisaient au centre du noyau.

Protège-moi de ton bouclier le temps que je m'éloigne, demanda courtoisement Turquoise. *Notre Mère est trop faible pour encaisser ce que l'étoile nous envoie.*

Tout n'est pas encore terminé, répondit la Ville géante. *Ne t'en va pas trop loin.*

Elle se glissa sous Turquoise et leurs beffrois s'accouplèrent fugitivement. Le contact avait quelque chose d'étrangement mélancolique. La tige desséchée de Noone glissa à la surface des dômes vermillon qui entouraient la place centrale avant de s'amarrer au bourgeon charnu de Turquoise. À travers l'épaisseur des cartilages d'interface, les rythmes d'accueil s'établirent. Les battements caractéristiques de Notre Mère martelèrent un remerciement discret avant de se retirer.

Cela faisait longtemps, dit Noone.

Nous parlerons plus tard... Désolé, se reprit Turquoise. *Beaucoup trop d'événements ont lieu en ce moment et je n'arrive pas à inter préter l'ensemble des séquences. J'ai besoin d'un peu de calme.*

Noone ne répondit pas. Au lieu de s'échapper du puits gravifique, elle demeurait à une distance constante de la surface grumeleuse de l'étoile. Elle flottait au-dessus de la couche hélium/azote, attentive au murmure neutrinique de la combustion des derniers atomes de soufre et de silicium. Un vent de particules ionisées s'échappait de la couche externe en furie. La Toile, aspirée par la gravité, s'effondrait peu à peu vers le noyau inerte, dont le diamètre n'excédait pas deux mille kilomètres.

Tout autour, les agrégats de Villes aux filaments entrelacés commençaient à s'accoler. Une couche de chair plus ou moins régulière, mouchetée d'ocre, de bruns chauds et de rose pâle pour les plus jeunes, enveloppait l'étoile primaire. De l'autre côté de la Toile, la surface en surfusion se creusait de bulles engendrées par les chocs. Cela faisait une éternité que les membres du troupeau ne s'étaient pas rassemblés en aussi grand nombre autour d'une supernova mais, depuis les révélations de ces dernières heures, Turquoise ne s'en étonnait plus.

Le Charon est mort, déclara soudain Noone. *C'était le seul humain à m'avoir touchée.*

Notre Mère et toi avez été marquées par le même homme.

La voix de Turquoise ne contenait aucune trace de raillerie. Le contact intime de leurs chairs, face à face, éliminait les mensonges et les sous-entendus. C'était l'heure douloureuse de la mise à nu.

J'aurais aimé qu'il survive aux Retrouvailles, dit Noone. *Sa présence me manque, son énergie aussi. Il savait ce que c'est que d'être enfermé dans un univers trop étroit pour lui. Même s'il ne le mesurait pas, sa contribution aux événements a été cruciale.*

Nous savons ce que tu as fait…

Non, vous ne le savez pas. (Noone eut l'équivalent d'un rire las.) *Tu vois, avant de connaître le Charon, je n'aurais pas su m'amuser de ce que tu viens de dire. Il m'a appris l'ironie. Une chose terrible, mais je lui en suis reconnaissante. Cela m'aidera à mourir sans trop de regrets quand le moment sera venu.*

Tu n'auras peut-être même pas cette chance! dit durement Turquoise. *Les Mécanistes sont sur le point de bouleverser le Ban à cause de ton inconscience. Si leur plan réussit, ils nous traqueront dans tous les replis de l'univers.*

Vous êtes des enfants, répondit Noone. *Oui, même toi, Turquoise! Vous tremblez pour votre soi-disant liberté alors que vous êtes déjà prisonniers d'une cage dont vous ne cherchez même plus à vous échapper. Comptez les mirages, les échos des galaxies qui donnent l'impression que l'univers n'a pas de fin observable. Essayez de voir plus loin que l'absence d'horizon, si vous le pouvez!*

La colère de la Ville la brûlait autant que les rafales de plasma surchauffé. La douleur de ses dômes à demi affaissés lui rappela à quel point elle était devenue vieille…

Cet univers a une fin, Turquoise, et j'y suis allée. Je ne me suis jamais permis d'oublier cela. C'est une chose que le Charon comprenait: la réalité reste déplaisante, même si on choisit de ne pas la regarder. Lui-même ne s'y résignait jamais, alors que vous avez tous effacé vos souvenirs d'avant. Vous vous êtes mutilés volontairement, vous êtes redevenus des nouveau-nés ignorants et trop sûrs de vous, vous ne savez même plus pourquoi nous nous réunissons autour des supernovæ pour nos Retrouvailles. Vous ne savez plus rien. Et c'est moi que tu accuses de vous mettre en danger?

Tu as transmis l'essentiel de nos secrets aux Mécanistes et je ne peux pas te pardonner ça!

Moi, je le pourrais, dit impulsivement Notre Mère. *Gadjio m'a montré comment, mais je ne suis pas sûre de comprendre à quoi ça sert.*

Noone eut l'équivalent mental d'un haussement d'épaules.

Que tu es jeune, l'albinos! Au moment de disparaître, chacun ne garde de son existence que ce qui le représente vraiment. Le véritable reflet. C'est ce que ton Passeur a dû t'apprendre, ce à quoi les humains croient. La mort et la mémoire, deux faces opposées d'un même mystère.

« Le Charon avait choisi de tout emporter. Et moi...

L'instant était presque venu. Le rythme du Ban s'atténuait, laissant la place aux bruits de mastication de l'étoile binaire en train de se dévorer elle-même. La pression de la gravité qui cherchait à l'attirer vers le cœur instable était si forte que Noone devait puiser dans ses réserves d'énergie pour se maintenir à une distance stable de la surface.

Le reste du troupeau se massait à la périphérie de la zone de danger, enveloppant l'étoile primaire d'une armure de chair dont chaque écaille était un bouclier. Mais les Villes n'étaient plus assez nombreuses et trop peu d'entre elles prenaient le risque de s'approcher assez près d'eux. Elles étaient encore trop loin, Noone le savait, tout comme elle savait comment y remédier. Et à quel prix.

Délibérément, elle accola toute la longueur de son Beffroi contre celui de Turquoise et força ses replis de communication à se déployer en totalité. Elle qui ne s'était plus accouplée depuis des éons sentit ses parois intimes réagir. Une brève palpitation, presque électrique, puis la douleur née de processus dont sa peau et ses terminaisons sensibles avaient oublié l'existence.

Tu crois que c'est le moment? dit froidement Turquoise, sans chercher à échapper au contact.

Nous avons juste le temps.

Le Zéro Plus cheminait prudemment le long d'une courbe gravifique entre les deux étoiles. Face à face autour de la table de pilotage, les armures sans maître guidaient le vaisseau vers le point choisi par Sletloc.

Les deux silhouettes noires bougeaient à peine. Elles avaient peu à peu perdu forme humaine. Les extrémités, d'abord. Les doigts s'étaient soudés, puis fondus dans les paumes élargies, tandis que des excroissances dures s'interfaçaient avec les picots de la table. Les gémissements continus du Zéro Plus ne gênaient pas les armures. Elles cravachaient l'appareil désemparé pour l'arracher aux courants les plus dangereux, extirpaient les ultimes réserves de puissance des moteurs à plasma sans se soucier des fluctuations des champs de confinement ou des déchirures du métal.

Et ça marchait. Sletloc, penché au-dessus de la simulation tridimensionnelle parcourue de parasites, vit le point violet qui représentait le vaisseau se stabiliser de l'autre côté de l'étoile primaire. Un coup d'œil aux détecteurs de neutrinos lui arracha un sourire désabusé. La limite théorique du modèle était atteinte et même dépassée. La supernova aurait déjà dû avoir lieu. Désormais, il était dans cette zone indécise où toutes les prévisions ne valaient plus rien, où les victoires se jouaient sur un simple mouvement d'attaque ou de repli. Il était le seul à pouvoir donner les ordres nécessaires, même si aucun humain n'était plus là pour les exécuter.

Lorsqu'il releva la tête, une barre chauffée au rouge s'enfonça dans ses yeux. La douleur était si vive que son armure ne put la contrer. Il tituba, se raccrocha à la table et se força à se redresser.

– Je crèverai après vous ! croassa-t-il à l'intention d'invisibles ennemis massés à la périphérie de sa vision. Préparez toutes nos armes, code d'identification Alpha-1. Je veux cracher tout notre venin vers le nadir de la Toile et creuser un putain de trou pour mes funérailles.

Des soleils de souffrance dansaient sous ses paupières. Il serra les mâchoires jusqu'à ce qu'il sente ses dents crisser. Puis il balaya la surface de la table et la bascula en mode armement – l'hologramme stylisé du Zéro Plus se dressa comme une épée de verre noir, incrustée des bijoux scintillants de ses postes de tir. Les canons à énergie étaient intacts. Les voiles de refroidissement les avaient protégés en priorité. Enfouis sous plusieurs épaisseurs de tuiles thermiques, leurs systèmes de contrôle durcis protégés par des cages à effet de champ, ils avaient mieux résisté que leurs servants. Seules les armures demeuraient opérationnelles, leurs index de carbex soudés à d'imaginaires gâchettes. Dans ce vaisseau fantôme qu'était devenu le Zéro Plus, elles étaient son dernier équipage.

– Verrouillage sur cible, subvocalisa l'Armurier, aussitôt relayé par SLETLOC. Objectif: destruction de tout le secteur de la Toile dépourvu d'armature. Énergie en continu jusqu'à...

« Jusqu'à la fin, poursuivit-il avec effort. Ici Sletloc, terminé.

Le Nexarche était emporté comme un fétu par le tourbillon gravifique. Nadiane, accroupie au centre de l'habitacle, contemplait enfin la nudité de l'étoile binaire. Elle avait demandé à Lya d'effacer la totalité des parois en échange d'un compte rendu à haute voix de ce qu'elle voyait.

L'intelligence artificielle était en effondrement accéléré. Elle babillait de son côté, dévidant son propre code interne dans une tentative désespérée de retisser le fil de son existence. *Je te demande pardon,* avait dit Nadiane, au moment où Lya ne pouvait déjà plus la comprendre.

– C'est comme un champ de neige carbonique, murmura la jeune femme en faisant rouler entre ses paumes le cadeau d'Érythrée. Il n'y a plus de couleurs, ou alors la simulation ne sait plus les restituer. Nous sommes si près de la Toile qu'elle est presque transparente. Imagine, nous avons enveloppé une étoile. Un cadeau pour toi, petite sœur. Tu la veux ?

J'ai peur du noir, répondit Lya.

– Nous allons vers la lumière...

Au-dessus d'elle, Nadiane distingua la silhouette d'une Ville gigantesque qui planait en direction des arcs lumineux rejoignant les deux étoiles. Puis l'image s'effaça, laissant un trou d'ombre sur ses rétines.

– Je ne sais pas où nous sommes exactement, les senseurs sont complètement saturés et je préfère ne pas abaisser les champs de protection pour jeter un coup d'œil en direct. Le courant nous entraîne vers le point de Lagrange le plus éloigné de l'étoile secondaire. Nous serons aux premières loges de la supernova. Je préfère ne pas y penser, tu sais. Dépêche-toi de trouver le Zéro Plus et parle avec ses intelligences de bord. Je vois des boursouflures à la surface de l'étoile primaire et le disque d'accrétion se tord sur lui-même.

C'est beau?

– Non... J'aurais tellement voulu que ça le soit, mais non. Trop violent. *Merdétoile,* paniqua-t-elle, *je ne sais plus ce que je dis! Pourvu que ça aille vite.*

Le premier message d'alerte de son scaphe clignota à la périphérie de sa vision. Il ne restait que quelques secondes de données congelées dans les réservoirs de stockage. Le Tessaract n'était plus qu'un grand vide obscur dans lequel se débattait Lya. Les cendres des Symbiases se dispersaient sous l'effet du vent numérique.

À l'extérieur, les mirages s'effondraient l'un après l'autre. Des gouttes d'une sueur glacée coulèrent le long du dos de Nadiane. Machinalement, elle pressa la bille noire d'Érythrée entre ses seins, pour s'essuyer. Elle aurait aimé avoir la force de fermer les yeux mais le spectacle l'aspirait comme un tunnel lumineux.

– Je suis heureuse que tu sois là, dit-elle en épongeant son front d'un revers de bras. Il commence à faire vraiment chaud. Tu vas bien, toi? J'ai l'impression qu'on a tranché l'extrémité de mon flagelle depuis que Joanelis n'est plus là. C'est comme une hémorragie, tu vois, toutes mes pensées qui s'écoulent vers nulle part.

Elle avait commencé à pleurer sans s'en apercevoir. Les larmes brouillaient sa vision et multipliaient les éclats lumineux de l'étoile.

– Trouve le Zéro Plus, petite sœur, implora-t-elle. J'ai envie que ça s'arrête.

Entre Noone et Turquoise, l'échange direct de Beffroi à Beffroi ne dura qu'une poignée de secondes. Il fut suffisant pour secouer Turquoise jusqu'au tréfonds. La vieille Ville ne lui avait rien caché, ni ses actions passées – l'ampleur de sa trahison était telle qu'elle défiait toute tentative de pardon – ni ses intentions pour le peu de temps qui leur restait. C'était le testament de toute une vie que Noone n'avait pu se résigner à emporter avec elle.

Je n'ai rien gardé d'important, dit-elle en détachant son Beffroi. *À part le Charon. Il me rendra les choses plus faciles.*

Il ne voulait rien laisser derrière lui, se permit Notre Mère. *Il effaçait les tableaux quand il savait qu'il ne les regarderait plus. Tu trahis ses dernières volontés.*

Je n'ai jamais dit que j'étais parfaite! Mais je respecterai ma parole quand le moment sera venu.

Ne fais pas ça, soupira Turquoise, en sachant que c'était inutile. *Le troupeau se rapprochera si tu le lui demandes.*

Pas assez vite… Tu entends le rythme? Le Ban a disparu, tous les Alephs se sont fondus les uns dans les autres jusqu'au centre ultime. Les humains les appellent des singularités, tu le savais? Des accrocs dans la trame de l'espace-temps. Ils ne comprennent toujours pas comment nous pouvons nous échanger instantanément d'un Aleph à l'autre parce qu'ils sont sourds au monde. Ils le dissèquent par la pensée sans entendre ses cris.

«Certains d'entre eux ont pourtant compris que l'univers est cyclique et instable, et que les Alephs sont tous interconnectés. Ils savent que, lors des explosions d'étoiles, il se crée un attracteur à l'échelle du Ban. Les Alephs les plus éloignés du point nodal se fondent les uns dans les autres et le Ban est peu à peu aspiré vers la supernova en devenir. Chaque fréquence se dédouble, puis se dédouble encore; chaque Aleph devient un véritable chœur. Ils ont une expression pour cela: l'ordre de multiplicité de chaque singularité augmente en proportion de la diminution de leur nombre. Alors

que, pour nous, les voix des Alephs sont toujours là. Elles se regroupent simplement pour chanter ensemble en un même lieu.

Je connais cette théorie. Quand nous sautons d'un Aleph vers un autre, nous allons toujours vers l'ordre de multiplicité le plus élevé, ou vers le chœur de voix le plus riche. Deux façons de dire la même chose. Et alors ?

Alors ? (Noone eut un ricanement bref.) *Nous y sommes presque. À l'approche de la supernova, le Ban s'est dissous dans sa singularité originelle. L'univers a recréé l'Aleph primordial, une singularité d'ordre infini – un infini insuffisant, malheureusement. Il occupe le cœur de l'étoile primaire, mais plus pour longtemps.*

« Lorsque l'explosion aura lieu, l'Aleph primordial se décomposera en une série d'Alephs d'ordre de multiplicité décroissant, qui se dégraderont à leur tour jusqu'à l'ordre un en redépliant le Ban. Du moins, c'est ce que les humains croient. Nous, nous savons qu'il n'y a toujours eu qu'un seul Aleph et que les autres, tous les autres, n'en sont que des échos délocalisés. Même ceux d'entre eux qui comprennent le mieux l'univers ne réussissent pas à voir la vérité.

Les Mécanistes en sont assez près pour tout détruire !

Je t'interdis de me juger ! Et ne juge pas les hommes non plus, Turquoise. Ni les tiens, avec leurs embiotes qui les dévorent de l'intérieur avec leur consentement, ni le Charon qui les valait tous. À sa façon, chaque rameau de l'humanité a compris le Ban. S'ils avaient été capables de travailler en commun au lieu de s'affronter, ils auraient bâti le modèle théorique global de l'univers. La clef dont j'avais besoin…

« Je ne pouvais plus attendre.

Et alors ? répéta Turquoise.

Contente-toi d'écouter l'étoile. Les Mécanistes l'ont enveloppée d'une Toile réfléchissante percée d'un grand trou afin que la vague de neutrinos de la supernova se déploie de manière irrégulière. Ils pensent que la structure du Ban en sera perturbée et que son déploiement n'aura pas lieu comme d'habitude. Les Alephs changeront de fréquence et nous n'entendrons plus les Voix comme avant.

Si c'est bien le cas, nous ne pourrons plus nous déplacer comme avant et nous serons impuissants face à leur Zéro Plus ! Tu te rends compte du risque que ta folie nous fait courir ?

Je n'avais pas d'autre moyen, dit la vieille Ville. *Et je ne te demande pas de me comprendre.*

L'instant d'après, elle s'arracha de l'étreinte de Turquoise et bascula sur elle-même. Les courants turbulents l'emportèrent vers l'étoile, si vite que Notre Mère n'eut pas le temps de joindre sa voix à celle de Turquoise pour la retenir.

La totalité du troupeau entendit l'appel de détresse de Noone. Les Villes réagirent d'instinct pour lui porter assistance, poussées par un tropisme inscrit au plus profond de leurs entrailles. Elles modifièrent leur trajectoire pour se rapprocher de l'étoile principale. Celle-ci était si chaude que les courants de surface formaient une barrière infranchissable pour les masses de chair, même protégées par leur déphasage permanent autour de la vibration fondamentale du Ban. Malgré tout, les Villes tentèrent de s'approcher et se serrèrent l'une contre l'autre juste au-dessus de la Toile, en masses de plus en plus compactes.

Le diamètre de la cage vivante qui emprisonnait l'étoile diminua. L'épaisseur des parois augmenta en proportion, mais Noone ne pouvait pas s'arrêter là. La brûlure de l'absence du Charon ne pouvait être cautérisée que par une douleur encore plus grande.

Emportée par le ressac, elle s'enfonça entre les deux masses stellaires, vers le point stable le plus chaud où ses sœurs ne pourraient jamais la récupérer. Elle ne cessa pas un instant de hurler, afin de les convaincre d'essayer quand même de la suivre. Plus la cage de chair se rapprocherait du noyau, plus elle serait efficace.

L'étoile retenait son souffle. Il restait si peu de temps.

Chetelpec pénétra dans le poste de commandes principal au moment exact où Sletloc donnait l'ordre de verrouiller les postes de tir. Il avançait à l'aveuglette, les tympans broyés par le décompte du temps qui lui restait à vivre. Son armure lui décrivait l'effondrement de ses paramètres vitaux avec une joie maligne, et affichait sur sa visière de carbex une image inversée de son visage ravagé par les radiations.

– Plus rien n'est possible, lui lança Sletloc. Nous nous regarderons mourir.

« Feu à volonté dès l'acquisition de la cible, ajouta-t-il.

Dans son dos, les armures du pilote et de son assistant se redressèrent. Leurs doigts de carbex s'étaient fondus en une large paume qui couvrait l'intégralité de la table de pilotage. Les intelligences castrées du Zéro Plus babillaient dans le vide, parmi les décombres des unités centrales.

– Nous ne verrons rien sans les écrans, dit Chetelpec avec difficulté. Activez-les. Je réclame le droit de regarder ma mort en face.

– Nos armures…

– Elles mourront avec nous ! (Toute une vie de haine s'exprima dans ces simples mots.) Je veux contempler cela.

L'Armurier se redressa. Le carbex qui l'enveloppait parut se gonfler autour de lui comme une paire d'ailes noires. *Un défi, dans l'état où nous sommes ?* songea amèrement Chetelpec tandis que sa propre armure réagissait d'instinct en renforçant ses points vulnérables d'une couche supplémentaire de métal.

Puis Sletloc, par un dernier effort de volonté, força son armure à reprendre sa configuration de repos.

– Visage nu, ordonna-t-il, et ses traits creusés émergèrent du carbex. Vous aussi, Chetelpec ! Nous nous battrons une autre fois.

L'Armurier contempla le visage brûlé du vieux guerrier, aux pommettes tuméfiées par l'éclatement des vaisseaux superficiels, et y vit un reflet du sien.

– Je choisis d'oublier ce que vous venez de dire. (Le bref rictus qu'il se permit fit saigner ses lèvres crevassées.) Écrans activés. Poussez les capteurs au maximum de leurs capacités et relayez les informations jusqu'ici. Je veux voir la Toile se déchirer, je veux regarder la supernova dans les yeux. Avant de mourir, nous allons transformer l'univers au nom du Mécanisme !

Sur le mur de contrôle, derrière la table de pilotage, un seul écran s'anima. La neige électronique se dissipa peu à peu, révélant un magma de couleurs violentes au milieu desquelles flottait la Toile. L'image tournoyait en même temps que le vaisseau désemparé et l'étoile primaire emplit peu à peu l'image. Elle était d'un blanc aveuglant.

Incapable de détourner les yeux, Chetelpec sentit un fourmillement monter de ses reins. Des aiguilles de glace se plantaient entre ses vertèbres et la douleur exquise le fit presque s'effondrer.

Intrusion ! hurla son armure. *Des processus mentaux étrangers tentent de me pénétrer.*

Au même moment, un hurlement lugubre monta de la table de pilotage.

– Appareil en approche, appareil en approche. Secteur 44-13-01. Contact établi.

– Ignorez-le, croassa Sletloc. Feu sur la Toile !

Un craquement terrifiant ouvrit une crevasse dans le plancher de métal. Le Zéro Plus partit en vrille. Une partie de l'air s'échappa en sifflant au milieu d'un déluge de mousse de colmatage à prise rapide. L'écran s'emplit de trajectoires tourbillonnantes, puis les stabilisateurs gyroscopiques parvinrent à rétablir un minimum de stabilité. Au-dessus de la table de pilotage, l'hologramme du vaisseau se fendit sur la moitié de sa longueur.

Un trait d'énergie jaillit des postes de tir encore rattachés à la structure principale et la Toile se déchira.

– Nous pourrons bientôt nous reposer, dit sombrement Sletloc.

Nadiane se noyait dans ses propres larmes. Sa vision brouillée par les sanglots ne distinguait plus que des taches multicolores. En mourant, l'étoile changeait de couleur et la Toile s'irisait de mille nuances fugitives. *Je vais me noyer dans l'arc-en-ciel,* murmura-t-elle, trop bas pour que Lya l'entende.

Parle-moi encore ! se plaignit l'I.A. de sa voix de petite fille. *Je crois que je sais où ils sont, mais nous serons morts avant de les rejoindre.*

– Ont-ils percé la Toile ?

Je ne sais pas. Est-ce que ça va faire mal ? Mourir, je veux dire.

Malgré ses larmes, Nadiane trouva la force de secouer la tête.

– Ça ira très lentement. C'est comme un record d'improbabilité, tu sais. Joanelis disait que les étoiles meurent infiniment. Le temps local va se ralentir, le compte à rebours de la supernova tendra vers zéro par le chemin le plus long. On ne s'apercevra de rien.

Il n'y a plus de Joanelis. Bientôt, je ne saurai même pas comment me souvenir de lui.

– Moi, je resterai avec toi. Tout le temps que ça durera. Jusqu'à la fin ! Je ne m'arrêterai pas de parler pour que tu saches que je suis là.

J'ai trouvé le Zéro Plus ! Il tire sur la Toile avec des armes à effet de champ.

– Montre-moi !

Sur les parois intérieures, les images pâlissaient. La couche pixélisée s'en allait par lambeaux sous le bombardement des radiations. Dans le coin inférieur droit, Nadiane aperçut la silhouette déformée du Zéro Plus. Un fil d'énergie jaillissait des bulbes de sa couronne. Nadiane frissonna. *Trop tard. À moins que…*

– Tu peux les stopper ?

Personne ne m'écoute. Les armures sont vides et les intelligences du vaisseau sont trop bêtes.

– Parle-leur quand même, petite sœur. Dis-leur… (Nadiane essuya ses larmes d'un revers de bras et renifla.) Dis-leur ce que c'est de mourir.

– *Intrusion !* hurla de nouveau CHETELPEC, cette fois sur la bande d'urgence.

Pour la première fois de toute son existence, l'armure était en proie à la panique. Comme ses sœurs, elle était conçue pour résister à toutes les formes d'intrusion, aussi bien physiques que numériques. Sa personnalité était stockée dans des structures dendritiques de quelques atomes d'épaisseur qui développaient leurs ramifications au sein des couches profondes du carbex. Il fallait pratiquement réduire une armure en poussière pour éliminer l'intelligence qui l'habitait. Et jamais CHETELPEC n'aurait pu prévoir ce qui était en train de lui arriver.

Les vrillons de haine qu'elle avait lancés à l'assaut de TECAMAC avaient été capturés. L'ennemi les avait analysés et en avait déduit une signature numérique qui lui ressemblait suffisamment pour tromper ses propres défenses. On était en train de la *violer*, une pénétration froide et sans agressivité particulière qui n'était même pas dirigée contre elle. On l'utilisait juste comme point d'accès vers l'ensemble des armures du bord. En sentant les flots de données étrangères qui parasitaient ses propres canaux, CHETELPEC déclencha toutes les procédures anti-intrusion en sa possession. Sans résultat. Elle ne pouvait pas s'opposer à ce qu'on se serve d'elle.

Malgré l'humiliation intolérable que cela représentait, elle envisagea un bref instant de demander l'aide de son occupant. Elle y renonça presque aussitôt, incapable d'imaginer en quoi le quasi-cadavre de Chetelpec pourrait l'assister. Sans plus se soucier de lui, elle s'avança vers la table de pilotage pour déclencher manuellement les procédures d'isolation du poste de commandement. Seul l'Armurier pouvait en principe donner cet ordre mais c'était un cas d'urgence.

– Inutile, les tirs ont déjà cessé ! la retint Sletloc. Plus aucune armure ne répond à mes instructions.

Les craquements qui parcouraient les membrures de la coque s'intensifièrent d'un coup. Le revêtement de proue se déchira, emporté par les forces de torsion de la marée gravifique. Le choc en retour les projeta contre le sol au milieu d'une avalanche de débris. Seules les armures des pilotes morts parvinrent à rester amarrées à la table parcourue d'étincelles, surmontée d'une représentation cauchemardesque du vaisseau. On aurait dit qu'un monstre de légende s'était amusé à le mâcher.

– Piquez sur la Toile et basculez les flux des moteurs dessus, ordonna Sletloc d'une voix à peine reconnaissable. Tant qu'il restera un brin d'énergie dans cette épave, je continuerai à me battre !

À cet instant, Chetelpec et lui perçurent simultanément le message dont l'ennemi les bombardait.

L'idée de la mort, non pas une vision abstraite mais une représentation simulée jusqu'à un niveau effarant de détail, les engloutit comme une coulée de boue noire. Ils partagèrent l'angoisse sans limites de l'intelligence artificielle condamnée à s'effondrer sous la pression de sa propre complexité, sentirent la souffrance de l'étoile binaire en train d'accoucher de sa propre explosion. L'armure CHETELPEC s'était redressée. Celle de l'Armurier lui faisait face. Les vibrations paroxystiques des moteurs résonnaient au creux des entrailles des deux hommes. La douleur était assez forte pour leur déchausser les dents.

– Ordre confirmé, cracha Sletloc.

Le Ban avait totalement disparu. La singularité finale était en train d'émerger du cœur de l'étoile primaire. Les Villes, rassemblées par les forces d'attraction de la supernova en devenir, se massaient en orbite basse autour du noyau. Les accouplements avaient cessé, remplacés par une géométrie plus régulière où les filaments servaient de points d'amarrage. Chaque AnimalVille était ainsi *noué* à cinq de ses semblables pour former un assemblage tridimensionnel régulier. C'était l'heure des Retrouvailles et, de mémoire de Villes, elles n'avaient jamais eu lieu de manière si intense. Les hurlements de Noone s'étaient noyés au fond du bruit blanc de l'étoile mais sa souffrance agissait comme un ciment.

La muraille de boucliers entrelacés, mélange de tous les tons possibles d'ocre, de violet et de brun, ondulait au rythme des courants qui agitaient également la surface du disque d'accrétion. Tout près du cœur qu'elle enveloppait en totalité, la Toile palpitait à la façon d'un banc de brume impalpable, en projetant des éclats chatoyants de lumière dans tout le spectre visible. Une nuée d'arcs-en-ciel diffractés par les couches extérieures la recouvrait.

Curieusement, certains nanones étaient encore actifs, sauf à proximité de la tache chaude où régnaient des températures extrêmes. La nanotechnologie des Connectés avait accompli des miracles et les sites-pièges tapissés d'arséniure de gallium étaient plusieurs milliards de fois plus nombreux que les Mécanistes ne le supposaient. Les nanones continuaient à en créer de nouveaux et à réparer ceux qui en avaient besoin – les tropismes de leur programmation les poussaient sans cesse à se transcender. C'était un magnifique et inutile exemple de perfection, comme l'humanité elle-même.

Le scaphe de Nadiane acheva de se vider de ses ultimes données. Elle le repoussa d'une main molle. La sueur qui la recouvrait rendait tout contact désagréable. Les larmes avaient poissé ses joues de sel mais leur source était désormais tarie.

– Ça aurait dû aller si vite, se plaignit-elle à haute voix, sans savoir si Lya l'entendait encore. On dirait que le temps local s'est ralenti. L'étoile a choisi de se diriger vers sa fin par le chemin le plus long possible. Une agonie infinie, tu imagines ? Il faudrait être capable d'oublier. Dès que tu te souviens de ce que tu es, c'est fichu.

Je vais vraiment mourir, réalisa-t-elle une fois de plus. Mais, cette fois, elle n'eut plus la force de l'oublier. Son flagelle, incapable d'arracher quoi que ce soit aux réservoirs asséchés du scaphe, se lova sous ses fesses.

Ses doigts se crispèrent autour de la bille de suie posée en équilibre entre ses seins. Elle fut submergée par une vague d'odeurs âcres qui ne lui parlaient que d'elle.

Sous la pression de ses doigts, la bille se déforma. Elle n'y prit pas garde et reprit son monologue.

– Personne ne viendra nous chercher. Personne, personne, personne. Nous sommes trop près de l'étoile, le Ban ne fonctionne plus. Si on avait eu le temps, Turquoise m'aurait peut-être expliqué comment fonctionne l'échange instantané entre les Alephs. La Théorie de l'Univers… J'aurais rapporté ça comme cadeau à Joanelis, avec un peu de poussière d'étoile en prime. Les supernovæ sont les creusets qui ensemencent l'univers en isotopes lourds, tu savais ça ?

La bille imbibée de sueur et malaxée par des doigts affolés se mit soudain à éclore, comme une promesse trop longtemps contenue. Une fine ligne de fracture apparut le long de l'équateur et la couche superficielle se décolla. Elle demeura un instant accrochée aux ongles de Nadiane avant de se déplier d'un coup à la manière d'une fleur en papier carbone.

Qu'est-ce que c'est? demanda Lya, incapable de garder plus longtemps le silence.

L'intelligence artificielle avait réussi à communiquer avec les armures Mécanistes. Elle n'avait gardé aucune copie de ce qu'elle leur avait transmis, trop heureuse de se débarrasser ainsi d'une partie de son fardeau. Depuis le début du voyage, elle avait ainsi arraché de sa mémoire tout ce qui la faisait souffrir chaque fois qu'elle en avait eu l'occasion.

L'attaque contre la Toile avait cessé peu après et le Zéro Plus avait changé de cap. C'était quelque chose dont elle aurait pu être fière de parler mais il n'y avait plus de questions à ce sujet – il était difficile de croire en sa propre importance quand rien de ce qu'elle faisait ne laissait de traces durables.

C'était au tour de Nadiane de ne pas répondre. La bille de suie s'était décompactée en un voile opaque de plusieurs mètres carrés que la jeune fille tenait au-dessus d'elle, les bras tendus.

– Je me vois dedans, murmura-t-elle d'un ton surpris. Tout entière.

Avec un soupir de bébé, elle se recroquevilla sous la tente ainsi improvisée et laissa retomber ses bras. Le voile la recouvrit entièrement.

Lya se sentit plus seule que jamais.

Tu entends? demanda Turquoise à Notre Mère.

Toute la population des Retrouvailles s'était réfugiée au plus profond de la Ville, dans des corridors si étroits qu'un être humain standard en touchait les parois des deux épaules à la fois. Des renforts d'os et de tendons couraient sous l'épiderme boursouflé. De vastes draperies pendaient des voûtes et balayaient les visages de ceux qui étaient encore debout. Ils étaient de moins en moins nombreux au fur et à mesure que les minutes passaient.

Seul, Gadjio avait choisi de rester dans Notre Mère. La Ville albinos l'avait enkysté dans une de ses bulles de recueillement – des poches invaginées de certains édifices où l'on pouvait s'isoler pour se confesser à haute voix, sans crainte d'être entendu. Marine était avec lui mais il refusait de répondre à ses tentatives de communication. Il avait replongé en lui-même et apprenait à s'accepter. Seul.

Entendre quoi ? dit Notre Mère.

Le silence...

Elles ne faisaient pas partie de la cage des Villes mais flottaient à l'extérieur de celle-ci, juste derrière l'épaisse muraille. C'était un cadeau qu'on leur offrait – par respect pour Notre Mère qui aurait été brûlée si Turquoise avait présenté son bouclier à l'explosion. En conséquence, elles ne distinguaient plus ni l'étoile primaire, ni la Toile.

Frustrée, Turquoise avait braqué son Beffroi en direction du cœur palpitant du système binaire et s'efforçait d'écouter, comme Noone le lui avait conseillé juste avant de s'arracher d'elle.

Je ne suis pas née ici, moi non plus, murmura Turquoise en se parlant à elle-même. *Je croyais l'avoir oublié mais Noone m'a forcée à m'en rappeler. Rien que pour cela, je la maudirai si elle s'est trompée.*

Les Retrouvailles sont un échec, commenta Notre Mère. *Les hommes ne sont pas prêts.*

Nous ne l'étions pas non plus. Attendons.

Nadiane s'enveloppa plus étroitement dans la bille dépliée d'Érythrée. Le voile, imbibé de sueur, réagissait aux messages de panique véhiculés par ses phéromones. Il les filtrait, les réordonnait, et lui renvoyait une série de reflets rassurants qui jouaient sur sa peau grise. Il n'y avait plus d'horizon, plus de perspectives à long terme. L'image qui envahissait sa vision était la sienne, démesurément agrandie. Nadiane plongea dans son propre regard, dans le puits sans fond de ses yeux grands ouverts. Elle se mordit les joues sous le choc.

Une giclée d'informations prédigérées afflua par son flagelle, accompagnée de l'odeur familière de son frère, recréée à partir de ses souvenirs les plus intimes. Une boucle de feed-back s'était mise en place sans que Nadiane s'en rende compte. Elle se parlait à elle-même, enfermée dans un univers de poche qui la protégerait jusqu'à la fin en l'empêchant d'avoir peur. Elle n'eut même pas le réflexe de se demander pourquoi Érythrée lui avait offert ce cadeau, au lieu de le garder pour elle-même.

En l'absence d'instructions de pilotage, le Nexarche dérivait vers la Toile. Le disque d'accrétion avait changé de caractéristiques et les capteurs de neutrinos monoénergétiques avaient depuis longtemps dépassé le seuil d'alerte. Un pointillé de lumière blanche, à tribord, matérialisa l'impact d'une langue d'énergie sur le revêtement extérieur. Des microfissures se formèrent au sein des premières couches de cristaux. Les unités d'alerte du bloc central pulsèrent à qui mieux mieux mais Nadiane avait cessé de les entendre.

Parle-moi, supplia Lya. *Je ne te sens plus...*

La voix de l'I.A., en boucle de plus en plus faible, rebondissait contre la carapace d'indifférence qui enveloppait la Connectée. Les signaux d'alarme inutiles s'étaient tus.

Le vaisseau fit une embardée. Un coin du voile se souleva et l'extrémité de son flagelle se glissa hors de l'abri. Nadiane le tendit comme une antenne et capta le dernier souffle de Lya.

– Viens me rejoindre, murmura-t-elle avant de refermer le voile sur elle.

Tout ce qui subsistait de l'intelligence numérique se réfugia dans sa broche neurale. À l'autre bout, le Tessaract n'était plus qu'un univers mort, effondré sur lui-même.

Au sein de l'étoile primaire, dans la masse centrale constituée de noyaux de fer dégénérés, les énergies avaient atteint des proportions inimaginables. Puis l'équilibre s'était rompu. Les noyaux pulvérisés par la pression s'étaient réduits à une bouillie de particules, qui fusionnèrent pour ne laisser que des neutrons. Ceux-ci se tassèrent brutalement et formèrent une masse ultra-compacte, à peine plus grosse qu'une montagne mais d'un poids équivalent à celui d'une étoile moyenne. La rotation s'accéléra, le cœur de neutronium expédia un déluge de neutrinos vers l'extérieur. L'onde de choc de la supernova atteignit la couche extérieure du noyau, contre laquelle elle rebondit.

C'était la fin de l'heure du fer.

En une fraction de seconde, la vague d'énergie libéra des fragments massifs de matière ultra-dense qui se déployèrent en filaments tournoyants. La première onde de choc de la supernova suivit immédiatement l'effondrement. Elle se déplaçait à plus de cinq mille kilomètres par seconde, une vitesse telle que les échelles de temps significatives pour décrire le phénomène étaient de l'ordre de la milliseconde. Au centre exact de l'étoile, l'espace-temps lui-même se mit à vibrer. Une onde gravitationnelle annonça à l'univers qu'une étoile venait de mourir.

Pour Turquoise, tous les sens aux aguets, la vibration se confondit avec le hurlement d'adieu de Noone. Durant trois ou quatre secondes, la vague d'énergie se déploya irrésistiblement. L'onde de choc rebondissant sur les couches denses supérieures fit exploser le noyau. Les fragments de neutronium furent éjectés vers l'extérieur à une vitesse phénoménale, accompagnés du flot brutal des neutrinos. Une boule incandescente, en expansion constante, se forma.

L'onde de choc ne pouvait plus être arrêtée.

Jusqu'à la dernière fraction de seconde, rien ne trahit l'imminence de la catastrophe. L'apparence extérieure de l'étoile demeurait inchangée. Les filaments lumineux du disque d'accrétion, en rotation rapide, changeaient de température en tombant vers le noyau. Des courants stables s'enroulaient dans la nappe de gaz, bordés de zones plus sombres qui ressemblaient à des incrustations de carbex. Sur les écrans du Zéro Plus qui fonctionnaient encore, le spectacle restitué en fausses couleurs était magnifique.

Puis les éclats de matière dense crevèrent la surface juste avant l'arrivée du front de choc. Des langues de feu jaillirent vers l'espace comme un milliard d'éruptions simultanées.

Le Zéro Plus reçut le choc de plein fouet, par l'avant. Des mains immatérielles tordirent sa poupe et ouvrirent une immense déchirure jusqu'à sa proue. Une onde sonore traversa le métal et entra en résonance avec les chambres à plasma des moteurs. Mais ceux-ci n'eurent pas le temps d'exploser sous la surcharge.

Un véritable mur de lumière, presque palpable, s'engouffra dans la déchirure et remonta les coursives tordues en brûlant tout sur son passage. Le temps parut se ralentir.

Les parois extérieures du poste de commandement explosèrent en une gerbe de débris incandescents. Sous le choc, les armures de Sletloc et de Chetelpec se heurtèrent. Aux points de contact, le carbex se souda. La chair de leur visage fondit comme une gelée, révélant l'horrible nudité des crânes.

Juste avant de griller, le cerveau de Chetelpec entendit son armure hurler à l'aide. L'univers miséricordieux lui laissa le temps de s'en réjouir avant de le désintégrer.

L'onde de choc qui avait éventré le Zéro Plus broya le Nexarche en une fraction de seconde. Le revêtement de cristaux explosa comme une boule de neige, dispersant un nuage de particules scintillantes qui s'enflammèrent aussitôt.

Au cœur de l'habitacle, le miroir-univers fragile offert par Érythrée disparut d'un coup. Ni Nadiane, ni Lya, n'eurent le temps de se voir mourir. Enfermées dans leurs propres reflets, elles cessèrent simplement d'être.

La vague d'énergie continua son parcours.

À l'avant-garde de la sphère de destruction, le flux de neutrinos se heurta à la Toile.

Les corps microscopiques des nanones, soudés aux îlots d'arséniure de gallium, encaissèrent la première rafale. Les mâts de nanotubes se déformèrent et la Toile se gonfla jusqu'à son amplitude maximale. Malgré les efforts du Zéro Plus, aucune fissure ne menaçait son intégrité. Elle se déploya en une sphère quasi parfaite, chatoyante, tout autour de la boule de feu.

Presque tous les neutrinos traversèrent les sites-pièges, mais un certain pourcentage d'entre eux fut réverbéré en direction du cœur bouillonnant de l'étoile. Les cristaux semi-fluides enrobés de titane survécurent aux deux premières rafales et réussirent à dévier une toute petite fraction de l'énergie de la supernova avant de fondre. Une vague de radiations, d'une intensité que les Mécanistes n'auraient jamais pu imaginer, repartit en sens inverse. Vers l'étoile.

La Toile Connectée avait joué son rôle, un million de fois mieux que prévu.

Noone était trop vaste, trop épaisse, pour mourir rapidement. Elle eut le temps de souffrir mais pas celui de regretter quoi que ce soit. Son Beffroi se brisa sous la marée d'énergie. Les radiations cautérisèrent les souvenirs du Charon jusque dans ses replis les plus intimes. Lorsque son hurlement mental s'interrompit, les autres Villes se tétanisèrent en attendant le choc.

Elles ignoraient pourquoi elles s'étaient rassemblées ainsi, pourquoi elles enserraient l'étoile dans une cage de chair. La seule Ville qui aurait pu le leur dire n'existait plus. Bien des millénaires plus tôt, avant même l'apparition de l'humanité, les troupeaux s'étaient déjà rassemblés pour tenter de bloquer l'explosion d'une étoile. Mais les boucliers des Villes n'étaient pas assez épais pour réverbérer une proportion suffisante de neutrinos.

Le front d'énergie disloqua les épaisses murailles au bout d'une demi-seconde. L'onde de choc emporta les AnimauxVilles avec une accélération fantastique. Turquoise et Notre Mère furent balayées comme un flocon dans une avalanche. Les alvéoles de protection qui enserraient les Organiques encaissèrent une pression telle que tous les cartilages se brisèrent. Des esquilles d'os se frayèrent un chemin dans la chair, hachant tout sur leur passage.

Mais, durant le bref moment où la cage avait tenu, un second front de neutrinos avait été renvoyé vers le cœur de l'étoile, où le Ban se reformait.

Vers l'Aleph primal.

Au centre exact de l'étoile, la matière quantique était dans un état impossible à décrire. La température avait dépassé cent millions de degrés. Les contraintes gravitationnelles froissaient l'univers environnant comme dans un poing géant. Des fissures dans la réalité étaient en train d'apparaître. C'était là, au cœur d'un volume quasi nul où l'énergie était presque infinie, que se forma la singularité qui devait engendrer le Ban.

La première vague de neutrinos réverbérée par la Toile vint enserrer la singularité. Un raz-de-marée de puissance s'ajouta au bouillonnement qui accouchait de l'Aleph primal. Le reflux des neutrinos empêchait l'énergie de se dissiper vers l'extérieur. Chaque milliardième de seconde voyait se succéder un nouveau record d'improbabilité.

Prisonnier de sa propre énergie, le Ban ne parvenait pas à se déployer vers l'extérieur. Durant un instant à peine mesurable, la singularité primale oscilla au bord de l'infini : l'étoile régénérée par le reflux des neutrinos ne pouvait se résoudre à mourir.

Puis le second tsunami de particules réverbérées par la cage des Villes frappa à son tour le noyau. L'espace lui-même se mit à fondre. Sous le choc, le chant de l'Aleph se démultiplia en un chœur de voix discordantes qui se rejoignirent à nouveau en une note pure, d'une violence que cet univers n'avait jamais connue.

Il y avait trop d'énergie en un même point. Incapable de se retenir de naître, le Ban brisa les barrières des constantes physiques.

Avec un cri de soulagement, l'univers se déplia.

ÉPILOGUE

La marée de radiations déposa Notre Mère et Turquoise, toujours enlacées, sur une grève d'espace nu. Quelques rares points de lumière trouaient le firmament. Une galaxie spirale luisait dans le lointain comme un anneau d'or écrasé. Le froid était quasi absolu.

Les plaies de la Ville albinos saignaient. Turquoise l'avait protégée de sa masse autant qu'elle l'avait pu, mais des sutures s'étaient déchirées lorsque les courants d'énergie les avaient ballottés en tous sens. Des grappes de filaments à demi arrachés flottaient tout autour d'elle comme une chevelure en désordre ; de profondes crevasses aux bords noircis traversaient les dômes situés à sa périphérie. La douleur l'avait brûlée jusqu'au cœur, là où les blessures ne cicatrisent jamais vraiment.

Elle avait survécu. D'autres n'avaient pas eu cette chance.

Le souffle de la supernova avait calciné Noone, même si son bouclier durci par les siècles avait longtemps résisté. Au milieu des tourbillons d'énergie qui l'enveloppaient, Notre Mère avait senti mourir l'ancêtre. Durant l'instant figé de l'explosion, alors que l'univers confiné se dépliait, Turquoise et elle avaient reçu cette mort comme un dernier cadeau. Elle avait recueilli tout un héritage de connaissances et de stratégies qui lui donnait le vertige, mais dont elle ne savait que faire.

L'espace autour d'elle était vide ; le Ban avait disparu. Le chant de l'univers qui avait bercé sa vie semblait s'être définitivement tu. Sous l'effet du choc anaphylactique, la Ville se sentit sombrer dans le néant comme dans un océan de neige.

J'ai si froid, se plaignit Marine en écho à ses propres pensées.

Et, pour la première fois, elle ne trouva rien à lui répondre.

À l'intérieur des replis lacérés de Turquoise, des corps gisaient, éparpillés par l'onde de choc. Certains respiraient encore, d'autres semblaient définitivement brisés. Des éclats d'os saillaient de leurs corps exsangues. La Ville ne pouvait plus rien pour eux. Le peu de forces qui lui restait était tout juste suffisant pour se lamenter sur ses propres blessures et maudire son impuissance.

Lorsqu'elle sentit des pas remonter le long de ses couloirs, elle ressentit un dépit irrationnel et injuste. *Tecamac avait survécu.* De tous ceux qui l'habitaient à l'instant de l'explosion, il avait fallu que ce soit le Mécaniste qui se réveille le premier.

– Ne me demande rien, émit-elle brièvement avant de tendre avec angoisse son Beffroi vers le silence du vide.

Là où avait rayonné le Ban, il ne restait plus rien. Le ciel noir semblait animé d'un lent mouvement de fuite et la vague d'ondes gravifiques qui s'éloignait ne provoquait aucun écho perceptible. Les frontières stellaires n'existaient plus, la cage qui les avait si longtemps emprisonnées s'était ouverte sous l'effet du confinement de l'explosion, comme Noone l'avait imaginé. La singularité originelle avait été recréée et maintenue juste assez longtemps pour que se produise le dépliement de l'univers. Les mirages dus à la géométrie perverse de leur ancienne geôle avaient disparu et l'horizon était désormais sans limites dans toutes les directions. *Nous sommes de retour chez nous*, songea-t-elle amèrement. *Mais j'avais oublié à quel point c'était grand.*

Un rythme, maladroit et lourd, résonnait dans son esprit comme une pensée importune. Tecamac essayait d'attirer son attention en heurtant ses parois du poing. Elle lui ouvrit un passage, trop lasse pour discuter, et le laissa rejoindre ses congénères. Elle aussi aurait aimé se fondre dans la chaleur d'un troupeau au moment d'affronter sa propre fin.

Pour la première fois, elle comprit qu'elle pouvait *réellement* mourir – alors qu'elle avait chevauché l'onde de choc d'une supernova confinée et survécu au dépliement d'un univers. Mourir comme était mort le Charon, dans une dernière flambée de colère sénile, parmi les cendres de sa propre existence.

– Érythrée ? dit Tecamac. Tachine ?

Le Mécaniste se frayait un passage dans l'obscurité en tâtonnant. Il percevait l'épuisement de son armure, il la savait trop occupée à se régénérer pour solliciter son assistance. À l'instant du choc, il avait senti disparaître Chetelpec. Une mort en éclats, relayée par les vrillons de conscience qui unissaient leurs deux armures. Aucun message, aucun adieu. Juste le souvenir d'un effacement brutal et définitif.

Un gémissement à peine audible monta de sa droite. Les bras tendus en aveugle, privé de la vision infrarouge qui lui aurait permis de se repérer, le Mécaniste buta contre un amoncellement de corps et s'immobilisa.

Le carbex reflua de ses paumes et libéra ses doigts. Il posa un genou au sol et, conscient de ce que son geste pouvait avoir de choquant, il toucha l'Organique le plus proche aussi délicatement qu'il le put.

La chair étrangère réagit sous ses mains. Il palpa le corps recroquevillé – une femme nue, dont l'épaule droite semblait en miettes mais qui respirait doucement –, sentant les excroissances contrôlées par l'embiote devenir plus chaudes à son contact. Ses mains se retirèrent d'instinct. Il les contraignit à reprendre leurs tâtonnements sur les corps qui l'entouraient. Des traces de vomissure saturaient l'air, mêlées à l'odeur fade du sang.

– Que dois-je faire ? demanda-t-il à haute voix.

Rien, les embiotes de ceux qui ont survécu les répareront. Pour les autres…

L'éon de TECAMAC était toujours aussi opaque, mais il avait trop à faire avec les malfonctions de l'armure pour protéger les émotions du Mécaniste. Turquoise lut le désarroi du jeune homme et décida qu'il ne méritait pas d'essuyer l'ironie d'une Ville aussi effrayée que lui.

Trois artefactrices sont mortes. Deux dans cette alcôve et une dans celle d'à côté. Tu pourrais les transporter jusqu'à… disons jusqu'à un endroit où je m'occuperai d'elles.

Inutile de lui dire comment la Ville recyclerait les dépouilles dans ses organes.

– J'aurais besoin d'un peu de lumière.

Les vésicules photoluminescentes des parois libérèrent un peu de leur rayonnement. Le premier réflexe de Tecamac fut d'examiner les corps enchevêtrés. Il cherchait Érythrée.

Elle est à côté, avec Tachine. Elles sont encore inconscientes.

Pour le Mécaniste, cela signifiait qu'elles se portaient bien. Il entreprit de poser les doigts sur la carotide de chaque Organique gisant dans l'alcôve.

Érythrée va bien, lui confirma une pensée enfantine, *mais une partie de la structure osseuse de l'alcôve s'est effondrée sur Tachine. Elle saigne beaucoup. Turquoise a beau dire que Tachine s'en remettra rapidement, tu dois pouvoir accélérer sa guérison en lui enlevant ce qu'elle a dans la poitrine. Les morts attendront.*

Tecamac venait de détecter un cadavre et l'avait pris dans ses bras.

– Turquoise ?

À défaut de lui faire du bien, cela ne lui fera pas de mal.

Tecamac reposa délicatement le corps sans vie.

Tecamac ?

Il se redressa, se demandant pourquoi la Ville avait cette fois choisi de l'interpeller au lieu de dire ce qu'elle avait à dire.

– Oui ?

Rien. J'ai seulement un peu de mal à te comprendre.

Le Mécaniste ne fit aucune remarque. Il était déjà en train de traverser le boyau séparant les deux alcôves.

Non, tout compte fait, je crois que je ne te comprends absolument pas. Notre Mère m'expliquera.

Tachine gisait sur le dos, dans une dépression du sol que la Ville rendit luminescente à l'approche de Tecamac. Une draperie déchiquetée recouvrait son visage d'une pâleur de craie. Une de ses jambes était bizarrement tordue mais le plus horrible était l'aspect de sa poitrine. Une pointe d'os sanguinolente émergeait de son sein droit dont le mamelon à demi arraché pendait sur le côté. Une mousse rosâtre se formait au niveau de la blessure à chaque respiration.

– L'os a perforé le poumon. Si je le retire, l'hémorragie va redoubler. Je risque de la tuer.

– Tu risques surtout de la réveiller et de goûter à ses humeurs matinales !

Tecamac sursauta. Il n'était pas habitué à ce que l'armure ne l'informât pas de tout mouvement autour de lui. Seule la cavité où gisait Tachine était éclairée, il avait bien entrevu d'autres formes allongées à ses côtés, mais pas qu'Érythrée était l'une d'elles, ni qu'elle avait repris conscience. Il se sentit à la fois tellement heureux et tellement stupide qu'il demeura figé, incapable de parler.

Tu parleras tout à l'heure. Maintenant, arrache cette cochonnerie d'os.

Sur sa pupille droite s'affichèrent un graphe tout en sinusoïdales puis un nom : Marine. TECAMAC reprenait du service.

Le Mécaniste s'agenouilla au-dessus de Tachine et, d'une main, serra l'éclat, tandis que l'autre se plaquait autour de la plaie. Il tira d'un coup sec. L'os vint sans résistance. Le poumon se vida dans un sifflement obscène et un jet de sang l'aspergea depuis le poignet jusqu'à l'épaule. Il jeta l'éclat derrière lui et, des deux mains, tenta de comprimer la blessure. Le sang s'obstina à couler entre ses doigts, mêlé à un liquide séreux qui faisait glisser sa paume sur la peau meurtrie. Peu à peu, le flot se tarit.

Tachine eut un spasme et vomit un flot de caillots noirâtres. Tecamac lui souleva la tête pour qu'elle ne s'étouffe pas, avant de lui essuyer doucement les lèvres du bout du doigt. Lorsqu'il baissa de nouveau les yeux vers elle, la plaie de sa poitrine était en train de se refermer. Ce n'était pas encore du derme cicatriciel, juste une membrane de lymphe séchée qui palpitait au rythme de sa respiration.

– Pas mal, commenta Érythrée au-dessus de lui. Mais maintenant, tu devrais la laisser… je veux dire : avant qu'elle ne t'arrache le cœur.

Tecamac vit alors que Tachine avait les yeux grands ouverts et que ceux-ci la foudroyaient. Ils ne s'apaisèrent que lorsqu'elle toussa et que la douleur la plia en deux.

– Ça va, cracha-t-elle (et elle crachait du sang). Laisse-moi respirer.

Il se releva brutalement et s'écarta de deux bons mètres.

– Merci, ajouta-t-elle en donnant l'impression de faire le plus grand sacrifice de son existence.

Érythrée attrapa Tecamac par le bras et l'entraîna hors de l'alcôve.

– Elle n'en a pas l'air, mais elle est sincère, tu sais ? expliqua-t-elle. Simplement, tu as dû lui faire un mal de chien et elle ne doit pas être persuadée que c'était indispensable. Raconte-moi, que s'est-il passé ?

Les survivants se regroupèrent sous le dôme de l'amphithéâtre. La pénombre était à peine trouée par des boursouflures lumineuses au ras de la scène. La lueur fuligineuse naissait de la chair même, le long du réseau des veines.

Tecamac avait permis à l'armure de le nettoyer et de le scanner. Une fine pellicule de carbex recouvrait son visage. Il se tenait un peu à l'écart, les yeux fixés sur l'opercule sombre de la voûte. Profitant de leur différence de taille, Érythrée était appuyée sur son épaule. Elle ne cherchait pas à faire croire que ses blessures la fatiguaient – elle était la seule Organique à ne pas avoir hérité de contusions supplémentaires depuis qu'ils avaient affronté les Voltigeurs –, elle prolongeait les moments qu'ils avaient partagés et elle en annonçait d'autres, sans fard. Elle rayonnait, et même Tecamac avait du mal à ne pas trouver cela indécent.

Tous ces morts, pensait-il. Mais il ne songeait qu'à Nadiane. Nadiane dont il n'avait connu que l'éphémère beauté et pour laquelle il n'avait été capable que d'un respect infini.

La main d'Érythrée glissa de son épaule et se laissa couler dans son dos, jusqu'à se poser sur sa taille. Elle ne le caressa pas vraiment, elle plaqua juste sa paume sur sa peau et crispa légèrement les doigts. Sur *sa* peau ! Lui qui possédait la seule armure qu'aucun Organique ne pouvait percer !

« TECAMAC ! » subvocalisa-t-il, furieux et indigné.

J'ai cru bien faire.

« Arrête ça immédiatement et ne recommence jamais ! »

Le carbex ne se ressouda pas. Les doigts d'Érythrée continuaient à jouer sur sa peau. L'indignation et la fureur du Mécaniste se transformèrent en abattement. Il avait l'impression de découvrir ce que Chetelpec avait découvert et haï longtemps avant lui, ce que des millions de Mécanistes avaient subi et dont beaucoup avaient souffert. L'homme était l'otage de l'armure.

Nous sommes comme Érythrée et son embiote. Nous sommes des commensaux. Sauf que je suis plus intelligent que l'embiote, donc plus autonome. Mais je te rappelle que cette intelligence et cette indépendance n'ont été nourries que des tiennes. Tu penses à Nadiane, tu te souviens de Zezlu, néanmoins tu aimes bien cette fille. Et quand tu auras un peu moins peur d'elle, quand tu seras un peu moins terrorisé par sa détermination, tu en tomberas amoureux. Je ne fais qu'anticiper.

« Sans mon accord. »

C'est ce que j'ai toujours fait, mais m'as-tu jamais demandé le mien ?

La question tarit toute la colère de Tecamac. Elle n'avait besoin d'aucune réponse, elle portait en elle le germe de tant d'autres interrogations qu'il ne lui était pas davantage possible de la considérer que d'envisager ce qu'elle sous-tendait. Il profita de l'arrivée du Passeur des Morts pour se concentrer sur des problèmes moins personnels.

Turquoise n'attendait plus que Gadjio. Il débita d'un trait son insupportable vérité dès que le Passeur des Morts fut entré dans l'amphithéâtre.

La singularité a défroissé le Ban dans des proportions phénoménales. L'univers s'est littéralement déplié, déployé, démultiplié. Je ne sais comment vous l'expliquer en termes humains sans vous donner une fausse image de ce qui s'est réellement produit. J'ignore où nous sommes et j'ignore comment nous rendre ailleurs. Je perçois une infinité de mailles mais aucune que je connaisse. Je flaire une infinité d'alephs, mais je ne les localise pas et je ne distingue en eux l'écho d'aucun échange.

– Si tu en venais au fait ? l'interrompit Tachine.

Je dois tout réapprendre. Il me faudra longtemps pour m'accorder sur les fréquences d'un aleph, puis d'un autre, puis d'un autre encore. Et j'échangerai peut-être pendant l'éternité sans tomber sur une trame connue. Vous ne regagnerez jamais vos mondes et ceux-ci ne sont sûrement pas près de voir à nouveau leurs chemins se croiser.

Un silence assourdissant accueillit ses paroles. Quand elle en eut assez, Tachine le rompit d'un soupir fataliste :

– La dispersion en plus grand. Au moins, les Rameaux arrêteront de se déchirer.

– Les Mécanistes ont déjà construit un Zéro Plus, objecta Jdan, ils en fabriqueront d'autres. Bah... Tout de même, Girasol va me manquer ! (Il se tourna vers le Passeur, perdu dans ses pensées.) Et toi, Gadjio, qu'en penses-tu ?

Gadjio, appuyé contre une concrétion où stagnait un peu d'eau, haussa les épaules. L'éclat d'armure volée au Charon se vidait peu à peu de sa propre substance depuis la mort de celui-ci. Le Passeur des Morts se sentait incapable de recréer la personæ du vieillard. Autant essayer d'accoucher du fantôme de l'étoile disparue.

– Je suis inquiet pour Notre Mère, se recentra-t-il. Son Beffroi est dans un état épouvantable et Marine n'arrête pas de le solliciter.

Les hôtes de Turquoise n'entendirent pas l'échange qui s'ensuivit. Ni lui ni Notre Mère ne les estimaient en état d'assister à leurs querelles de Villes. Retranscrit en termes humains, toutefois, cela se résuma ainsi :

Pourquoi la laisses-tu faire ?

Je ne peux pas l'en empêcher.

As-tu essayé ?

En faisant quoi ?

En lui expliquant qu'elle t'épuise alors que ta vie s'enfuit par chacune de tes blessures.

Tu n'es pas en meilleur état que moi et tu ne te prives pas pour jouer du Beffroi dans toutes les fréquences. Marine ne fait jamais que la même chose.

Quelle même chose ?

Elle appelle au secours, que crois-tu ?

À l'échelle des Villes, la nanoseconde pendant laquelle Turquoise resta coi était la marque d'une stupéfaction colossale.

D'accord, cette petite est impressionnante, mais elle gaspille ton énergie alors que j'ai déjà essayé toutes les gammes en pure perte.

La différence, Turquoise, c'est qu'à elle, on lui répond.

Elles arrivèrent du fond de l'horizon en longues files chatoyantes. Des Villes, enfilées comme des perles d'améthyste sur une trajectoire d'approche qui allait bientôt couper la leur. En les observant, à travers le cristallin qui recouvrait le dôme, Gadjio fut frappé par la luminosité qui émanait de leur chair. Puis, au fur et à mesure qu'elles se rapprochaient, planant avec grâce au-dessus du tissu moiré de l'espace, il prit conscience de leur taille gigantesque. À côté d'elles, même Noone aurait paru minuscule. Et c'était pour sa fille qu'elles venaient.

Elles envahirent le ciel, jaillissant comme si chaque point de l'espace était un aleph potentiel. Les aspérités de leur surface devinrent des dômes et des terrasses plissées incrustées de la poussière du vide ; les rides se transformèrent en ruelles qui enchevêtraient leurs itinéraires tridimensionnels au-dessus du dôme de Turquoise. De lourdes draperies, d'un rouge presque noir, pendaient du rebord des toits. Partout triomphait la chair. Des éclats de lumière couraient le long des hélices d'os, les dômes palpitaient, chaque couronne de filaments était agitée de tressaillements électriques. Les Beffrois turgescents pointaient vers Turquoise et Notre Mère, vibrant d'un million de messages qui se fondaient en un seul chœur et répétaient à l'envi :

Bienvenue.

Ce n'était pas encore un mot, juste une émotion animale. De Ville à Ville. L'expression d'une liesse collective qui courait de Beffroi en Beffroi et s'amplifiait à chaque tour.

Bienvenue.

De cette vague qui nettoyait Turquoise et Notre Mère de toutes leurs souffrances jaillissaient des gouttelettes d'hilarité. Marine éclaboussait les Villes de son plaisir d'offrir. Car c'était son cadeau de petite fille espiègle pour l'AnimalVille qui avait accueilli les Retrouvailles et pour celle qui l'avait recueillie en son sein. Alors Gadjio comprit pourquoi il lui était permis d'entendre la chorale des Beffrois : sa fille relayait.

Pour la première fois depuis longtemps, sa vue se brouilla de larmes de joie. Il était l'étoile qui s'était dissoute dans sa sœur boulimique et il était celle qui s'était effondrée jusqu'à contenir l'univers dans son poing. Comme elles, il lui suffisait de tendre une main et d'ouvrir l'autre. Bien avant de réincarner son premier mort, quand il étudiait encore la structure des personæ, il avait appris que les souvenirs étaient des artifices. Il découvrait enfin que la mémoire pouvait être une source d'inspiration.

Sur ses joues, les larmes se cristallisaient en sel. Ses yeux abandonnèrent le dôme derrière lequel dansaient les Villes et se posèrent sur ses mains. Un instant. Le temps d'évoquer Koriana et de décider que le Charon serait son dernier mort, qu'il l'unirait dans une seule personæ à cette Ville qui l'avait tant aimé. Puis il tourna son regard vers les vivants qui l'entouraient.

Tachine soutenait Jdan, dont l'orbite énucléée grouillait d'une vie qui agitait hideusement sa paupière, mais elle ne lui accordait pas plus d'attention qu'aux AnimauxVilles étrangers. Les sourcils à demi froncés, elle regardait sa fille qui enlaçait Tecamac avec un peu trop de tendresse à son goût. Elle savait que cet élan affectif était plus une provocation à son intention – ou à l'intention de tous les Artefacteurs – que la manifestation d'un penchant pour le Mécaniste. Même si Érythrée était réellement capable de tomber amoureuse du garçon, même si sa sensualité naturelle pouvait s'émoustiller de l'exotisme de l'armure. Elle comprenait aussi que son propre agacement – mais elle était plus inquiète qu'irritée – concernait moins l'attitude de sa fille que la sienne, viscérale et maternelle jusqu'à la déraison. Et probablement raciste. À se faire appeler « maman » sans pouvoir s'en indigner !

« Ainsi c'est toi qui as raison, Ryth. Nous ne méritons même pas le musée de Brumée. »

Elle s'apprêta à essuyer l'ironie de Turquoise, mais Turquoise n'avait plus d'oreille que pour ses semblables. La Ville était complètement immergée dans ses retrouvailles de Ville, elle se noyait dans l'animalité de ce Troupeau qui accueillait son retour comme celui de l'enfant prodigue... de l'arrière, arrière, arrière-petit-fils et de sa sœur malingre.

« Je suis inique, j'ai peur et j'ai envie de vomir. Ryth, s'il te plaît, dis-moi que rien de cela n'est arrivé ! Ou prouve-moi qu'il ne pouvait pas en être autre... Merde ! Je débloque complètement ! »

Elle s'adressa un rire moqueur que personne n'entendit. Ils avaient tous le nez dans les étoiles et ils écoutaient le chant des Villes par l'entremise de Marine. Elle recala l'aisselle de Jdan sur son épaule et leva la tête vers l'opercule translucide. Le ballet continuait. Elle espérait qu'un peu de son euphorie animale la contaminerait.

Sous ses doigts, la peau de Tecamac était douce et tiède, humide aussi, comme s'ils avaient fait l'amour pendant des heures dans la moiteur de l'été. Ils le feraient peut-être, un jour, mais Érythrée n'était pas pressée de retrouver le goût des saisons et elle n'avait pas davantage celui de l'amour. Pas comme ça. Par pour une toute petite vie d'homme et sûrement pas pour les plaisirs atrophiés que lui donnerait sa chair. Érythrée aimait en grand. L'humanité pour le contentement de l'esprit. Les AnimauxVilles pour celui du corps. Tecamac...

D'une certaine façon, le Mécaniste était comme Ereïev. Du moins, éprouvait-elle pour lui les mêmes sentiments qu'elle avait éprouvés pour l'Artefacteur, et c'était le plus dont elle se savait capable, mais cela ne les concernait pas. Elle donnait ce qu'elle savait donner. Avoir conscience que prendre lui était beaucoup plus facile ne la perturbait que vis-à-vis de Tachine.

Elle surprit le rire que celle-ci s'adressait à elle-même et n'eut aucune peine à en imaginer les raisons. Elle lui fit écho d'un sourire et reprit, en même temps qu'elle, sa contemplation du cristallin. Tendresse un peu brute et humour souvent ravageur, elles partageaient tant de choses.

Le tourbillon d'émotions dont le Troupeau gavait Notre Mère et Turquoise se ralentit imperceptiblement. Les Beffrois se syntonisaient. Quand ils ne furent plus qu'une seule voix, leur message de bienvenue se modula en idées puis en signifiants que Marine fit éclore en mots dans les pensées humaines.

En rouvrant la poche dans laquelle vos aïeux s'étaient emmaillotés, vous ne nous avez pas seulement rejoints dans un univers plus vaste. Vous avez déplié l'ensemble du Ban. Bien sûr, nous commencerons par vous apprendre à faire vibrer les mailles qui nous sont familières. Puis, tandis que vous échangerez d'aleph en aleph sur la trame dont nous avions nous aussi exploré les frontières, nous partirons à la découverte de ce que vous nous avez offert. Nous initierons une nouvelle Expansion. Et un jour nous atteindrons avec vous les limites de ce nouvel univers, mais nous saurons cette fois comment nous en libérer. Car nous pressentons que le fini est un mirage et l'infini une transcendance.

Les Beffrois se mirent alors à vibrer sur un rythme frénétique et les Villes entreprirent de se mitrailler de milliards d'informations par seconde. Marine dut abandonner la transcription du dialogue à mille voix dans lequel Turquoise et Notre Mère se lancèrent avec la même énergie que leurs semblables. Elle comprenait intimement ce que les AnimauxVilles échangeaient, parce qu'elle comprenait le Ban à travers l'acuité innée de Notre Mère, mais aucune passion en elle, aucun besoin vital, ne lui permettait de s'y intéresser. Elle doutait aussi qu'aucun langage humain pourrait un jour traduire ce qui le décrivait. Elle avait fait ce qu'elle estimait devoir faire, elle se retira de la conscience de la Ville albinos pour s'insinuer dans celles de ses semblables, elle qui ne leur ressemblait plus vraiment.

Tous les regards avaient abandonné le dôme. Tous se dévisageaient. Personne n'osait parler. Cela dura plus de temps qu'il ne fallut à chacun pour s'imprégner de ce qu'impliquaient les salutations des Villes. Alors Tecamac prit sur lui de poser la question que tous avaient au bord des lèvres. Il la posa en subvocalisant, comme Marine lui avait appris à le faire – peut-être même pour elle seule, et il la posa aussi à voix haute, pour dire qu'ici et maintenant il n'existait plus de différences.

– Que sont devenus nos mondes ?

Il pensait moins à Titlan qu'aux Symbiases. Ces Symbiases dans lesquelles vivait le vrai Joanelis à qui il devait raconter la mort de Nadiane.

Ne vous inquiétez pas pour eux, répondit une voix de Ville qu'ils ne connaissaient pas. *Ils étaient trop loin de la singularité pour avoir subi la même dispersion que vous qui étiez dans son rayon d'influence. Une infime portion seulement de votre micro-univers a été redistribuée au hasard du Ban. Le reste est toujours là, probablement inchangé. Nous ne pouvons pas encore localiser le secteur d'où vous venez, mais nous disposons de suffisamment d'indices pour l'approcher en quelques échanges.*

Chaque aleph a une saveur particulière. Turquoise et Notre Mère ont conservé le souvenir des parfums de votre univers. Nous humons déjà ceux qui sont étrangers au nôtre. Ce n'est qu'une question de temps.

– Combien de temps ? demanda Tachine avec méfiance.

Quelques semaines, avec de la chance. Quelques mois au plus.

– Nous ramènerez-vous lorsque vous aurez localisé la Voix lactée ?

Je m'en chargerai, intervint Turquoise. *Le Troupeau m'y aidera. En fait, il n'a rien de plus pressé que d'aller planer dans vos cieux, se baigner dans vos mers, s'ancrer dans vos terres. Certaines Villes envisagent déjà de s'installer quelque temps sur vos mondes. D'autres ne resteront que le temps de se trouver une population avant de repartir vers des alephs inconnus.*

– Une population ? Tu veux dire que… que cette histoire d'Expansion nous implique ?

Tachine se figea bouche ouverte et lança un regard inquiet vers Érythrée. Celle-ci hocha doucement la tête.

– Les Villes ne souhaitent pas mettre un terme à la Dispersion, Tadj. Ne t'inquiète pas. Elles nous proposent au contraire de la prolonger en la rebaptisant Expansion. Il ne s'agit pas de fonder un cinquième Rameau dont elles seraient partie intégrante et qui mêlerait des individus issus des quatre autres. Les Villes nous offrent simplement d'essaimer, ensemble, pour ceux qui le voudront.

– Turquoise ? voulut s'assurer Tachine.

Je crois qu'il faut l'entendre comme ça.

Le second regard de Tachine à sa fille fut lourd de détresse et d'impuissance. Puis elle ferma les yeux et les rouvrit, marqués de la plus sombre résignation. Elle n'avait aucun doute sur le choix que ferait Érythrée et encore moins sur celui qu'elle-même ne ferait pas. Appuyé sur elle, Jdan pencha la tête et lui glissa à l'oreille :

– Ne te fais pas de soucis, je vous accompagnerai.

Pour la première et la dernière fois de sa vie, elle le détesta. Ce qui ne l'empêcha pas d'intercepter le clin d'œil complice de sa fille et, en guise d'abdication, de le lui retourner quand la main d'Érythrée abandonna la taille du Mécaniste pour se poser dans le gant de carbex de celui-ci.

Bien sûr, l'armure ne manqua pas de dénuder la main que l'Organique avait saisie. Alors Tecamac fit comme Tachine : il se résigna. Plus que de l'assurance, il y avait une force en Érythrée qui balayait tout sur son passage. Il en avait eu peur, TECAMAC le savait, et c'était encore le cas, mais ce n'était plus une peur personnelle. Dans son élan, avec le concours des Villes, Érythrée allait emporter l'humanité vers ce mode de configuration qu'elle pratiquait avec tant d'aisance et que lui appelait partage.

Il connaissait mal les autres Rameaux, du moins les gens qui les composaient, mais il se doutait que, pour beaucoup, l'Expansion serait bien plus qu'une alternative. Pour beaucoup, mais pas pour tous. Et que se passerait-il quand les essaims commenceraient eux-mêmes à essaimer ? Quand leurs descendants croiseraient le chemin des Rameaux ou se croiseraient entre eux ? Quand resurgiraient de vieux antagonismes ou que naîtraient des jalousies toutes neuves ?

Aucun univers n'était assez vaste pour l'humanité.

Vous apprendrez, sourirent les Villes.

Oh, mais vous aussi ! leur garantit Marine en éclatant de son rire d'éternelle enfant.

Remerciements

Étoiles Mourantes est né d'un certain nombre d'émerveillements. Parmi ceux-ci, beaucoup sont scientifiques. Les modèles que nous avons construits, les images que nous avons essayé de restituer, doivent beaucoup à :

L'astrophysicien Jean-Pierre Luminet, pour ses conférences où l'on entend le rythme des pulsars, pour ses articles et ses livres, sans oublier son merveilleux site web ;

Jean-Louis Trudel, qui a relu et corrigé le manuscrit de son œil acéré de scientifique et d'écrivain ;

Françoise Chatelin, du CERFACS, qui nous a parlé de l'importance fondamentale des singularités et des valeurs propres défectives dans le comportement des systèmes dynamiques. L'univers décrit ici n'est qu'un exemple parmi d'autres de tels systèmes.

Toutes les erreurs, hypothèses hasardeuses, exagérations diverses et autres impossibilités fondamentales sont de la seule responsabilité des auteurs.

Nous tenons aussi à remercier tous ceux qui nous ont patiemment supportés durant ces années d'exaltation, ou de crises, au premier rang desquels nos épouses et nos familles. Comment ces étoiles qui illuminent nos vies ont réussi à ne pas exploser demeure le plus beau mystère de ce livre.

Dans la même collection

Neil Gaiman
Neverwhere

Christopher Fowler
Psychoville

Serge Lehman
Aucune étoile aussi lointaine

K.W. Jeter
Blade Runner 2

Paul J. McAuley
Féerie

Arthur C. Clarke
Mike McQuay
10 sur l'échelle de Richter

Robert J. Sawyer
Mutations

Vonda N. McIntyre
La Lune et le Roi-Soleil

Cet ouvrage a été composé par
PCA à Rezé
et imprimé par Bussière Camedan Imprimeries
à Saint-Amand-Montrond
pour le compte des Éditions J'ai lu
84, rue de Grenelle, 75007 Paris
diffusion France et étranger: Flammarion

Achevé d'imprimer en avril 1999

Dépôt légal : avril 1999
N° d'édition : 6012. N° d'impression : 992028/1

Imprimé en France